観光地経営の視点と実践
[第2版]

公益財団法人 日本交通公社 編著

丸善出版

発刊にあたって

　私ども公益財団法人 日本交通公社は、1912年（明治45年）3月、「ジャパン・ツーリスト・ビューロー」として、わが国初の外客誘致、斡旋を目的として設立されて以来、幾多の変遷を経て現在に至っております。1963年（昭和38年）11月に旅行業をはじめとする営業事業部門を分離し、株式会社 日本交通公社が設立され、同年12月には旅行関連業務を開始しました。分離独立後、当財団は観光分野における専門調査研究機関として、半世紀以上にわたってわが国の観光文化の振興という公益事業を担って参りました。

　翌1964年（昭和39年）は、日本人の海外渡航の自由化とともに、東海道新幹線開業、名神高速開通、東京オリンピックの開催という、わが国の観光業界にとって、まさに飛躍の年となりました。その直前には観光基本法が制定され、観光が国にとって重要であると位置づけられました。その後、わが国の観光業界は、高度経済成長、オイルショック、バブル経済そして崩壊、長期景気低迷、さらに人口減少・少子高齢化社会などいろいろな状況に直面してきましたが、様々な課題を抱えつつも着実に成長してきました。

　本書は、調査研究機関化50周年を迎えるにあたって、当財団が培ってきたこれまでの経験と知見を「観光地経営」という視点で整理し、観光地づくりの実践者あるいは研究者の方々の参考にしていただくことを意図して2013年12月に発刊いたしましたが、その後のわが国観光の変化、特に訪日外国人旅行者の増加は、目を見張るものがあり、観光地の側も変化を余儀なくしているところが少なくありません。

　当財団は、15周年記念事業として1979年（昭和54年）4月に、『観光の現状と課題』を刊行しました。わが国の観光の現状と課題を体系的に整理して著したことに対して、かつてない書籍と高い評価をいただきました。その後、1994年（平成6年）には30周年記念として『観光読本』（東洋経済新報社）、2004年（平成16年）には40周年記念として『観光読本（第2版）』（同）を発刊し、観光分野の分かりやすい解説書として多くの方々にご愛読いただきました。本書は、それらに続く50周年記念出版物のさらに改訂版ということになります。

　観光立国から観光先進国への発展を目指すわが国の観光は日々刻々と変貌を遂げています。そうしたなかで、当財団は2012年4月、観光文化の振興を担う「公益財団法人」として、旅行・観光

分野における「実践的な学術研究機関」を目指してその第一歩を踏み出しました。その実現のためには、当財団の調査研究部門がさらに進化、深化しなければなりません。

　本改訂版の内容だけにとどまらず、当財団の観光研究全般に関してのご意見等を頂戴するとともに、多くの皆さまの一層のご指導、ご支援を賜りますようお願い申し上げます。

2019年3月

公益財団法人　日本交通公社
会長　末　永　安　生

はじめに

　本書は、全国の観光地で日夜悩みながら奔走を続けておられる行政の観光担当や既存の観光協会、DMOなど観光推進組織の事務局など、観光地の現場でマネジメントに関係する幅広い方々に読んでいただくことを念頭に執筆した。いわば、観光地経営に関わる全ての方々へのエールとなることを企図している。

　わが国の観光地は、1980年代後半のバブル経済の崩壊からほぼ30年を経て、これまで経験してこなかった人口減少や少子高齢化といった国内市場の大きな変化の真っ只中にいる。低迷を続けてきたわが国経済の成長戦略の一つとして観光立国政策が位置づけられ、訪日外国人旅行者の誘致（インバウンド政策）に関して、政府一丸となった取り組みが進められている。一方、観光地の現場では人手不足、人材不足、財源不足は深刻さを増しており、国際競争力の高い魅力ある観光地づくりには到底至っていないのが現実である。今こそ、グローバルな視点から訪問価値の高い観光地づくりに本腰を入れて取り組む時代を迎えているといえる。

　そうした中で、「観光地経営」という考え方に基づき、長期的、計画的、かつハード、ソフトを合わせて観光地を持続的に経営していく意義、そして要諦となる視点、さらに実践例について解説を試みたのが本書である。

　20世紀の需要拡大期、「開発」の時代には、観光開発の内容、ハードそのものの内容が問われたが、21世紀の需要減退期、「管理運営」の時代には、ソフトを進める「主体」、つまり誰がマネジメントするかが問われる。さらにハードの老朽化、陳腐化を迎えている昨今においては、ハードとソフトを車の両輪とした「経営」、つまり誰が何をどうマネジメントするかが問われている。

　これまで観光地では、観光客を観光産業（観光事業者）だけで受け入れてきたが、近年では住民との触れ合いや地域の生活文化をも含めた観光地全体の魅力、つまり地域力が問われる時代を迎えている。その意味で、観光地における「企業活動」と「まちづくり」を有機的に結びつけていく、つまり観光地全体を上手くマネジメントしていく「観光地経営」の考え方が重要である。「観光地経営」は、公益性にも配慮した「企業活動」と収益性をも念頭においた「まちづくり」のバランスの上で成立する地域マネジメントの考え方である。対象は企業単位ではなく、あくまで観光地単位であり、必ずしも企業活動やまちづくりのセオリーがそのまま観光地に転用、援用できるとは限らない。

　「観光まちづくり」という概念は、2000年頃から都市計画系の分野で使われ始め、既に20年近

くが経過したが、既存の観光地において「まちづくり」を進めることによって一定の効果・成果を上げているところは少なくない。観光客数や宿泊客数という量的な目標に対しては、国内旅行市場全体が縮小していることから、必ずしも到達している観光地ばかりではない一方、訪日外国人旅行者の急増によって大きく変貌を遂げている観光地もあらわれている。こうした観光の担い手の多様化や地域の文化・歴史など地域資源に対する理解の向上、多様な主体による合意形成手法の進歩などにより、観光地としての体制づくり、結束力は格段に向上してきた。"観光はまちづくりの総仕上げ"といわれる所以であろう。

一方、戦後の観光の教科書などをみると、既に「観光経営」という類似した言葉が使われている。しかしながら、それは未熟であったわが国の観光事業、特に宿泊業に対する経営指南が中心であり、本書で提示する観光地におけるマネジメントの必要性といった観点ではない。また、近年、観光関連の多くの図書が刊行されているが、観光地という地域に対して経営（マネジメント）の概念を導入すべしという主旨の文献図書はDMO（Destination Management/Marketing Organization）論の中で触れられているが、「観光地経営」の内容に深く切り込むものはほとんど見当たらない。その意味で、今後も「観光地経営」の要諦について、理論と実践を通じて体系化していきたいと考えており、その第二段が本書である。

本書は3つのパートで構成されている。まず、序では、「観光地経営」の概念を定義づけようとしている。観光地における経営資源とは何か、さらに観光地経営の目的と経営指標について整理している。そして第Ⅰ部では、「観光地経営」のための9つの視点を整理している。①状況把握、②戦略策定、③魅力創出、④滞在化・平準化、⑤保存・活用、⑥組織・人材、⑦ブランド形成、⑧財源確保、⑨危機管理の9つである。続く第Ⅱ部では、「観光地経営」の参考となる10の実践例を掲載している。北から①阿寒湖温泉、②ニセコ地域、③八戸市、④胎内市、⑤草津町、⑥白馬村、⑦鳥羽市、⑧松江市、⑨長崎市、⑩由布院温泉である。これらの中には、当財団が深く関与した事例もあれば、そうではない事例も含まれているが、いずれもその取り組みには学ぶべき点が少なくない。なお、前述の視点とは必ずしも一対一に対応しているわけではなく、それぞれ複合的な視点が盛り込まれていることを予め指摘しておく。

これらを通じて、個々の観光地における「観光地経営」のあり方をイメージしていただければと考えている。そして、願わくは観光地に関係する多くの方々のバイブルとしてお使いいただければ望外の喜びである。

最後に、本書の出版にあたっては公益財団法人 日本交通公社がこれまで蓄積してきた知見と執筆を担当したスタッフ全員の熱意と努力がなければ実現しなかった。そして丸善出版（株）の恩田英紀氏、三崎一朗氏には並々ならぬご苦労をお掛けした。ここに深く感謝の意を表したい。

2019年3月

公益財団法人 日本交通公社

目次

序 「観光地経営」とは

1. 観光地の現状と課題 …………………………………………………………………… 2
2. 「観光地経営」とは …………………………………………………………………… 4
3. 「観光地経営」の目的と経営指標について …………………………………………… 9
〈補足〉「一連の組織的活動」のパフォーマンスの評価 ……………………………… 10

第Ⅰ部 観光地経営のための9つの視点

はじめに……………………………………………………………………………………… 14

視点1 観光地の特性と経営状況を把握する …………………………………………… 16
1-1 観光地の特性の把握 ………………………………………………………………… 16
1-2 観光地の経営状況の把握 …………………………………………………………… 21
1-3 観光地のマーケティング …………………………………………………………… 25

視点2 関係主体を巻き込んで説得力ある将来ビジョンを策定する ………………… 30
2-1 なぜ将来ビジョンが必要なのか …………………………………………………… 30
2-2 地域が共有できる目標設定のための策定プロセス ……………………………… 32
2-3 説得力ある理念と戦略 ……………………………………………………………… 35
2-4 いかに関係主体を巻き込むか ……………………………………………………… 39
2-5 これからの将来ビジョン（観光計画）……………………………………………… 40

視点3 地域を見つめ直して新たな魅力を生み出す …………………………………… 46
3-1 生活文化の発掘と活用 ……………………………………………………………… 46
3-2 芸術・文化の活用 …………………………………………………………………… 53
3-3 他地域との連携の推進 ……………………………………………………………… 57
3-4 観光地の情報発信・情報提供 ……………………………………………………… 61

視点4 滞在化・平準化のための仕組みをつくる ……………………………………… 66
4-1 滞在客の市場特性と取り組みの視点 ……………………………………………… 66
4-2 宿泊施設の多様化による滞在促進 ………………………………………………… 70
4-3 滞在のためのプログラムづくり …………………………………………………… 73
4-4 MICEの誘致・創出…………………………………………………………………… 79
4-5 オーバーツーリズムへの対応 ……………………………………………………… 83

視点5 観光資源の保存と活用の両立をはかる ………………………………………… 88
5-1 観光資源の保存と活用のバランス ………………………………………………… 88
5-2 「地域ルール」づくりと運用………………………………………………………… 91

	5-3	用途変更による観光活用	95
	5-4	観光地における交通マネジメント	98
	5-5	担い手を確保する仕組みづくり	103

視点6　組織と人材を見直して実行力を高める　108
　6-1　観光推進組織・体制の現状と課題　108
　6-2　特徴ある観光推進組織の事例　111
　6-3　これからの観光推進組織・体制のあり方　111
　6-4　観光地経営の担い手として求められる人材の育成　117

視点7　観光地としてブランドを形成し、維持・向上させる　124
　7-1　観光地ブランド形成の必要性　124
　7-2　ブランド・コンセプトの設定と戦略の策定　127
　7-3　ブランド形成、維持管理のためのアクション　133

視点8　地域の観光財源を確保する　138
　8-1　地方財政の悪化と観光自主財源の不足　138
　8-2　観光財源の体系　139
　8-3　入湯税の超過課税による観光財源の確保　142
　8-4　法定外税による財源確保　146
　8-5　協力金による財源確保　151

視点9　観光地のリスクをマネジメントする　154
　9-1　観光地BCPとは／観光地BCPの必要性　154
　9-2　観光地BCPの策定事例　157
　9-3　DMC（観光地継続マネジメント）の構築と展開に向けて　159

第II部　観光地経営の参考となる10の事例

はじめに　170
1. 観光地経営に適した観光推進組織と財源づくり（北海道阿寒湖温泉）　172
2. 未曾有の国際化に対する地域一丸の取り組み（北海道ニセコ地域）　180
3. 地域への想いで結びつく地域内連携（青森県八戸市）　188
4. 観光施設・運営組織の再構築と新たな観光資源の活用（新潟県胎内市）　194
5. 「全員参加」で進める老舗温泉地の観光まちづくり（群馬県草津町）　202
6. 戦略に基づく観光地経営の策定と実践（長野県白馬村）　206
7. 既存観光地における「食」を活かしたイノベーションの取り組み（三重県鳥羽市）　214
8. 地方都市におけるMICE誘致と観光地経営（島根県松江市）　222
9. "まち歩き"を通じた観光の質の転換（長崎県長崎市）　228
10. 百年先を見越した観光地経営の実践（大分県由布院温泉）　236

観光地経営に関連する図書の紹介　252
執筆者の略歴および執筆担当　254
索　引　256

序

「観光地経営」とは

序　「観光地経営」とは

1　観光地の現状と課題
　　―「観光地経営」の必要性

　観光地とは「観光で訪れる来訪者から得られる収入が地域経済の基盤となっている地域」、すなわち、観光産業の集積が一定程度進み、観光客の受入が可能な地域のことを指すが、本書では主に高度成長時代、そしてバブル経済時代の拡大路線によって観光産業が過度に集積し、その結果として地域の自然環境や固有の風土、文化、コミュニティが失われたものの、インバウンドを含めて国際的な競争力のある魅力ある観光地へと再生することを企図している観光地を念頭に置くこととする。

　これらの地域は一次産業に依存する農林漁業地域や、サービス業への依存度の高い都市地域と比べて、観光の変化、特に観光関連消費がもたらす地域経済への影響が大きい地域であり、本書で述べる観光地経営の考え方を最も必要とする地域であるからである。

1-1　観光地を取り巻く市場環境の変化

　まず、観光地を取り巻く昨今の市場環境の変化を概観すると、以下の9点に整理できる。

1．訪日外国人の急拡大

　国内観光需要減退に代わる新規需要としての外国人観光客誘致という段階を超えて、地方創生の成長戦略の柱として「観光」が位置づけられ、国をあげた取り組みが進められている。訪日外国人の増加や観光事業への参画によって、変貌を遂げようとしている観光地がある反面、住民生活への負の影響を及ぼしているところも出始めており、克服すべき新たな課題として認識していく必要がある。

2．人口減少と少子高齢化の進展による需要衰退

　これは観光に限らずあらゆる産業に共通の課題であるが、観光旅行市場においては1990年代に既に国内観光旅行量の伸び悩みが顕著となっている（図1）。高齢者の増加に伴って、受入側の観光地もユニバーサルデザインなどの対応が不可欠となっている。

3．人口減少に加え大都市への人口移動によるローカル需要の減少

　これは日本社会全体の人口減少と少子高齢化と連動して起きており、観光地の安定顧客であった地元からの観光客や保養休養客などのローカル需要が減少している。このため大都市からの誘客が重要となり、この都市住民のニーズへの対応が求められている。このニーズは、都市では失われてしまった自然環境や歴史的街並み、そして農山漁村での伝統的な生活文化への憧れ、さらには移住・定住・半定住ニーズとしても表れてきている。

4．観光産業、特に宿泊産業における人手不足

　生産年齢人口の減少による労働力不足が顕在化している。さらに近年の建設業界や流通業界の隆盛による産業間の雇用確保も激しさを増し、地方の宿泊業界では人手不足による労務倒産といった事態も現実となっている。

5．市場の成熟化によるリピーター客の増加

　著名な名所旧跡を短時間で見て回る周遊観光から、その土地の風土や文化をより深く体験することで知的好奇心を満たそうとする観光が増加している。特に、里山などの身近な自然や古い街並みを残す都市に形成された生活文化を歩いて体験す

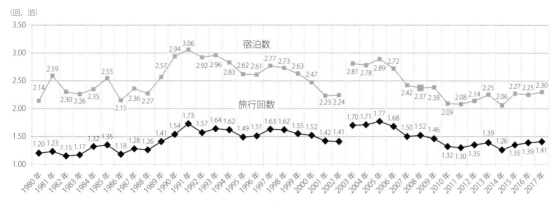

図1　日本人の国内宿泊観光旅行の回数および宿泊数の推移
注1：2003年度から調査手法を変更しているため、それ以前とは単純比較できない。（資料：「観光白書」観光庁編）

る街歩きなど歴史や文化体験、日本文化体験などへの志向が増加している。

6．滞在客の増加や高齢化・サービス産業化による旅行需要の平準化

訪日外国人の滞在スタイルが日本人と異なり、長期滞在が進むスキーリゾートなどでは平準化が進んでいる。また、高齢化によって平日に旅行する人が増加したことで、ピーク時の需要が減少し、需要の減衰と相まって、観光産業の供給過剰が表面化し、これが今後も継続する見込みである。

7．情報環境の変化による旅行先の多様化・分散化

アニメや聖地巡礼、インスタ映え、食など新たなテーマによるディスティネーション開発など情報発信が盛んに行われており、旅行先の多様化は急速に進んでいる。カーナビやスマートフォンなどによる移動支援ツールの整備により、全国どこへでも気軽に行くことができ、しかもSNSなどによって常にリアルタイムに情報を取得できる情報環境への変化がその要因となっている。

8．観光産業の変貌

OTA（オンライントラベルエージェント）やLCC（ローコストキャリア）の台頭は、既存の旅行業者や空港インフラの構造改革を促すようになっており、観光地にとっては客層の変化を伴うまでになっている。また、住宅宿泊事業法の施行による民泊制度の普及や、旅館業法の規制緩和など既存の観光産業も大きく変貌を遂げつつある。

9．旅行・観光に対する競合の激化

国内旅行と海外旅行との競合は1980年代から滞在型の旅行において明確となっていたが、1990年代からはパソコン、携帯電話などへの「消費」が観光旅行の競争相手となっていた。現在では、テレビゲームやスマートフォンなど「消費」だけでなく「時間」も競合相手となっており、広義にいえば、"観光地のライバル"は急増している。

こうした様々な要因により、わが国の観光・観光地は大きな変貌期を迎え、世界の観光地との競合は益々激化していると理解しなければならない。既に中国人観光客は、世界のマーケットを大きく変えつつあるし、富裕層マーケットの誘致は高度な戦略が不可欠となっている。地域固有の自然や歴史文化を疎かにし、観光客と住民との交流といったふれあいも少なくなったわが国の多くの観光地も、こうしたグローバルな市場環境の中にいることを自覚し、入込客の減少のみならず、デフレによる消費単価の低下も乗り越え、国際的にも通用する魅力ある観光地を目指すことによって持続的な地域経済の維持・発展を図っていく必要がある。

1-2　観光産業と観光行政の行き詰まり

このような市場環境変化のなかで、観光産業だけが個別に競争しあいながら単体としての規模拡大、売上増加を追求する経営姿勢では対処できなくなっている。観光産業間の相互連携のみならず他産業との連携、さらに地域全体の観光魅力向上が必要となっている。

図2　高度な総合政策としての観光政策

> **コラム：観光政策と観光行政**
> 　観光政策―「観光に関する政府・政党、あるいは地方公共団体などによる方策ないし施政の方針」
> 　観光行政―「国の機関または地方公共団体が、観光政策に基づき、あるいは観光に関連する法律・政令その他法規の範囲内で行う政務」

> **コラム：「観光イノベーション」の5つのタイプ**
> ①資源系イノベーション
> ②施設系イノベーション
> ③産業（事業）系イノベーション
> ④政策系イノベーション
> ⑤人材系・組織系・財源系イノベーション

　また、観光行政も観光入込客数を追求する誘致宣伝活動だけでは限界が来ている。図2に示すように、観光政策は多岐にわたる総合政策であり、それを観光行政（観光担当部署）だけが担務することは不可能に近い。

　近年、「観光立国」から「観光先進国」へと政府の観光政策は、かつてない人員や予算規模によって進められている。国自体がより積極的な官民連携を進め、さらに観光庁だけではなく、文化や環境、スポーツなど様々な分野、様々な省庁との連携を強化し、まさに総合政策としての位置づけを確保しつつある。しかしながら、地方においてはまだそうした意識に乏しく、地方創生における総合戦略に観光振興を位置づけながらも、既存の政策との調整や財源不足などを理由に必ずしも国が目指す方向と合致するに至っていないのが現実である。

1-3　「観光地経営」の必要性

　戦後の日本は、観光需要の拡大期であり、受け皿となる観光地、観光施設を如何に供給するかが国土政策上の課題であった。国土総合開発法に基づく「国土開発計画」は5回策定されたが、その計画事項に「観光に関する資源の保護、施設の規模及び配置に関する事項」が盛り込まれていたことから、時代時代に応じた観光政策が打ち出されてきた。この時代においては、どこに何を開発するかが重要であり、要は観光開発（ハード）の内容が問われた。つまり20世紀は観光にとって「開発」の時代ということができる。そしてバブル期のリゾート開発ブームは供給過剰の段階にまで至らしめたということができる。

　その後、バブル経済が崩壊し、需要は減退、さらに人口減少と少子高齢化という社会構造の変化がわが国の観光構造を大きく変貌させた。つまり、需要減退期に入った21世紀の観光構造は、施設整備の段階から「管理運営」の時代へと移行したのである。管理運営（ソフト）を進める「主体」、つまり誰がマネジメントするかが問われるようになった。

　そして、近年では、ハードの老朽化、陳腐化を迎え、国民の観光ニーズの変化やインバウンドなどの新しい需要に対応する必要があることから、施設のリニューアル、インフラの更新などが急務となっている。これからはまさにハードとソフトを車の両輪とした「経営」、つまり誰が何をどうマネジメントするかが問われる時代となっている。

　こうした状況の中で不可欠となっているのが、「観光イノベーション」であり、本書で述べる「観光地経営」の考え方である。

2　「観光地経営」とは

2-1　総合政策と合意形成プロセスの必要性

　バブル経済崩壊後の企業は市場の変化に対応するために、それまでの部門ごとに対処する施策から事業領域すべてをゼロベースで見直し、ヒト・モノ・カネ・情報を全体で最適配分するための構造改革を余儀なくされた。これを地域経済に置き換えると、農林漁業・地場の二次産業・観光産業という様々な産業を個別の振興政策として実施するのではなく、全体で相乗効果を発揮するための

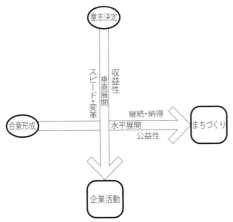
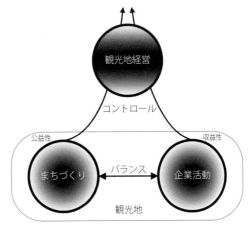

図3 観光地における企業活動とまちづくりの関係
注) 本来、「公益性」と「収益性」は異なる次元の言葉であるが、公益性の対義語である私益性を観光地においては収益性と同義であるとして使用している。

図4 望ましい「観光地経営」のイメージ

地域の全体最適化を図る政策が求められているということである。そのためには、今までの狭義の観光産業振興策だけでなく、一次産業、二次産業、さらには土地利用や自然環境、街並み景観など総合政策として実施することが必要である。

しかし、企業と異なり、地域では様々な価値観を持つ住民が生活しており、また観光産業とは異なる事業目標を持つ様々な企業や住民組織が存在する。特に、観光地の経営資源として重要度を増している自然環境や街並み景観の整備、交通規制等による空間魅力の向上には、住民生活の快適性・利便性との相互調整が必要となり、さらに地域の景観を左右する農地や海浜の活用については一次産業との相互調整が必要となる。そのため、これからの観光地魅力の向上には、地域にとっての観光のあり方・意味を改めて住民に問い直し、合意形成を図るためのプロセス・仕組みが必要となる。

2-2 企業活動とまちづくりのバランス

観光地における「企業活動」と「まちづくり」を有機的に結びつけていく、つまり観光地全体をマネジメントしていくのが「観光地経営」の考え方である。

「企業活動」は、スピードと変革、そして収益性が求められ、意志決定は縦系列・垂直展開で行われる。それに対して「まちづくり」は継続が大切であり、そのためには関係者がそれぞれ納得しなければならず、公益性が追求される。そして合意形成は常に横系列・水平展開で行われる（図3）。こうした相反するような活動が観光地において展開されてきたが、これからはそれを上手くバランスさせていかなければならない。両者は収益性の追求と公益性の追求であり、それをどう地域の中で折り合いをつけていくかということにほかならない。

「観光地経営」は、公益性に配慮した「企業活動」と収益性も念頭に置いた「まちづくり」のバランスの上で成立する地域マネジメントの考え方である（図4）。対象は企業単位ではなくあくまで観光地単位であり、地域を軸足としていることから、必ずしも製造業などの企業経営のセオリーがそのまま転用、援用できるとは限らない。いわば挑戦的な観光地活性化の考え方である。

2-3 「観光地経営」の定義

以上に述べた観光地活性化の考え方に基づく活動を、本書では「観光地経営」と位置づけ、以下のように定義する。

> 「観光地の持続的な発展（①）を目的として、一定の方針（ビジョン）（②）に基づいて、観光地を構成する様々な経営資源と推進主体（③）をマネジメントするための一連の組織的活動（④）」

> **コラム：観光資源の定義と分類**
>
> 観光資源の定義には様々なものがあるが、（公財）日本交通公社では、観光資源を「人々の観光活動のために利用可能なものであり、観光活動がもたらす感動の源泉となり得るもの、人々を誘引する源泉となり得るもののうち、観光活動の対象として認識されているもの」と定義しており、大きくは自然資源と文化資源に、細かくは24の種別で分類している。
>
> なお、本書では、こうした観光資源だけにとらわれず、さらに広く「観光地における経営資源」を定義している。
>
> **観光資源の分類**
>
> | 資源分類 | | | | |
> |---|---|---|---|---|
> | 自然資源 | 01 | 山岳 | 11 | 史跡 |
> | | 02 | 高原・湿原・原野 | 12 | 神社・寺院・教会 |
> | | 03 | 湖沼 | 13 | 城跡・城郭・宮殿 |
> | | 04 | 河川・渓谷 | 14 | 集落・街 |
> | | 05 | 滝 | 15 | 郷土景観 |
> | | 06 | 海岸・岬 | 16 | 庭園・公園 |
> | | 07 | 岩石・洞窟 | 17 | 建造物 |
> | | 08 | 動物 | 18 | 年中行事（祭り・伝統行事） |
> | | 09 | 植物 | 19 | 動植物園・水族館 |
> | | 10 | 自然現象 | 20 | 博物館・美術館 |
> | 人文資源 | | | 21 | テーマ公園・テーマ施設 |
> | | | | 22 | 温泉 |
> | | | | 23 | 食 |
> | | | | 24 | 芸能・興行・イベント |
>
> （資料：「観光資源台帳」（公財）日本交通公社）

①観光地の持続的な発展とは

観光地における企業活動と住民活動（まちづくり）という異なる価値観を持つ活動を、

1. 地域の魅力向上と適切な資源保全による観光消費の維持・増大
2. その地域で観光により影響を受けるすべての利害関係者への裨益の適切な配分（還元）
3. 住みやすさ（環境）の維持向上および観光客との交流等による住民の幸福度（住民満足度）の向上

の3つの観点からバランスを取りつつ、経済的にも文化的にも観光地を活性化することであり、その目標は観光地固有の特徴、個性を再構築して、人々が訪れたくなる価値を生み出すことである。

②一定の方針（ビジョン）とは

上記の目的を達成するための観光地全体の経営指針が必要であり、それは地域住民や事業者などの合意により策定されるものである。ただし、地域によっては観光のみならず一次産業、二次産業の振興や住民の生活向上を目指すための、様々な領域を包含する地域振興計画（総合計画）の一部に観光が位置づけられたり、また、この総合計画に基づいて、観光振興計画や一次産業振興計画、都市・まちづくり計画、自然環境保全計画、住民福祉計画などの個別計画が策定されるケースもある。通常これらのビジョン、計画は行政単位で行われるが、観光分野では市町村合併が進行した現在、複数の市町村の広域ビジョンや観光産業が集積している地区（観光地）だけで策定されるビジョンもあり得る。

③様々な経営資源と推進主体とは

観光の対象となる観光資源や観光施設、観光インフラ（観光交通基盤、情報基盤等）のみならず、「観光地経営」に必要な人材資源や「観光地経営」を担う推進組織、その経営活動を行うための財源等を指す。

企業経営と異なり観光地経営では、異なる価値観、異なる活動目的、異なる組織体制を有する様々な企業組織、法人組織、住民組織が並立している。

④マネジメントするための一連の組織的活動とは

様々な経営資源と推進主体をマネジメント[注1]するためには、意思決定と合意形成のための相互理解と調整機能が必要となる。その中核的な役割を果たすのが行政であり、観光推進組織である。そして観光産業、さらには一次産業・二次産業および様々な住民組織である。

2-4 観光地における経営資源の特性

次に、「観光地経営」の対象となる経営資源について定義し、その特性を整理する。

(1) 観光分野における資源と経営分野における資源

観光分野では、一般的に資源とは「観光資源」を指し、観光客に観光行動を想起させる観光魅力を意味する。一方、経営分野においては、一般的に資源とは経営活動に投入可能な「ヒト、モノ、

注 1) マネジメントとは「様々な資源、資産、そしてリスクを管理し、効果・成果を最大化する手法のこと」と一般的には言われているが、簡単に言えば「適切に物事を進めること」であり、さらに言えば「(誠意をもって) 何とかすること」と定義づけることもできる。

注 2)「地域資源」という言葉について本書では、「地域資源の発掘」や「地域資源の活用」など地域に賦存する様々な資源のうち、まだ観光的に利用されていないものの意味で比較的多く使用している。

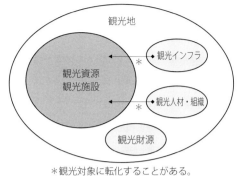

＊観光対象に転化することがある。

図 5　観光地の経営資源

カネ、情報」の 4 つに代表されることが多い。

先に両分野の資源の定義の違いを述べると、前者は、観光者の視点から資源を規定しており、後者は、経営活動を行う企業の視点から資源を規定している点にある。

(2) 観光地における経営資源とは

「観光地における経営資源」の定義にあたっては、先に述べた両分野の視点の違いに加えて、一企業ではなく、観光地という多様な主体から構成される「地域」に考え方を拡張して考える必要があり、以下のように定義できる。

「観光地における経営資源」とは、観光地が経営活動を行うにあたって活用可能な資源を指し、Ⅰ．観光資源・観光施設、Ⅱ．観光インフラ、Ⅲ．観光人材・組織、Ⅳ．観光財源の 4 つから構成される（図 5）。

Ⅰ．観光資源・観光施設

観光資源・観光施設は、人々に観光行動を起こさせる魅力ある観光対象を指し、観光地のアイデンティティやイメージの基調を構成するという意味において重要である。観光客を誘致するための最も重要な資源であり、収益の確保にも大きく影響するものである。

観光資源の特性としては、以下の 3 つがあげられる。

①観光資源は市場との関係性の中で成立するものであること

②資源という言葉が示す通り、既に顕在化している観光資源と将来的に観光利用がなされる可能性のある潜在的な地域資源[注2]の 2 つがあること

③さらに観光資源は有形、無形のものがあり、観光資源によっては、有形、無形の観光資源が一体となって場を構成する、あるいは組合せによって価値が高められるなどの性質を持つ。

具体的には、自然風景や歴史文化、宿泊施設（旅館、ホテル、民宿等）や飲食物販施設、テーマパーク等の観光施設、美術館、博物館等の文化・教育施設等から、郷土料理、土産物・特産品、伝統工芸、伝統芸能、行祭事、方言、習慣・習俗、生活の知恵、地名、地域から輩出した著名人などがあげられる。

公共的な位置づけの高い観光施設や観光の拠点ともなる施設は、観光地の印象、地域経済に大きな影響を与えることから、観光資源と併せて経営資源の中核の一つとして捉えることもできる。

Ⅱ．観光インフラ

観光インフラとは、観光地における観光活動を成立させるための基盤施設であり、観光資源・観光施設と観光客を結び付ける役割や観光資源・観光施設の有する価値を高める役割を果たす。具体的には、観光案内所や観光案内サイン、休憩所、トイレ等のサービス施設、資源や施設間を結ぶ交通施設（道路、交通機関、駅や空港等の交通拠点となる施設等）、マップやパンフレット等各種情報媒体・システム等の情報基盤施設等を指し、観光客に対して利便性や快適性を提供する。また、観光地における生活支援サービス（電気やガス、上下水道等）や医療等も観光客の滞在に資することから観光インフラとみなすことができる。そして、

> **コラム：「日本版 DMO」の登録 5 要件**
> ①日本版 DMO を中心として観光地域づくりを行うことについての多様な関係者の合意形成
> ②データの継続的な収集、戦略の策定、KPI の設定・PDCA サイクルの確立
> ③関係者が実施する観光関連事業と戦略の整合性に関する調整・仕組み作り、プロモーション
> ④日本版 DMO の組織
> 　法人格の取得、意思決定の仕組みの構築（責任を負う者の明確化）、データ収集・分析等の専門人材が DMO 専従で最低一名存在
> ⑤安定的な運営資金の確保
>
> （出典：観光庁資料）

さらに広く捉えれば、気候や地形なども観光地の滞在快適性を構成する要素であり、市場における滞在活動への意向が高まる昨今においては、観光インフラの一つとして捉えられる。これらは観光資源・観光施設と一体となって観光地の魅力を構成するもので、中にはそれ自体（地域独特な乗り物等）が観光旅行の目的となることもある。

Ⅲ．観光人材・組織

観光地の持続的発展を目的とする「観光地経営」には、観光分野のみならず、地域に関わる様々な活動組織、人材の関与が不可欠である。それらを調整し、巻き込みながら、観光地としての経営を推進する組織の有無、組織の運営能力は観光地の経営資源の一つとみなすことができる。

観光人材には、観光地の経営方針を決定する人材と方針に基づき観光客に対しておもてなしを行う人材の二つに大きく分けられる。前者は、行政や観光協会、旅館組合、NPO 等の中心的な役割を担う人材であることが多く、後者は観光施設等で接客を行う観光産業従事者から、地域で温かく観光客を迎え入れる住民をも指す。観光地の経営においては、前者は観光地全体の将来に対する責任を持つという点において、後者は観光地の印象を直接的に左右するという点において非常に重要であると言える。

近年では前者と後者の間で、観光地全体を戦略的にマネジメントする人材（コーディネーター）の必要性が高まっており、その育成が急務となっている。

なお、人材も観光インフラと同様に観光資源・観光施設と一体となって観光地の魅力を構成するものであり、中には、「あの人に会いたい」など、地域の人材自体が観光目的になることもある。

Ⅳ．観光財源

観光地の経営活動に必要となる財源は、各組織体にばらばらに保有されていることが多い。「観光地経営」にあたっては、できる限り観光地単位で事業の重複を減らし、一体的な組織活動として行うことで事業の効率化を図り、より効果が出るような形で財源が投入されることが求められる。加えて、内部資金のみならず、目的税や外部からの補助金、交付金等の獲得、あるいは外部資本を導入して、「観光地経営」のための資金を得ることも重要である。

2-5 「日本版 DMO」の役割と期待

こうした「観光地経営」の舵取り役を果たすのが、DMO（Destination Management/Marketing Organization）である。海外でも 21 世紀に入って注目された概念で、かつては従来からの観光協会（Tourism Organization）とは異なる概念として提唱されたが、現在ではそれらも含めて DMO と総称されるようになっている。

わが国では 2015 年、地方創生の取り組みの中で、"地域の観光戦略を練る司令塔となる新たな組織"ということで国の総合戦略にも位置づけられた。

これまでのわが国の観光地域づくりの課題として、
・関係者の巻き込みが不十分
・データの収集・分析が不十分
・民間的手法の導入が不十分
の 3 点を挙げ、地域の多様な関係者を巻き込みつつ、科学的アプローチを取り入れた観光地域づく

表1 「観光地経営」の主体および関連するステークホルダーの行動目的

主体	「観光地経営」のステークホルダー	主体別の行動目的（例）
域内の主体	・観光事業者・観光関連団体 ・観光以外の事業者・団体 ・観光産業従事者 ・住民（納税者）	利益最大化、リスクの抑制、事業拡大 利益最大化、組織目標の達成、リスクの抑制 所得増加、雇用の安定、職場環境、やりがい 雇用機会増加、生活環境改善、地域イメージ向上
域外の主体 （一部に域内を含む）	・観光客 ・旅行業、交通事業者等 ・周辺観光地 ・助成機関（国、県、関連機関等） ・金融機関、ファンド、投資家（債権者） ・資産保有者（納税者）	旅行の満足度向上 旅行者の増加、コミッションや交通費の増加 広域連携による集客力向上、地域機能の補完 支援目的の達成 債権の回収、収益の拡大・安定 地価など資産価格の上昇

りを行う舵取り役として「日本版DMO」制度を創設し、各地域で形成・確立を目指すこととされた。

現在、観光庁において①広域連携DMO、②地域連携DMO、③地域DMOの3つのタイプに登録制度を実施している。

3 「観光地経営」の目的と経営指標について

3-1 「観光地経営」の目的の捉え方について

ここで「観光地経営」の目的としている「観光地の持続的な発展」の意味について少し補足しておく。

まず「観光」という言葉は、地域での「観光振興」「観光開発」「観光活動」「観光消費」「観光産業」「観光経済（波及効果）」といった多面的な観点からの尺度を内包しており、ある意味で曖昧である。逆に言えば、「観光」の捉え方は地域によって差異があるのが当然であり、それが地域の個性、観光魅力に繋がっている。

次に、「持続的」という言葉についてである。近年の傾向として、「持続的な観光」という言葉を、環境問題やエコツーリズムと結びつけて用いるケースが目立つが、こうした要素だけが持続可能性を測るものではない。つまり「観光地」が永続的に存立するために基盤となっている経営資源（観光資源・観光施設、観光インフラ、観光人材等）が毀損することが、持続可能性のリスクであり、「観光地経営」にはこれらをコントロールしていくことが求められる。

「発展」という言葉についても、地域によって様々な考え方や水準、理想像があってよい。

3-2 「観光地経営」に影響を与えるステークホルダー

「観光」や「発展」の捉え方に地域差があることは当然であるが、「観光地経営」の指標についての議論を進める上で、ある程度最大公約数的な「観光地経営」の目的像を掲げておきたい。

「観光地経営」に影響を与えるステークホルダー（利害関係者）としては、域内の観光事業者、観光関連事業者・団体、観光客（来訪者）、住民（納税者）、観光産業従事者、周辺観光地・観光事業者、助成機関（国、県、関連機関等）、金融機関・ファンド・投資家（債権者）、資産保有者（納税者）などが考えられる。そして、それぞれのステークホルダーは、利益の最大化、満足度の最大化など異なる目標を持っており、こうした様々な主体に配慮したバランスの取れた「観光」の「発展」が要求されることになる。

3-3 「観光地経営」における経営指標

これら個々のステークホルダーの要求をカバーするためには、「観光地経営」の目的はある程度幅広いものとなる。

観光事業経営者や投資家にとって重要な指標となるのは、売上高すなわち観光消費額（観光客数×単価）であり、さらに長期的な投資計画を進める上では、長期ビジョンに基づく計画的な観光地づくり、観光資源の保全等による持続可能性の確保、投資リスクの抑制（客層やアクティビティの多様性、投資減税等）である。また、雇用者の満足度（賃金、労働時間、安定雇用、やりがい等）も焦点になる。

表2 「観光地経営」の目的と達成度の指標

「観光地経営」の目的	経営目的の達成度の指標（例）
・観光消費額の増加	観光客数、宿泊客数、1人当たり消費単価、観光消費額
・域内波及効果の向上	域内調達率（物産、食材）、域内雇用者比率
・雇用者数の増加	観光従事者数、周辺産業従事者数
・雇用者所得、従事者定着率の向上	所得水準、正社員比率、社内教育、従事者満足度
・持続可能性の確保・リスクの回避	観光資源の保全、客層や商品サービスの多様性、設備投資、防災・治安・衛生・医療、固定客比率
・安定的な観光予算の確保	自主財源比率、観光予算の安定性
・観光の社会的効果の向上	住民の観光への態度

　一方、観光客（顧客）の視点では、旅行サービスの質やホスピタリティからみた満足度等が重要な指標となる。

　観光行政にとっては、公共の立場から、地域住民の雇用機会の創出や、生活水準の向上を進めることも目的として重要である。そのためには、域内の観光産業だけでなく、観光以外の産業の振興にも配慮する必要があり、土産品や食材に関する域内調達率の上昇、域内雇用や雇用者所得の増加を通じた"経済波及効果"の拡大は重要な目標になる。経済波及効果は、観光消費額と域内調達率（域内雇用率含む）の相乗によって生み出される指標であり、観光事業者にとっても、他産業や住民などほとんどの主体にとって共有可能な指標として位置づけることができる。

　また、以上に挙げた経済面の目的だけでなく、社会的な効果についても、公共の立場として重視していく必要がある。例えば、観光振興によって地域の文化を保全、育成していくこと、消費の選択肢を増やしていくこと、観光客と住民との交流機会の増加、住民の地域に対する誇りの醸成などは、観光の重要な社会的効果である。こうした社会的効果に関する住民の評価を調査等によって検証することは、「観光地経営」の要諦である。むろん、その調査には、交通混雑、景観破壊、物価への影響、プライバシー侵害など改善を要するマイナスの指標も含まれる。

　表2は、上記に挙げた「観光地経営」の目的と、その目的に対応する指標を例示したものである。こうした経営指標の達成度については、ある程度の頻度で定期的かつ長期的に把握していくことが望ましい。その役割の中心を担うものが「観光統計」や「経済効果調査」であると言うことができる。

〈補足〉

「一連の組織的活動」のパフォーマンスの評価

(1) 組織的活動の捉え方

　「観光地経営」の目的を達成するために、一定の方針（ビジョン）に基づいて、観光地を構成する様々な「経営資源（観光資源・観光施設、観光インフラ等）」、「推進主体（住民、事業者、行政等）」をマネジメントするための一連の組織的活動が行われる必要がある。

　観光地を構成する「経営資源」には、自然資源や人文資源といった狭義の観光資源だけではなく、宿泊施設をはじめとする観光施設、案内所や交通機関などの観光インフラ、さらには人的資源等も含まれる。

　また、ここでいう「マネジメント」には、観光資源・施設、観光インフラ、観光人材等の素材を保全・育成していくだけでなく、それらを有効に活用していくという意味合いも含まれている。例えば、プロモーションの展開や、旅行商品化、受入態勢の整備の促進等である。

　また、「観光地経営」のリスクを抑制する観点から、防災、治安、医療、衛生等への対応、風評被害や経済危機等に際しての対応（客層の多様性維持、有事の際のメディアへの発信力、弾力的な観光財源の運用等）も管理の重要な要素である。

　次に「推進主体」のマネジメントについてだが、組織の境界が明確な「企業」とは異なり、観光地は、民間事業者や住民、行政といった異なる主体で構成されている。「企業」の場合は、経営者が一

元的にマネジメントすることが可能だが、「観光地経営」を観光主管課のみで進めることは困難であり、その権限が及びにくい関連部署や外郭団体等を巻き込みながら、民間主体の観光関連団体が主体となってマネジメントを進めていくことになる。実態としては、行政内部の関連部署や域内の各主体との協議の中で、あるいは観光政策や観光関連条例、補助金等を戦略的に用いながら、関連主体の諸活動をビジョンに基づいてコントロールしていくことになる。

（2）観光地の資源性と観光地経営力との関係性

図6は、

（①観光地の資源性×②観光地経営力）×
③外部環境＝④観光地経営の成果

という関係性を示した概念図である。

ここで、②「観光地経営力」とは、プロモーションや商品化などのマーケティング活動、資源保全や人材育成への取り組み、経済効果向上の観点からみた地産地消への取り組み、観光政策を推進する組織体制や関連主体との連携、経営目的を達成するための法制度面の整備、安定的な観光財源確保とその弾力的運用といった組織的諸活動の水準などを指す。④「観光地経営の成果」とは、経営目的の達成度を測る指標であり、観光客数、消費額、経済効果、観光産業の生産性、再訪客数、旅行者満足度などの指標によって計測される。

③「外部環境」には、旅行市場の動向や交通条件、あるいは社会経済情勢、ブーム、事件、天候等といった観光地経営の成果に影響を及ぼす条件が含まれる。ただし、客層の多様化や防災計画など、有事に備えた「マネジメント」を進めることで影響をある程度抑制することも可能であることから、こうした外部環境変化への対応も観光地経営の一環として捉える必要がある。

（3）活動の評価と指標

「一連の組織的活動」のパフォーマンス（業績）の評価指標は、行政においては、いわゆる「行政評価」や「事業評価」として個別に行われている。

例えば、経営目的である「観光消費額の増加」を重視して、単価の高い宿泊客数を増やす施策を展開したとする。そして、そのための事業として、宿泊しなければ経験できない「朝市の魅力向上とPR事業」「宿泊客向けの花火打ち上げの実施」等の複合的な事業を実施したとする。

この事業の効果は、それがもたらした宿泊客の増加数と宿泊料金の上昇分を知ることができれ

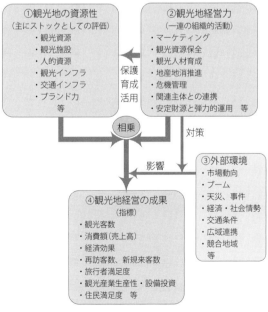

図6　観光地評価指標の分類と主な評価項目

ば、消費額という形で直接的に計測することができるだろう。しかし、宿泊客数の増減は天候等にも左右されるし、年ごとの景気動向や交通路線開通などによる変動もあり得る。

こうした外部環境による影響が大きい場合には、事業プロセスを間接的な指標によって評価する方法がしばしば行われる（経営目的の達成度をアウトカム指標、事業プロセスの達成度をアウトプット指標と言うことがある）。この例の場合、開催日数や開催時の宿泊者数、関連する旅行商品の設定数、宣伝活動（パブリックリレーションの広告費換算、配布チラシ数等）などによって事業プロセスを評価することが可能である。

ただし、事業活動の目的は、あくまで宿泊客を増やして消費額増加につなげることであり、事業プロセスの評価が高くても、経営目的を達成できない場合には、その要因を明確にした上で（同じ失敗をしないために）、他の事業に切り替えていくといった措置が必要となる。

表3は、参考までに、経営目的を達成するための事業活動と、その評価指標を例示したものである。繰り返しになるが、事業活動は、地域のビジョンに基づいて展開されるものであり、その評価手法も、統計等の制約の差異にも起因するが、地域によって異なってよい。

（4）観光地経営力の評価

組織的活動の評価を、「経営資源」や「推進主体」のマネジメントにまで踏み込んだ指標を作成している例は少なく、多くの場合、観光地マーケティング（PR、商品造成、イベント等）に関わる個別事業の評価に留まっている。マーケティング活動以外の「マネジメント」活動の評価は、数値化することが難しいものが多く、特に行政内部で「組織」の管理を客観的に評価することは難しい。

【参考文献】
1) （財）日本交通公社調査部編（2004）：「観光読本（第2版）」東洋経済新報社
2) 塩谷英生(2007)：「総合行政としての観光地経営とその評価」『計画行政』30（2）、日本計画行政学会、pp.32-37
3) 梅川智也（2012）：「観光まちづくり」はどこに向かうのか：観光地マネジメントの視点から、『都市計画』61（1）、pp.7-11
4) （公財）日本交通公社 (2014)：『美しき日本―旅の風光―』（株）JTBパブリッシング、pp.276-278
5) 菅野正洋(2017)：「海外の学術研究分野におけるディスティネーション・マネジメント」の概念の変遷」、『観光文化』234号、（公財）日本交通公社、pp.4-14

表3 「観光地経営」の目的に対応する事業と評価指標のイメージ

「観光地経営」の目的	事業の例	事業活動プロセスの達成度の指標（例）
・観光消費額の増加 ・域内波及効果の向上	宿泊客増加事業（朝市・花火） 地元食材のブランド化推進事業	開催日数、参加者数、当日宿泊者数、PRの広告費換算等 当該食材の域内出荷額、当該食材メニュー拡大、取扱店拡大等
・雇用者数の増加 ・雇用者所得、従事者定着率の向上 ・持続可能性の確保・リスクの回避	新卒大学生の観光産業就業拡大 中小事業者向け社内教育支援事業 観光地域の治安向上	就職説明会の開催件数、参加人数、満足度等 セミナー開催数、参加者数、満足度等 観光地域における刑事事件数・クレーム数、市民の防犯活動人数等
・安定的な観光予算の確保 ・観光の社会的効果の向上	自主財源事業の展開 観光の重要性啓発事業	直営駐車場収入の増加。協力金収入の増加等 経済効果パンフレットの配布数、住民意識調査による印象変化率等

第Ⅰ部

観光地経営のための9つの視点

はじめに

1. 9つの視点

序において、「観光地経営」を以下のように定義した。

> 観光地の持続的な発展を目的として、一定の方針（ビジョン）に基づいて、観光地を構成する様々な経営資源と推進主体をマネジメントするための一連の組織的活動

「観光地経営」を行うための一連の組織的活動は、以下の4つに大別できる。
- 方針（ビジョン）づくり
- 持続的な発展に資する付加価値づくり
- 一連の活動を可能とする組織づくり・人づくり
- 持続性を担保する条件づくり

これら4つの活動を展開するには、次の9つの視点が重要である（図1）

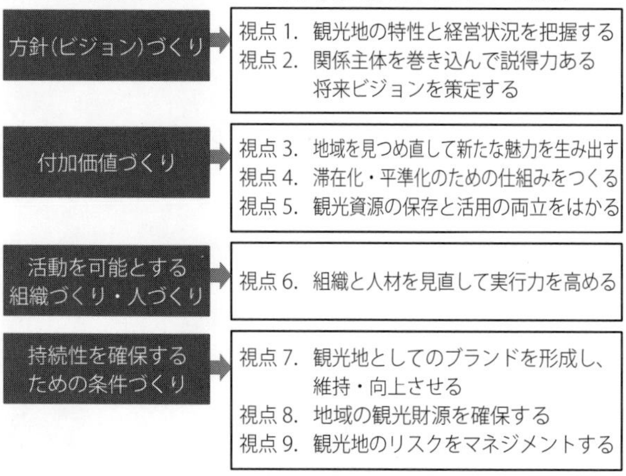

〔一連の組織的活動〕	〔観光地経営のための9つの視点〕
方針（ビジョン）づくり	視点1. 観光地の特性と経営状況を把握する 視点2. 関係主体を巻き込んで説得力ある将来ビジョンを策定する
付加価値づくり	視点3. 地域を見つめ直して新たな魅力を生み出す 視点4. 滞在化・平準化のための仕組みをつくる 視点5. 観光資源の保存と活用の両立をはかる
活動を可能とする組織づくり・人づくり	視点6. 組織と人材を見直して実行力を高める
持続性を確保するための条件づくり	視点7. 観光地としてのブランドを形成し、維持・向上させる 視点8. 地域の観光財源を確保する 視点9. 観光地のリスクをマネジメントする

図1 4つの活動と9つの視点

2. 9つの視点の概要

視点1 観光地の特性と経営状況を把握する

「観光地経営」にまず必要なことは観光地の現状を的確に把握することである。的確な現状認識があってはじめて、目指すべき方向性や実施すべき施策が導き出せる。その意味で最も大切な作業である。ここでは、「観光地の特性」と「観光地の経営状況」という2つの側面から把握すべき対象と把握するための手段について、その分析手法や解釈について整理している。

視点2 関係主体を巻き込んで説得力ある将来ビジョンを策定する

「観光地経営」の羅針盤ともいうべき将来ビジョンをどう策定するか、関係する主体が多岐にわたる観光地において、どう彼らを巻き込み、説得力のある将来ビジョンをどう策定していくかを整理している。また、これからの将来ビジョン（観光計画）はどうあるべきかについても言及している。

視点3 地域を見つめ直して新たな魅力を生み出す

持続的な観光地の経営にとって、新たな魅力づくりは欠かせない視点である。ここでは、時代の変化や旅行者ニーズに応じた新たな観光スタイルに対応するための地域の取り組みとして、「生活文化の発掘と活用」、「芸術・文化の活用」、「他地域との連携の推進」を整理している。併せて、情報発信・情報提供について取りまとめている。

視点4 滞在化・平準化のための仕組みをつくる

滞在需要を顕在化・平準化していくためには、観光産業や地域が、受入の仕組みを変化させていくことが必要となる。ここでは、宿泊施設の多様化、滞在のためのプログラム開発、需要平準化の手法の一つとしてのMICE誘致・創出について整理している。併せてオーバーツーリズムについても言及している。

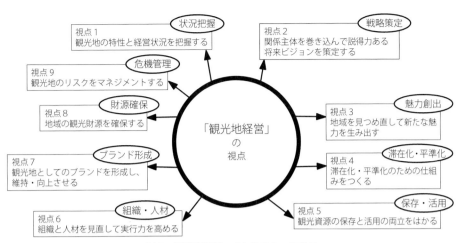

図2 「観光地経営」のための9つの視点

視点5 観光資源の保存と活用の両立をはかる

　観光資源は「観光地経営」の最も基本となる経営資源であり、その保存が最優先であることは言うまでもないが、活用を通じて保存への道筋が開けてくるものでもある。保存と活用のバランスは各地共通の課題であるが、ここでは近年の取り組みを概観し考え方の整理を試みた上で、地域ルールづくりとその運用、用途転換による観光活用、観光地における交通マネジメント、地域の担い手を確保する仕組みづくりという4つのアプローチについて整理している。

視点6 組織と人材を見直して実行力を高める

　多様な価値観を持つ住民、異なる事業目標を持つ企業や組織などが協働して観光振興を図っていくためには、個々の利害関係を調整しつつ、迅速に意思決定をして実行していく推進組織が必要となる。そしてこれからの観光推進組織は、多様な主体が参画する地域マネジメント組織として展開していくことが重要であることを示す。その担い手としては、観光地のマーケティングや地域づくり戦略を行政とともに検討し、ビジネスとしての事業を推進していく人材が求められるが、そうした人材の育成方法について整理している。

視点7 観光地としてのブランドを形成し、維持・向上させる

　観光に関するブランドには、観光地全体の地域ブランド・統合ブランドと特産品やサービスなど個別ブランドに大別できる。ここでは、「観光地経営」の結果として市場で形成される総合的な「観光地ブランド」について、まずはその概念と位置づけを整理し、観光地ブランドの形成に向けた戦略と行動、そして観光地ブランドの維持、管理についても言及している。

視点8 地域の観光財源を確保する

　地方財政が悪化する中で観光振興のために必要な財源を確保することはますます重要となっている。観光財源は、自治体独自の財源である自主財源と国や都道府県の裁量等に左右される依存財源に大別されるが、観光資源の保全や観光インフラの整備、あるいは観光人材の育成などの施策を計画的に展開していくためには安定的な財源の確保が不可欠となる。

視点9 観光地のリスクをマネジメントする

　日本国内の様々な地域が観光地となるに伴って、観光地が災害に見舞われるリスクも増大しつつある。ここでは、観光地を擁する自治体が危機からの再生をはかる際に求められる視点、観光地としての危機災害時の計画やマニュアルの策定事例、トータルな地域における観光危機管理体制の構築（DCM：観光地継続マネジメント）について整理している。

視点 1 観光地の特性と経営状況を把握する

　観光地経営に取り組む上で、まず最初に行うべきは、観光地の現状を的確に把握することである。観光地にはどのような魅力があり、それを活かしてどのような観光活動が行われており、その結果、観光地がどのような状態にあるのかなどを把握することである。当然のことながら、観光地の現状を的確に把握できなければ、課題認識は曖昧なものとなり、地域の観光の方向性や具体的なアクションなどを決定づける経営判断は的確性を欠いたものとなる。その意味において、観光地の現状把握は、地域の基礎的情報を集約、整理し、判断材料を提供する非常に重要な行為と言える。

　ここでは、観光地の現状を「観光地の特性」と「観光地の経営状況」の2つの側面から捉えて、把握すべき対象と把握の手段を中心にその分析や解釈について整理する。

1-1 観光地の特性の把握

1-1-1 観光地の特性を把握する目的

　観光地経営は、観光客の来訪があって初めて成立するものであり、"観光客を惹きつける魅力"を地域が有していることが前提となる。同時に、"地域住民の生活基盤"があって初めて観光客は観光行動が可能となることから、まずその両者の特性、現状を把握することが求められる。

　後者については、地域の生活、暮らしの現状を把握すると、今後地域に起こりうる課題も抽出できる。一般的には人口減少や高齢化の進展、地域経済の縮小などであり、地域においてはそれに備えて観光産業を強化していこう、外貨獲得を通じて地域の経済規模を維持し、生活水準を維持しよ

うという発想などが生まれるかもしれない。ただし、観光を通じた地域の課題解決を目的としたとき、調査や議論の末、最終的に行きつくのは「何を観光客に提供するか」、「何をもって観光客を誘客し、満足させるか」である。観光客の来訪が発生しなければ、そもそも観光地経営は成り立たない。したがって、観光地の特性の中で、前者の"観光客を惹きつける魅力"(地域の個性や魅力など)の把握が要になると言ってもよいだろう。

1-1-2 観光地の特性として把握する項目

　ここでは観光地の特性として、地域の個性や魅力、その背景として探るべき項目と、その魅力を観光的に活用する条件について整理する。

(1) 地域の個性、魅力とその背景、物語を探る
①地域特性(自然、歴史、人口、産業)

　自然特性では、山や川、地形、標高などの地勢や気象、土地利用など、当該地域の土地全体のありさまに関わるものを把握する。これらは地域の暮らしのあり方や営み(農業等の地場産業)を長い間決定づけてきたもので、地域の基本構造ならびに観光資源の背景として把握したい。

　次に、歴史特性では、時間の経過とともに移り変わってきた当該地域の履歴を把握する。具体的には、自然環境の制約のもとで育まれた地域風土や人々が共同で暮らすことで生まれた文化、一定のまとまりを持つコミュニティの範囲、文化の単位などを把握するもので、現在における当地の魅力がどのような背景、変化のもとで形成されたかを意識したい(コラム1)。近年の観光においては、地域に刻まれた物語性が重要視されるようになっており、歴史についてはより手厚く調査すべ

きであろう。

続いて、人口特性では、人口規模や構造（性別、年代別等）、世帯構成等を把握する。取得した数値データをグラフ化するとともに地図上にデータを落として、その分布や変動状況を見ることも大切である。観光的には、人口の推移は地域資源の保全の担い手、観光の担い手の動態として見ることもできる。

産業特性では、地域の産業構造や人々の生計の様態、地域経済の構造に関する特性を把握する。産業別就業者数・生産額およびその構成比の推移などマクロな数値を見ることもさながら、どのような地場産業があるか、どのような特徴があるのかというミクロな特性を把握する。

②観光特性（観光資源・観光施設、観光インフラ、人材）

観光特性として、ここでは観光資源、観光施設などの観光目的となる対象の特性と交通アクセスや情報基盤施設などの観光活動の利便に供する施設の特性について説明する。

コラム1：地域特性の把握—雫石町の場合—

地域特性の把握を通じて地域の本質的な価値や資源の背景を探る例として、ここでは岩手県雫石町の事例を紹介する。「雫石町観光・交流活性化行動計画」（2012年3月）の現状分析をもとに雫石町の地域特性を整理すると、以下のようになる。

雫石町は、盛岡市の西方に位置し、奥羽山系の山脈に四方を囲まれた総面積約600km²の広大な扇状の盆地である。標高300m以上が総面積の80％を占め、水源はほぼ雫石町内に位置する。こうした自然環境は地域外の不純物が入りにくい特性を生み出している。町内を流れる川は、盆地西部にある御所湖に一度集められた後、盆地の外へ抜けていく。

歴史的には、雫石町は10ヵ村、4ヵ村、1町3ヵ村など時代によって統治区分が変化した。しかしながら当地は、「雫石郷」として社会的な強い繋がりと経済的な深い関わりを有しており、相互に助け合いながら暮らす村落形態が形成されていた。雫石盆地の地理的範囲と歴史的に形成された社会・文化の空間単位と行政域はほぼ一致し、当盆地での暮らしや文化、生産物は純な自然環境の一部として育まれた。

こうした地域特性は、市町村史や地域の民話に関する図書、古地図等を資料とする文献調査と、実地で確認する現地調査などが行われた結果として導き出される。地域の歴史を丁寧に紐解くことが大切である。

また、観光的には、地域の自然、歴史・文化の結びつきが規定する圏域が重要であり、その圏域が行政域と必ずしも一致しないことを念頭に置いて調査を実施すべきである。

雫石町の地勢
（資料：「雫石町観光・交流活性化行動計画」より）

観光資源・施設においては、基礎的な整理として、その種別や分布を把握するとともに、活用状況(観光客数や客層、観光資源の状態、管理組織、人員数など)の把握も行う。特に消費単価が高く、地域経済への影響が大きい宿泊施設・宿泊客については、徹底した調査・分析が不可欠である。そして、最も重要な事項として、観光客の誘客や満足に資する資源や施設の有する価値、地域における意味など、地域の本質的な魅力に結びつく部分の把握がある。これが消費者の個々の観光体験に直結することから丁寧に調査することが望ましい。その上で、再度資源・施設の有する価値を適切に伝える観光のあり方かを検証する。

　また、観光客の観光活動の利便に供する交通基盤・アクセスについては、主要市場からの距離や移動時間、乗換の有無等を把握する。情報基盤施設である案内所についてはその位置や提供している情報・サービス・人材を把握する(コラム2)。

(2) 地域の個性、魅力を観光的に活かすための条件を探る

③地域が目指す方向性

　観光地も一つの地域であり、他地域と同様に、地域の未来を描く各種計画が存在する。行政のものから民間(観光協会や商工会議所等)のもの、

コラム2：観光資源の活用状況の把握

　観光資源の活用状況は、観光資源の管理主体、アクセス性、利用条件、利用状況、附帯する施設(周辺地域も含む)、提供サービス等によって規定される(右表)。観光資源自体に関する情報に加えてこれらの項目を把握することで、資源の現状と活用促進に向けて講ずべき手段が見えてくる。

　例えば、各資源を利用する観光客の居住地を分析すれば、資源の誘致圏を把握することができ、情報発信すべき範囲が分かる。資源へのアクセスが確保されていない場合や観賞・体験の場が十分でない場合は、その空間整備等を行う。資源の魅力に比して情報が少ない場合は、情報媒体の整備やガイドサービスの提供を行うなど的確な現状把握から具体的な手段が導き出される。

　また、把握した情報については、変更される可能性があるので、定期的に更新しつつ、状況に応じた対応がなされることが望まれる。

観光資源の活用状況把握項目

項目	把握内容
観光資源情報	・名称、ふりがな／別称・通称、ふりがな ・種類(観光資源種別、所属観光エリア) ・国・地域の指定、評価、規制等 ・資源の特徴　　　　　　　　　　　　　　など
観光資源の管理主体	・所有者、管理者(名称、区分、所在地) ・問合せ先(電話、FAX、メールアドレス)　など
観光資源へのアクセス性	・道路情報、交通機関、最寄IC、目印(ビル等) ・駐車場(有料／無料)　　　　　　　　　　など
観光資源の利用条件	・利用可能日時(会館時間、休業日等) ・料金 ・事前予約(要／不要)　　　　　　　　　　など
観光資源の利用状況	・観光入込客数 　(入場者数、参加者数、時期別の変動等) ・観光客の属性 　(性別、年代、居住地、国籍、旅行形態等)など
附帯施設・サービス	・休憩所、トイレ(有／無)* ・飲食物販施設(有／無)* ・情報媒体(パンフレット、サイン等)* ・ガイドサービス(有／無) ・ユニバーサルデザインへの配慮・サービス等 　　　　　　　　　　　　　　　　　　　など

＊観光資源に付帯するものに加えて、周辺エリアのものも合わせて把握するのが望ましい。

総合的なものから分野別の計画まで様々な計画がある。その中で描かれる将来像や方向性、それを実現化するための施策、各地区の位置づけなどを把握、整理し、観光に関する施策などと関連づけて効率的・効果的に進めることが望ましい。

更に、観光地においてどのような民間投資が行われているかを把握、整理することも、今後の方向性を検討していく上では重要である。

④各種活動組織

観光地経営を行う上で、地域にどのような活動組織があるかを把握することは重要である。地域にどのような組織があり、各組織はどのような目的、理念のもとで、どのような構成員で、これまでどのような活動を行ってきたのか、また、今後どのような方向性、体制のもとで活動を展開していくのか。これらは、後に地域の方向性や役割分担を検討する際の参考となる。

以上で述べた①～④は、具体的には、現地調査、文献調査、アンケート調査、ヒアリング調査等を通して整理される。把握したい内容に応じて、適切な手段と対象を選ぶことが重要である。

1-1-3 観光地および観光資源の評価と分析

(1) 観光地および観光資源を評価する目的

観光地経営においては、観光地の特性を把握するとともに、観光地および観光資源・観光施設に対する客観的な評価を把握した上で、今後の活用を検討していく必要がある。なぜなら、観光地における地域資源は、市場ニーズがあって初めて観光地の経営資源として有用性が生じるものだからである。それゆえ、市場から見た評価は必要不可欠である。市場における評価とその分析を行い、

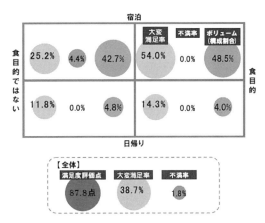

図1-1 ある観光地の旅行形態別の満足度評価
(資料：経済産業省「観光集客地における顧客満足度（CS）の活用に関する調査研究報告書」(2008))

今後積極的に活用する観光資源とその提供先、優先的に活用すべき観光資源を精査、判別することが求められる。

また、市場から見た評価に加えて、地域から見た評価も必要である。地域においては地元の資源を過大評価してしまうことも少なくないが、地域の共有財産である地域資源の保全、管理を担う人々の意向は重要である。また、昨今においては、地域の人々が自信を持って紹介、自慢できるものが市場に対しても訴求力を持ち始めていることから、市場評価と併せて重視したい。

(2) 調査の手法と分析の視点
①市場に対する調査

市場における評価を把握するための調査は、市場に対して行う調査（発地調査）と実際に来訪した観光客に対して行う調査（着地調査）の大きく2つに分けられる。前者は、主に認知度や地域イメージ、来訪経験率を把握するものであり、後者は主に実体験に基づく観光地や観光資源・観光施設などに対する満足度を把握するものである。これらを通じて、自地域の各種資源の位置づけが把握できるとともに、同種の資源を擁する観光地や自地域と市場を同じくする観光地と比較を行うことで、自地域の総体的な位置や強み、弱み、活用における課題などを把握することも可能となる。

さらに、市場を細分化して分析すると有益な情報が得られることもある。性別、年代別、年収別、居住地別、国籍別、旅行形態別（日帰り、宿泊）、

表1-1 観光に関する主要な観光統計

名称	実施主体	把握できる主な指標
訪日外客統計	日本政府観光局	訪日外客数
宿泊旅行統計調査	観光庁	宿泊旅行者数
旅行・観光消費動向調査	観光庁	観光消費額
訪日外国人消費動向調査	観光庁	観光消費額
観光地域経済調査*	観光庁	観光産業規模、域内調達率
共通基準による観光入込客統計	都道府県	観光客数（日帰り客）

＊2012年のみ実施。その後未実施

注1) 国土交通省では2005年に「観光統計の整備に関する検討懇談会」を開催し、その報告書に基づき、観光統計整備が進められている。

注2) 日本版DMOとは
DMO（Destination Management/Marketing Organization）とは、観光物件、自然、食、芸術・芸能、風習、風俗など当該地域にある観光資源に精通し、地域と協同して観光地域づくりを行う法人のこと。DMCはDestination Management Companyの略。観光庁では日本版DMOを、『地域の「稼ぐ力」を引き出すとともに地域への誇りと愛着を醸成する「観光地経営」の視点に立った観光地域づくりの舵取り役として、多様な関係者と協同しな

来訪回数別（来訪経験なし、初めて、ハードリピーター）など、市場セグメンテーションして比較分析することで、市場別の異なる評価が導き出されることもある（図1-1）。こうした各市場における資源に対する評価の違いを踏まえて、各市場へ投入すべき資源や提供すべき情報を判断、選択する。

②地域に対する調査

地域に対する調査では、観光資源・観光施設に対する来訪経験率や再来訪意向、紹介意向を把握するとともに、性別、年代別、職業別、居住地別で分析を行い、地域における意識の違い等を把握する。また、先述した市場による評価と地域による評価を比較することで思わぬ結果が見えてくることもある。調査結果は内容によっては違いを好意的に受け止め、前向きに地域の文脈に取り込んだり、場合によっては地域内交流等を通じてその違いを埋めることも必要であろう。地域内で相互に情報や想いを伝えあい、地域を深く知ることが後々の力となる。

(3) 分析と解釈について

ここまでは主に定量的な調査結果を通じて得られる観光地および資源・施設の評価について述べたが、ここで重要なのは、なぜそうした結果となったのか、またなぜこうした評価の違いが出るのか、その背景を探ることである。各市場の生活環境や歴史的・文化的背景が異なるからなのか、その要因がわからなければ今後の資源活用にあたってのポイントは見えてこない。また、数値上は他の属性や他の地域と同じであっても、実は本質的に求

めているものは異なることがある。ニーズは同じでも具体的な欲求（ウォンツ）は異なる可能性があり、調査結果をさらに掘り下げる必要がある。

また、もう一点重要な点を述べるとすれば、ある一時点の断片的な情報を見るのではなく、過去との比較で分析するということである。仮に現状評価が高くても近年における評価が低下傾向にあるのでは、市場への投入およびその活用の仕方には検討の余地がある。

以上のような点を、補完するデータの収集やヒアリング調査などを行いながら総合的に判断する能力が求められる。間違っても数値化することや違いを見出すこと自体を目的化してはならない。そのためにも、調査の目的と手法を企画段階で明確にするともに、地域の将来に役立つよう、一定程度将来の施策や具体的な活動状況も想定しながら、実働に結び付く調査を行うことが重要である。

1-1-4 調査過程も重視した特性の把握に向けて

これまでに述べた調査や分析は、専門的能力を必要とする部分も多い。最初に述べた通り、的確な現状把握がなければ、的確な経営判断も難しくなる。しかしながら、地域独自で地域住民と一緒になって行える部分も少なくないので、チャレンジしてノウハウを蓄積していくことも重要である。こうした調査では、往々にして行政と専門家でとりまとめた調査結果を地域に対して提示、説明するという構図になりがちだが、実は調査過程に地域の人々が参画し、直接作業を行い、自らの

がら、明確なコンセプトに基づいた観光地域づくりを実現するための戦略を策定するとともに、戦略を着実に実施するための調整機能を備えた法人』と規定しており、必ず実施する基礎的な役割・機能として以下の3つを挙げている。
- 「日本版DMO」を中心として観光地域づくりを行うことについての多様な関係者の合意形成
- 各種データ等の継続的な収集・分析、データに基づく明確なコンセプトに基づいた戦略（ブランディング）の策定、KPIの設定・PDCAサイクルの確立
- 関係者が実施する観光関連事業と戦略の整合性に関する調整・仕組み作り、プロモーション

地域を深く見つめること、そして、そうした調査過程を通じて、地域の人材を発掘し、かつ人的ネットワークを構築することが実質的には重要である。住民が観光の担い手として大きな役割を担う時代、そして観光が地域産業として重要視される時代においては、住民の地域への誇りや愛着なくして、地域の魅力の維持向上は難しい。地域のアイデンティティ（再）構築に関わるこうした調査は、その過程を大切にして行うことが望まれる。

1-2 観光地の経営状況の把握

1-2-1 観光統計調査

観光統計は観光地経営の基礎情報として非常に重要であり、日本でも観光地の経営状況を把握し、適切で効果的な施策を実施するために、その判断材料となる客観的なデータは非常に重要である。わが国では、2005年より国が重点的に観光統計の整備を進めており、現在表1-1のような調査が行われている[注1]。

1-2-2 取り扱う指標

序において、観光地の経営状況を把握するための経営指標の考え方について述べたように、地域のビジョンに基づいて指標を設定するため、指標は地域によって異なる。ここでは、観光地の経営状況を把握するための最も標準的な指標について、把握方法とその活用について述べていく。

標準的な指標としては、顧客の「量」と「質」を把握するため、①観光客数（宿泊客数・日帰り客数）、②観光消費額、③観光客満足度が挙げられる。さらに、地域側の受入れ状況やその持続性、

注3) KPIとは、「重要業績評価指標」のことで、組織の目標達成に向けて業務プロセスや進捗状況を把握するために用いられる。日本版DMOにおいても目標達成に向けたKPIを設定し、PDCAサイクルのもとで取り組みを実施していくことが求められている。
「日本版DMO」では少なくとも、旅行消費額、延べ宿泊者数、来訪者満足度、リピーター率の4項目を必須項目としている。

表1-2 第2次観光立国推進基本計画で掲げられた指標

分類	指標
観光客数	日本人の国内観光旅行による1人当たりの宿泊数
	訪日外国人旅行者数
	国際会議の開催件数
	日本人の海外旅行者数
観光消費額	国内旅行の旅行消費額
観光客満足度	観光地域の旅行者満足度
	訪日外国人旅行者の満足度

地域への影響を把握するため、④観光資源・観光施設の活用状況、⑤観光経済波及効果、⑥住民満足度、⑦従業員満足度を指標としておくことが望ましい。前者は需要サイドに対する調査、後者は供給サイドに対して調査を実施することになる。なお、第2次観光立国推進基本計画においては、表1-2のような「質」に関する指標が設定された。また、2015年11月に登録制度が創設された「日本版DMO」[注2]では、登録条件として各種データの継続的な収集・分析が求められ、その中でも上記の需要サイドに関する指標はKPI[注3]の必須項目とされている。

1-2-3 各種指標の把握方法

ここでは、観光に関する指標のなかでも代表的なものについて説明する。その他の指標及びその把握方法については、表1-3に示している。

（1）観光客数

観光客数という「量」には、表1-4に示した4つの単位がある。単純に「量」を求めるのではなく、それぞれの単位が持つ意味を認識し、指標として設定していくことが望ましい。

まずは、宿泊客数および日帰り客数の総数を把握するため、地域の観光施設および宿泊施設の協力のもと、各施設の来場者数・宿泊客数を調査す

表 1-3　各種指標と把握方法

観光客に関する情報	把握方法
観光客数（日帰り、宿泊、観光入込客数）	公開情報、来訪者調査（着地調査）
来訪者の属性（国籍、居住地域、年代、職業、同行者、普段の旅行嗜好）	来訪者調査（着地調査）ウェブアンケート調査（発地調査）
来訪回数頻度（着地調査）	来訪者調査（着地調査）
観光消費額（着地調査）	来訪者調査（着地調査）
来訪者満足度（CS）（着地調査）	来訪者調査（着地調査）
来訪者ロイヤルティ（着地調査）	来訪者調査（着地調査）
旅行動向（発地調査）	ウェブアンケート調査（発地調査）
認知度（地域、個別資源）（発地調査）	ウェブアンケート調査（発地調査）
来訪意向（発地調査）	ウェブアンケート調査（発地調査）
来訪意向率（発地調査）	ウェブアンケート調査（発地調査）
観光地イメージ（発地調査）	ウェブアンケート調査（発地調査）
競合地等に関する情報	**把握方法**
全般的な社会経済・自然環境に関わる情報	資料調査、インターネット調査等
競合先の情報	資料調査、インターネット調査等
連携先、関係先の情報	資料調査、インターネット調査等
自地域に関する情報	**把握方法**
観光資源・観光施設	域内資源調査（序章参照）
観光インフラ	域内資源調査（序章参照）
観光人材・組織	域内資源調査（序章参照）
観光関連施設・サービス利用状況	域内事業者に対する調査（アンケート調査等）
観光経済波及効果	観光客数（実数）、観光消費額単価、域内調達率より算出（コラム 3 参照）
住民満足度	域内住民に対する意識調査（アンケート調査等）
従業員満足度	観光関連事業者従業員に対する意識調査（アンケート調査等）

る。これらの総計は観光客の延べ数であるため、実数を把握するために来訪者調査を実施し、地域内の観光施設の平均立ち寄り地点数や宿泊施設における平均宿泊日数を把握し、延べ数の重複分を割り戻し、実数にすることが必要である。来訪者調査実施の際は、観光消費額や来訪回数などの観光地として設定している指標に関する項目も合わせて把握するよう効率的な調査が望まれる。

　観光客数は地域で設定した指標として「数値」を見るのではなく、観光地経営を行っていく上で好ましい顧客層を「量」として把握し、地域が取るべき方策を検討する基礎資料として活用していくという視点が必要である。性別・年代別・居住地別などの属性別での整理に加えて、月別といった時間軸での整理、地点や地域といった空間軸で整理していくことで、市場に対する施策や観光需要の平準化に向けた施策、地域別に講ずべき施策の検討材料として利用できることとなる。

（2）観光消費額

　観光消費額は、地域内での観光活動に伴う消費を把握するもので、交通費・宿泊費・飲食費・買い物費・入場料等と観光関連事業者の業種ごとに項目を分け、1 人当たりの消費額を把握していく。観光消費額の把握にあたっては、地域に来訪した観光客に対してアンケート調査を実施する方法や、来訪経験者に対するインターネット調査を用いて把握する方法がある。インターネット調査は、調査時間・コスト等面から利用しやすいが、来訪時から時間が経過してからの回答となるため、より正確さを求める場合は、着地側でのアンケート調査が有効である。

　観光消費額を把握することで、後述する観光経済波及効果を算出することができる。なお、経済波及効果の算出の目的や方法等により、観光消費額でどこまで詳細に把握するのか項目が異なる点に留意が必要である。

（3）観光客満足度

　観光客満足度[注4]は、観光地に対する総合満足度と各種項目（景観・雰囲気、宿泊施設、飲食施設、物販施設等）のサービス品質に対する個別満足度から構成される。これら満足度の把握にあたっては、段階評価が用いられる場合が多いが、段階が

表1-4 観光客のボリュームを示す4つの単位

単位	意　味
人	地域に来訪した観光客数の実数（頭数）を示す。
人日	地域に来訪した延べ人数を日数にて示す。（地域への観光客数ボリューム）
人泊	地域に宿泊した延べ人数を日数にて示す。（地域への宿泊ボリューム）
人回	観光地内の施設に立ち寄った延べ人数を示す。（地域での観光客の移動ボリューム）

注4）　観光庁　観光客満足度調査のススメ
観光庁では、2010年度に全国50地域において、観光客満足度調査を実施した。その調査方法や結果をもとに、観光地の魅力向上を目指すため、各地域が主体となって継続的に実施できる満足度調査の手法を、観光庁HP（http://www.mlit.go.jp/kankocho/shisaku/kankochi/manzokudochousa.html）において公表している。

少ないほどその評価は甘く評価されがちになることに留意したい。また、総合満足度と各サービス品質との関係を詳しく見ていく場合は、7段階評価とすることが有効である。

観光客の満足度を高めていくことが再来訪意向や紹介意向を高めていくことにつながり、総合満足度や再来訪意向・紹介意向は、観光客が観光地で経験する各種サービスの品質と密接な関係があることが明らかになっている。そのため、リピート率を高めていくための指標として、観光客の満足度を把握していくことが望まれる。また、個別のサービス品質に対する満足度を把握することで、優先的に満足度を高めていくべき項目を把握することができ、効率的な施策実施、戦略的な行動計画の策定に活用できる。

（4）宿泊施設の活用状況

ここでは、観光施設の代表である宿泊施設についてその活用状況の把握方法について述べる。

地域内の宿泊施設をリストアップし、アンケート調査を実施する。アンケート調査では、その業態ごと（ホテル、旅館、民宿・簡易宿所等）に規模（施設数、宿泊容量等）や利用状況（宿泊客数、稼働率等）、経営状況（売上高、雇用者数等）といった指標に対する設問項目が必要である。

（5）観光経済波及効果

経済波及効果の算出にあたっては、各都道府県の地域内産業連関表を用いて算出する方法、地域内の事業所アンケート調査をもとに「乗数理論」を利用して算出する方法がある。都道府県や政令指定都市では、地域内産業連関表を用いた手法で算出される方法が一般的である。地域内産業連関表のない市町村においては、都道府県レベルの産業連関表を流用したり、地域産業連関表を新たに作成する場合もあるが、その適応可否は地域の状況に依存する。乗数理論を用いて経済波及効果を算出する場合は、当該観光地の全事業者に対してアンケート調査を実施し、域内調達率などの各種指標を取得する。そのため、地域産業連関表を有していない市町村レベルであっても適用可能である。なお、産業連関表を用いる場合、乗数理論を用いる場合のいずれも、来訪者の観光消費額を把握する必要がある。推計方法により来訪者に対す

コラム3：観光経済波及効果の算出方法

観光経済波及効果とは、「地域に訪れた観光客が、地域内で観光消費を行い、その観光消費された金額のうち、どの程度が地域経済に影響を及ぼしたのかを金額で表したもの」と言える。簡単には、観光客数（実数）に1人当たりの観光消費額単価、域内調達率を乗じたものである。

観光経済波及効果 ＝ 観光客数（実数） × 観光消費額単価 × 域内調達率

観光経済波及効果をより大きくしていく場合、その因数である「観光客数（実数）」「観光消費額単価」「域内調達率」をより大きくしていくことが必要である。観光客数ばかり追い求めても、観光消費額単価や域内調達率が低ければ、十分な経済波及効果を得られない。どの因数を大きくしていくのかは、地域の観光特性や立地条件、産業構造によって総合的に判断し、適した観光施策をとっていくことが望ましい。

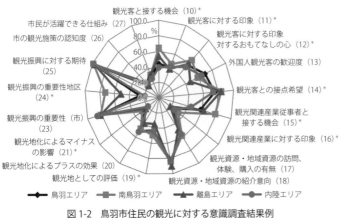

図1-2 鳥羽市住民の観光に対する意識調査結果例
（資料：（公財）日本交通公社「観光・交流に対する住民意識に関する研究」より作成）
注：鳥羽市を4つのエリアに分類し、エリアごとの意識の違いを把握している。

注5）（公財）日本交通公社では、自主研究の一環として「観光に対する住民意識に関する研究」を実施し、その概要を『まずは住民意識の把握から―住んで良し、訪れて良しの観光地づくり』として取りまとめている。

る設問項目が異なるため、地域が選択した推計方法に応じて来訪者調査を実施することとなる。

観光経済波及効果を算出することで、観光の総付加価値額を算出することができる。それにより、観光関連事業者だけでなく、行政、住民等に対して観光がどの程度、地域経済に影響を与えているかを明確にすることができる。

(6) 住民満足度[注5]

「住んでよし、訪れてよし」の地域を実現させていくためには、その地域の住民の観光に対する理解を深めていくことが必要である。観光に対する住民満足度の把握は、観光計画策定時に実態把握や合意形成プロセスの一貫として実施されることが多い。地域に対する観光の影響を定期的に把握し、観光地の経営指標として「住民満足度」を掲げる地域はまだ少ない状況にある。住民と連携した観光地づくりに取り組む地域が増えており、今後は多くの地域で住民満足度の把握や定期的な調査実施が増えていくと想定される（図1-2）。

住民満足度は地域に居住する住民から幅広く意見を聴取することが必要であり、調査対象は住民台帳から無作為に抽出し、特定の住民に偏りがでないよう配慮が必要である。住民に対する調査の項目としては、地域で展開される観光による生活環境への影響、観光振興に対する期待、観光客との関わりなどが挙げられる（図1-3）。

(7) 従業員満足度

一般的に、企業等の業績の向上には、顧客満足度（本項では観光客満足度としている）が重要な要因として挙げられる。その顧客満足度に強く影響を与えるのが、従業員満足度と言われている。従業員満足度の向上は、離職率を低下させ、人材を組織に定着させていくことにつながる。

従業員満足度は個々の企業で実施されることが多く、地域として観光産業従事者の従業員満足度を把握しているところは少ない。しかし、観光地経営における経営資源である人材を確保していくことは、地域の観光産業の基盤強化となることから、今後は指標として設定していくことが望ましい（図1-4）。

地域の観光協会等に加盟する事業者を対象として、事務所規模や雇用形態に関係なく観光産業従事者から幅広い意見を聴取すべきである。調査項目としては、職場や業界に対する満足度、満足に関わる要因（職場環境、対人関係、やりがい、自己成長機会の有無など）が挙げられる。

1-2-4 経営指標の活用にあたって

経営指標は、観光地の目標像までの到達度を図るものであることから、その指標値は継続してモニタリングしていくことが重要である。その際、観光地としての持続性に留意しておくことも求められる。しかし、多くの指標を継続して把握することは費用負担を伴うため、毎年継続して把握すべき指標、数年に一度把握する指標など、地域内でその把握方法を精査し、体系化しておくことが

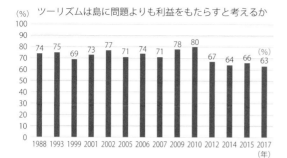

図 1-3 ハワイ住民意識調査結果例
（資料：HAWAII TOURISM AUTHORITY「Resident Sentiment Survey 2017」より作成）
注：調査結果は、ハワイ文化や自然資源の保存、観光商品開発、労働力開発など各取り組みの目標達成状況の測定に利用される。

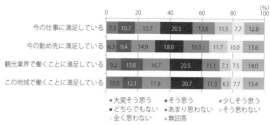

図 1-4 温泉地の宿泊施設従業員の「仕事や勤め先に対する満足度」
（資料：（公財）日本交通公社「温泉地の宿泊施設従業員アンケート調査の結果（2017）」）

望ましい。指標が整備されてくると、様々な数値により地域の経営状況が明らかとなってくる。既に述べたように、指標は観光地ごとの目標像までの達成状況を客観的に示す数値に過ぎない。そのため、その数値をどのように解釈するのか、数値を踏まえてどのような施策を行うのか、その活用が最も重要である。

昨今においては、わが国においても観光に関するデータが蓄積・整備され、国や行政が公表しているオープンデータの活用も有効である。更に、ICT技術の進展・普及とともに新たなデータの観光分野での利活用に関する研究も進められている。主なものとしては、基地局情報（マクロでの人の集積状況の把握）、スマートフォンアプリから取得可能なGPSデータ（ミクロでの移動や集積状況の把握）、SNS上の情報（訪問目的や評判の把握）等が挙げられる。また、「地域経済分析システムRESAS」（経済産業省、内閣府まち・ひと・しごと創生本部）をはじめ、インバウンドに関する各種統計データを取りまとめたポータルサイト「日本の観光統計データ」（日本政府観光局）等、多様なデータの観光分野での利活用を促すツールも登場している。

1-3 観光地のマーケティング

1-3-1 観光地のマーケティングとは何か

観光は、多様な側面を有しているが、その一つは観光客が地域を訪れ消費するという商業活動である。すなわち、観光客が地域に訪れなければ、観光は成立しないし、訪れても消費活動が生まれなければ地域の振興には繋がらない。さらに、一時的に観光客が訪れても、それが持続しなければ、同じく地域の振興には繋がらない。すなわち、観光を地域振興の手段として利用するのであれば、一定の支出が出来る「顧客」を持続的に呼び込ん

コラム 4：持続可能性指標について（Sustainable Tourism Indicator：STI）

- STI（Sustainable Tourism Indicator）とは、「観光分野における持続可能性指標」のことであり、持続可能な観光に対する認識が高まるなかで、国連世界観光機関（UNWTO）が中心となり、開発が取り組まれてきた。観光地の持続可能性を客観的に評価するためのモニタリング項目であり、内容には資源の状態、観光利用の状態、地域経済の状態、住民意識の状態等が含まれる。
- UNWTOでは、持続可能な観光を「訪問客、産業、環境、受入地域の需要に適合しつつ、現在を未来の経済、社会、環境への影響に十分配慮した観光」とし、環境、経済、地域社会の3つの側面において適切なバランスが保たれていることが持続可能な観光の実現にとって重要であるとしているが、それらの状況をモニタリングする指標がSTIであるといえる。
- SITを観光地の管理運営に導入する際には、それぞれの地域の特性・事情に合わせた指標を地域住民や事業者と協働して作成していくことが重要であり、近年の研究では、この作成プロセスが地域内での多様なステークホルダーの合意形成を図り、協働型管理に対して有用であるということが見出されている。
- 欧米諸国の観光地では、STIを活用した管理運営手法の複数の適応事例があるが、国内においては、沖縄県座間味村や栃木県奥日光地域など、未だ数少なく、導入に向けた調査研究、実践の取り組みが進められているところである。

でいくことが必要となる。

　一方で、観光に取り組む地域は数多いが、宿泊観光旅行を実施している国民は半数程度でしかなく、「顧客」は自分の時間と資金を観光だけでなく、他の分野に使うことも出来るし、仮に観光に使うとしても、その旅行先は膨大に存在する。つまり、観光に取り組んだすべての地域に観光客が自動的にやってくるわけでもないし、単に良い地域づくりをすれば観光客がやってくる…という話でもない。観光地としての魅力づくりや地域づくりの取り組みとは別に、観光客に旅行先として選択してもらうための取り組みを行う必要がある。

　実は、こうした課題は、観光に限らず、ほぼすべての業種で生じるようになっている。それを受け、1980年代以降、競争環境下において顧客を獲得する取り組みとして「マーケティング」という概念が急速に拡大することとなった。当初、マーケティングは、製造業を主体に発展したが、1990年代に入ると、サービス業へと対象業種が拡大され、1990年代後半には宿泊業や運輸業、飲食業といった観光産業（ホスピタリティ産業）へと拡がっていった。これを受け、宿泊業では国際的に展開するホテルチェーンが誕生していき、航空業界ではマイレージ制度や、アライアンスが一般化していくことになる。

　2000年代に入ると、事業者単位で生じたマーケティングによる成果を、地域単位に展開しようという動きが顕在化してくる。ホテルやレストランは、ベッド数や座席数を超えた需要に対応することは出来ないし、今日の空席分を、明日の在庫とすることも出来ない。つまり、収容人数を超えない範囲で、出来るだけオンとオフの格差を抑えていくことが重要となる。しかしながら、観光には季節波動や曜日波動はつきものであり、個々の事業者の取り組み（マーケティング）だけでは、この波動を超えることは難しい。

　そこで地域単位で取り組みを行うことで、この波動を超えていこうというのが観光地のマーケティングである。ただ、観光地マーケティングは、一般的なマーケティングとは、いろいろ異なる部分を持っている。まずモノとサービスの大きな違いは、モノはその性能を数値で示すことが出来るのに対し、サービスは数値ではなく、顧客の主観的な認知によって評価される。さらに、ホスピタリティ産業では、顧客側が利用に当たって十分に準備しているか否か、事前の期待が大きく左右する。さらに、観光地と比較的近いとされるホスピタリティ産業のマーケティングと比しても、顧客の裁量幅が非常に大きいという違いがある。ホテルやレストランであれば、提供するサービスは事業者側が決めることが出来るが、観光地の場合、宿泊を想定していても日帰りとなる場合もあるし、立ち寄ってもらいたい施設であっても、立ち寄りを強要することはできないからである。

　すなわち、観光地マーケティングは他分野のマーケティングに比して、顧客と協同的に行う活動が多くなる。これが、マーケティングに注目が集まりながら、観光地マーケティングが拡がりにくかった理由の一つである（図1-5）。

1-3-2　観光地マーケティングの展開

　マーケティングの定義は各種あるが、一般的にまとめると「競争的な環境の中で、顧客から支持をとりつけ、その支持を消費活動につなげていく

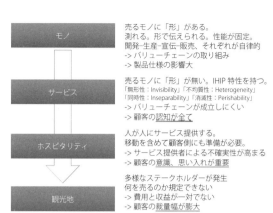

図1-5 観光地マーケティングと一般的なマーケティング

ための総合的な施策群」と整理できる。すなわち、マーケティングの基本は、競争環境の中での顧客との関係づくりにあるわけだが、その対応策については大きく2つの考え方がある。

1つは、顧客や競合先との相対的な関係性の中から対応策を検討するというポジショニング・スクールである。この基本は S.T.P、すなわち市場を区分し（セグメンテーション）、その中から対象層を選び（ターゲッティング）、競合先との関係性（ポジショニング）から対応策を検討するという方策である。

もう一つは、競争力は相対性で決まるものではなく、組織自身が持っている資源を組み合わせることで生まれるというリソース・ベースド・ビューである。この考え方では、VRIO、すなわち、Value（経済価値／顧客が経済的な対価を支払っても体験したいと思えるような価値をもったものであるか）、Rarity（希少性／希少性をもったものであるか）、Imitability（模倣可能性／他の地域が模倣しやすいかどうか）、Organization（組織／対象となる資源を有効に活用できる組織体制になっているか）の4つの視点で競争力の評価検討を行う。

いずれの手法も体系化が進んでいるが、汎用性の高い商品サービスを扱っている場合にはポジショニング・スクール、嗜好性の高い商品サービスを扱っている場合にはリソース・ベースド・ビューの方が有効とされる。観光地マーケティングに置き換えれば、温泉やスキーといった広がりのある観光コンテンツを活用する場合にはポジショニング・スクール、○○ツーリズムのように新しい観光コンテンツを活用する場合にはリソース・ベースド・ビューが有効だと言える。

ただ、自分たちが対象とする顧客（ターゲット）が明確であり、競合先も明確でないと S.T.P は展開できない。そのためには、自分たちが「売りたいもの」が明確であることも求められる。これは当然のように思えるが、実践するのはなかなか難しい。例えば、草津と有馬、別府は日本を代表する温泉地であるが、国内客について言えば草津は関東、有馬は関西、別府は九州と対象市場は分かれており、必ずしも3地域は競合関係にはない。むしろ、草津は軽井沢、有馬は鳥羽、別府は阿蘇など、温泉地ではない地域が競合先となる。さらに言えば、顧客は観光旅行ではなく、映画を見に行ったり、スポーツジムやカフェテリアで時間をつぶしたりすることも可能であるから、それらも競合だと言える。つまり、S.T.P を実践する前提が揃いにくいのが観光地マーケティングの現場である。

他方、リソース・ベースド・ビューについては、自身の資源の組み合わせによって競争力の評価検討が可能である。観光地の場合、観光客に提供したいと考える「経験」を VRIO の視点から検討することになる。また、地域資源を組み合わせるという発想は、「地域の宝探し」や「魅力発見」といった地域づくり系の取り組みの発想とも近く、観光地域づくりの取り組みと、マーケティングを連動させるにも好都合である。

1-3-3 ストーリー・マーケティングの展開

観光客に提供したいと考える「経験」の存在は、

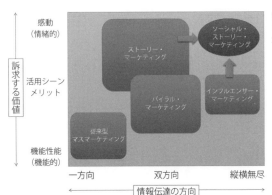

図1-6 ソーシャル・ストーリー・マーケティング
(出典:http://www.itmedia.co.jp/enterprise/articles/1304/10/news016.html を元に加筆)

マーケティング手法の変化への対応という点でも有効である。従来のマーケティングは、利便性や価格といった特徴が、事業者から顧客に対して一方通行に伝えられるものだったが、SNS の発達に伴い情報の発信者の主体は顧客サイドに移り、その内容も情緒的なものが主体となっている。

現在の情報流通では、供給者側が伝えたいと思うものを伝えるのは非常に難しい。顧客が自身の経験や思い込みによって発信する情報が「真実」として伝わっていくからだ。特に観光地の場合、前述したように他の商品サービス以上に顧客との共同が重要であり、SNS などを介したやりとりは欠かせない。

こうした状況においては、顧客側がその価値を発信できるような仕掛けが重要となる。その手法として注目されているのがコンテンツのストーリー化である。例えば、温泉は今や日本全国に存在しており、単体での差別化は困難である。しかしながら、例えば、小さな子ども連れ家族客の滞在を念頭に、温泉や宿泊、飲食、アクティビティといった活動を子ども視点で一体的に束ねることで、「子どもが笑顔になる休日」といったテーマで強く発信出来るようになる(図1-7)。

1-3-4 来訪者データの取得

リソース・ベースド・ビューに立脚したストーリー・マーケティングの取り組みにおいて課題となるのは、提供したいと考える「経験」が、顧客から支持されるものなのかということである。VRIO の視点で形成される経験(ストーリー)は、汎用的なものではなく、特別なもの、ユニークなものとなる。だからこそ、競争優位を作れるのだが、これは供給者側の独りよがりとなり、誰の関心もひかないというリスクに直結する。さらに、一部から関心を集めても、その「一部」がどういった人々なのかということを確認できなければ、その人々へアプローチする事は出来ない。

この問題に対応する最も簡単かつ効果的な対応策は、地域に訪れる人々の意識と行動、属性を把握し、提供したい「経験」との関係性を分析することである。実は、どんな地域であっても来訪して「大変、満足した」と回答する人々は、少なくても 10% は存在する(支持の高い地域では 25～30% に達する)。前述したように観光地のマーケティングでは、顧客側の準備も重要となることを考えれば、残りの 90% の人たちの満足度を高める事に取り組むよりも、10% の人たちと同じような意識、価値観を持った人たちに多く来てもらうことの方が効率的である。そもそも、前述したように温泉好きであっても、関東の人が有馬や別府に出かける機会は少ない。来訪には距離の壁があり、それは時間と費用制約に繋がるからである。つまり、観光地にとって対象となりえる顧客は、全体の市場のほんの一部でしかない。既に地域を訪れている人々は、その限られた人々である。彼らがどこに住み、どういったライフステージにあり、来訪動機は何かといった事を知ることは、マーケティング上、非常に有益な情報となる。

その中でも、地域が提供したい経験に強く反応する、相性の高い人々は、地域にとって非常に重

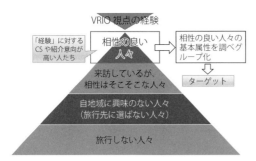

図1-7　ターゲット設定の考え方

要な顧客群である。彼らを特定し、その価値観や属性を明らかにすることで、彼らへのアプローチ手段（例：利用メディアと有効なメッセージ）を割り出し、実践していくことは非常に有益なマーケティング手法である。マーケティングの展開においては、マクロ的な市場動向や各地域がどういった取り組みを行っているのかを知ることも重要であるが、来訪している観光客自身が、多様なマーケティング情報の宝庫であることを認識しておきたい（図1-7）。

【参考文献】
1) 大下茂（2011）：「行ってみたい！と思わせる「集客まちづくり」の技術」学陽書房
2) 西村幸夫・野澤康編（2010）：「まちの見方・調べ方―地域づくりのための調査法入門」朝倉書店
3) 財団法人日本交通公社（2004）：「観光読本」東洋経済新報社
4) 室谷正裕（1998）：「新時代の国内観光：魅力度評価の試み」運輸政策研究所
5) 岡本伸之編（2001）：「観光学入門」有斐閣アルマ
6) 須田寛（2003）：「実務から見た新・観光資源論」交通新聞社
7) （公財）日本交通公社（2013）：「観光に対する住民意識に関する調査」
8) （公財）日本交通公社（2013）：「特集　指標を活用した持続可能な観光地の管理・運営～世界の動向と国内での運用に向けて」『観光文化216号』
9) 十代田朗編（2010）：「観光まちづくりのマーケティング」学芸出版社
10) 国土交通省国土交通政策研究所（2018）：「持続可能な観光政策のあり方に関する調査研究」

視点 2 関係主体を巻き込んで説得力ある将来ビジョンを策定する

　観光地経営の羅針盤となる将来ビジョン[注1]をどう策定するか、多様な関係主体(ステークホルダー)を巻き込んで、説得力ある将来ビジョンをどう策定するかが〈視点2〉である。多様な関係主体に対して具体的な将来像を示し、観光地経営の理念や方針を「見える化」する必要がある。それを「将来ビジョン」と呼び、ビジョンを実現させるプロセス、つまり、戦略と施策などを含めて具体的に取りまとめたものを「観光計画」[注2]という。ただ、通常はそれら全体を「観光ビジョン」、「観光基本計画」、「観光振興計画」などと称しており、統一された呼び方はない。

　大切なことは地域の遺伝子（DNA）とも言われる無形の財産をどう発掘し、活かしていくか、そうした地域が共有できる将来像をどう設定するか、どう目標を設定して、合意形成を図っていくかといった策定プロセスにあり、そして、それをどう実現化させていくかである。

2-1　なぜ将来ビジョンが必要なのか

2-1-1　将来ビジョン（観光計画）のタイプ

　将来ビジョン（観光計画）は、観光地の持続的発展を目的とする観光地経営にとって、観光地づくりの理念や方針を示すいわば羅針盤である。この将来ビジョンが行政や観光関連団体、観光事業者等観光関係者だけでなく、地域住民レベルにまで理解されているかどうかが、その観光地の魅力や強さを形成するのであり、地域のDNA（遺伝子）と言われる無形の財産が有形化されたものとも言うことができる。

　そうした将来ビジョンを含めて観光地経営全体の方針を「見える化」する一連の作業が「観光計画の策定」作業である。その成果は地域によって観光振興計画、観光基本計画、観光ビジョンなど様々な名称が使われているが、名称の違いに明確な定義があるわけではなく、策定主体によって適宜使われている。いずれにしても、観光地の持続的な発展のために、観光地経営に関わる多様なステークホルダーの合意のもとに策定された計画が観光計画＝将来ビジョンである。計画とは、設定した年次までに"かくありたい""こうなりたい"という観光地を支える人々の想いや志を、目指すべき目標、理念、戦略、施策として体系化することである。近年ではできる限り科学的な視点を踏まえて策定することが求められるとともに、観光計画を策定することで、目標とする姿に早く到達したいという熱意ややる気が起こることも期待されている。

　観光計画は、

① 国が策定するもの
② 都道府県が策定するもの
③ 市町村が策定するもの
④ 観光地（観光協会等）が策定するもの

の4つが主要なものであるが、複数の都道府県や市町村が策定するものもある。また、策定主体の圏域内だけでなく、域外の観光地との連携なども計画に含まれ、計画対象地が一様ではないことも観光計画の特徴と言える。法律に基づく計画では、観光立国推進基本法に基づく『観光立国推進基本計画』がわが国の観光政策のいわば"指針"として位置づけられるが、これが上位計画というわけではない。つまり規範性は希薄である。また、都道府県や市町村においては、条例に基づく計画と

注1) その観光地の将来像、つまりどのような観光地にしていくかという長期的な目標を意味する。
注2) 「理想」を実現させるための段取りを「計画」。「計画」とは、ビジョン（政策）を実現させる戦略、プロセス。観光の場合に「観光計画」という。

表2-1 観光振興条例の制定状況（2018年現在）

観光条例制定済み（33道県）	➤北海道（1961）・岩手県（2009）・宮城県（2014）・茨城県（2014）・栃木県（2017）・群馬県（2014）・埼玉県（2012）・千葉県（2008）・東京都（2015）・神奈川県（2009）・新潟県（2008）・富山県（2008）・山梨県（2011）・岐阜県（2007）・静岡県（2014）・愛知県（2008）・三重県（2011）・和歌山県（2010）・鳥取県（2009）・島根県（2008）・広島県（2007）・山口県（2015）・徳島県（2009）・愛媛県（2009）・高知県（2004）・福岡県（2016）・佐賀県（2018）・長崎県（2006）・熊本県（2008）・大分県（2015）・宮崎県（2015）・鹿児島県（2009）・沖縄（1979）
傾向・動き	● 都道府県レベルの観光条例制定の動きが加速 ● 47都道府県の7割で観光条例を制定済み ➤ 都道府県レベルでの観光客の取り合いが激化 ➤ 国際的にも魅力ある観光地の形成の必要性が更に高まる

[参考]
〈将来ビジョン（観光計画）の役割〉
①多様な主体による観光推進のための「指針」―共通の目標づくり
②場当たり的な事業実施から計画的な事業実施へ―計画性の担保
③地域の「個性」（自然、文化、伝統…地域資源）の発掘と保存―自信と誇りの持てる地域づくり
④地域の「個性」を活用した観光客誘致の方策を提示―実質的に観光客が来訪すること
⑤観光産業だけではなく、地場産業の振興と地域自立型経済への展開―観光を通じた地域の産業振興（地域循環型へ）
⑥実施主体としての官・民、新しい公、住民の役割明示、さらに観光客の役割も―多様な担い手による計画の推進、実現

任意の計画があるが、近年では観光振興の重要性に鑑み、観光振興条例を制定し、それに基づく計画を策定しているところが増加している（表2-1）。

2-1-2 将来ビジョン（観光計画）策定の意義と必要性

観光地の住民を含むステークホルダーが共通の将来ビジョンを持たず、各自がバラバラに、しかも場当たり的に物事を進めていくことが有効かつ効率的であるはずがない。観光地間競争が激化する時代だけに、合意形成と共通のビジョン、計画的な施策の推進は不可欠となっている。

将来ビジョンを策定するプロセスにおいては、当該地域での観光振興の意義と目的を十分に理解されることが大前提で、その上で以下のような意義と必要性を認識することが大切である。

①定住人口だけでなく交流人口を含めた地域活性化の基本戦略を示す

わが国の総人口が減少する中で、定住人口だけで地域の活性化を図ることは難しくなってきており、交流人口、特に観光による地域の活性化を志向することがこれからの地域政策として重要となっている。つまり、総合的な地域づくりの指針が観光計画に期待されている。

②多様な主体による多様な活動の体系化

観光地経営は主体が多様化、つまり地域住民から観光産業、そして行政まで、民から官まで多様な主体が関与するということで、それぞれが同じ方向、目標に向かって取り組んでいくという意味で観光計画を策定する意義がある。

③地域個性の明確化と地域コンセンサスの形成

観光は農業、水産業、製造業、商業、サービス業など様々な産業と連携していることから「横串産業」と呼ばれている。観光の地域経済への影響、具体的には経済効果と雇用効果を合わせて、産業としての重要性を認識してもらうためにも観光計画は重要である。

2-1-3 将来ビジョン（観光計画）策定の目的

そもそも観光計画を策定する目的は何か。それは観光地経営の目標である観光地の持続的発展を効果的かつ効率的に持続させるためであり、永続的な「観光地の魅力向上＝来訪価値の向上」のためである。単に来訪客数あるいは宿泊客数を増加させることだけが観光地経営の目標という時代は終わり、来訪した観光客の満足度を背景としたリピーター化や滞在化、さらには個々の観光客の消費単価の増加による地域全体の裨益を目標とする時代へと進化している。

> [参考]
> ◎観光地づくりの目標
> 「永続的・持続的に、しかもできれば年平均して観光客、特に宿泊客が来訪することによって、観光消費を増やし、波及効果を高めて雇用や産業を成立させ、結果、循環型の地域経済を構築すること。そして、住んで良し、訪れて良しの観光地を構築することによって、地域住民が自立し、豊かになること」
> ◎これまでの「計画」とは
> 事前にゴールを決め、それに向けて進めていく…という「管理」的イメージが強い。特に目標年次を決めて、それまでに達成しなければならない…などといった都市計画などの行政計画にその傾向が強い。
> ◎「観光計画」とは
> 観光振興を目的とした（国や地域における）ハード・ソフト含めたトータルな将来ビジョンとそれを実現するための戦略、施策、そして行動を体系化したもの。
> ◎これからの観光地づくりに必要なシステム
> 多様な主体により合意形成された観光計画をベースとして、創造的で持続可能な観光地を経営していくためのフレキシブルでトータルな環境（プラットホーム）を形成していくシステム＝対話型、協働型の観光地経営システムが必要とされる。

注3） PI（Public Involvement）：公共政策の立案プロセスにおいて、その政策を立案する主体以外の人や団体などを関わらせる参加型プロセスの一形態

「観光地の魅力」とは、賦存する観光資源や宿泊施設をはじめとする観光施設の価値であり、そして観光地全体の美しさや快適性、もてなし、地域の営みや生活文化などの価値であり、総合的には「また訪れたい」と思わせる価値、すなわち「来訪価値」、もしくは「訪問価値」である。

多様な主体による持続的な観光地経営の指針となるのが「観光計画」であり、実際には、数値目標や経営指標よりも長期的に当該観光地が目指す理念やビジョン、そしてそれを実現する戦略が重要となる。近年、観光地ごとの栄枯盛衰が現実のものとなっていることから、将来ビジョンとの関係、つまり地域がそうした将来ビジョン（観光計画）を持っているかどうかが問われる時代になったと言える。

2-2 地域が共有できる目標設定のための策定プロセス

2-2-1 将来ビジョン（観光計画）の策定体制の構築

ここでは、①大分県由布市、②岩手県雫石町、③長野県安曇野市を事例として取り上げる。端的に言うと、従来の策定主体は行政、そして学識経験者などを交えて、どちらかというとトップダウン型で策定されてきた。昨今では、その方式では合意形成が図られず、絵に描いた餅になりかねない。したがってほとんどの地域はステークホルダーによるボトムアップ型、しかも観光関連団体や事業者だけでなく、農業者や漁業者、移住者居住外国人など多様な価値観を有した人々を巻き込みながら策定するケースが増えてきている。つまり観光計画が公共政策の一翼を担うという時代において、PI注3）（パブリックインボルブメント）＝多様な関係主体の参画という手法が導入されている。

① 「由布市観光基本計画」の策定プロセス

策定メンバーは必ずしも旧湯布院町の関係者ばかりではなく、これまで比較的関係の弱かった観光以外の行政担当者も参画した委員会と部会の二段構えの策定体制とし、部会で検討して、委員会でさらに議論を重ねて意思決定をしていくというタイプで進められた。

そして、広く由布市民に対して、今こういう計画を作っているという告知の意味も含めてシンポジウムを開催し、関係者だけでなく、住民の機運を盛り上げながら策定するという工夫もなされた。

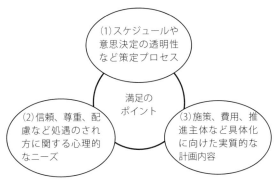

図 2-1　委員会運営の 3 つのポイント

② 「雫石町観光・交流活性化行動計画」の策定プロセス

委員会と部会の二段階方式が採用された。部会の位置づけとしては、計画策定後には実施主体として具体的に活躍してもらえる人々ということで人選された。したがって部会では現実的に計画が実施可能かどうかという視点を踏まえて具体的なプロジェクトの内容について議論を重ね、さらにその内容を委員会へ上げる方式が採用された。

計画策定時に参画したメンバーが、その後のプロジェクトの実現にも関与していくよう意識づけが当初からなされ、特に部会がその役割を果たした。

③ 「安曇野市観光振興ビジョン」の策定プロセス

安曇野市は委員会だけで議論し、意思決定していくという形式を採用した。委員会の中にワークショップ手法を取り入れながら徹底的に議論し、都合 7 回の委員会を開催しながら取りまとめていった。委員会メンバーは 18 名。うち観光関係者は 3 名のみ。団体、商工会などを含めると 6 人になる。他には、美術館館長や映画監督、都会からの移住者など地元の知識人が集まって安曇野観光のあり方を徹底的に議論した。

「観光」を単に観光産業や観光事業者の視点だけで議論するのではなく、あくまで市民の目線でトータルな地域づくりの指針として位置づけ、検討したことが特徴的である。

このように将来ビジョン（観光計画）の策定プロセスそのものがトップダウン型からボトムアップ型へと大きく変化している。それに伴い、計画

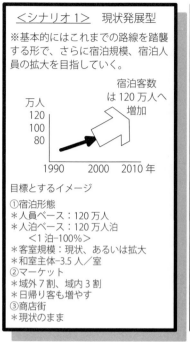
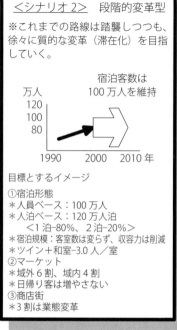

図 2-2　観光地の目標（指標）の具体例（3 つの将来シナリオ）

策定プロセスに参画するメンバー（いわゆる策定委員）が、気兼ねなく意見を述べる環境づくりが重要である。委員会運営のポイントは以下の 3 点である（図 2-1）。

① 策定プロセス
　　スケジュールや意思決定の透明性
② 処遇のされ方
　　信頼、尊重、配慮などの心理的ニーズ
③ 実質的な計画内容
　　施策、費用、推進主体などの内容

2-2-2　数値目標設定の考え方

近年、数値目標の設定、そしてその達成度が評価の軸として注目されるようになってきた。事業評価、政策評価という特に公的資金（税金）を投入する事業や政策に客観的な評価が求められるようになったことがその背景となっている。

観光地経営においても、経営指標として、入込観光客数、宿泊客数等があるが、わが国全体の観光市場が縮小傾向となっている中で、観光客の頭数（量的目標）だけを目標として事業や政策を評価するのは限界がある。

わが国の観光市場が、右肩上がりから右肩下がり、少ない勝ち組と多くの負け組といった跛行性の中にあっては、リピーター率や滞在時間・日数といった視点や地域への経済効果といった視点が言うまでもなく重要となってきている。そのためには、量的な目標だけでなく、質的な目標、つまり顧客満足度や再来訪意向といった経営指標、数値目標が重要となってきている。

全国的に観光施設の量が圧倒的に不足していた昭和 40～50 年代においては、一定の規模以上の観光開発に対して需要予測が行われ、事業としての採算性が判断された時代もあったが、昨今では「達成すべき努力目標としての数値」としての位置づけが主流（特に観光地レベルにおいては）になってきている。また、平成の時代に入り、行政の財政難から「選択と集中」が言われるようになって、改めてアウトプット（結果）やアウトカム（成果）の評価が問われるようになってきた。

いずれにせよ、「時間軸による達成度」が重視されるべきであるが、観光地経営の場合は、目指すべき観光地像に如何に達するかが最重要であり、経営指標に基づく数値目標の達成はそのプロセス

に過ぎない。また、必ずしも評価軸として厳正な数値のみでは示すことができない、したがって目標数値そのものが曖昧であることが多く、結果・成果の評価もそれほど厳密に行われている例は少ないのが実態であると言わざるを得ない。

2-3 説得力ある理念と戦略

2-3-1 地域の歴史・文化・自然を紐解く

現実の将来ビジョン（観光計画）において、目標とする観光地像、そして達成すべき目標とそれに向けた理念、戦略、施策（プロジェクト）の間の関係性はそれほど高くないのが実態である。これらを実現すれば、必ず目標を達成できるという因果関係は、個別の観光事業の計画であれば比較的容易であるが、観光地という多様な主体によって構成される観光計画の場合、必ずしも明確にはされて来なかった。これからはそうした点にも配慮が必要であろう。

経営指標に基づく目標設定のためには、まずは当該観光地の正確な「現状理解と課題認識」がなければ説得力のある計画とはならない。まずは、客観的な現状分析と住民を含むステークホルダーの声を真摯に聞くことから始めなければならない。

特に大切なことは、地域の特性を理解し、把握することである。そのためには歴史や文化、自然などいわゆる地域の「個性」を明らかにしていくプロセスが大切である。そのため、地元の人々だけでなく（内の目評価）、部外者の視点（外の目評価）も踏まえて、伸ばすべき「個性」＝地域の遺伝子（DNA）＝コンセプト（ワード）を明確化していかなければならない。このコンセプト（ワード）

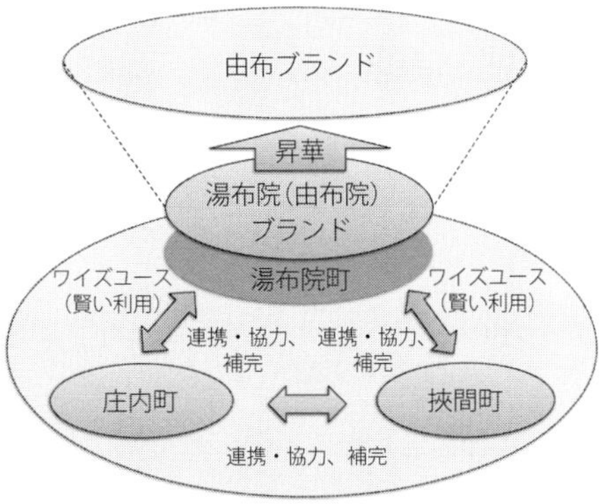

図 2-3 由布ブランドのコンセプト

は、当該観光地のキャッチフレーズとなり、デザイン化されてロゴとなり、それがパンフレットやポスター、ホームページなどに使われ、ひいては地域イメージを示す観光地ブランドともなっていくため、将来ビジョン（観光計画）策定の中でも重要な作業となってくる。

2-3-2 事例にみるコンセプトの設定

以下、策定プロセスと同様、①由布市、②雫石町、③安曇野市の例をみていく。

①由布市—由布市観光基本計画

○「湯布院（由布院）ブランド」のワイズユース（賢い利用）と、地域間相互の連携・協力、補完による「由布ブランド」への昇華（図 2-3）
○「湯布院（由布院）ブランド」から「由布ブランド」へのヒント（図 2-4）
○将来目標：行政の関係者や観光関連産業従事者だけではなく、農業をはじめとした他産業の従事者や一般の市民にも分かりやすく、愛着の持てる由布市観光の将来目標を以下のように設定した。

> 人と暮らしが織りなす
> "懐かしき未来"の創造
> ～"住んで良し、訪れて良し"、原点回帰のまちづくり～

この将来目標には、「長い時間をかけて地域風土の中で培われてき地域の"履歴"に耳を傾け、地域本来の姿を見失うことなく、"住んで良し、訪れて良し"のまちづくりを、原点に立ち返り、弛まなく行っていく。そして、内外との交流を重ねていく中で、"懐かしき未来"～懐かしくも新し

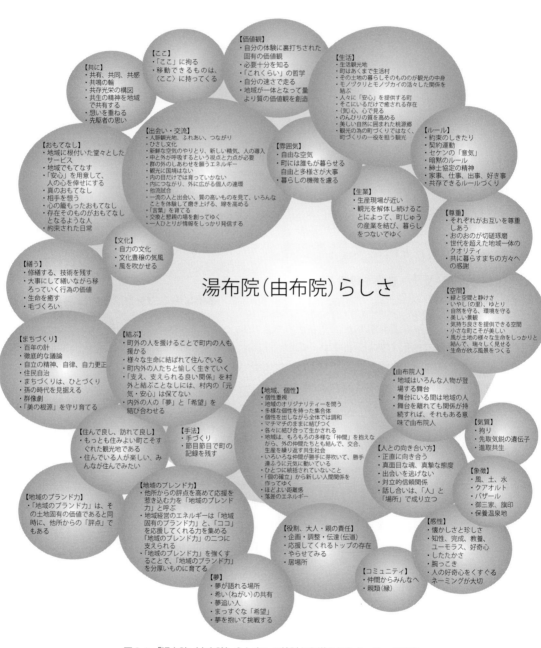

図2-4 「湯布院（由布院）らしさ」の検討から導かれたキーワード設定

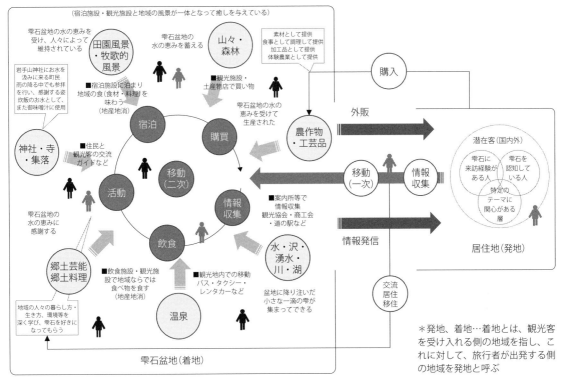

図2-5 雫石町の地域特性と計画への反映

い、人々が心に思い描く、安らぎの郷〜を実現していく。」という決意を込めている。

②雫石町―雫石町観光・交流活性化行動計画
○観光・交流の視点から雫石町全体としての魅力（個々の資源の背景）を整理（図2-5）
○まちが一体となって行動を起こすため、共有していくコンセプトを以下のように設定した。

> しずくが潤す大地の恵み　雫石
> 町民みんなで取り組む観光・交流に向けて

　雫石の3つの魅力（ア．「雫石」の響きと漢字、イ．地域資源（生活文化・歴史・風景等）、ウ．雫石盆地によってもたらされる価値）を大切にしながら、従来の観光スタイルの枠を超えて、一滴の小さな雫が集まって魅力ある川や大きな湖になるように、町民一人ひとりが主役となって取り組むことで町全体の魅力を磨き、誇りの持てる町を目指す。

③安曇野市―安曇野市観光振興ビジョン
○住民と外部有識者からなる観光振興ビジョン策定委員会において、ワークショップを重ね、"安曇野らしさ"について徹底的に議論を行い、「安曇野での暮らしそのもの」が魅力であり、観光客に対して提供すべきコンテンツであると認識するに至る（図2-6）。
○「安曇野暮らしツーリズム」という新しい安曇野観光のコンセプトを導き出すとともに、「安曇野暮らし」とは…を表現する5箇条を策定した。

> ●安曇野暮らしツーリズム
> ➢「安曇野暮らし」が大切にしている価値観や暮らし方を伝え、豊かな旅を提供していくこと
> ➢暮らしの磨き上げや交流などを通じて豊かな生き方を実現していくこと
>
> はじめよう、『安曇野暮らしツーリズム』
> 〜豊かな旅・豊かな生き方〜

視点2　関係主体を巻き込んで説得力ある将来ビジョンを策定する

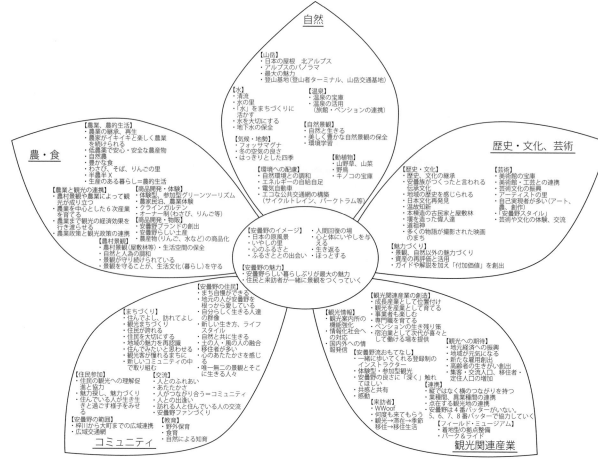

図 2-6 「安曇野らしさ」、これからの安曇野市らしい観光を考えるキーワード

●安曇野暮らし　5箇条
➢安曇野市らしい観光を展開していくための土台となる暮らし方・生き方

安曇野暮らし　5箇条

1. 自然に対する畏敬と感謝を忘れず、自然と共生した「安曇野暮らし」を実践します。
2. 地域の誇りである肥沃な大地での「農」と安全・安心な「食」を大切に、健康な「安曇野暮らし」を実践します。
3. 先人達が築いてきた「歴史・文化」を守り、この地を舞台に生まれた「芸術」の継承・活用を図り、文化の薫り高い「安曇野暮らし」を実践します。
4. 地域のつながりを実感し、安曇野に集う人々が響き合う、心豊かな「安曇野暮らし」を実践します。
5. 住む人と、訪れる人が協働して、うるおいのある「安曇野暮らし」を実践します。

こうした事例から導き出される知見として以下があげられる。

①ステークホルダー自らがこの地域はどういう観光地を目指すのかをワークショップや住民説明会など双方向型のコミュニケーションの場を通じて徹底的に議論すること。

②議論のプロセスにおいて、その地域の「らしさ」を表すキーワードをブレーンストーミングによってできる限り多く導き出し、それらをKJ法など活用してグルーピングし、できるだけ科学的な手法によって「地域の個性」（地域の遺伝子）をより明確にしていくこと。

③さらに地域の将来像を最も的確に表現する言葉、キャッチフレーズを、地域づくりの「理念」として導き出すこと。

2-4 いかに関係主体を巻き込むか

2-4-1 関係主体とは

観光地におけるステークホルダーとは、観光客、住民、観光産業従事者、観光関連事業者、行政、観光推進組織などである。近年では、さらに＋αが重要となっており、農林漁業者やJA（農協）、JF（漁協）、大学や研究機関など多様な主体による計画策定と計画推進が期待されている。こうしたステークホルダーが集まり、当該地域の観光の問題を議論する「場」がプラットフォームであると言える。

なぜ、関係主体をきっちり巻き込む必要があるのかといえば、次の二つの点が挙げられる。まずは、トータルな「地域力の発揮」のための手法として、もう一つは確実な事業実施主体としての「主体性の確保」のための手法としてである。つまり、多くのステークホルダーが理解し、地域一体となって実現させていく、いわば地域の「覚悟」が問われる。

2-4-2 ビジョン策定プロセスにおいて

関係主体を巻き込み、合意形成を図りながらビジョンを策定するパブリックインボルブメント（PI）型では、双方向型のコミュニケーション手法として、ワークショップ、フィールドワーク、モニターツアー、策定委員会、審議会などのやり方がある。

また、策定の中間段階では、説明会やパブリックコメントなどを実施し、幅広い意見を踏まえたものであることをアピールしていくことも重要なプロセスである。

2-4-3 将来ビジョン（観光計画）策定後

将来ビジョン策定後の広報、PR、具体的にはビジョンの内容の告知、ステークホルダーへの周知、理解促進が重要である。

そのためには、行政や観光推進組織の役割は大きく、予算面での配慮（告知や啓発のための事業予算）などもポイントとなる。また、ビジョンの周知、理解促進のためのツールとして「概要版」の作成、配布も欠かせない。

プロジェクトの実施段階においては、事業推進主体の明確化、推進手法の検討、補助事業の導入の可能性なども行っていく必要がある。

2-4-4 PDCAからPDSAサイクルによる計画評価

PDCAサイクル[注4]のP、D、C、Aはそれぞれ実施主体が異なり、全容を把握できる主体がないことから、評価を難しくしている面がある。ビジョン、つまりPの評価主体としては、行政が実施すべきであり、Cも同様である。DとAについては、むしろ観光推進組織が評価を担うべきところであるが、確たる定説は構築されていない。

後に、デミング博士が入念な評価を行う必要性を強調してC（check）をS（study）に置き換え、PDSAサイクルと称した。PDCAにおけるC（check）を単なる「点検・評価」に終わらせてしまってはならず、深く考察し、反省し、学び（study）、共有することこそが、次のAct（処置・改善）に繋がるとした。

注4）PDCAサイクル
第二次世界大戦後、品質管理を構築したウォルター・シューハート（Walter A. Shewhart）、エドワーズ・デミング（W. Edwards Deming）らが提唱したものである。
Plan／Do／Check／Actionの頭文字を揃えたもので、各事業を計画（Plan）→実施（Do）→評価（Check）→改善（Action）の流れで実行し、次の計画や事業の改善に活かす考え方。
Plan…目標を設定して、それを実現するためのプロセスを設計する。
Do…計画を実施し、そのパフォーマンスを測定する。
Check…測定結果を評価し、結果を目標と比較するなど分析を行う。
Action…プロセスの継続的改善・向上に必要な措置を実施する。

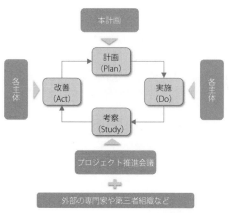

注5) ベースライン調査：開発協力において、その結果を客観的に評価できるように、スタート時点での現状を把握し、それを第三者にも提示できる形に取りまとめておく調査

図2-7　PDSAサイクルによる評価と検証

（公財）日本交通公社が関与した「阿寒湖温泉・再生プラン2010」続く「阿寒湖温泉・創生計画（ビジョン）2020」の計画評価は、PDSAの例として、前者は3年ごとに3回、後者は5年ごとに1回評価・見直しを実施した。図2-8に示すように、評価項目は以下の4つである。

①プロジェクトの進捗状況評価
②住民意識評価
③推進主体評価
④第三者評価

これによって、なぜプロジェクトが進まなかったのか、地域住民の計画に対する理解度はどう変化したか、観光振興の推進主体であるキーマンの意識など、多角的な視点面にわたって、点検・評価し、さらには深く考察し、反省し、学びを共有することを心掛けた。それによって「再生プラン2010」、並びに「創生計画2020」は、常に"生きた"計画となるよう見直しが行われ、現実に即した観光地経営が推進された（図2-8）。

2-5　これからの将来ビジョン（観光計画）

（1）「観光計画」の位置づけの明確化

行政計画の中で観光計画の位置づけを明確にしなければならない。ある市では、様々な計画、具体的には環境計画や景観計画などが策定されており、それらを整理すると観光の分野についてもほとんど計画されていることになる。あらためて観光計画を作る意義とは何かということである。他の既存計画との関係などを明確にしていく必要があるが、それらを観光の視点から体系化することが重要である。

（2）観光の実態把握の手法（科学的アプローチ）

観光の実態把握の手法がまだ弱い面がある。観光に関するデータの取りにくさや変動の激しさなどからサンプリング調査に難がある面は否めない。とはいえ、勘と経験だけでない科学的アプローチは必要であり、ビッグデータの活用を含めた観光研究の課題である。

例えば独立行政法人国際協力機構（JICA）の発展途上国に対する技術支援を目的とした調査では、まず「ベースライン調査」[注5]を実施する。このベースライン調査は開発協力が始まる前の現状をきちんと把握することを目的に実施される。当然ながら観光の分野にも現状をきちんと把握、整理し、目標をどう設定するかが重要である。

（3）計画策定プロセス（計画技術―多様な主体の参画）

計画策定のプロセスで、3つの市町の事例を解説した。いずれの場合も多様な人々が計画策定プロセスに入ってくるため合意形成が難しくなっている。これについては、パブリックインボルブメントが観光の分野にも普及してきており、パブリックコメントを含めて早急な対応が必要となっている。まずは丁寧にワークショップを継続しながら進めていくことが有効だと考えられる。

（4）目標設定・経営指標の設定（目標の明確化）

これまで観光客数以外に何を指標にすればいい

かの明確な基準がなかった。しかしながら、国連世界観光機関（UNWTO）が観光指標に関する報告書を出してから少しずつ研究が進んでいる。少子高齢化社会、人口減少社会となってもまだ入込客数の増加を目標にするのか。果たして従来通り右肩上がりの目標設定でいいのかどうか、観光客の質の問題をどうするかということである。

いずれにしても観光地の健康度を人が人間ドックに入ってチェックするのと同様、一定の指標（観光地経営指標）で健全な経営が行われているかどうかを定期的にチェックする意義はあるものと思われる。

（5）計画評価の体系化（プロジェクト・プログラム評価）

"PDCAからPDSAサイクルへ"とも関連するが、観光計画の評価をどうしていくかである。阿寒湖温泉で実施したように、時間をかけてでも、また試行錯誤してでも体系化していく必要がある。

国際協力機構（JICA）には既にプロジェクト評価の手法、プログラム（プロジェクトを広くとらえてプログラムと位置づけている）の評価の手法ができている（図2-9）。それらも学ぶべき事例の一つと考えられる。

（6）観光推進組織と地域の意思決定システム

多様な人が集まり、地域の観光を考え、実施していく場を「観光地プラットフォーム」と考えると、その中心となる観光推進組織のあり方は、地域の意思決定システムと関係する重要な課題である。〈視点6〉で詳述するが、そうした組織を前述したように「日本版DMO」と称し、観光庁による登録制度が進められている。

地域の意思決定がどこでどうなされるかがはっきりしない地域は多いが、きちんとした観光推進組織があれば、その組織の中で決めたことを優先的にやろうということで意思決定が明確になる。

（7）国際化への対応（外客受入環境整備と意識改革）

既に主要な観光地では国際化対応やインバウンドの受入ということで、様々な取り組みを進めている。しかし、問題は「外客の受入は不安である」と未だに考えている旅館経営者が少なくないことである。人口減少かつ少子高齢化のわが国の現状からすれば、需要を賄う選択肢の一つだと思われるが、国際化対応への意識改革をどうするか、温泉地などの老舗観光地を含めて多くの観光地が同様の課題を抱えている。

（8）質の高い空間づくりの手法（費用負担の考え方）

観光地における質の高い快適な空間づくりは、バブル経済崩壊後ほとんど取り組まれて来なかった。例えば古くなったインフラの整備など国土の強靱化だけでなく、高齢者などに配慮したバリアフリーやユニバーサルデザインの導入、廃墟となった宿泊施設や観光施設の撤去なども重要なテーマとなっている。既存の観光地に行けば、今後、整備を必要とするところはたくさんあるが、公共空間のハード整備は当然税金を使うことになる。すると税金の使い方、費用負担の考え方の整理が重要となってくる。「何もそんなところに使わず、他の重要な所に使った方がいい」という意見も出てくるだろう。

限られた予算の中で何を優先的にやるべきなのかという優先順位の考え方なども取り入れながらインフラを含めたハード整備を進める必要がある。

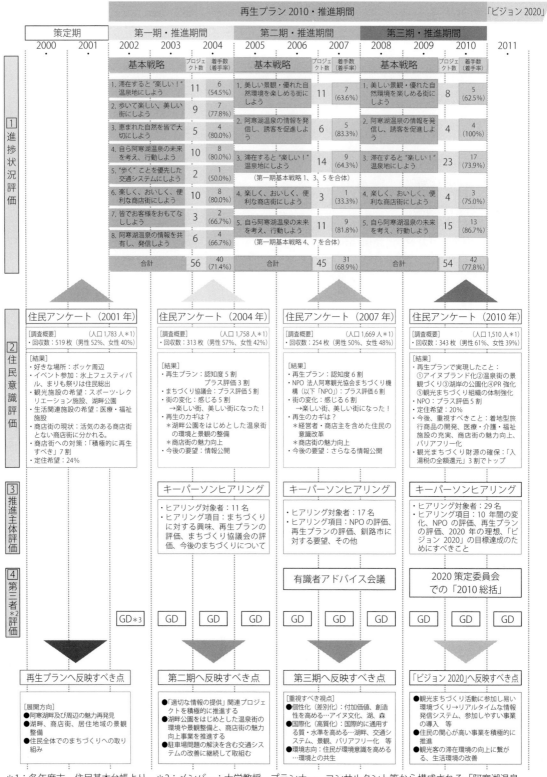

図 2-8 観光計画評価の具体例～阿寒湖温泉を例にして

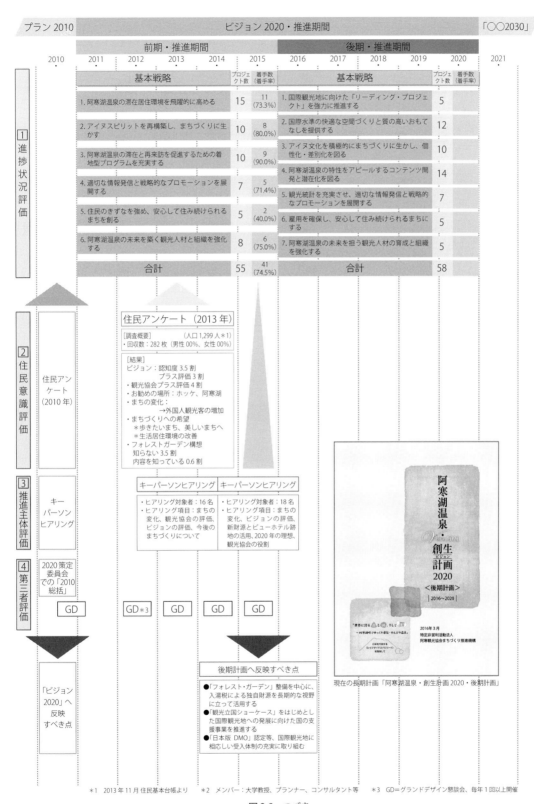

図 2-8 つづき

視点 2 関係主体を巻き込んで説得力ある将来ビジョンを策定する

図2-9　JICAの評価制度と評価結果の活用（http：//www.jica.go.jp/）

（9）観光土地利用制度の考え方（観光振興に対するインセンティブ）

最近はかつてのような観光開発の問題が顕在化することは少なくなってきたが、近年、外資系を含めて宿泊業への投資が増加している。観光振興において、観光客を誘致するのと同様に重要なことは、「観光投資」を呼び込むことである。観光開発時の土地利用の担保、つまり観光開発に対するインセンティブ制度、逆に開発による成長コントロールの仕組みなどの検討が期待されている。具体的には地域が主体性を持ち、節度を持った観光投資を誘導するような規制・誘導政策や観光土地利用制度が検討されてよい。

（10）観光振興条例の有効性（計画行政の推進）

観光振興条例は、計画行政のための重要なツールであり、当該市町村の観光政策や基本的な理念を打ち立てる有効な手段である。山梨県富士河口湖町や群馬県草津町の例を見ると、必ずしも町長のリーダーシップだけで実現したわけではなく、条例制定後に新たに就任した町長も、策定された観光計画に基づいて計画的に事業を推進している。条例の制定は政策の持続性、継続性を担保する民主的で優れた手法であるといえる。

以上10のポイントについて整理したが、特に（7）、（8）、（9）については、古くて新しい課題として近年再浮上してきており、わが国の観光地の国際競争力向上、世界レベルの観光地づくりの観点からも重要な課題となっている。

【参考文献】
1）由布市（2011）：「由布市観光基本計画　概要版」2011年3月
2）雫石町、(財)東北活性化研究センター（2011）：「雫石町観光・交流活性化行動計画」2012年3月
3）安曇野市（2013）：「安曇野市観光ビジョン　はじめよう『安曇野暮らしツーリズム』～豊かな旅、豊かな生き方」2013年3月
4）特定非営利活動法人阿寒観光協会まちづくり推進機構（2016）：「阿寒湖温泉・創生計画2020〈後期計画〉」

■「富士河口湖町観光立町推進条例」の概要

観光立町の実現に関する施策を総合的かつ計画的に推進するために制定。

平成 19 年 3 月 22 日
条例第 9 号

前文
第 1 章 総則（第 1 条—第 6 条）
（目的）
第 1 条 この条例は、観光立町を実現するための基本理念を定め、町の責務並びに町民、観光事業者（主として観光旅行者を対象として事業を行う事業者その他観光に関連する事業を行う事業者をいう。以下同じ。）及び観光関係団体（観光事業者で組織される団体並びに観光の振興を目的として観光事業者及び行政機関等で組織される団体をいう。以下同じ。）の役割を明らかにするとともに、観光立町の実現に関する施策の基本となる事項を定めることにより、観光立町の実現に関する施策を総合的かつ計画的に推進し、もって活力ある地域づくり、本町経済の持続的な発展及び町民生活の向上に資することを目的とする。
（基本理念）
第 2 条 観光立町の実現に関する施策は、地域における創意工夫を生かした主体的な取り組みを尊重しつつ、魅力ある観光地の形成を図るとともに、観光旅行を推進することは町民が誇りと愛着を持つことができる豊かで活力に満ちた地域社会の形成及び潤いのある町民生活の実現のために重要であるとの認識の下に講じられなければならない。
2 観光立町の実現に関する施策は、町内外の観光旅行者への快適なサービスを提供できる環境を整備するとともに、地域の歴史、文化、伝統等に関する理解を深め、観光振興の担い手となる人材の育成及び地域のおもてなしの向上が図られるよう講じられなければならない。
3 観光立町の実現に関する施策は、本町が世界のシンボルであり日本のランドマークとしての富士山を湖とともに与えられた地域として、自然環境の中の豊富な観光資源を提供すべき役割に鑑み、観光を通じた国際平和及び国際相互理解の増進の観点に立って講じられなければならない。
4 観光立町の実現に関する施策を講じるにあたっては、観光が、町及び地域の経済社会において重要な役割を担っていることに鑑み、町、町民、観光事業者、観光関係団体等による相互の連携が確保されるよう配慮されなければならない。
〈〜略〜〉

第 2 章 基本的施策
第 1 節 富士河口湖町観光立町推進基本計画等（第 7 条・第 8 条）

（富士河口湖町観光立町推進基本計画）
第 7 条 町長は、観光立町の実現に関する施策の総合的かつ計画的な推進を図るため、富士河口湖町観光立町推進基本計画（以下「基本計画」という。）を定めなければならない。
2 基本計画には、次に掲げる事項を定めるものとする。
 (1) 観光立町の実現に関する施策についての基本的な方針
 (2) 観光立町の実現に関する目標
 (3) 観光立町の実現に関し、町が総合的かつ計画的に講じるべき施策
 (4) 前 3 号に掲げるもののほか、観光立町の実現に関する施策を総合的かつ計画的に推進するために必要な事項
3 町長は、基本計画を定めるにあたっては、あらかじめ、町民等の意見が反映されるよう必要な措置を講じるとともに、第 23 条に定める基本富士河口湖町観光立町推進会議の審議を経るものとする。
4 町長は、基本計画を定めたときは、遅滞なくこれを公表するものとする。
5 前 2 項の規定は、基本計画の変更について準用する。
（財政上の措置）
第 8 条 町は、観光立町の実現に関する施策を推進するため、必要な財政上の措置を講じるよう努めるものとする。
〈〜略〜〉

第 2 節 魅力ある観光地の形成（第 9 条—第 11 条）
第 3 節 観光産業の競争力の強化及び観光の振興に寄与する人材の育成（第 12 条・第 13 条）
第 4 節 国際観光の振興（第 14 条・第 15 条）
第 5 節 観光旅行の促進のための観光の整備（第 16 条—第 22 条）
第 3 章 富士河口湖町観光立町推進会議（第 23 条—第 27 条）
（富士河口湖町観光立町推進会議）
第 23 条 町は、基本計画について審議し、及びその実施を推進するため、富士河口湖町観光立町推進会議（以下「推進会議」という。）を設置する。
〈〜略〜〉

附則

視点 3　地域を見つめ直して新たな魅力を生み出す

　持続的・継続的な観光地経営のためには、観光地の持つ魅力を維持するだけでなく、刷新したり新たに創出したりする必要がある。

　昨今、エコツーリズムや産業観光などのテーマ性を追求したもの、地域住民との触れ合いを組み込んだ体験型のものなど多様な観光のあり方が生まれてきている。また、ものづくりの現場や暮らしの場など普段は入ることが許されない場所を活かすもの、身近な自然を活かすもの、地域が抱える課題の解決を目的として観光を活用するものなど、地域が観光という手段を活かせる場面は広がっている。地域資源を観光的に活用する場面が増えれば、それだけ地域の多様な魅力を描き出すこともでき、地域全体の価値は高まってくる。

　今後も、時代の変化に応じて様々な観光スタイルが生まれてくるだろう。観光地においては、それらを巧みに取り込み、旅行経験の豊富な観光客やリピーターを満足させる地域の深い魅力を提供することや、再来訪に足る目的を創出することが求められる。また、地域の日常に関わりを持ってもらえるような関係性を構築することも求められる。そして、地域の再個性化や市場での再浮上を狙う意識のもとで実施することが重要である。また、新たな魅力創出は、観光地の季節性を平準化できる可能性や新たなマーケットを誘客できる可能性、あるいは観光地側で新たな担い手の参画を促す可能性も持つ。地域課題と照らし合わせながら、それを克服する方法としても新たな魅力の創出は有効である。

　ここでは中長期的に地域として取り組むことが重要と思われる「生活文化の発掘と活用」（3-1）、「芸術・文化の活用」（3-2）、「他地域との連携の推進（3-3）」について述べる。併せて、情報発信・情報提供（3-4）についても述べる。

3-1　生活文化の発掘と活用

3-1-1　身近な生活文化への関心の高まり

　全国的に地域の生活文化を活用した観光振興が活発化している。地域に根差した食文化を活かす取り組みは、その代表例の一つで、誰しも一度はその取り組みを目にしたことがあるだろう。地域住民にとっては、至極日常の食（調理法や食べ方等まで含む）が、自地域のみに存在・継承されてきたということは、非常に驚きであろう。こうした地域の身近な生活文化を活用した地域活性化の取り組みは、地域に新たな交流を生み出し、地域の生活を豊かにしている。

　こうした現象が示唆するのは、特筆すべき"観光資源"のないところでも観光振興は可能ということである。"観光地の資源"は、何もわが国や地域を代表する観光資源に限定されない。何気ない日常に潜む生活文化は、いまや観光地を支える重要な資源の一つとなっている。生活者向けのスーパーで販売されている地域特有のお惣菜、地元住民のみが知る居酒屋なども含めて"地域の生活文化"として提供できるものは多様で幅が広い。

3-1-2　生活文化を活かした観光の位置づけと可能性

（1）生活文化を活かした観光の特性

　生活文化を活かした観光は、既存の観光資源や地域資源、観光施設、観光インフラを使用することからソフト施策が中心で、初期投資も少なく取

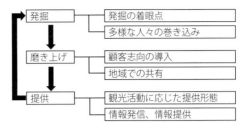

図3-1 各段階における活用のポイント

り組みやすい。継続できるかどうかは別として、変化の激しい市場下にあってもトライアルしやすく、変更もしやすい点が特徴と言える。

(2) 生活文化を活かすことにより広がる観光の可能性

一つ目に、地域住民の活躍の舞台を設けることで、住民の個性や能力が活かされるようになると同時に、地域住民しか知りえない地域の深い魅力を提供することができるようになる。地域の暮らしを追体験できる機会の提供は、地域への理解促進につながると同時に、観光客の満足度向上やリピーターの確保にもつながる。

二つ目に、地域の生活文化を掘り起こし、既存資源と合わせてラインナップを幅広く取り揃えることで、地域の多様性が表出される。多様化し深化する市場（観光客の）ニーズへの対応も可能となり、結果として市場への訴求力が高まる。

三つ目に、市場に対して定期的に話題を提供できる。観光事業者が自施設の修繕維持に追われ、投資や新たな話題づくりが難しい状況においては、住民の生活文化は、市場に対して定期的に提供できる話題として役立つ。市場における地域に対するイメージが一定程度定着、固定化している場合は、そのイメージの変化にも寄与する。

3-1-3 生活文化を活かす上での要点

観光地における新たな魅力づくりとして、どのように生活文化を活かすか、取り組むにあたってのポイントを「発掘」、「磨き上げ」、「提供」の3段階に分けて述べることとする（図3-1）。観光地での実際の取り組みから明らかなように、必ずしもこの3段階を経て生活文化が観光客に提供されるわけではない。また、同じ地域でも提供する生活文化の内容によって、進め方が異なる。ここでは、敢えて単純化して3段階に分けて整理する。各地域の現状と照らし合わせて、必要な視点を補いながら進めることが望まれる。

(1) 「発掘」の段階

①発掘の着眼点（空間、時間、人）

生活文化の発掘については、これといって体系的に整理されたものがあるわけではないが、以下の3つの着眼点のいずれかから地域を見つめると、新たな地域の資源や魅力、小さくとも豊かに生きるために住民が施した創意工夫が浮かび上がってくる。

［空間］生活空間に目を向ける

■観光エリアから生活空間へ目を向ける

観光客が来訪していないエリア、つまり地域の住民が生活する空間へ目を向けると、資源の所在は、観光客が来訪する特定の公共空間や特定の施設から住民の生活空間へと拡がる。住民が暮らす住宅や庭等の私的空間やそこで行われる行祭事、使用される用具等から生活者のみが利用するスーパーや図書館、福利厚生施設等の公共施設および提供サービス、地域で共同管理している空間や地域住民の利用のみが許されている地域資源等まであらゆる有形、無形の資源が生活資源として浮かび上がる。

■生活単位で地域を捉え直す

また、住民が感じる生活範囲に空間を限定して資源を具体的に見ると、細かな資源、より住民の暮らしを反映した資源が見つかることもある。

例えば大分県別府温泉では、1996年に行った「別府八湯勝手に独立宣言」を契機として、市内に

図3-2 竹瓦かいわい路地裏散歩

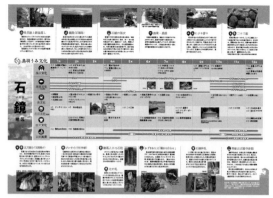

図3-3 三重県鳥羽市石鏡地区で作成された観光資源のカレンダー

8つある各温泉場の歴史や個性を明確にしていく活動が始まった。竹瓦地区では、「別府八湯竹瓦倶楽部」（1998年設立）によって、住民が暮らすまち単位での魅力の発掘、見直しが行われた。その結果、古き時代の名残を残す共同湯や老舗等が見直され、それらを案内する「竹瓦かいわい路地裏散歩」（まち歩きツアー）が実施されることとなった（図3-2）。この動きは、別府八湯の他地区の温泉にも広がり、生活文化の掘り起こしが全域で進み、各地区の個性化が進んだ。こうした一連の取り組みの結果として、従来の「別府温泉」という一つの観光地イメージから、より地域住民の暮らしに密着した「別府八湯」というイメージが地域内外に対して新たに構築、付加されることとなった。

[時間] 生活時間に着目する

観光客が地域に滞在する時間は意外に限られる。日帰りの場合は昼間の数時間など、地域を認識する時間は一瞬である。特に周遊観光の場合は、夜到着し、朝出発するなど地域を認識する間もなく他地域に移ってしまう。

これに対し、地域住民は、特定時間や時季に限らず地域で過ごしていることから、実は観光客の知らない多様な地域の姿を知っているはずである。

例えば、夜や朝などの特定の時間に着目し、地域の住民の過ごし方を見ると、地域独自の習慣があることもある。また、昔は行われていた行祭事などに目を向けると新たな魅力を見つけることもある。年間の祭事や地域食材の旬（図3-3）、花の見ごろを整理してみると、総体として実は様々な魅力が地域にあることに気づく。実は地域は地域独自の時間の流れ、暦の中で動いているのである（コラム1）。

[人] 地域の多様な人物像（個性）に着目する

ひとえに地域住民と言っても、実は一様ではない。主婦も住民であり、高校生も住民であり、農業者も漁業者も住民である。住民を細分化すると多様な見方（人物像）が生まれる。人が色々な立場で生きている、人がそれぞれ異なる個性を有していることの証拠である。しかし、観光事業を生計の柱とする事業者などは、集客の視点や利益追求の観点から地域資源を一律に捉えてしまうことが多く、なかなか視点の転換は難しい。観光事業者といっても様々な職種があるのでひとまとめに捉えず、それぞれの魅力や個性をより丁寧に描き出すことや、観光事業者という立場から離れて別の立場から地域を見直すことが重要である。

具体的に観光地に当てはめて述べると、旅館の主人は観光事業者であると同時に地域住民であり、一人の父親ということもある。普段は温泉街にいても、生活用品等を購入するために温泉街の外に出かけることもあるだろうし、同級生や友人に会い、近隣の居酒屋などを飲み歩いたりすることもあるだろう。このような住民の視点に転換できた場合、生活圏が拡がり、より多様な資源を発掘することが可能となる。

さらに例をあげると、幼少期の子供がいる若女将は、子連れの主婦という目線で地域を見直すと、普段利用している地域の子ども向けメニューが充実した飲食施設やベビーカーでも利用しやすい物

> **コラム1:"町の良さ"が一番感じられる時間とは**
>
> 　地域は、旅行会社や観光客から、ベストシーズンを聞かれることが多い。それに対して地域は「うちは四季が明確で、春には○○、夏には○○、秋には○○、冬には○○」という型にはまった説明をしていないだろうか。
> 　ある中国の世界遺産の村の現地ガイドは上記の質問に対して次のように回答したと言う。「収穫の時が村の人がみんな嬉しそうで、私はその時が一番好きです」「みんなが愛染めを干している時も、村がきれいで私は好きです」と。
> 　ベストシーズンや四季の魅力を回答できるのもよいが、資源発掘の段階にあたっては、一度観光や旅行の枠から離れて素直に自分が好きな町の瞬間、地域の人々が本当に幸せな時などを思い浮かべてみて見てはどうだろうか。実はその時が最も町が魅力的な時なのかもしれない。
>
> 資料:(公財)日本交通公社(2011):「訪れるに値する価値を自ら創る」(第21回旅行動向シンポジウム)

図3-4　子どもと楽しむ吉祥寺マップ　吉ママ編
(資料:NPOまちづくり観光機構)

販施設等が地域資源として浮上してくるだろう。浮上した施設をピックアップし、一連の資源として、同じ立場の観光客(子連れの主婦)に提供することで、地域資源が顕在化する(図3-4)。普段意識しない何気ないものでも、ある特定の視点から再編集すると、観光客にも提供できるようになる。

②多様な人々の巻き込み

　生活文化の掘り起こしに際しては地域のご老人など、この地に長く住んできた人々に話を聞くのもよいし、地域の様々なバックグランドを持つ人の多様な見方も参考にしながら、仲間を見つけ、楽しみながら実施することが重要である。

(2)「磨き上げ」の段階
①顧客志向の導入

　生活文化を活かすためには、地域の目線で提供する方法と外部の目線で編集して提供する方法があるが、いずれの場合も地域住民しか知りえない、現地に足を運んでしか得られない深い情報や地域ならではの体験が提供できることが重要であり、それがこれまでの観光にない強みである。

〈観光客の気分の理解〉

　観光客に生活文化を提供するにあたっては、少なからず顧客志向の視点が必要とされる。観光客は、貴重な余暇を使って当該地域に来訪しており、わかりやすさや楽しさ、エンターテイメント性を有するものも必要となる。

〈外部の視点の獲得〉

　地域の生活資源は非常に身近であるため、かえって認識しにくい。観光客になった気分で地域を見つめ直すことが第一歩だが、簡単には気づくことができないのが本当のところである。

■外の視点を持った人材との連携

　一度地域外で生活を送ったことがある地域住民や他地域から嫁いで来た主婦、UIJターン者など、"外の視点"を持った人と一緒になって共同で行うことが好ましい。ワークショップを行い、一緒になって議論したり、現地を一緒に歩きながら話をする中で新たな気づきが得られることもある。同じ時間を歩み、共同で作業を進めることで、住民は外部の視点を自らの中に蓄えることができるようになる。

■他の地域での視察体験

　また、普段から他地域へ出かけ、自地域と他地域は何が違うかを意識的に見る視点を体得することも大切である。生活文化を活かした観光の担い手は住民であることが多い。そのため、住民自らが実体験し、具体的な提供方法のイメージを持つことが後に観光客に提供する際に力となる。

注1)「提供の段階」には、実際にはプログラムや商品等の販売も含まれるが、ここでは提供にあたって最初に検討すべき事項や視点、そして住民自身が関与すべき部分を主に扱っている。

注2)「まちじゅう博物館」とは、地域に受け継がれた歴史遺産やそれらを大切に保存・活用する取り組みの全てを合わせて、まち全体を大きな博物館と捉えたものである。例えば、「萩まちじゅう博物館」（山口県萩市）は、萩の魅力を萩に住む人々が再発見するとともに、かけがえのない「萩のおたから」を守り育てながら、誇りをもって次世代に伝えていこうとする新しいまちづくりの取り組みである。

②地域での共有

発掘された地域の生活文化は、地域の特徴として住民間で共有することが望ましい。地域住民が認識していないものを観光客に提供はできないし、昨今においては、住民が誇りに思う資源こそが市場に対して価値を持ち始めているからである。地域内に向けて情報発信を行ったり、地元学などの講座を開催するなど、地域の人が情報を得る、接する、想いを交わす機会を増やすことが重要である。

(3)「提供」の段階

生活文化の特性にもよるが、概ね地域での提供方法は2つに整理できる。一つは、生活空間を利用して所有する資源を公開して提供する方法であり、もう一つは、特産品として開発などを行い、地域の物販飲食施設等で提供する方法である。

ここでは、主に前者を念頭において要点を説明する[注1]。

①観光活動に応じた提供形態

まず観光客に提供する際に検討すべきは、観光客に自由に行動して生活文化を見て感じてもらうか、それとも地域住民等によるガイド付き添いのもとで、生活文化を体験してもらうかである。それによって提供すべき事項や配慮すべき事項が異なる。

〈情報を得て観光客が自由に行動〉

この場合、観光客に対してマップ等の情報を事前に提供する必要がある。具体的には、地域の生活文化の紹介とともに、コースの紹介、飲食施設、注意事項等を伝達する必要がある。観光客にとっては、自由度が高く、予め設定された行程や時間とは異なり、個人の関心に沿って時間配分が可能となる。

〈住民ガイドとの交流等を通じた体験〉

私的空間や地域住民のみが許される空間などへは、ガイド付きという条件のもとで公開がなされることもある。この住民ガイドという提供方法の特徴は、一方通行ではなく、双方向で、同じ空気を感じられる、共有できることの新鮮さに価値がある。固定化した観光客（ゲスト）と受入地域（ホスト）の関係を脱却し、観光客と共に場を創りあげることに価値がある。

ガイドにおいては、観光客のニーズに応じて対応できる柔軟さが求められる。場合によっては、専門用語や学術的な用語を用いず、普段使いの言葉で表現することが重要だろう。ここには、十分に個々の人間性が反映されてもよい。

ただし、ガイドを行う以上、学習や実地研修などの下準備や、参加者の安全を確保する仕組みを整えて行うようにしなければならない。

②情報発信、情報提供

地域の身近な情報を提供するための媒体としては、マップ、パンフレット等の紙媒体、ホームページ、ソーシャル・ネットワーキング・サービス（以下、SNS）等のICT活用などがある。

〈住民自らの言葉で語る〉

情報発信・提供にあたっては、地域の暮らしが伝わる、追体験できるような内容であること、地域に住む人の顔が見えるものであること、住民自らが作成したという手づくり感のあるものであることなどを意識したい。単に生活空間に「○○があります」ではなく、自らの生活とまちの関連（「こんなときにこう使ったりするんですよ」等の具体的なシーンをイメージ）を連想させるように

写真 3-1　住宅地の坂での一場面（長崎さるく）

注3)　「オンパク」とは、「温泉泊覧会」の略語。オンパクは、「プログラム」と呼ばれる小規模の体験交流型イベントを集約して短い期間に開催するもので、地元を元気にしたいという思いを同じくする人々が別府の素晴らしさを表現する場を創ろうとの考えのもと始まった（2001年〜）。現在、全国各地でオンパク手法を利用した地域活性化の取り組みが実施されている。

注4)　長崎市で行われている「まち歩き」を観光スタイルの基本とし、"まちそのもの"を見せる観光のこと。遊さるくはマップを片手に自由にまち歩き、通さるくはさるくガイドによるまち歩きツアー、学さるくは座学とまち歩きを組み合わせた講座や体験である。

意識することが重要である。地域の偉大な人物紹介もよいが、地域で生きてきたある個人の生き方に消費者は共感するのである。

〈消費者へのわかりやすさ〉

生活文化に関わる資源は実は非常に多い。従来から提供されている観光資源も地域住民との関わりの中で見ると新鮮である。重要なのは、多様な資源を再分類して消費者にわかりやすく発信・提供することである。地域の生活文化に根差した資源やその取り組みは、個別には発信力を持たない小さなものが多いので、「まちじゅう博物館」[注2]や「オンパク」[注3]のように束ねて発信するなど、総体として惹きつける仕組みを地域にあった形でつくる必要がある。場合によっては、特定のテーマにフォーカスして情報発信・提供することもよいだろう。「長崎さるく」[注4]（写真 3-1）では、提供プログラムを、遊さるく、通さるく、学さるくの3つに分類している。こうした分類は、消費者にとってわかりやすい。

〈ルールの伝達〉

繰り返しになるが、生活文化は地域住民の暮らしそのものであるので、観光客に対しては、その場を提供する分、地域のルールを守ってもらうという意識づけが必要であり、事前にそうしたことを情報発信しておく必要がある。

3-1-4　取り組みによる効果と取り組み上の留意点

(1) 取り込みにより期待される効果

■地域に対する愛着と誇りが醸成される、地域を大切に想う人が増える

資源発掘の過程や観光客との交流を通じて、自地域の価値を再認識し、わが町への愛着や誇り、帰属意識が醸成されるとともに、深い体験の提供によりリピーターや地域のファンが生まれ、持続的な関係が構築される可能性がある。

■コミュニティの再構築や新たな活動母体の創出につながる

資源の発掘・提供を通じて、もともとのコミュニティが再構築されることもあれば、地縁や世代、業種を超えた新たなコミュニティが創出されることもある。

■観光客の滞在・滞留時間が延伸し、街全体に観光の経済波及が拡散される

生活文化を活かした複数のプログラムや多様な情報が提供されることで、観光客の総滞在時間が延長したり、特定施設への来訪の偏りが解消されることもある。休憩、休息も必要となることから、周辺施設の利用も増えるものと考えられる。

(2) 取り組み上の留意点

■生活空間の観光利用について住民の理解を得ること

生活空間を観光利用する場合、観光客の来訪によって住民の落ち着いた生活が乱されるなどの問題が発生することがある。そのため、生活空間の利用を検討する場合は、住民に対しては事前に説明を十分に行い、住民の意見や要望を把握した上で、利用について理解、了承を得ることが必要で

注5）　単独では販売機会の少ない商品であっても品数を幅広く取り揃えることで、総体としての売上げを大きくするという考えのこと。

注6）　地域の残る歴史的建造物や路地や坂道、共同浴場などの身近な資源を活用してコースの造成、まちあるき等を行っているが、その空間もいずれは老朽化し、修繕、修復などが求められるだろう。これらは手を入れない限り永続的ではないので、そこを舞台とするコースも実は永続的ではないのである。その意味でもまちづくりの視点は持っておくべきである。

ある。観光客に対して生活空間を提供した場合に発生し得る正負の影響を想定し、観光客への利用の可否も含めて議論を行う。利用が可能な場合は、観光客に対する利用ルールの設定や情報提供の仕方、誘導の仕組みについて住民と共に議論することが必要である。

■異なる主体が歩調を合わせて愉しく取り組むこと

手間を掛け多くのプログラムを造成し提供する地域の取り組みは、ロングテール[注5]として捉えるのがよいだろう。プログラムのガイドなどで得られる収入は、一家の生計を立てるほどには至らないことが多く、観光事業者および観光推進組織の収益性の向上にもそれほど大きくは寄与していないのが実状である。それ故、住民と観光事業者が共同で地域資源の発掘を進める場合は、観光客へのプログラムの提供や商品化を急がず、住民との対話を重ねながら、活動自体を共に愉しみ、地域の人的ネットワーク構築を意識しながら進めていくことが望まれる。自らが楽しいと感じられる中で続けることが取り組みを持続的なものとするのである。

■作成した情報媒体やプログラムの取扱いに配慮すること

顧客の評判や市場の売れ筋のみを判断基準として、住民が発掘した資源や作成した情報媒体、プログラムを取扱いから外す、商品群から外すなどの行為はなるべく避けるべきだろう。なぜなら、それらは単なる観光を通じた外貨獲得の商品ではなく、住民が時間を費やして発掘し磨き上げた"作品"という側面も持ち合わせているからである。そこには、住民個人の想いや考えが込められ

ていることは容易に想像される。情報や商品を提供する住民は、今後も同じ地域で生きていくコミュニティの構成員であることから、いわゆる市場に流通している利益追求の商品を扱うのとは異なる慎重な判断、配慮が求められる。具体的には、モニターツアーや参加者アンケート、専門家による助言や研修等を通じて品質の向上を図っていくことや、提供機会が少ない場合は、参画している住民や事業者のモチベーション低下が懸念されることから、人材育成を定期的に実施する、話題性や注目を呼ぶような発信、紹介の強化を行い提供機会を確保するなどの取り組みによって柔軟にサポートしていくことも大切である。

■まちづくりへの展開を意識すること

生活文化を活かす観光を観光振興に留まらせず、まちづくりへとつなげる意識が必要である。生活文化を発掘するということは、人々が暮らすまちの魅力を見直しそれを再認識することのみならず、まちの現状や過去を見つめ、課題を同時に認識することであり、自らが住むまちの未来を考えることでもある[注6]。観光客への提供に資するもの、市場からの誘客に資するものと最初から限定的に地域を見ることは避けたい。また、一方で、うちは観光地ではない、観光客のためにそこまでする必要はないと観光の可能性を最初から閉ざしてしまうことも避けたい。「観光客になったつもりで地域を見つめ直すこと」と「観光客に実際に提供するか否か」、「どのように提供するか」は区別して、地域の人々の意向を確かめながらプロセスを大切にして進めることが望まれる。

注7) 新潟県十日町市、津南町で実施されているアートプロジェクト越後妻有「大地の芸術祭」は、各種プログラムの通年化を目的とした「大地の芸術祭の里」に取り組んでいる。

表3-1 各地で開催されている芸術・文化プロジェクトの例

ジャンル	地域	プロジェクト名
美術・現代アート	山形県大蔵村	肘折温泉プロジェクト
	新潟県十日町市・津南町	大地の芸術祭の里[注7]
	神奈川県横浜市	ヨコハマトリエンナーレ
	三重県鳥羽市	鳥羽うみアートプロジェクト
	香川県・岡山県	瀬戸内国際芸術祭
	愛媛県松山市	道後オンセナート
	大分県別府市	ベップ・アート・マンス
クラフト・美術	長野県安曇野市	安曇野スタイル
建築	熊本県	くまもとアートポリス
音楽	長野県松本市	セイジ・オザワ 松本フェスティバル
	宮城県仙台市	定禅寺ストリートジャズフェスティバル in 仙台
舞踊	青森県八戸市	南郷アートプロジェクト

(出典：各プロジェクトの関連HP等を参照して作成)

3-2 芸術・文化の活用

3-2-1 芸術・文化と観光

　観光の対象は幅広く、建築、美術・現代アート、音楽などの芸術・文化を目的とした観光活動が注目されるようになっている。これらは、必ずしも地域に根ざした地域固有のものばかりではない。一方で、地域に熱心な人がいる、熱心な人とのつながりがあった、あるいは過去に何らかの取り組みをしていたなど全く地域と無関係とは言えない面もある。

　例えば、2000年に開催されたアートプロジェクト越後妻有「大地の芸術祭」[注7]により、新潟県十日町市・津南町は、いわゆる"観光地"ではなかった地域に多く観光客が訪れるようになった。一方で、愛媛県道後温泉を中心に開催されている「道後オンセナート」や三重県鳥羽市の「鳥羽うみアートプロジェクト」など、いわゆる"観光地"においてもアートプロジェクトを活用した取り組みが進められている。

　では、なぜこれらの取り組みが近年注目されるようになっているのだろうか。

　従来、観光地において美術館や音楽祭などが開催されてきたものは、「作品」や「作家」にスポットが当たることが多く、地域はその芸術・文化を見せる「場所」の提供に留まっていた。つまり、来訪者に見せる主な対象は「芸術・文化」であり、それらと地域資源は単なる「足し算」としての組合せになっていた。

　一方で、芸術・文化を活用していかに「地域資源」を見せていくのかという試みを行っている地域が、近年注目されるようになっている。つまり、来訪者に見せる主な対象は「地域資源」であり、芸術・文化を活用して、地域資源を新たな視点で捉え直し、その魅力を表現・発信していると言える。

　本節では、特に芸術・文化等と地域資源を組み合わせたアートプロジェクトにより、地域全体の価値を高めていく手法について、その留意点を整理する。

3-2-2 芸術・文化を活用する際の留意点

(1) 地域資源を顕在化する

■どのような芸術・文化を用いるのか検討する

　芸術・文化を活用する際に、どのような分野の芸術・文化を用いるのかをまず検討することになる。

　「大地の芸術祭」は、住民になじみの薄い現代アートを活用したプロジェクトであったことから、当初は、住民から大きな反発があったという。一方で、青森県八戸市南郷地区で行われているダンスを中心とした「南郷アートプロジェクト」は、南郷地区で1990年から毎年ジャズフェスティバルが開催されており、住民に親しんでいたジャズとダンスを組み合わせたプログラムなどを意図的に作り、それまでダンスになじみのなかった住民を巻き込んでいく仕掛けを行った。

　地域に馴染みが薄い芸術・文化を活用する場合は、当初の反発は大きいものがあると予想される。

写真 3-2　イリヤ＆エミリア・カバコフ「棚田」（大地の芸術祭）

しかし、地域にとって未経験であれば、それまでの地域の間のしがらみや関係性を超えた連携を生み出すこともある。一方で、地域で親しまれている資源と組み合わせることで、地域固有ではない芸術・文化に対する衝突を軽減させていくという方法も考えられる。

なお、近年、各地で行われているアートプロジェクトでは、特定のジャンルにとらわれることなく、音楽やダンス、写真、演劇といった垣根を越えて実施されているものが多い。

■芸術・文化の持つ着眼点から地域資源を見直す

芸術・文化を活用する場合、その分野の専門家（アーティスト、音楽家など）と一緒に地域資源を捉え直すことが必要である。専門家は、必ずしも地域外の人である必要はなく、最も必要なのは芸術・文化の持つ着眼点から「地域内の固定概念を取り払う」ことができる人材である。例えば「大地の芸術祭」の代表的な作品であるイリヤ＆エミリア・カバコフの「棚田」は、既知の地域資源である「棚田」を活用し、農作業の1年間を表現した作品である（写真3-2）。このように、地域資源そのものはすでに既知のものであっても、芸術・文化の着眼点で地域資源を見直し、その魅力の表現・発信方法が変わることで、地域資源の価値を来訪者などに分かりやすく伝えられるものもある。

(2) 地域の様々な関係者と連携する

■地域住民等を巻き込む

このような取り組みは、芸術・文化の専門家が地域から離れてしまうと、住民生活等において全く関係のないものとなってしまう可能性が高い。そのため、プロジェクトの関係者を地域内に作り出していくことが必要である。芸術作品そのものよりも、その制作過程を重視する傾向がある「アートプロジェクト」は、作家と住民が一緒に芸術作品を作り上げていくことで、観光地づくりの主体として住民を巻き込んでいくことにつながっている。地元の人が動きやすい基礎単位（集落や学校区、旧町村など）を意識しておくことも重要である。

また、地域住民の活躍の場は、「人手として作品制作を手伝う」「作品の維持・管理を手伝う」というものから、自らの創造性を発揮して「演者として参加する」「ガイドとして参加する」というものまで様々なレベルがある。あるいは、芸術に直接関わらなくとも、アートを求める来訪者が移動する道路上などで花を植えたりする活動を通じても地域住民は活躍できる。

必ずしも地域固有ではない芸術・文化を地域に定着化させていくためには、住民が主導的に活動に参加してみよう、挑戦してみようとする力を引き出すことが大切である。

■地域の中に新たなコミュニティを築く

芸術・文化、特に現代アートには正解がなく、多様性を認めるという特性があり、誰でも何でも発言しやすいことから、これまでの地域内での関係性などを超えて、コミュニティの対話を促進させるものとして注目されている。

古い集落などでは、若者は長老に意見しづらい、意見をなかなか取り入れてもらえないといった話を聞くことがある。アートプロジェクトを取り入れた地域では、作品制作や来訪者の受け入れなどの取り組みを通じて、集落の若者の意見が受け入

表3-2　2018〜2019年度に開催される主なフェスティバル

プロジェクト名	開催地	開催期間	概要
道後オンセナート2018	愛媛県道後市	2017/9/2-2019/2/28	2014年に道後温泉本館が改築120周年の大還暦を迎えたことを記念して「道後オンセナート2014」が開催、以来「道後アート2015」、「道後アート2016」を経て2017年9月より「道後オンセナート2018」を開催。コンセプトテーマは「アートにのぼせろ〜温泉アートエンターテイメント〜」。
水と土の芸術祭2018	新潟県新潟市	2018/7/14-10/8	"私たちはどこから来て、どこへ行くのか〜新潟の水と土から、過去と現在（いま）を見つめ、未来を考える〜"を基本理念とし、2009年から3年に1度、新潟市内で開催。総合ディレクターは谷新氏。
大地の芸術祭　越後妻有アートトリエンナーレ2018	新潟県越後妻有地域	2018/7/29-9/17	越後妻有（新潟県十日町市、津南町）を舞台に、2000年から3年に1度開催されている世界最大級の国際芸術祭。基本理念は「人間は自然に内包される」。総合ディレクターは北川フラム氏。
BIWAKOビエンナーレ	滋賀県近江八幡市	2018/9/15-11/11	近江八幡旧市街に点在する住み手を失った町家や工場などを会場に、"きざし〜BEYOND"をテーマに国内外の70名のアーティストによる作品展示がなされる。
アニッシュ・カプーア in BEPPU	大分県別府市	2018/10/6-11/25	『in BEPPU』とは国際的に活躍する1組のアーティストを招き、地域性を活かしたアートプロジェクトを実現する個展形式の芸術祭。別府現代芸術フェスティバル「混浴温泉世界」（2009年から計3回開催、2015年に完結）の後継企画として、2016年より始動し、2018年はアニッシュ・カプーアを迎える。
瀬戸内国際芸術祭2019	香川県・岡山県	2019年春：4/26-5/26 夏：7/19-8/25 秋：9/28-11/4	2010年より3年ごとに開催されている国際芸術祭。2019年は過去2回と同じく、春・夏・秋の3シーズンに分けて開催。2019年からはじめて各会期にシーズンテーマ（「ふれあう春」「あつまる夏」「ひろがる秋」）を設定。
あいちトリエンナーレ2019	愛知県	2019/8/1-10/14	2010年より3年ごとに開催されている国際芸術祭。4回目となる2019年は、国内外から約80組のアーティストが参画し、現代美術のほか、パフォーミングアーツ、映像プログラム、音楽プログラムなど、様々な表現を横断する、最先端の芸術作品を紹介。
中之条ビエンナーレ2019	群馬県中之条町	2019/8/24-9/23	中之条ビエンナーレは2007年に始まり、2017年で第6回目を迎える。2013年より海外交流の準備を進め、2019年より本格的な海外交流を始め、世界各地でアート界を引率するオーガナイザーを招いた国際交流展を開催する予定。
岡山芸術交流2019	岡山県岡山市	2019/9/27-11/24	2016年から始まり、2019年に第2回展を開催する。「歩いて楽しむ」「資源を活かす」「世界を見る」「人を育む」をコンセプトとし、岡山城・後楽園周辺を中心に開催される予定。

（出典：各フェスティバルのHPを参照して作成）

れられるようになったというエピソードがある。

芸術・文化を地域に取り込むことで、それまでは地域では顔を合わせることがなかった観光関連事業者や地域住民、作家といった多様な主体、多様な世代が集るきっかけとなり、新たなコミュニティが作られていく、地域の新たな人材が発掘されていくことも期待される。

（3）芸術・文化を媒介に地域資源を「見える化」する

美しい田園風景を来訪者に伝える手段としては、ビューポイントの設置、ガイドによる解説などにより来訪者にその資源の魅力を伝える取り組みを行うのが一般的である。

例えば、「大地の芸術祭」では、自然の中に設置されている現代アートを通じて、地域が有する美しい田園風景を発見することとなる。このように、芸術・文化を媒介することで地域資源が持つ魅力を多様な方法で「見える化」させることが、文化・芸術を活かした取り組みの面白みである（コラム2）。

香川県直島町で行われている空き家や廃校などの遊休施設をアート作品そのものやアート作品展示場所とする取り組み、横浜市「黄金町バザール」での旧特殊飲食店の空き店舗を利用したアート展示、別府市「BEPPU　PROJECT」での元ストリップ劇場を市民劇場とするリノベーションプロジェ

コラム2：大地の芸術祭越後妻有アートトリエンナーレに見る観光地経営

　2000年に始まった「大地の芸術祭越後妻有アートトリエンナーレ（以下、大地の芸術祭）」は、現代アートを媒介に新たな魅力を創造・発信する取り組みとして注目されている。プロジェクトの発端は、1994年に新潟県が住民主体の地域活性化を支援する「ニューにいがた里創（りそう）プラン」を提唱したことに始まる。アートによって地域の魅力を引き出し、交流人口の拡大等を図る「越後妻有アートネックレス整備構想」が1996年にスタートし、そのアドバイザーとして、アートディレクター・北川フラム氏が関わることとなった。そして、大地の芸術祭が2000年に始まった。

　アートを地域振興の手法とする斬新性への注目と、その効果への疑問が相半ばした状況で開催され、地域住民の理解や協力の面で課題を残した[1] 第1回開催以降、震災や豪雪などの自然災害に見舞われたり、困難な財政状況が続いたりするなか、地域住民の理解や参画、外部からのボランティア団体（こへび隊）や企業（おおへび隊）などの協力を得ながら、この地域が厳しい自然環境の中で育んできた文化や営みを、現代アートを通じて発信するイベントとして成長してきた。

　地域活性化という明確な目的があり、それに対して芸術祭という仕組みがどのように使えるかが考えられてきたことや、北川フラム氏による芸術祭としての質の担保が保証されてきたこと、地域住民の能動的な取り組みを促進してきたことなどが大地の芸術祭の成功要因と言えるが、加えて毎回のイベントに対して課題整理と次に向けた改善点を客観的に分析して実行委員会内で共有していることが重要であろう。

1）大地の芸術祭・花の道実行委員会（2003）「第2回大地の芸術祭・総括報告書」p.1

大地の芸術祭の来場者数、作品数、作品展示集落数の推移

	第1回	第2回	第3回	第4回	第5回	第6回
	2000年	2003年	2006年	2009年	2012年	2015年
来場者数	16.3万人	20.5万人	34.9万人	37.5万人	48,9万人	51.1万人
作品数	153点	220点	334点	365点	367点	378点
作品展示集落数（公園など公共の場含む）	28集落	38集落	67集落	92集落	102集落	110集落

（出典：越後妻有大地の芸術祭の里HPより作成）

クトなど、利用されていなかった地域資源や地域の魅力を減退させていた負の資源を活用・転換することで新たな地域資源として「見える化」させている地域もある。

（4）芸術・文化をディレクションする

　作家は、芸術・文化の専門家ではあるが、地域活性化の専門家ではない。そのため、芸術・文化を媒介として、何を地域の魅力として発信していくのか、どのように地域全体の価値を高めていくかといったプロジェクト全体をディレクションするコーディネーターやディレクターが必要である。

　また、地域資源を「見える化」させていくには、「作品」としての質が担保されていなければならず、作家の力量に頼る部分が大きい。活用する芸術・文化や作家が地域に適しているのかを判断することができる能力も不可欠である。

3-2-3　課題と可能性

　本節では、芸術・文化による地域資源の活用と、それを通じた地域全体の価値向上について述べた。これまで観光とは無縁な地域だけでなく、既存の観光地においても応用できる懐の深い手法と言えるであろう。とはいえ、芸術・文化の専門家や作品を地域に呼び込むためには資金が必要である。さらに、継続して来訪者を呼び込むためには、新作を作っていくことが必要であるため、資金確保が最も大きな課題となってくる。

　様々な地域で開催されているフェスティバルは、そのプロジェクトだけで独立採算とするのは難しく、行政による補助金等により財源を確保しているのが現状である。さらに、「アートプロジェクト」は日本各地で開催されていることから、芸術・文化団体等による助成金の奪い合いになっているという現実もある。

　そうした課題もあるが、フェスティバルやイベントとしてアートプロジェクトを行う場合、活用する芸術・文化が持つマーケットを地域に呼び寄せることにつながるため、地域にとっては新たなマーケットを開拓していくことにつながる。

　地域と縁の薄い芸術・文化の活用にあたっては、関係者の中で合意が取りづらく、容易には取り組みが進展していかないことが予想される。また、短期間の取り組みで、地域への来訪者増加や地域への定着といった効果を求めることは難しいだろう。まずは賛同者から芸術・文化の誘致や住民と作家の共同による作品制作、来訪者の受け入れなどのプロセスから始めていき、時間をかけて芸術・文化を地域に定着化させていくことが必要である。一連の取り組みを丁寧に進めていくことで、地域や観光客の中でできてしまっていた既成概念の破壊による地域資源への新鮮な発見、地域内外に形成される連携といった価値を生み出していくことにつながる。

3-3　他地域との連携の推進

3-3-1　他地域との連携の必要性

　観光客の観光行動は、交通のネットワーク化や利便性の向上などにより、より短い時間で広域な範囲を動くことが可能になっている。特に外国人旅行者は数週間の日本滞在の間に日本各地を移動するといった観光行動も珍しくない。また、観光資源についても、国立公園をはじめとする自然公園や熊野古道、四国遍路道といった歴史的な街道

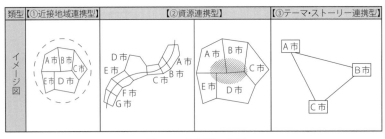

図 3-5　広域連携の種類

などは、複数の市町村や都道府県に跨っている。

こうした観光客の行動や観光資源の状況に対し、従前の観光地側の対応は、観光予算が各市町村や都道府県などの行政界で異なることなどの理由により、広域的な視点やテーマ・ストーリー等で見た一体的な地域づくりや情報提供には制約があり、結果的に観光客の利便性を阻害していた。

こうした課題に対処すべく、近年では都道府県や市町村の壁を越えて連携しあい、広域的な観光地域づくりや情報発信に取り組んだり、物理的に近接した地域でなくとも、テーマやストーリーで連携したりする例が増えてきた。今後の外国人旅行者の一層の増加、また移動の利便性の向上を考えれば、自地域の枠に留まらず、広い視点で地域を見つめなおして、様々な連携の可能性を模索しながら魅力を創出していくことが求められる。

3-3-2　他地域との連携の種類

他地域との連携の種類は、大きくは次の3つに分けることができる（図3-5）。

①近接地域連携型

主に隣接する地方公共団体単位間の連携である。従前は「隣は観光客を取り合うライバル」といった感覚もあったが、2008年に「観光圏の整備による観光旅客の来訪及び滞在の促進に関する法律（観光圏整備法）」が制定されたことなどにより、自然・歴史・文化等において密接な関係のある観光地を一体とした区域で、区域内の関係者が連携し地域の幅広い観光資源を活用した、観光客が滞在・周遊できる魅力ある観光地域づくりが推進されている。

近年では、外国人旅行者の地方への訪問促進を狙い、より広域な地域連携（複数都道府県に跨るようなレベル）を推進するものとして、「広域観光周遊ルート形成促進事業（観光庁）」などが展開されている。

②資源連携型

国立公園などの自然公園、熊野古道や四国遍路道といった街道、川を軸とした流域圏などの資源の分布に従った形での連携である。例えば国立公園では、「明日の日本を支える観光ビジョン」（2016年）に基づく「国立公園満喫プロジェクト」として、各国立公園に関係する国、都道府県、市町村、観光関連団体等により8つの国立公園で地域協議会が立ち上げられた。同協議会により、取り組み方針を整理した「ステップアッププログラム2020」が策定され、国立公園の「ナショナルパーク」としてのブランド化を目指して取り組みが推進されている。

③テーマ・ストーリー連携型

同類の資源特性を有する、遠隔地域間での連携である。「他地域との連携」を考える際には、まずは①、②で示した近隣地方公共団体間の連携が想定されるが、観光客の志向・行動が多様化している状況においては、連携に際して必ずしも隣接している必要はない。例えば「『日本で最も美しい村』連合」は、それぞれの村が持つ地域資源を守り育てる活動を行いながら、連合加盟の村全体としてのブランド価値を高め、情報発信力を高めている（コラム4）。

なお、①で述べた「広域観光周遊ルート」についても、ルート形成の際には、単に行政単位として隣接していれば良いわけではなく、「テーマ・ストーリー」がどう作れるかが重要となる。その意

> **コラム 3：観光客の広域観光行動**
>
> 　広域観光は、立ち寄り地点を変えながら見て回る観光行動を指す周遊型観光と、滞在拠点を 1 か所に定め、拠点から訪問可能な地域を短期（日帰り等）で往復する滞在型観光がある。例えば、広域圏内に宿泊施設や観光資源が集積する地域を多く抱えている場合、周遊型観光を促進するために、分布する観光資源をつないだ周遊ルートを構築したり、周遊を促すための案内サインの統一などを広域圏で推進することが効果的である。一方、温泉地やリゾート、大都市など集客力が大きな地域が広域圏に存在する場合、そういった地域を訪れた観光客が周辺の観光資源を訪問する滞在型観光の促進を検討したい。この場合、拠点となる地域における周辺の観光資源に関する情報提供や、周辺地域の役割を明確化することなどが求められる。
>
> 　このように、観光客の広域観光行動の想定は、広域で連携する事業を検討する際に重要なポイントとなる。
>
>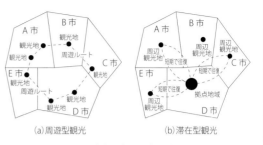
>
> 観光客の広域観光行動

味ではこの③テーマ・ストーリー連携型の要素も含まれるものとなっている。

3-3-3　他地域との連携の実現に向けて

　他地域との連携の実現には、利害関係者を交えた議論の場を形成し、連携主体を束ねるための組織を作ることになる。ここでは、組織・体制の構築にあたって留意すべき事項を整理したい。なお、下記の項目は必ずしも時系列で取り組むものではなく、同時並行的に進めることが望ましい。

（1）地域を超えて存在する共通課題の認識

　他地域との連携は、連携主体間に共通して存在する課題を認識し、それを解決するためエリア全体での観光振興を実現するものである。したがって、互いの地域が連携することによって実現したいビジョンを共有することが必要である。ビジョンの共有は長期にわたる連携を実現するうえで最も重要であり、官民問わず連携主体の様々な利害関係者が議論に加わり、連携の目的や方向性を一致させなければならない。なお、連携の主体は必ずしも基礎自治体だけである必要はなく、都道府県やその出先機関、民間など様々な関係主体が含まれる。また、初期の段階で、連携主体間の課題共有と他地域の参画を促すイニシアチブが発揮できる人材を発掘できると、その後の展開がスムーズに進められる。

（2）組織・体制の構築

　連携の初期の段階では、そのイニシアチブを発揮した人材やその所属する連携主体が中心となって連携体制を整えることになる。他地域との連携では常に広い視野での事業の推進が求められるため、独立した事務局組織を立ち上げ、各連携主体が参画する体制を整えるのが望ましい。組織の形態は、広域観光推進協議会といった任意団体やNPO 法人や社団法人（一般もしくは公益）等、地域の実情に合わせて検討したい。

（3）運営資金の確保

　連携での取組を推進する組織は組織運営上、独立的であることが望ましいが、財政的には連携主体が共通の責任を負うため、各連携主体が一定の財源を負担して運営を図る方法を取ることもできる。例えば、熊本県と阿蘇郡 12 町村の出資（基本財産 2 億 4 千万円）によって設立された「財団法人阿蘇地域振興デザインセンター」では、現在 30 億円の運用基金額の運用益約 7.7 千万円（2015年 4 月現在）を中心に組織を運営している。また、旅行業免許を取得して旅行業による売上げを組織の運営資金としたり、行政からの業務委託や施設の指定管理を受けて財源を確保したりする方法も考えられる。運営資金の確保方法については、それぞれの連携主体が互いに納得できること、かつ持続性を担保できることが大切であろう。

　なお、近年では、観光地経営の視点に立った観光地域づくりの舵取り役としての日本版 DMO 法人の「広域連携 DMO（複数都道府県に跨る区域（地方ブロック単位）を一体とした観光地域として、観光地域づくりを行う組織）」、「地域連携 DMO（複数の地方公共団体に跨る区域を一体とした観

> **コラム4：テーマでの連携～「日本で最も美しい村」連合～**
>
> 「日本で最も美しい村」連合は「素晴らしい地域資源を持つ美しい町や村や地区が、「日本で最も美しい村」を宣言することで自らの地域に誇りを持ち、将来にわたって美しい地域づくりを行い、地域の活性化と自立を住民自らの手で推進することを支援すること、なかでも、生活の営みにより作られてきた景観・環境や地域の伝統文化を守り、これらを活用することで観光的付加価値を高め、地域の資源の保護と地域経済の発展に寄与すること（同連合HPより）」を目的に2005年に発足した。発起人は北海道美瑛町長で、7町から始まった連合は2018年1月現在、全国63町村に拡大している。活動方針として、1）ブランド価値を高める活動の推進、2）プロモーション活動の充実、3）「日本で最も美しい村」連合の組織の強化、4）理解者の拡大、5）連携・交流の強化を掲げ、物産展やイベントなどの実施に加え、海外の同種の組織とのネットワークづくりにも努めている。

光地域として、観光地域づくりを行う組織）」が、地域連携を推進する主体となる例が増えている。

3-3-4 連携により取り組む事業

ここでは、連携により取り組む主な事業を紹介する。

①観光ルートの設定と商品造成

域内の観光資源をつなぎ合わせた観光ルートを作ることが可能となる。例えば、「雪国観光圏」では連携7市町村を結んだ新たな観光資源として「スノーカントリートレイル」を整備した。また、すべての観光資源を1つのルートに盛り込むのではなく、それぞれテーマを持った複数のルートを作ることも検討に値する。

②交通ネットワークの確立

観光ルートの構築に合わせ、観光客がスムーズに域内を移動できるよう、案内サインの共通化を図ることも必要である。例えば、「木曽広域連合」では木曽圏内の公共サインを統一化し、域内での観光客の移動快適性の向上に努めている。また、こうしたルートに沿って観光客が観光資源を訪問できるよう、域内の公共交通を整備することも大切である。

③域内における観光情報の提供

連携した地域全体の観光マップを作成したり、ホームページを開設するなど情報提供の一元化は観光客の利便性を向上させるのに必要な取り組みである。

④観光情報の発信

連携した地域が一体となって共同プロモーションを実施し、発地側への情報発信をすることで、大都市への訴求力を高めることが期待される。ま

た、コスト面での効率化を図ることも可能となる。

⑤資源の一体的な保全と管理

連携を推進することで、行政界を超えて分布する地域資源を一体的に活用することも可能になる。

3-3-5 より効果的な連携を目指して

各連携主体は広い視野で事業に取り組むと同時に、それぞれの個性を活かした地域づくりを進めなければならない。そうすることで、全体的なイメージ形成と個々の地域らしさの対比が生まれ多層な魅力を生み出すことができるだろう。時にはライバルとして、時には連携して共同体として個々の観光振興に取り組むことが地域連携には必要な視点である。

また、単に各地方公共団体の事業を束ねるといった、形だけの連携するのではなく、連携することの意味すなわち「テーマ」や「ストーリー」を打ち出すことが重要となる。ストーリーを考える際には、地域に存在する様々な地域資源の中から核となる地域のコンセプトを抽出し、これに立脚した地域固有の「オリジナル・ストーリー」を共有し、更に、顧客にとって魅力的な滞在スタイルとなる「経験ストーリー」を提示することが必要となる（コラム5）。

さらに、他地域との連携の実現によって地域の持続的発展を目指すのであれば、その推進組織は法人格の取得や安定財源の確保などを検討し、恒常的な組織として運営されることが望ましい。しかし、長期にわたる地域連携は"マンネリ化"して連携する本来の目的を失う可能性もあるため、「目的を達成したときは解散し、必要に応じて新たな組織を形成する」という組織の"発展的解消"

> **コラム5：地域ストーリーづくり**
>
> 経済産業省では、観光を通じた地域経済活性化のため、地域資源を組み合わせた魅力的なストーリー作りの手法を検討する「地域ストーリー作り研究会」を2014～2015年に開催し、その議論結果を取りまとめている。
> 以下は取りまとめの中で示されている兵庫県豊岡市の例である。この事例は一自治体内でのストーリーであるが、他地域と連携することでよりストーリーの選択肢も広がることとなる。
> (事例) コウノトリを中核とした経験ストーリー（兵庫県豊岡市）
> 城崎温泉で有名な兵庫県豊岡市。同市は、生息環境の悪化から、一度は日本の空から姿を消したコウノトリの最後の生息地としても知られ、コウノトリの野生復帰への挑戦を続けている。同市内にある城崎温泉や豊岡カバンなどの資源を活用し、コウノトリを中核要素として、例えば、次のような経験ストーリーの構成が考えられる。
> 　起：コウノトリが羽ばたく姿を見て、復活のストーリーを体験する。（主人公（観光客）をストーリーの世界に引き込む。）
> 　承：コウノトリが傷を癒した城崎温泉を2人きりで楽しむ（貸切り風呂）。美しい自然が生み出す星空鑑賞。（主人公がストーリーの世界に入って、様々なことを体験していく。ワクワク感を与える仕掛け・演出がカギ）
> 　転：ロマンティックな2人の夜を演出する旅館のおもてなし。（ストーリーのクライマックス。感動的・印象的な体験を用意する。）
> 　結：久々比神社で子宝祈願。（主人公がこれまで経験してきたストーリーをまとめ、ストーリーが終了する。経験したストーリーを語らせる仕掛け・共創をするチャネルを用意）

注8) AIDMA（消費者行動心理）モデルとは、消費者が商品に関する情報を得て、実際に消費行動に起こすまでのプロセス（注意、関心、欲求、記憶、行動）を表したもの。頭文字をとってAIDMA（アイドマ）と略称される。

消費者の心理プロセス

も選択肢として持つ必要がある。つまり、地域連携は、その目的や成果を踏まえて継続を決定するのが望ましく、時には連携を解消する経営的な決断を下す必要もある。

行政単位を超えた連携は予算や人材面などでの課題が生じることが想定され、その課題は連携の主体が増えるほど大きくなることは想像に難くない。しかし、そういった課題を乗り越えて連携することによって得られる価値を地域が共有することができれば、こうした地域連携は地域全体の価値を高める大きな可能性を秘めているといえる。

3-4　観光地の情報発信・情報提供

3-4-1　情報発信・情報提供の対象と目的

情報発信はその対象と目的によって発信する内容や媒体などが大きく異なる。まず、対象としては、(1) 発地側の消費者に向けた情報発信、(2) 地域を訪れている来訪者に向けた情報提供、の2つに分類することができる。

(1) 発地側の消費者に向けた情報発信

発地において、特に行き先が決まっていない段階では、地域のイメージや楽しみ方を喚起させ、旅行先として選ばれるようになることが必要となる。このように、消費者に地域や商品を知ってもらい、その行動や消費を促す活動をプロモーションとよぶ。一般にプロモーションとは、「広告」、「人的販売」、「広報」、「販売促進」の4つに分類される。

消費者の目に触れる機会が多いに越したことはないが、予算も限られており、かつ膨大で多様な情報があふれている中では、消費者の行動心理モデル[注8]や媒体の性質などをふまえ、計画的かつ効果的にプロモーションを行っていく必要がある。特に重要なことは、マーケティング調査や来訪客満足度調査等をもとに、来訪者の実態やニーズを分析し、具体的なターゲットを想定して発信していくことである。旅行のニーズも多様化している近年においては、「どういった人に、何をしに来てほしいのか」を具体的に想定し、そのターゲットに効果的に届く媒体や方法を優先的に選んでいくことになる。

さらに、実際に特定の地域を訪れることを決めた消費者に対しては、移動手段や宿泊施設、具体的な現地での楽しみ方に関する情報などを提供していくことになる。一方で、集客を期待し、プロモーションばかりに力を入れる自治体も多く見受けられるが、あくまで地域自体の魅力づくりが伴った上でのプロモーションであることを忘れてはならない。

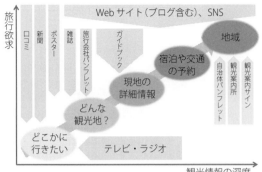

図3-6 消費者の旅行欲求に応じた媒体特性（国内旅行）

（2）地域を訪れている来訪者に向けた情報提供

来訪者が地域に到着した段階においては、現地の交通手段の時刻表や飲食店の情報、観光施設をはじめとした目的地までの行き方、現地での楽しみ方など、市販のガイドブック等には掲載しきれない情報をきめ細かく提供していく必要がある。来訪者が地域でストレスなく動けるようにするためにも、来訪者の地域内での動線を意識して的確なタイミングで情報を提供することが重要である。

3-4-2　情報発信・情報提供媒体の種類と内容

主な情報発信媒体としては、①新聞、②雑誌、③ポスター、④ガイドブック、⑤旅行会社のパンフレット、⑥自治体のパンフレット・マップ、⑦テレビ・ラジオ、⑧Webサイト、⑨SNS等が挙げられる（図3-6）。

具体的に行き先が決まっていない消費者が情報を得る手段としては①新聞、②雑誌、③ポスター、④ガイドブック、⑤旅行会社のパンフレット、⑦テレビ・ラジオや⑧Webサイト等の媒体のほか、口コミなどが挙げられる。最近はWebサイトでの動画配信も多くなっている。

地域を訪れた来訪者が情報を得る手段としては、主に④ガイドブック、⑥自治体のパンフレット・マップ、⑧インターネット等の媒体のほか、現地の⑨観光案内所や⑩観光案内サイン、カーナビゲーションなどが挙げられる。現在では、スマートフォンやタブレット型端末等の普及により、地域の観光案内サイトやSNS（ソーシャル・ネットワーキング・サービス）の利用が一般的になっ

きている。一方で、すべての来訪者がインターネットを使う訳ではないことに加え、場面によって使いやすい媒体も異なる。インターネット以外にも、パンフレットや観光案内所、観光案内サイン等の様々な媒体を組み合わせて情報を提供していくこと（メディアミックス）が重要である（表3-3）。特に新聞や雑誌・テレビ等、各種媒体に掲載するには多額の予算が必要であることが多いため、費用対効果をふまえて効果的な媒体を選ぶことが重要であるとともに、取材をしたいと思われるような話題性のある取り組みを行っていくことで、費用を抑える工夫も必要である。

地域を訪れている来訪者に情報提供を行っていく上では、以下の点に留意する必要がある。

■情報提供の留意点①　利用者本位であること

来訪者はその地域に興味を持った時点から、その地域に到着して滞在している間、様々な情報を必要とする。その際に、提供する媒体の規格やデザインに一貫性がないと、必要な情報を探し出すまでに時間を要する。必要とする情報がスムーズに取得できなければ満足度の低下につながり、地域自体のイメージダウンにもなってしまう。提供する主体の都合ではなく、利用者のことを第一に考えた情報提供になっているかを意識することが必要である。

■情報提供の留意点②　正確性と適時性

特に観光情報を提供する場合の留意点としては、その情報を主に必要とするのは地域に不案内な人であることが多いということである。どういった人に向けて提供する情報かを想定し、初め

表 3-3 各種情報発信媒体・手段の特性

媒体・手段	発地	着地	特性
① 新聞	○	△	・多くの人に見てもらいやすい ・情報の信頼度が高い ・掲載量や時期など、各社の都合によるところが大きい
② 雑誌	○	○	・具体的なセグメントに合わせた訴求が可能 ・全国販売、地域限定雑誌、フリーマガジンなど雑誌の特性にあわせた使い分けが可能
③ ポスター	○	○	・イメージ訴求やイベントの開催告知に適している ・掲載できる情報が限られる ・消費者が保存（入手）できない
④ ガイドブック	○	○	・周遊、立ち寄りニーズ獲得に向けては有効 ・行先決定後に購入されることが多いため、誘客には適さない
⑤ 旅行会社等のパンフレット	○	△	・迷っている段階で手にとってもらいやすい ・比較的高い年齢層（旅行会社利用率が高い）には有効
⑥ 自治体等のパンフレット・マップ	△	○	・基本的には現地で入手する ・現地での周遊，立ち寄りニーズを獲得する上では有効 ・旅行会社など関係各所に情報提供する際に有効
⑦ テレビ・ラジオ	○	△	・一度に多くの人に見てもらうことが可能でインパクトが大きい ・番組内容等が全て要求通りにならない場合もある ・制作を依頼する場合は制作費が高い ・効果が短期的
⑧ webサイト	○	○	・情報の更新が容易 ・場所や時間を選ばずに入手することができる ・旅行会社など関係各所に情報提供する際に有効
⑨ SNS	○	○	・情報の即時発信が容易（ただし、常に新しい情報に更新されてしまう）。双方向でのコミュニケーションが可能・情報の拡散力が高い
⑩ 観光案内所	×	○	・現地を訪れた人への情報提供が主 ・来訪者にとって利便性の高い場所での開設が必要 ・早朝や夜間などの対応が限られる
⑪ 観光案内サイン	×	○	・目的地までのアシスト ・情報の更新に手間と費用がかかる

○：適している　△：あまり適さない　×：適さない

て訪れる人でもわかりやすく、正しい情報を提供することが重要である。近年では、行政や観光関連団体以外にも個人が様々な情報を発信できるようになっており、情報があふれている状況にある。だからこそ、行政や観光協会などは常に信頼性のある情報を提供していくことが求められている。また、来訪者が必要とする情報を的確な場所とタイミングで提供していくことが重要であり、来訪者の動きをふまえた選定を行うことが必要と言える。

■情報提供の留意点③　定期的なメンテナンス

情報は常に変化する。正確で最新の情報を提供できているかどうかを定期的に確認し、できていない場合は、速やかに更新していく作業が必要である。特にパンフレット等の印刷物や観光案内サインは作成された後にほとんど更新されず、情報が古いまま放置されている例も多く見受けられるが、実態と異なる情報は混乱の元となる。

定期的な掲載情報の見直しと更新、それに伴うハードのメンテナンス（老朽化、汚れ、故障に対する対応）を行う仕組みを構築することが重要である。

■情報提供の留意点④　主体間・地域間の連携

地域においては、行政や観光協会、民間施設等、情報を提供する主体が複数存在するが、その分、情報も乱立している状況が多々見受けられる。パンフレットが多すぎて、どれを使えばよいかわからない例や、パンフレットによって掲載されている情報の内容が異なるという例もある。また、作成している主体の都合で情報が盛り込まれている場合もあるため、必ずしも利用者にとって使い勝手がよいとは言えないケースもある。また、行政界で情報が途切れている場合もあるため、隣接市町村等とも連携をはかり、情報に連続性を持たせていくことが重要である。地域の情報提供媒体は、地域の連携体制を映す鏡であると言うこともできる。組織や行政の枠を超えて情報の内容と提供方

写真 3-1　木曽地域の圏域誘導サイン

写真 3-3　木曽地域の圏域案内サイン

写真 3-2　木曽地域の町村オリジナル（木曽福島町）サイン

写真 3-4　木曽地域の町村オリジナル（開田高原）サイン

法をトータルにコーディネートすることが必要である。

　長野県木曽地域では、市町村の枠を超えて、木曽の景観に合った統一的なデザインの観光案内サインを整備しており、乱立していた商業看板の整理を実現しているほか、観光案内サインで活用しているマップをパンフレットでも採用するなど、複数の情報発信媒体との整合性も図られている（写真 3-1～3-4）。

3-4-3　情報提供の役割分担

　今は誰もが情報発信を担える時代である。すでにブログやSNS等で独自の情報を発信している観光施設や宿泊施設も多いが、かつてのように、情報発信や集客はすべて行政や旅行会社任せという時代ではなくなっている。個人がSNSで発信する情報が来訪を促すケースも多い。つまり、より実態に即した、よりきめ細かい情報を、地域が一体となってどのように提供していくかが重要であると言える。

3-4-4　来訪者の安全・安心を担う情報提供

　東日本大震災以降、改めて見直しが行われているのが、来訪者の安全を担う情報提供のあり方である。地震や火災などの災害が発生した際、地域に不案内な来訪者に避難場所や避難ルートをどのように伝えるか等、来訪者の安全確保は観光地に課された大きな命題である。最近では、観光案内

写真 3-5　津波避難場所情報を併記した観光案内サイン（鳥羽市）

サインに津波避難場所の情報を併記したり（写真3-5）、対象エリア内にいる人の携帯電話に津波発生情報を一斉にメール配信し、避難を促す実証実験等を行う地域も見受けられる。発生する災害の種類によっても避難場所や避難方法は異なるため、普段から来訪者にも意識を促すことが重要であるとともに、媒体だけでは伝えられない部分を地元住民や観光事業者が担っていく必要がある。

以上の内容に通じることは、利用者の立場に立って情報提供のあり方を考えるということである。

また、必ずしも媒体に頼りすぎず、来訪者と地元の人との触れあいを促していくことも重要である。携帯電話やインターネットの普及で場所や時を選ばずに情報を得られるようになった反面、人と人との触れあいが少なくなっているとも言われている。地元の人が観光客に積極的に声をかけてあげるという、本来の観光地としてのあり方も大切にしていきたい。

【参考文献】
1) 運輸省(1999):「地域における新しいテーマ型観光への取組に関する調査」
2) 経済産業省(2008):「観光地域経営　マーケティング編　上巻」
3) 観光庁観光地域振興部観光地域振興課(2010):「観光圏整備事業のノウハウに関する基礎資料」
4) 溝尾良隆 (1999):『特集検証!「広域観光」インタビュー 長続きする「広域観光」のために』月刊観光、社団法人日本観光協会、1997年7月
5) 古賀学 (2007):「広域連携による観光振興」『観光実務ハンドブック』社団法人日本観光協会、丸善
6) 吉澤清良 (2009):「観光需要創出に向けた取り組みを」『月刊地域づくり H21.7 特集』
7) 西村幸夫編、(財)日本交通公社編集協力 (2009):「観光まちづくり―まち自慢からはじまる地域マネジメント」学芸出版社
8) 公益財団法人日本交通公社 (2018)「2017年度温泉まちづくり研究会総括レポート」
9) 大地の芸術祭・花の道実行委員会 (2003)「第2回大地の芸術祭・総括報告書」
10) 経済産業省「「地域ストーリー作り研究会」とりまとめ～経験可能な地域ストーリーによる顧客満足と地域活性化」(2015)

視点 **4** 滞在化・平準化のための仕組みをつくる

　観光地の魅力が高まると、その地域に観光客が滞在する潜在需要が生まれる。しかし、その潜在需要を顕在化するためには、観光地が滞在客の客層特性、ニーズの特性を理解した上で、現在の1泊旅行や周遊観光旅行に特化した受入の仕組みを、滞在のための仕組みに転換することが必要となる。また、観光地にとっては滞在需要が集中することは機会損失にもつながるため、需要を平準化させるための取り組みも必要となる。ここでは、滞在客の市場特性をもとに、滞在化を促進するための宿泊施設の多様性の推進や、地域の観光資源を滞在プログラムに商品化する手法、および需要を平準化するための手法としてのMICEの誘致・創出について整理する。併せて、オーバーツーリズムについても述べる。

4-1　滞在客の市場特性と取り組みの視点

4-1-1　滞在客の市場特性

　観光地での滞在の概念は、
A：2泊3日〜1週間程度の短期滞在（旅行の延長上の活動）
B：1か月以上のロングステイ（夏休み等の長期休暇を利用したリゾートライフ）
C：2地域居住（都市生活者が地方部を第2の生活拠点とするライフスタイル）
の3つのタイプに分類できるが、ここではわが国の休暇制度や海外旅行との競合等の社会環境の中で実現可能な2泊3日〜1週間程度を対象として、1泊旅行と滞在型旅行の市場特性を整理する。

（1）客層特性と旅行目的

　滞在客となりやすい客層は、夫婦・家族および単身旅行者[注1]である。そもそも滞在とは同行者と数日の生活を共にすることであるから、もともと日常生活を共にする人々がそのまま場所を変えて非日常環境の中で生活することであり、その旅行目的は主に心身のリラックスである。何故なら、観光旅行の目的は、未知のものを体験することで知的刺激を求める「探求の旅」と、日常生活の疲れを癒やす「保養・休養の旅」に大別でき、前者は一般的に様々な土地を見て回る周遊旅行となりやすく、後者は特定の場所が気に入って、そこで生活する、ないしはしばしば訪れる旅行、すなわちリゾート旅行となりやすいからである。

（2）滞在客の消費特性

　「1泊旅行」は短時間に非日常体験を凝縮することで旅を実感する。そのために記念となる食事や日常生活では体験をためらう高額なサービスが求められ、特に料飲消費は高額となる。一方、滞在客の料飲消費は日常生活と同程度の消費額となり、1日当たりの消費額が減少する。また、珍しい郷土料理だけでなく、普段食べ慣れている料理も求められる。一方、「滞在旅行」はその観光地内での生活となることで、野外レクリエーション活動や観光体験、昼食や喫茶等の消費が増大する。言わば、旅行中のエンゲル係数が低下するということである。そして1泊旅行では大部分の消費が宿泊施設内で行われるのに対し、滞在旅行は宿泊施設外、すなわち地域での消費額が増大する。

　表4-1は家計における旅行消費を60,000円とした場合に、それが1泊2日旅行（30,000円）×2回と、3泊4日滞在（60,000円）×1回で行われた場合の消費配分を比較した仮定である。まず、旅行消費の地域側の取り分を見ると、1泊2日旅

表 4-1　1泊2日旅行と3泊4日滞在旅行の消費形態の差異

● 1泊2日観光旅行の場合　―旅行消費額 30,000 円の内訳は？―

交通費（鉄道、航空、高速道路）	10,000 円	……発地側での消費 10,000 円（32%）
宿泊費　室料＆朝食代	9,000 円	
豪華夕食代	6,000 円	
（宿泊施設内消費）	15,000 円	……着地側での消費 20,000 円（67%）
土産品、観光体験、その他	5,000 円	

● 3泊4日滞在旅行の場合　―旅行消費額 60,000 円の内訳は？―

交通費（鉄道、航空、高速道路）	10,000 円	……発地側での消費 10,000 円（20%）
宿泊費　室料＆朝食代　9,000 円×3泊	27,000 円	
夕食代（1泊目）	6,000 円	
宿泊施設内消費	33,000 円	……着地側での消費 50,000 円（80%）
夕食 3,000 円、昼食喫茶 1,000 円×2日	8,000 円	
観光体験ツアー、土産品その他	9,000 円	

注1）この特性は長距離・長期間の旅行も同様であり、海外旅行では国内旅行よりも夫婦旅行の比率が高くなる（JTBF旅行者動向調査）。なお、長距離・長期間の旅行では単身者も増加するが、これは滞在（保養や何らかの趣味活動）と広域周遊（一人旅）の2つのパターンがある。

注2）「場」の価値とは
　観光地のエステを例に取ると、その価値は施術技術そのものよりも、都市のエステでは得られない自然環境、あるいは異国情緒という「場」の価値として生まれる。このような「場の価値」を創造することが観光地経営の目標となる。

行では67%であったものが3泊4日滞在では80%に高まる。しかし、宿泊施設の取り分は1泊2日旅行では地域消費の75%を占めていたものが3泊4日滞在では66%に低下し、料飲消費の減少により室料収入の比率が高まる。そして、夕食や昼食喫茶、地域内での交通費、オプショナルツアーや観光体験の消費が地域全体に拡散して発生する。このように、滞在では旅行消費の観光地側取り分が増大するものの、その消費の受け皿はいわゆる観光産業（宿泊施設や土産物店）ではなく、観光地の様々なサービス業に"薄く広く"拡散するのである。そして、この滞在消費を増やすことが、観光地での消費額拡大のポイントとなる。

(3) 滞在客の行動と意識―行動パターン、個別自由行動―

　滞在客と1泊観光客や周遊観光客の行動、意識の第一の違いは行動パターンである。周遊観光客の流動パターンは図4-1に示すように、複数の観光地や観光資源を順繰りに回っていくラケット型となる。そしてラケットの柄の部分が長くなる、すなわち長距離の旅行になるほど、ラケットの面の部分、すなわち周遊する範囲も広域となる。これに対して、滞在客の行動パターンは、宿泊地を拠点として周辺の観光地を日帰り往復する花びら型となる。ただし訪問頻度が高くなるにつれて行動パターンは変化し、より滞在型になっていく。

　第二の違いは、滞在では観光活動に加えて日常の余暇行動が加わることである。例えば、3泊滞在のなかでは1日目は著名な観光資源を見学して

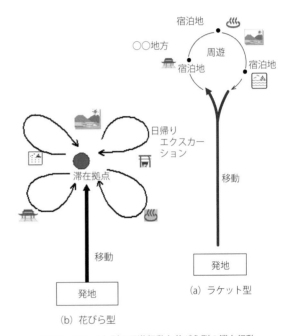

図 4-1　ラケット型の周遊行動と花びら型の滞在行動

回る観光ツアーや珍しい観光体験に割り振られるが、2日目は普段の週末と同様に、その人の習慣により読書や音楽を聴いたり、散歩をしたり、客室や浜辺でのんびりしたり、カフェでお茶を飲んだり、という行動となる。このような"日常と同じ余暇活動"消費が滞在観光の特徴である。そして、その消費の価値は、余暇活動そのものの内容ではなく、日常生活で行っている余暇活動を、より良い環境あるいは異なる文化環境のなかで行うという「場の価値」[注2]となる。

注3) H. C. パイヤーは「異人歓待」の歴史の中で、古代社会では旅人と宿主・地域住民との関係は「無償の歓待」、すなわち、もてなしと対価の関係が明確に定義されていないものであったが、これが社会の発達により徐々にサービス業、観光産業に変化していったと述べている。

　第三の違いは自由行動、個別行動である。非日常体験を1泊2日に凝縮する旅行では、観光体験を短時間のなかで効率よく詰め込むために、旅行前に決定（予約）する消費となるが、滞在では、その日の天候や気分で決定（予約）する自由行動となる。また、滞在日数が増えると、同行者と離れた行動も発生する。夫婦で旅行に来ても、夫は釣りに行き、妻はエステに行く、あるいは家族旅行で子供だけ野外教室に参加して両親は保養する等々である。したがって、滞在型観光地ではこのような個別自由行動が可能なサービスの提供が求められる。

(4) 住民との交流による"なじみ"の形成

　(2)で述べたように、滞在行動の特徴は街に出る機会が増えることであり、そこでは様々な職業、価値観を持つ住民と交流する機会が発生する。この交流は、観光産業として商業化・定型化されたホスピタリティ（対価を得るための接客）ではなく、個人対個人の関係性によるホスピタリティ、すなわち無償の歓待行為[注3]である。この個人対個人の関係性は小さな地域社会でこそ可能なものであり、それ故に、大都市では得られない"居心地の良さ"を生み出し、観光客に地域への"なじみ"、すなわち、また来たい・長く滞在したい、という気持ちをもたらすのである。

4-1-2　滞在化への取り組みの視点

　人々がある観光地に魅力を感じたときの旅行形態は、冒頭で述べたようにリピーターとして何回も短期滞在するパターンと、1回の旅行で長期滞在するパターンがある。どちらになるかはその観光地の市場（発地）からの距離、地域資源の特性、滞在拠点の街並み形態等により異なってくる。ここでは、滞在型観光地を目指す上で考慮すべき幾つかの条件を整理した上で、そのために必要な施策について述べる。

(1) 滞在型を目指す観光地に必要な条件

　第一に集客ターゲットとなる都市からの距離である。大都市から1泊圏内の観光地は気軽に訪れることが可能な故に、長期滞在よりは、週末旅行の拡大版である2泊3日程度の短期滞在を年に何回もしてもらうようなリピートを促す戦略の方が有効である。一方、遠距離の観光地は容易にリピートできないことから、1週間〜1か月程度の長期滞在を狙う戦略が有効である。第二に、避暑・避寒などの気候条件と自然環境である。特定のスポーツ活動や創作目的の旅行を除いては、避暑と避寒は古来、滞在の主要目的であり、この条件を満たせる地域（例えば、北海道や長野などの山岳高原観光地、沖縄や南九州などの温暖な観光地）は滞在に適した観光地である。第三に、街としてのスケール感と個性である。前項で述べたように、滞在生活とは日常生活と同じように、好きな時間に好きなところで食事をし、図書館やレジャー施設を自由に使い、好きなときに便利に移動できるという、余暇生活の利便性と多様性が求められる。このような滞在生活のためのインフラとは住民の生活インフラにほかならないことから、それが実現可能な街としての最低限の生活サービス集積が必要である。

　さらに、その観光地が大都市では失われてしまった歴史文化や個性ある生活文化を表現していることが重要である。また、滞在化とは観光活動よりも保養・休養活動が中心となることから、温

注 4) 一例を挙げると、現在、滞在型を目指すリゾートホテルや旅館では、ライブラリーやベビーシッターサービス、介護サービス等に個々に取り組んでいるが、このような機能は、住民向けの公共サービスである図書館、保育所、介護施設としても実施されている。両者を融合させれば、サービスの効率が向上するとともに、住民と観光者の交流機会も増大する。この施策の課題は、公共サービスの目的と行政費用、そして受益者負担に関する住民の合意形成である。

泉資源や自然環境などのリラックスできる環境の整備と、心身をリラックスさせるサービス業の開発も重要である。

(2) 滞在客と住民の双方が利用できるサービス業と公共サービスの充実

以上で述べたように滞在型観光地となるためには、景観整備や個性ある街並み整備等の観光地づくりにより地域魅力を高めていくことに加えて、リーズナブルな価格での自由な食事（外食産業）、個人単位での自由な移動（域内交通）等のサービス業の充実が必要であるが、人口が少ない観光地ではこのようなサービス業の経営は容易ではない。このため、これらのサービスの提供においては、住民向けサービスと滞在客向けサービスを融合させる施策が必要である。例えば、住民が楽しむ居酒屋やカフェが観光客も楽しむ場となること、住民が利用する温浴施設が観光客も楽しむ場となること等である。このことは公共サービスも同様であり、公園、図書館、公民館や体育館、スポーツ施設、子供を預かる保育サービス、病院や介護サービスを滞在客が利用しやすくすることが必要である。特に介護と医療サービスは今後増加が見込まれる海外旅行をすることが体力的に難しい70歳以上の高齢者、持病を持つ高齢者等の保養・療養滞在の促進に有効である。

このように、今まで観光客向け、住民向けとして別々に提供されてきたサービス業[注4]や公共サービスを、双方のニーズを調整しつつ融合させる施策を進めることで、滞在需要の開拓が可能となる。これは、当該サービス業の稼働率・経営効率向上にも資することとなる。

(3) 交流促進の場の形成

前項（4）で述べたとおり、地域になじむこと、地域のファンとなることは住民との交流により生まれる。そのためには滞在客と住民が個人対個人として交流できる機会を意図的につくり出す交流促進策が必要である。これは、農家等の個人住宅や地場産業の生産現場を訪問して、住民にもてなしを受ける地域文化体験ツアーや、一般の商店や農家などの個人の住宅、公共施設、運輸機関などで滞在客が接する住民とのコミュニケーションにより実現できる。これらの個人対個人の交流は友人同士のおつきあい・もてなしというスタンスが特徴であり、これが商業化された接客サービスとは異なる価値を生み出すのである。

(4) 滞在化のメリットと乗り越えるべきハードル

最後に、地域経済にとっての滞在化を促進することによるメリットと、その過程におけるハードルについて述べる。1日平均1,000人が1泊する観光地と、1日平均500人が2泊する観光地では延宿泊客数は同じである。しかし、前者は1,000人の同時入込のための道路や駐車場、宿泊施設容量が必要であるのに対して、後者はその半分で済む。このように滞在化を推進すると観光インフラ、生活インフラが少なくて済むことにより、観光地経営の効率が向上するメリットが生じる。しかしながら、総需要が増加しなければ滞在化の過程で、1,000人分の宿泊施設のうち500人分が余剰となることとなり、これらの観光施設のダウンサイジングが必要となることを付記しておく。

注5) bed and breakfast の略称。宿泊と朝食のみを提供するイギリスや北米、オーストラリアなど、主に英語圏における小規模な宿泊施設。比較的低価格で利用できる。

注6) キッチンや洗濯機など生活用具が備え付けられるとともに、リビング（ダイニング）と寝室が分かれており居住スペースが広い宿泊施設。

4-2　宿泊施設の多様化による滞在促進

4-2-1　温泉観光地の宿泊施設（旅館）の現状と課題

　宿泊施設は、客室という基本機能に加えて、宿泊客が滞在中に必要なすべての生活サービス（食事や交流の場、入浴リラックス、ナイトライフ、レクリエーション等）を包含する「多機能タイプ」と、客室機能のみを受け持ち、それ以外の生活支援サービスを周囲の街の機能に依存する「単機能タイプ」に分類できる。前者の代表例は大規模リゾートホテルや大規模旅館であり、後者の代表例はビジネスホテル、Ｂ＆Ｂ旅館[注5]、貸別荘やコンドミニアム[注6]、また、一般の住宅を宿泊施設として提供するいわゆる「民泊」などがある。

　わが国の温泉観光地は高度成長期の1泊旅行に対応した多機能タイプが中心であり、特に食事機能は非日常の豪華な食事に特化しており、また客室への人的サービス密度も高いのが特徴である。したがって、滞在利用に際しては豪華で高額な夕食料金が負担となるほか、定型化された旅館料理が食事の多様性・自由度を損なっていること、さらに客室と高額な食事を抱き合わせ販売する1泊2食料金体系が課題となる。このような1泊旅行に特化した現状から滞在利用への対応には、
- 低価格の食事、多様な食事を、自由度の高い形態で提供すること
- 高密度な客室サービス（毎日の清掃や寝具交換、客室案内など）を軽減すること

が必要となる。これらの対応はいずれも宿泊施設内での消費額を減少させる傾向に働くが、一方では、旅館のビジネスモデルが室料中心となることで、利益率の向上をもたらす。しかし、現状では、旅館は1泊宴会型利用のために投資した宴会場や高密度料飲サービスのための雇用を抱えており、これらの不良資産の償却と雇用転換が財務的、損益的に困難であることが、旅館の滞在客対応が進まない最大の理由である。

4-2-2　街で料飲サービス、リラックスサービスを分担する仕組みづくり

　このような観光地の宿泊産業の構造的な課題に対して、滞在型への移行の第一ステップは、既に旅館ホテル内に存在する料飲機能を自館の宿泊客のみへの対応という閉鎖型から、外来客を受け入れるための開放型に転換するとともに、それぞれが個性的な料飲店舗となることで、観光地に多彩な外食産業を形成することである。そして、そのための施策として泊食分離販売を導入し、宿泊客が地域内で自由に食事を選択できるようにすることが期待される。

　図4-2はこのような宿泊施設と料飲店舗間との食事の相互乗り入れの将来像を、温泉観光地を例にとって図示したものであるが、旅行者は複数の旅館ホテルの中から、自己の滞在イメージや旅行目的に合わせて「宿泊」と「食事」を選択して組み合わせることができるようになる。そして、この仕組みは旅館ホテルのビジネスモデルの選択肢を増やす方向に働く。例えば、客室環境が優れているが食事提供ノウハウが低い旅館は、食事機能を他の旅館や街のレストランに任せて滞在とリラックスに集中することで付加価値を高められるし、狭い温泉街に立地して快適な滞在環境に欠け

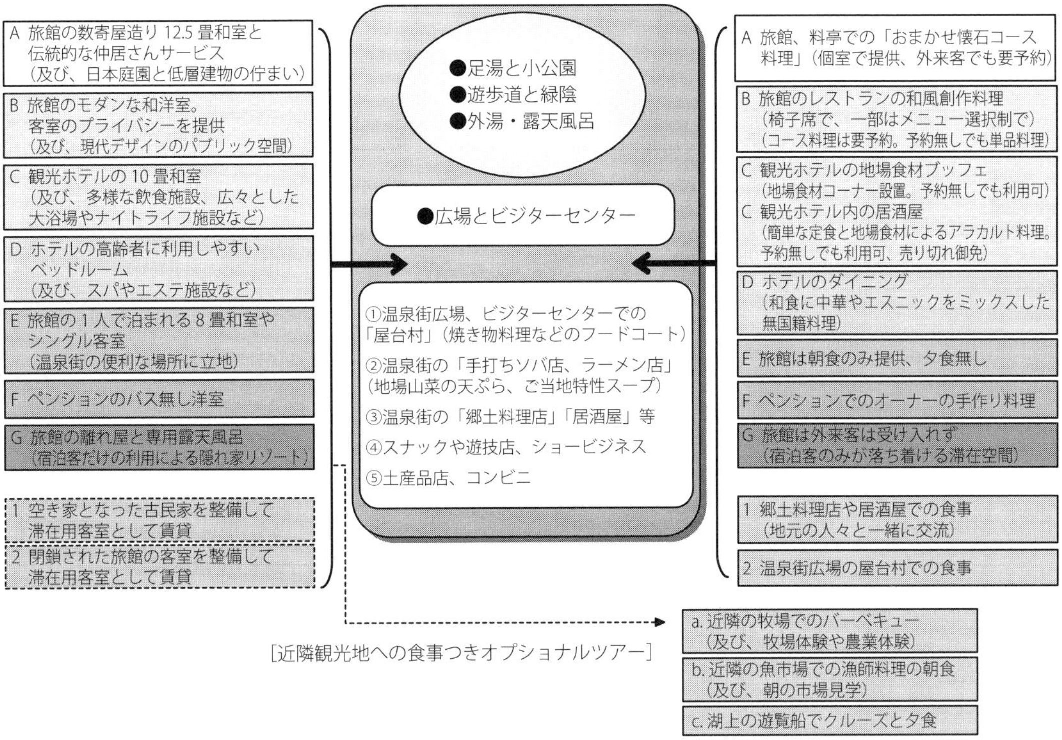

宿泊施設	温泉街	料飲提供
A 旅館の数寄屋造り 12.5 畳和室と伝統的な仲居さんサービス（及び、日本庭園と低層建物の佇まい）	●足湯と小公園 ●遊歩道と緑陰 ●外湯・露天風呂	A 旅館、料亭での「おまかせ懐石コース料理」（個室で提供、外来客でも要予約）
B 旅館のモダンな和洋室。客室のプライバシーを提供（及び、現代デザインのパブリック空間）		B 旅館のレストランの和風創作料理（椅子席で、一部はメニュー選択制で）（コース料理は要予約。予約無しでも単品料理）
C 観光ホテルの 10 畳和室（及び、多様な飲食施設、広々とした大浴場やナイトライフ施設など）	●広場とビジターセンター	C 観光ホテルの地場食材ブッフェ（地場食材コーナー設置。予約無しでも利用可） C 観光ホテル内の居酒屋（簡単な定食と地場食材によるアラカルト料理。予約無しでも利用可、売り切れ御免）
D ホテルの高齢者に利用しやすいベッドルーム（及び、スパやエステ施設など）	①温泉街広場、ビジターセンターでの「屋台村」（焼き物料理などのフードコート） ②温泉街の「手打ちソバ店、ラーメン店」（地場山菜の天ぷら、ご当地特性スープ） ③温泉街の「郷土料理店」「居酒屋」等 ④スナックや遊技店、ショービジネス ⑤土産品店、コンビニ	D ホテルのダイニング（和食に中華やエスニックをミックスした無国籍料理）
E 旅館の 1 人で泊まれる 8 畳和室やシングル客室（温泉街の便利な場所に立地）		E 旅館は朝食のみ提供、夕食無し
F ペンションのバス無し洋室		F ペンションでのオーナーの手作り料理
G 旅館の離れ屋と専用露天風呂（宿泊客だけの利用による隠れ家リゾート）		G 旅館は外来客は受け入れず（宿泊客のみが落ち着ける滞在空間）
1 空き家となった古民家を整備して滞在用客室として賃貸 2 閉鎖された旅館の客室を整備して滞在用客室として賃貸		1 郷土料理店や居酒屋での食事（地元の人々と一緒に交流） 2 温泉街広場の屋台村での食事

［近隣観光地への食事つきオプショナルツアー］

a. 近隣の牧場でのバーベキュー（及び、牧場体験や農業体験）
b. 近隣の魚市場での漁師料理の朝食（及び、朝の市場見学）
c. 湖上の遊覧船でクルーズと夕食

図 4-2　旅館ホテルと街の料飲店舗街との相互乗り入れの将来像

ているが料理に自信がある旅館は、他館の宿泊客の夕食を受け持つ料亭として生き残りが可能となる。今までの 1 泊 2 食販売のもとでは、客室環境・人的サービス・料理の三拍子が揃っていなければ市場の評価が得られなかったが、得意分野への選択と集中が可能となるのである。

第二ステップは、街における個人経営飲食店の育成である。現在は最も付加価値を生む夕食を、旅館が 1 泊 2 食販売により内部に取り込んでいるために、街の料飲店は昼食対応やナイトライフ対応の店舗しか成立できない状況にあるが、泊食分離販売により高品質の夕食対応レストランが成立可能となる。このことは個人経営の料飲店の起業が可能となることを意味している。なお、ここでは最大の課題である食事の問題のみを例示したが、既に各地で実行されている旅館の大浴場の相互乗り入れ（湯巡り）や温泉街での外湯の整備、あるいは旅館が温泉街の空き店舗を活用してエステ、カフェを出店する等の施策も同様である。

ここまで、宿泊施設の開放型への転換について述べたが、すべての宿泊施設がこれを目指す必要はない。外来客を受け入れない小規模宿泊施設では、宿泊客が自分の別荘感覚で寛ぐことができる落ち着いた滞在環境が魅力となるのであり、そこでは食事の場を通じて個人対個人としての館主との交流が生まれ、その家庭的な雰囲気がリピートと滞在の魅力となる。

4-2-3　滞在型宿泊施設への転換

ここでは既存の旅館ホテル等の 1 泊 2 日型の宿泊施設が、滞在型へスムーズに業態変革するための具体的手法を、各地の事例により紹介する。

（1）1 泊 2 日型旅館と組み合わせた滞在型客室棟

これは、老朽化し、かつ料飲部門の生産性が低い中小旅館を、同じ 1 泊 2 食型の旅館として再生するのではなく、客室のみを販売する宿泊主体型の業態に転換し、予約・フロントサービス・客室清掃を母体となる旅館が受け持つビジネスモデルである。栃木県板室温泉「大黒屋旅館」は近隣の廃業旅館を買収してサービスアパートメント（ホテルサービス付宿泊棟）として再生し、滞在料金で運用している。これに類するモデルでは、自館

で商品力を失った旧館を1泊朝食付きの滞在型客室棟として販売している長野県湯田中温泉「よろずや旅館アネックス湯楽庵」が挙げられる。また、類似する事例として兵庫県有馬温泉「花小宿」では、部屋代と食事代を分離し、食事は温泉街や姉妹館などの利用を薦めている。また、同じく有馬温泉「小宿とうじ」は、神戸市の施設を有馬温泉旅館組合が借り受け、部屋だけを貸す形式で運営（食事無し、お風呂は有馬の外湯「金の湯」「銀の湯」が入り放題）しており、予約・フロント機能は旅館組合が担っている。

(2) 地域全体での1泊朝食付き販売と多彩な料飲店舗の集積

有馬温泉、湯河原温泉のように小規模旅館が集積している温泉観光地では、夕食を提供することが経営負担となっている旅館も多い。そこで、有馬温泉では地域の中小旅館が足並みを揃えて食事無しのプランを「湯泊まり」商品として提供している。夕食の受け皿となっているのは温泉街の飲食店であり、そしてこの飲食店の開発支援を旅館経営者が中心になって積極的に実施し、質の高い飲食店街が形成されている。有馬温泉の成功例は飲食店の経営を安定させる日帰り需要が多いことにも起因しているが、何よりも地域全体で食事無しのプランが定常的に提供されていることでプロモーション効果を高めている。

(3) 1泊2食販売＋室料逓減による滞在誘導と健康保養温泉地としてのインフラ整備

旅館が1泊2食販売のままで滞在需要を開拓した事例として、長野県鹿教湯温泉をあげる。ここでは、滞在日数が増えるほど室料部分が逓減するステイ割引料金を導入した中規模旅館や、滞在客に対応した日替わり定食を提供する小規模旅館などにより滞在を誘導している。特に前者では、館内での様々な健康保養プログラムの提供とともに、滞在客を対象とした着地型旅行商品の販売も行っている結果、平均宿泊日数は3日となっている。これらの施策の前提となっているのが、鹿教湯温泉が実施しているクアハウス、温泉病院などによる療養・リハビリサービスと、それによる健康保養温泉地としての地域イメージ形成であり、地域戦略と個別事業者戦略の連動が相乗効果を発揮している事例である。

4-2-4 滞在を促す様々なタイプの宿泊施設

(1) コンドミニアム

外国人観光客の増加に伴い、長期滞在しやすいコンドミニアムの需要が高まっている。北海道ニセコ地域では、オーストラリア人観光客の増加に伴い、オーストラリアの不動産企業による、オーストラリア人観光客向けのコンドミニアムの開発・販売が進んだ。現在ではオーストラリアの不動産企業だけでなく、中国、マレーシアなど各国企業が参入している。

(2) 空き家（宿泊施設としての活用）

近年は人口減少に伴い空き家が増加する観光地も多いが、こうした空き家を宿泊施設として活用する例も増加している。兵庫県篠山市は、古くから交通の要所であり城下町として発展した都市であったが、近年の空き屋の増加という課題に直面していた。そこで一般社団法人ノオトは、放置すれば壊されてしまう古民家7軒を「篠山城下町ホテルNIPPONIA（ニッポニア）」としてリノベーションし宿泊施設として再生することで、「城下町

全体」をホテルと見立てている。この7軒は市内に点在しており、フロント棟である1軒で手続きをした後は、市内を巡りながら各宿泊施設に向う仕組みとなっている（ホテルによる車での送迎もあり）。

(3) 民泊

民泊とは、ホテルや旅館といった宿泊施設ではなく「個人の住宅（一戸建てやマンション）に泊まる」ことであるが、2008年にアメリカで誕生した企業「Airbnb（エアービーアンドビー）」が、インターネットを介して部屋を貸したい人、借りたい人のマッチングの仕組みを提供したことで、世界中に「民泊」が広がった。日本においても近年急速に利用が広がったが、一方で、既存の法律ではこの仕組みがカバーできていなかったことから、各種法律の違反（旅館業法、建築基準法、消防法など）や近隣住民とのトラブル（住宅街で大勢の外国人観光客が騒ぐ、どこが借りた家／部屋かわからず間違えて訪れるなど）が生じた。そこで国は2017年6月に「住宅宿泊事業法（いわゆる民泊新法）」を可決し、同法は2018年6月より施行となった。同法では、民泊を行う事業者は事前に届出を行うこと、また、その対象となるものを「既存の住宅を1日単位で利用者に貸し出すもので、1年間で180日を超えない範囲で、有償かつ反復継続するもの」としている。

(4) 農泊（農山漁村滞在型旅行）

農家への宿泊はこれまでもグリーンツーリズムの推進として進められてきたが、2016年に策定された「明日の日本を支える観光ビジョン」において、「日本ならではの伝統的な生活体験と非農家を含む農村地域の人々との交流を楽しむ「農泊」を推進する」と位置づけられたことで、積極的に展開されている。宿泊の形態としては「農家民宿」（旅館業法に基づく簡易宿所営業の許可を得た上で行うもの）、「農家民泊」（旅館業法の許可は必要ないが、宿泊費を徴収することはできず、体験料や食事料を徴収）があるが、いずれも基本的には農家や古民家などに宿泊することになる。

4-2-5　観光地における宿泊施設の多様化

前述のように、近年では、旅館やホテルといった従来の宿泊施設にとどまらず、多様な宿泊形態の施設が各地で出現している。また、施設整備に際しては大きな土地を開発するのではなく、既存の建物を活用するケースも多くみられる。

外国人観光客がますます増加し、インターネットの存在が当たり前の世代が増加することによる旅行に対する価値観の変化などが見込まれる中、観光地においては、宿泊も食事も入浴もすべて同じ施設で完結するという宿泊業態だけではなく、多様な宿泊業態がラインアップされるよう観光地経営を進めていくことが重要である。

4-3　滞在のためのプログラムづくり

4-3-1　滞在を後押しするプログラムの必要性

人々が地域に滞在する目的は様々である。リゾートホテルでの連泊といった「宿泊施設」自体が第一の目的となる場合や、湯治やスポーツ合宿といった、ある特定の「目的を達成」するために滞在先を決める場合、そして農作業体験や陶芸などの創作活動といった、その地域での「時間の過ごし方」も滞在先選定の決め手となる。朝や夜の

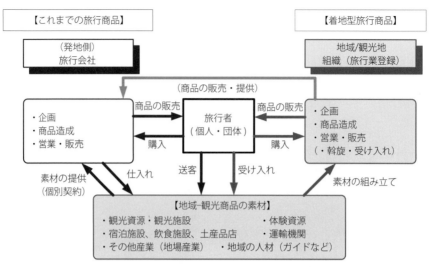

図4-3 着地型旅行商品の特徴(地域が主導する旅行商品とは)

時間帯に魅力を付けることによって日帰りを宿泊化する場合も、短時間ではあるが滞在化と捉えることができる。

来訪者の滞在時間が長くなることで、地域には様々なインパクトが生じるが、特にプラスの効果としては経済効果がある。昼食や喫茶のほか、移動に公共交通機関やタクシーを使う、土産物を買うなど、地域内での観光活動が活発になるほど消費支出による経済効果は大きくなる。観光活動は多岐にわたるため、観光による経済効果は第一次産業から第三次産業まで広く波及することが特徴である。

また、地域内で過ごす時間が長くなるほど来訪者はじっくりと地域を見聞きすることができ、地元住民との接点も増えることから、その土地の良さをよりよく知ることができるため、リピーターにつながることも期待される。同時に、地元住民にとっても、来訪者から自らの地域が褒められたり物産が購入されたりすることで地元に対する誇りが醸成されたり、来訪者から尋ねられることで、あらためて自らの地域や生業について深く理解するきっかけとなったりする。

多くの地域が今後、右肩上がりで来訪者数を増やし続けることが難しい社会的状況にあっては、現在の来訪者の滞在時間を延ばし、かつその時間をより充実したものとすることが、地域への経済的・社会的な効果を高めるという観点から重要である。その取り組みの一つとして「滞在プログラムの充実」が挙げられる。

4-3-2 地域が滞在プログラムづくりに取り組む背景

近年、周遊型の旅行スタイルに加えて、その地域の普段の暮らしへの関心や農林漁業・ものづくり等の体験など、消費者は旅行先に新たな過ごし方を求めるようになってきた。そうした消費者のニーズを直接感じ取り、その土地ならではの過ごし方を地域自身が提案することが期待されている。2007年の旅行業法の改正以降、各地域の観光資源を熟知する地元の中小旅行業者が企画旅行商品を造成・募集しやすくするために段階的に規制緩和が行われ、地域が主体となって旅行商品を開発する環境が整ってきた。

このように地域が主体となって企画・販売する滞在プログラムは、昨今、「着地型旅行商品」と表現され、多くの地域がその開発に取り組んでいる。消費者が旅行先に新たな過ごし方を求めるようになったことで、従来の観光地以外の地域でも、これまでは観光資源になるとは思われてこなかった物事や風景、人などの地域資源が新たに観光資源となる可能性が出てきているからである。

「着地型」という表現は、旅行商品の購入者の居住エリア(発地)にある旅行会社が造成する従来の旅行商品に対して、来訪者を受け入れる地域(着

地）が主導して造成する旅行商品を指すものとして使われる。「商品」であるから、価格が設定され取引の対象となり得るものである。したがって、地域においてまち歩きやワークショップで検討された「旅行プラン」は、往々にして最終的な販売価格や販売チャネルまでは詰め切れないため、「商品」の範疇に至っていないケースが多い。

4-3-3　滞在プログラムづくりのプロセスと留意点

　来訪者の滞在時間を充実させるためには、地域が主体となって、地域の様々な資源を、旅行商品を形づくる観光資源として捉えなおし、最終的に商品として販売することが求められている。以下では、地域資源の発掘から滞在プログラムづくり、そして商品づくりまでの一連の流れに沿って、取り組みにあたっての留意点をまとめる。

（1）多様な人々による魅力の発掘

　滞在プログラムづくりにあたっては、自然や歴史・文化、人材など、地域の様々な資源の中から、どれが旅行商品を形づくる観光資源となるかを認識することが、まずは必要である。先述したように、消費者が旅行先に新たな過ごし方も求めるようになってきた今日、これまで着目されてこなかった地域資源が観光資源となり、新たな滞在プログラムが生まれる可能性が高まっている。

　地域資源の見極めと発掘には、宿泊施設や観光施設、交通事業者、旅行会社といった従来の観光産業従事者だけでなく、地域住民を顧客とする商店・飲食店、タクシー、体験プログラムを提供できる農林漁業従事者など幅広い業種・職種、女性や幅広い年代、新しいライフスタイルや価値観・こだわりを持った人など、多様な人々が関わることが重要である。

（2）地域資源の"見える化"と体感

　地域資源の発掘手法としては、例えばワークショップを開催し、「自然・風景」「祭り・伝統芸能」「特産品」「食」「体験・活動（温泉・農業体験・美術鑑賞）」「人（話）」といった切り口で、思いつく地域資源をすべて付箋に書き出して"見える化"する方法がある。その際、鑑賞・体験できる時期や時間帯、供給量やキャパシティの限界を認識しつつも、一旦すべて表に出すことが重要である。場合によっては、限られた条件下でのみ催行できる、より希少価値の高い商品となって日の目をみる可能性がある。

　日本初の「世界ジオパーク」の一つに認定された新潟県糸魚川市では、ジオパークの魅力をわかりやすく伝えるために、5つの色を設定してフォトコンテストを開催し、色を通じて地域資源を見つめることに挑戦した。結果として、多彩な色を持った自然や祭りの風景、人々の表情などが撮影された美しい写真が多く集まり、地域資源を色によって整理することができた。糸魚川市では商工会議所が中心となり、商品造成と情報発信の2つの部会を立ち上げて地域資源の発掘に取り組んだ。今後はこれらの中から旅行商品となり得る観光資源を見出し、継続的な商品づくりの態勢と販売チャネルを確立していくことが求められる（糸魚川商工会議所「平成23年度小規模事業者地域力活用新事業全国展開支援事業『日本初！世界認定糸魚川ジオパーク着地型観光開発プロジェクト』」）。

（3）マーケットの明確化

　以上のような手法で発掘した観光資源を消費者

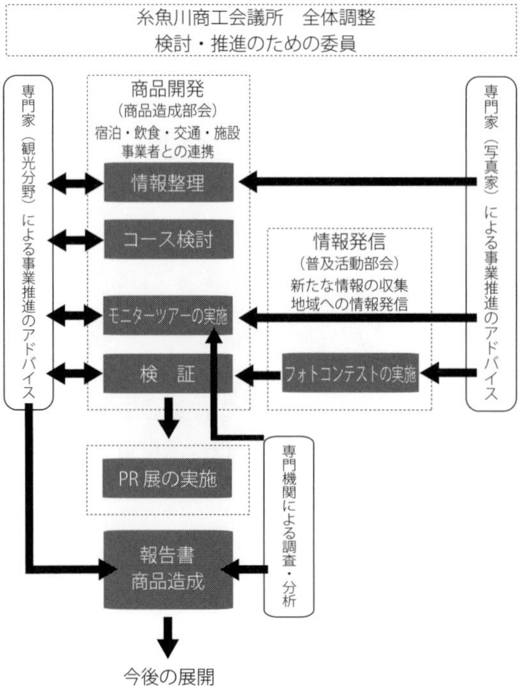

図4-4 「糸魚川ジオパーク着地型観光開発プロジェクト」の実施体制図

のニーズに合った滞在プログラムとしていくためには、来訪者像を地域側が明確にイメージしておくことが重要である。今日の旅行者は、例えば「40歳代の女性」といっても、その旅行内容は人により様々であり、かつ同じ人でも一人十色と言われるように旅行ごとに異なるものである。

このように極めて細分化された旅行マーケットに対して、ターゲットとする消費者像を子細に思い描き、その「人物」をいかに満足させるかに心を砕いて商品づくりを行う「ペルソナ・マーケティング」注7)の手法を旅行商品づくりに活用することを検討してもよいだろう。つまり、人々の個別具体的なニーズに対応できる旅行商品を、小規模でも数多く開発する方向性である。

滞在先に求められる施設やサービスを検討する際も、来訪者像を明確に認識していることが大前提である。これまでは旅館や観光施設、観光イベントといった「観光領域」でほとんどの観光活動が行われていたが、最近は地域住民向けの商店街や公衆浴場、横丁といった「生活領域」に惹かれる人々も増えてきている。年間数日間のイベントだけでなく、日々の暮らしぶりを観光資源に変えることで通年観光へ、そして暮らすように過ごす滞在化への展開が可能となるのである。

また、地域の公園や図書館、公民館、保育施設や病院等の公共施設・サービスを、地域外からの来訪者へも積極的に開放・提供していくことで、滞在中に子供を預ける、持病の心配から開放される、図書館で知識を得るなど、滞在時間がより安心で充実したものになり、同時に、地域にとってはこうした施設の稼働率やサービスの質の向上も期待される。

(4) 多様な連携の推進

以上のような消費者のニーズに合った滞在プログラムづくりには、狭義の観光産業従事者だけでなく、地域内の異業種同士（観光産業と他産業・生活領域との連携）や、地域外の同業者や異業種等と連携を図ることが求められる。

青森県八戸市の着地型旅行商品「八戸あさぐる」は、宿泊客の約8割を占めるビジネスマンを想定してつくられ、朝市と銭湯という生活領域の地域資源を乗合タクシーでまわるもので、主にビジネスホテルで集客するという、地域内の様々な主体が連携して実現した商品である。

注7)「ペルソナ・マーケティング」とは、定量的・定性的データをもとに作り上げられた最も重要で象徴的なユーザーモデル（ペルソナ）を設定し、そのユーザーが満足するように商品やサービスを設計するマーケティングの手法。

　地域を越えた連携としては、いずれも旅館グループの取り組みではあるが、グループ内の農業法人が生産した野菜を複数の施設（例：旅館とオーベルジュ）の料理に使用したり、社員研修が難しい小規模旅館同士が相互に社員を送り、仕事をしながら現場で学ぶ研修を行うといった事例がみられる。これらは、食材の提供や人材育成といった後方部門を強化するための連携であるといえる。

　このように、滞在プログラムづくりを目的とする連携には大きく二つ、より商品の魅力を高めるための連携と、より効率的なオペレーションを構築するための連携の二つが挙げられる。特に現在、必要なのは後者であり、連携による共同仕入れや地域情報・滞在プログラムの発信、人材育成等の仕組みの改善が求められている。この領域の取り組みは容易ではないため、これまであまり取り組まれてこなかったが、観光産業においてイノベーションを実現するためには、この部分に打開策を見出していくことが求められている。

　また、豊富な現場経験に基づき、その地域をまっさらな視点で見て、そこの魅力を指摘できる外部の専門家・有識者との連携も有意義である。地域づくり系の専門家に限らず、最近各地でみられる、まちなかや農村エリアを舞台にしたアートイベントのようにアーティストと組むなど、多様な連携が考えられる。

(5) 多様な主体を巻き込んだ推進態勢づくり
①要となる事務局長
　滞在プログラムづくりや着地型旅行商品の開発を推進するにあたって最も重要なのは、プログラムづくりや商品開発の全体をコーディネートする事務局機能である。地域外から旅行会社のOBをヘッドハントしたり、地域の有志を募って地域資源の棚卸と滞在プログラムづくりを行っている観光協会は少なくないが、ある程度成功をおさめている地域では、観光協会の要となる事務局長レベルのポストに、協会の事業全体をみながら個別のプログラム開発にもきちんと関与していける人材が配されている。例えば、自治体の観光部署である程度経験を積んだ職員が期限付きで観光協会へ出向する場合などは、地域の観光の実態と観光施策を理解しつつ、現場で機動的な対応ができるものである。

　このポストにつく人材に必要な能力としては、旅行業に関する専門知識以上に、地域資源についての深い理解と、地元の関係者ときちんと意思疎通・合意形成を図っていけるコミュニケーション能力が重要である。特に、観光産業以外の従事者に、未だ経験したことがない旅行商品づくりへの理解と協力を求めるにあたっては、理詰めだけではなく、事務局担当者の人柄を信頼してもらうことが大前提となる。

②主体間をつなぐ中間支援組織
　滞在プログラムは、地域の多様な主体が関わることによって、より充実したものとなる。各地域の観光協会がその取りまとめ役として機能することが期待されてきたが、2015年頃からDMO（Destination Management/Marketing Organization）という組織のあり方が注目されるようになってきた。観光協会やDMOが中核となって着地型旅行商品の開発を行うにあたって、農林水産業や商工業等の滞在プログラムを提供する関係者と合意形成を図るためには、それぞれの業界における中間

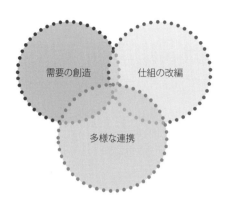

図4-5　観光イノベーションを誘発する3つの要素（出典：観光庁）

支援組織（役所の担当部署、業界団体、NPO等）を巻き込み、観光協会・DMOとのスムーズなコミュニケーションを助けてもらうことが重要となる。

　特に、最近になって観光による地域振興に取り組み始めた地域では、観光業界以外の関係者に滞在プログラムづくりの意義や手法を理解してもらうことは容易ではないかもしれない。その場合は、まずは補助金を活用した実証事業などで試行的にプログラムや商品をつくり、最初は少なくても集客数や販売結果という目に見える形で関係者が成果を感じ、その意義を共有することが、事業継続のエネルギーとして必要である。推進態勢は、最初から完成を目指すのではなく、事業を継続しながらより強固なものとしていく、その過程で関係者同士が濃密なコミュニケーションを図ることが肝要である。

4-3-4　商品流通の留意点

　以上のようなプロセスを経て検討された滞在プログラムを商品として流通させるためには、いくつもの留意点がある。

(1)「ターゲット」と「販売チャネル」と「サービス提供の確実性」の組み合わせ

　まだ評価が定まっていない地域資源を初めて商品化する場合は、従来の旅行会社の商品造成サイクルに乗せることが難しいため、地域側が商品を市場に出すために創意工夫をする必要がある。ここで「地域側」といった場合も、旅行商品を開発した主体自身か、地域内の旅行商品を取りまとめて販売する旅行業を取得した観光協会かなど、より効果的に商品を販売できる主体と手法を精査する必要がある。

　旅行商品の流通手法を検討するにあたって重要なポイントは、旅行商品の「ターゲット（消費者像）」と「販売チャネル」と「サービス提供の確実性（供給量）」の組み合わせであろう。これらがきちんとかみ合っていないと、本来想定しているターゲットに商品の情報が伝わらず、消費者の期待に沿えない（場合によっては損ねる）ことになってしまう。

　例えば、リゾートホテルの滞在客に地元を楽しむプログラムを提供しようとする場合は、チェックイン時に滞在プログラムのラインナップを紹介するリーフレットを手渡すとともに、コンシェルジュがこれらのプログラムの利用も含めて滞在中の過ごし方を提案できる態勢がつくられれば、ターゲットへの確実な情報提供からプログラムの購入へとつながるものと期待される。

　商品として「サービス提供の確実性（安定的な供給量）」が確保され、販売手数料や商品造成サイクル等の調整がつくと、旅行会社を通じた滞在プログラムの販売も現実味を帯びてくる。昨今、大手旅行会社でも、地域と組んで旅行商品を開発しようとする動きがみられ、地域と協働できる支店社員を育成する研修の実施や、着地型旅行商品開発における新たなビジネスモデルの構築を目指す検討が進んでいる。

		開催地	
		移動	固定
目的	ビジネス	Meeting Incentive Convention	Exhibition
	レジャー	Event（スポーツ大会、コンサートなど）	Event（祭りなど）

図 4-6　MICE（Meetings/Events）の区分

（2）地元・近隣住民への販売促進

商品化して間もない時期は、地域側の受入スキルの未熟さもあり、サービスの提供が不確実であったり供給量が少ない場合がある。こうした段階の商品は、いきなり広く、遠隔地に向けてプロモーションを行うのは得策ではない。まずは地元住民を対象に新聞の折り込みチラシなどで告知し、期間限定の小規模なイベントとして始めるのも一つの方法である。それによって商品の開発者が徐々に場数を踏み成功体験を積むことで、受入態勢が整っていく。

なお、こうした地元や近隣地域をターゲットとする商品の場合は、地方新聞の記事として取り上げてもらう働きかけも有効である。商品づくりの途中段階から情報提供するなどして、記者が取材したくなる存在であり続けることも重要なプロモーション活動といえるだろう。

次々と新たなSNSが誕生し、消費者自身が旅行前・中・後の情報を直接収集し自らの体験を発信できる時代にあって、来訪者を受け入れる地域として、どのようにして魅力ある旅行商品を開発するか、そしてどのようにマーケットに認知させるかが一層、重要になってきている。

4-4　MICEの誘致・創出

4-4-1　MICEとは

現在日本では、ある目的のために人々が集まる「集会」や「催し」を「MICE（マイス）」と総称している。これは、企業が開催する会議（(Corporate) Meeting）、企業が行う報奨・研修旅行（Incentive (Travel)）、国際機関・団体、学会等が行う会議（Convention）、展示会・見本市・イベント（Exhibition／Event）の頭文字をとったものである[1]。

なお、このMICEという総称は、世界で通じる言葉ではあるものの、90年代初頭のシンガポール政府観光局（STB：Singapore Tourism Board）が使い始めたとされている[2]こともあり、アジアを中心に用いられている。例えば、スペインに本部のある、世界最大の観光分野の国際機関である国連世界観光機関（UNWTO：The World Tourism Organization of the United Nations）の年次レポート（2016年）をみると、MICEに関係する産業は「Meetings Industry」と総称されている。また、アメリカでは、MICE産業関連協会31団体がメンバーとなっている協議会は2017年にCIC（Convention Industry Council）からEIC（Events Industry Council）に組織名称を変更している。このように欧米では、「Meetings」や「Events」で総称されることが多い。

MICE（あるいはMeetings、Events）は、集会や催しの種別での区分だけではなく、ビジネス目的か否か、また開催地が固定か否かという軸でも区分することができる（図4-6）。開催地が移動するMeeting、Incentive、Conventionは、日本中、更には世界中の開催地候補の中から自都市・地域を選んでもらうためのいわゆる誘致活動を行っていくことになる。開催地が固定となるExhibitionは、自都市・地域の特性を活かして創り出す活動を行っていくこととなる。ここでは、ビジネス目的の誘致・創出が可能なMICE（レジャー目的のイベントを除いたもの）を主対象として述べることとする。

視点4　滞在化・平準化のための仕組みをつくる

4-4-2　MICE誘致・創出に求められる組織

(1) コンベンションビューローの誕生

　誘致型のMICE（以下、ビジネスミーティングと称す）に対応する観光地側の組織として誕生したのがコンベンションビューロー（CB：Convention Bureau）である。人類の歴史が始まって以来、人々が集まり話し合いをする、いわゆる「集会」が存在したが、宗教拠点や流通拠点、行政拠点などを中心として都市が形成されると、都市は政治活動、宗教活動、事業活動など様々な活動に関わる団体が集まり、会員の共通の関心に係わる事項を話し合う場所にもなった。

　アメリカではこうした各種の団体の活動が拡大するに従って、「集会」開催の必要性が強まり、集会を「誘致」するための委員会が各地に生まれた。1896年、デトロイト市の事業家グループは、このような団体の通常の活動や会議、見本市などの「集会」開催が、デトロイトに相当な経済的な利益をもたらすことに着目し、各種の団体の集会を誘致することを目的とした組織であるCBを設立した。

　デトロイトでは、当初はホテル経営者が自らの施設やサービスに加えて、「デトロイト」を売り込んでいたが、「集会」開催の経済的な利益が認識され始めると、「デトロイト」を売り込むための営業マンをフルタイムで雇用し活動を展開した。つまりCBは、デトロイト市の経済振興のために「地域」そのものを売ることを目的として活動を展開したのであり、現在のDMO（Destination Management/Marketing Organization）の始まりといえるものと捉えられる。

(2) CBからCVB、DMO／DMCへ

　その後、CBが「誘致」する対象として、一般の観光旅行者（Visitor）の重要性が高まってきたことから、組織名称にも「V」が加わり、コンベンション＆ビジターズ・ビューロー（CVB）と呼ばれるようになっていった。更に90年代終盤から2000年代初頭にかけて、観光地そのもののマーケティングやブランディングの重要性が高まり、DMOへと変化していった。この背景には、マーケットの変化とそれに伴って対応すべき範囲が変化したことがある。CBからCVBへの変化は、旅行の一般大衆化への変化に対応したものであるが、CVBからDMOへの変化はより複雑である。

　マーケット側であるビジネスミーティング主催者及び参加者のニーズは、開催・参加回数を重ねることでより多様化、高度化していく。開催地側はこうしたニーズに対応するため、単に会場施設と宿泊施設を準備するに留まらず、ユニークな会場でのパーティやビジネスミーティング本番前後のアクテビティの実施など、地域全体の資源を活用する必要性が高まる。

　このため、CVBはその業務範囲を、誘致活動及び観光旅行者も含めた誘客のためのマーケティング等に重点を置く形でDMOへと変化し、ビジネスミーティングの実施準備や会議運営については、地域に根ざしてビジネスを行う、地域の各種資源に精通し、関連する各種施設・事業者（会議施設、宿泊施設、飲食施設、輸送機関、旅行会社等）や行政機関とのネットワークを有する企業が担う形へと変化した。この、ビジネスミーティングを円滑に開催するためのマネジメントを担う企業がDMC（Destination Management Company）

と呼ばれるものである（図4-7）。

海外、特にアメリカにおいては、ビジネスミーティング需要に、DMOとDMCが役割を分担しながら対応している。DMOは、地域全体として稼働を高めていく（地域に対する需要を平準化させていく）視点からマーケティングや誘致活動を行い、DMCはビジネスミーティングを無事に開催すると共に主催者の満足度を高めるために、地域内の各種施設・事業者と様々な調整を行っている。

（3）展示会主催者（オーガナイザー）

固定型のMICEであるExhibitionは、各産業分野の組合や協会が企画し定期的に開催されていることが多く、主催者はその全体的な管理・運営を行う。主催者は目指す展示会分野のマーケティング、企画・計画をはじめ、開催地選定や広報宣伝、設営計画、展示会運営、展示会終了後のフォローや次年度セールスまで、幅広く関与する。また主催者は、出展者と来場者の商談や商品紹介などが活発に行われ、展示会が円滑に運ぶよう、会場全体を演出する役割も担う。多くの出展者が集まるほど、展示会開催の効果（売り上げ、マーケティング、出展者同士のコミュニケーションなど）は高まることから、主催者は出展者の誘致に注力することとなる。

主催者としては、グローバルに展開する展示専門会社から、産業団体で構成される公益的な民間団体組織がある。また、展示施設が単に会場を貸すだけでなく主催者となる場合もある。いずれの場合においても、主催者はどのような展示会を創出することが主催者自身、また出展者や来場者にとって効果的なのかを、自都市の特性（どういった産業分野が集積しているのか等）を踏まえて検

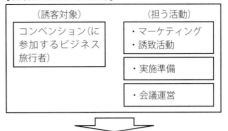
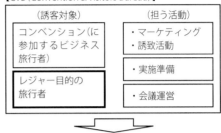

図4-7　誘客組織の変化

討することとなる[3]。

4-4-3　観光地経営からみたMICEの重要性

（1）MICE開催による効果

観光地にとってMICEが開催されることは、「訪れる人が増加する」という直接的な効果が生まれることはもちろんであるが、更に以下のような効果が期待できる[4],[5]。

①高い経済波及効果

MICEが開催され、海外から多くの参加者が集まると、この参加者によって宿泊、交通、飲食といった様々な消費活動が行われる。特にMICEの場合、参加者がビジネス目的であることが多く、観光目的で訪れる人よりも消費額が高い傾向がある。これは、観光庁調査によれば、日本を訪れたMICE

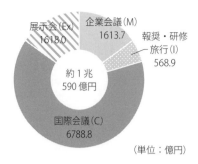

図4-8 国際的なMICE開催による経済波及効果（2016年開催分）
（出典：観光庁発表資料）

参加外国人1人当たり総消費額は約33.7万円であり、日本を訪れた外国人旅行者全体の1人当たり総消費額（約15.6万円）の倍以上であることからもわかる[6],[7]。また、同調査では国際的なMICE全体による経済波及効果は約1兆590億円と推計されているが（図4-8）、MICE開催は、前述の参加者の消費額だけでなく、会場の借上や設営等多くの経費が必要となるため、開催地に及ぼす経済波及効果が非常に高いと考えられている。加えて、海外からのMICE参加者は、会議参加だけで日本を離れるよりも、休暇を取得して開催地以外の日本各地へ旅行する方も多いことから、開催地だけではなく日本全体に消費が波及することとなる。

②産業力の強化

MICEが開催されることは、日本中、更には世界から企業や学会等の主要プレイヤーが集うことであり、こうした人々と開催地の参加者がネットワークを築く機会になるとともに、人材の国際化を進める機会ともなる。また、最新のビジネス・製品情報や最新の研究結果が共有されることから、新たなビジネスのアイディア創出や技術革新へとつながることも期待される。

③都市のプレゼンス向上

MICEを開催することで、その開催地を知ってもらうこととなる。特に大規模な国際会議等の場合、世界で会議の様子が放送されたり、開催地の名称を冠した行事（〇〇宣言の採択等）が行われたりするため、開催地の認知度や地位の向上につながる。

(2) MICE需要の特性とその重要性

大勢の人がある特定の期間に来訪することが前提となるビジネス目的のMICE需要の特性を観光地（開催地）側から見ると、次の通りである。

①レジャーを目的とする旅行者は、週末や長期休暇期間の来訪が多くなるが、ビジネス目的のMICEは平日開催されることが多いため、地域にとっては対応するタイミングが異なる。

②主催者との調整によっては、開催日やプログラムの時間帯を多少変更することが可能なため、参加者が来訪するタイミングを開催地側でコントロールすることも可能となる。

③来訪する期間、来訪する人数がかなり早い時期に分かっているので、輸送量の調整や人員配置などの準備がしやすい。

④通常、何日間かにわたって開催されるため、レジャーを目的とする旅行者に比べ滞在日数が長く、またビジネスを目的とした旅行者であるため、レジャーを目的とした旅行者に比べ消費単価が高い。

こうした特性を持つため、開催地側としては、宿泊等の受入容量に余裕がある時期に、レジャー目的の旅行者以上に経済効果の高い旅行者を受入られることとなる。このため、地域全体として稼働を高めていく（地域に対する需要を平準化させていく）視点から、ビジネス目的のMICE需要を取り込むことの重要性の高さが認識されている。

4-5 オーバーツーリズムへの対応

4-5-1 オーバーツーリズムとは

多くの有名観光地で、「オーバーツーリズム」が問題となっており、メディアでも頻繁に取り上げられている。端的にいえば、オーバーツーリズムとは地域が許容できる量以上の観光客が訪れている状態を指す。過去にも、地域の環境収容力（キャリング・キャパシティ/Carrying Capacity）という考えの下で、観光客数が多すぎることは主に地方観光地で問題とされてきたが、そこでは、観光客の増加が自然環境の悪化を引き起こしていたことが問題となることが多かった。その一方で、オーバーツーリズムという言葉が使われ始めたのは都市においてであり、そこでは住民の目線から見てあまりに多くの観光客が訪れており、結果として住民の生活環境が許容できないほど悪化していることが問題となっている。なお、この節ではオーバーツーリズムという言葉を都市及び地方観光地のどちらの文脈でも用いることとする。

4-5-2 地方観光地におけるオーバーツーリズム

これまで、地方観光地におけるオーバーツーリズムは自然破壊が問題の中心となってきた。また、観光客が増えすぎて、観光地での体験が悪化することが問題となることがある。そのため、地方観光地におけるキャリング・キャパシティの議論では、地域の資源にもたらすダメージを基にして算出される生態的環境収容力（エコロジカル・キャリング・キャパシティ）や観光客の視点から見た混雑感を基にして算出される社会的環境収容力（ソーシャル・キャリング・キャパシティ）などの考え方が提唱されてきた。

キャリング・キャパシティを超えるほどの観光客が訪れていたことが問題となった地方観光地としては、フィリピンのボラカイ島が挙げられる。1990年代ごろから美しいビーチが話題となり、フィリピン有数のリゾート地となったが、環境汚染がひどく、2018年に最長で半年にわたる閉鎖が決定した。サンゴ礁の破壊やビーチにおけるゴミ問題など、環境的・社会的に持続可能でない発展の例として長年にわたり指摘されてきたが、解決が見られずに島の閉鎖という経済的には大打撃となる手段を講ずるに至ったのである。日本でも、富士山において環境収容力が問題となり、様々な対策が講じられている。例えば、週末やお盆に登山者が集中することで混雑が生じていることが登山者の不満につながると指摘されているが、登山者数の量的な計測のみならず登山者の満足度を聞くことで、観光客の視点を考慮したソーシャル・キャリング・キャパシティを検討している。

4-5-3 都市におけるオーバーツーリズム

観光資源がダメージを受けることが問題の中心となることの多い地方観光地に対して、都市でのオーバーツーリズムは、住民の目線から見てあまりに多くの観光客が訪れており、住民が許容できないほど彼らの生活環境が悪化することも問題の中心となる。従来、観光客はホテルなどが集中する一定の商業地区に宿泊する等、観光客の行動と住民の生活は比較的分離していた。また、都市における居住人口は地方観光地と違い、観光客に対して格段に多かったため、観光客の多少の増加は

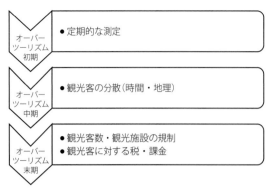

図 4-9 オーバーツーリズム対応策

住民にとって問題となる点が少なかった。しかしながら、一般住宅の中に混在する民泊等の宿泊施設が増え、さらに都市においても住民を上回るほどの観光客が訪れ始めた結果、公共サービス等を住民と観光客の間で奪い合うといった問題が生じるようになった。例えば、通勤で使用される電車やバスは住民を念頭に置いて設計されていたため、観光客の利用が激増したことで予想しなかった混雑が生じ、そのことが住民の反感を買っている。

スペインのバルセロナやオランダのアムステルダムは都市にけるオーバーツーリズムが問題となっている代表的な海外の観光地である。バルセロナはスペインの代表的な観光地として長年にわたり観光客誘致を進めてきたが、近年は観光客に対する反対デモが生じる等、観光客増加及びそれに伴う生活環境の悪化が問題となり、観光客削減へ方向転換しはじめた。生活環境悪化の一例としては、民泊をはじめとする観光用マンションが増えたことで一般住居として供給される住宅施設が少なくなり、家賃が急上昇したこと等が報じられている。海外だけでなく、京都市でも、メディアで観光公害が生じていると報じられている。

4-5-4 オーバーツーリズムへの対応策

自然保護が問題の中心となる地方観光地のオーバーツーリズムに対して、都市では住民の生活環境が問題の中心となる。両者には異なる対策が必要となるケースもあるが、共通する対策も多い。ここでは、地方観光地及び都市で生じるオーバーツーリズムに対して考えられる取り組みについて、測定、分散（時間・地理）、規制、税・課金の4つに分けて検討していく。どの取り組みが必要になるかは、オーバーツーリズム問題の深さによって変化すると考えられる（図 4-9）。例えば、測定はオーバーツーリズムが生じる前から継続的に行うべきであるのに対して、規制や税・課金といった観光客抑制の手段はその経済に与える影響も大きいため、実施には慎重な判断が必要となる。

（1）測定

オーバーツーリズムは観光客数などの客観的な単一の指標だけでは把握できず、キャリング・キャパシティの決定と同様に、測定が難しい事象である。理想としては、住民や観光客、事業者の視点を組み込みながら、その地域にあった指標を作り、変化を計測していくことが望まれる。例えば、オーストラリアのカンガルー島では様々なステークホルダーを交えて指標を作成した。それらの指標には来訪者の体験や住民の意識、野生生物の数などの様々な要素が含まれている。

しかしながら、それらの指標は作成及び測定に多大な手間がかかり、短時間で取り組めるものではないということも事実である。また、都市型の観光地では規模が大きすぎ、気がつかない間に、既にオーバーツーリズムに陥っているといった状況も考えられる。そこで、不完全ではあるが手早く簡単に使える基準をまず使うということも一つの手段だと考えられる。例えば、2017年に World Travel & Tourism Council と McKinsey & Company が共同で発表したレポートでは、9つの指標によ

表 4-2　オーバーツーリズムのリスク診断

	指標	定義	ベンチマーク（リスク高）*
全体の状況	観光の重要性	GDP 及び雇用における観光の割合（％）	> 8.5%
	観光客の増加率	観光客の増加率（％）	> 7.7%
住民の疎外	観光客の密度	1 平方キロにおける観光客の数	> 930,000
	観光客の圧度	住民 1 人当たりにおける観光客の数	> 5.3
観光客の体験悪化	トリップアドバイザーにおけるネガティブなレビュー	人気の観光施設のレビューにおいて "ひどい" 等が含まれる割合	> 2.8%
インフラの混雑	季節性	シーズン中とオフシーズンにおける到着便席数の違い	> 1.36
	観光客の集中度	人気トップ5 の観光施設におけるレビューの割合	> 36%
自然へのダメージ	大気汚染	PM10 の年間平均	> 74.9
文化や遺産への脅威	歴史的遺産の割合	トリップアドバイザーにおける人気トップ10 の観光施設において歴史的遺産が占める割合	> 45%

（出典：Mckinsey & WTTC（2017）より作成）

*世界中の 68 都市から集めたデータを基に、それぞれの指標についてトップ 20% に該当する値を算出している。そのため、あくまで絶対的なリスク診断の値でないこと、都市から集めたデータであるためその他のタイプの観光地への妥当性は低いことに留意が必要である。

り都市におけるオーバーツーリズムのリスク診断を下すことを勧めている（表 4-2）。地域特性などは考慮しておらず、あくまでリスクを早めに探知するということを目的にしているので、住民の声などの定性的なデータと合わせて使うことが望ましいが、この診断方法は広く公開されているデータのみを使用しているため、比較的簡単に使うことができるという利点がある。

(2) 分散（時間・地理）

測定を踏まえた結果、観光客数が観光地の許容できる量を超えていることが判明した場合、まず行うべきなのは、観光客を分散させることである。観光地（特に地方観光地）には季節性（seasonality）があり、一定の時期に観光客が集中することが多く、その集中を緩和させることができれば、オーバーツーリズム問題は和らぐと考えられる。とはいうものの、季節性は、それが観光客及び観光地に内在する制約に起因することが多いため、対処することが難しい。例えば、日本においてゴールデンウィークに観光客が集中するのは、休日が全国一律で定められていることが原因であり、観光地単体で対処できない。また、スキーリゾートや海浜リゾート等の地方観光地では、地域の観光資源が特定の季節に限定されている。

この点、時間帯に関する集中は、比較的対処しやすい。例えば、観光客が集中しにくい時間である早朝に、限定的な魅力を創出することで観光客を誘導できれば、ピーク時の混雑を緩和できるのではないかと考えられる。京都市では観光施設の開場時間を早めて、その時間帯にイベントを行う等、朝観光を推進することでピーク時の混雑を緩和させようと試みている。また、観光資源は移動させることができないという点で時間的な分散よりも難易度が高くなるが、地理的な分散も同様の視点で取り組むことができる。京都市では外国人目線であまり知られていない地域の魅力を発信することで、市内全域への観光客の分散を試みている。

さらに、シンプルにどの時間帯にどの場所が混んでいるのかの情報を示すだけでも効果はあると考えられる。これは混雑していない時間帯や場所そのものが、観光客にとっては魅力となりえるという視点である。例えば、アムステルダムでは観光施設や公共交通を利用できる IC カードを使用して、観光客の位置データを収集している。このデータを下に、観光客に対して混雑情報を提供している。また富士山では混雑する時期とルートを登山者に提示することで、登山者の分散を試みて

いる。

(3) 規制

　観光客の分散は、オーバーツーリズムを和らげる効果はあるが、既にあまりに多くの観光客が訪れている場合、分散を試みるだけでオーバーツーリズムを解決することは難しい。そのような場合には、端的に観光客数にキャップをかけることがオーバーツーリズムの対策として考えられる。生態系保全のため、知床国立公園にある知床五湖では入場制限を行っている。また、都市型の観光地においても、クルーズの移転（アムステルダム）や一日の観光客数の制限（クロアチアのドゥブロヴニク）など、観光客数の制限が試みられている。

　以上のような需要サイドの抑制に対して、供給サイドの抑制も手段の一つとして考えられる。例えば、アムステルダムでは観光客のみを対象とした店の営業禁止を決定した。また、世界中の都市で民泊の量的規制の整備が進んでおり、日本においても2018年度より住宅宿泊事業法が施行されたことによる供給量の抑制が期待される。ただし、規制を定めたとしても、実効性に欠く・コストがかかりすぎるといった事態に陥る可能性もあることに留意が必要である。特に、民泊等のインターネット上における個人間の取引は、行政側がデータにアクセスすることが難しく、実態を調査しにくくなっている。このような場合には、従来の規制的手法ではなく、以下で解説するような経済的手法も検討に入れるべきである。

(4) 税・課金

　オーバーツーリズムと関連して問題となるのが観光の負の外部性（ある経済活動が、その取引関係にかかわらない人等に被害を及ぼすこと）である。観光客の増加に伴って観光産業は利益を得るが、地方観光地においては自然環境が破壊され、都市の住民は観光客の増加に伴う生活環境の悪化という被害を受けることが問題となっている。この負の外部性のために観光活動から生じる社会的費用と私的費用（観光客が支払う料金）が乖離し、自発的な観光活動にまかせていると社会的に最適な水準よりも過大な観光客が発生することになる。そこで、環境税（ピグー税）的な発想で観光客に税を課すことで外部コスト（観光客が増えた分、社会が被るコスト）を内部化し、市場のメカニズムに任せて観光客数を減らす（社会的に最適な水準に近づける）という手段が考えられる。例えば、ロンドンでは交通渋滞（負の外部性）を緩和する目的で混雑税（コンジェスチョン・チャージ）が導入され、ある程度の効果が見られているが、日本でも鎌倉市が観光客増加による著しい交通渋滞を緩和するために、同様のシステムを検討している。

【参考文献】
1) 観光庁ホームページ
2) 浅井新介著、一般財団法人日本ホテル教育センター(2015)：「マイス・ビジネス入門」
3) 経済産業省（2014）：「展示会産業概論」
4) MICE国際競争力委員会(2013)：「我が国のMICE国際競争力の強化に向けて～アジアNo.1の国際会議開催国としての不動の地位を築く～MICE国際競争力委員会最終取りまとめ」
5) 公益財団法人東京観光財団(2018)：「What's MICE ―国際都市東京をつくるビジネスイベント―」
6) 「訪日外国人の消費動向　訪日外国人消費動向調査結果及び分析　平成28年　年次報告書」観光庁（2017）：
7) 観光庁（2018）：「Press Release 我が国の国際MICE全体による経済波及効果は約1兆円！」
8) Garau-Vadell, J. B., Gutiérrez-Taño, D., & Díaz-Armas, R. (2018): Residents' Support for P2P Accommodation in Mass Tourism Destinations. Journal of Travel Research

9) Jordan, E. J., & Moore, J.(2018)：An in-depth exploration of residents' perceived impacts of transient vacation rentals. Journal of Travel & Tourism Marketing, 35（1）, 90-101.
10) Mckinsey & WTTC（2017）：Coping with success：Managing overcrowding in tourism destinations
11) Ong, L. T. J., Storey, D., & Minnery, J.（2011）：Beyond the beach：Balancing environmental and socio-cultural sustainability in Boracay, the Philippines. Tourism Geographies, 13（4）, 549-569.
12) Saveriades, A.（2000）：Establishing the social tourism carrying capacity for the tourist resorts of the east coast of the Republic of Cyprus. Tourism Management, 21（2）, 147-156
13) Wachsmuth, D., Chaney, D., Danielle K., Shilolo, A., Binder, RB.（2018）：The high cost of short-term rentals in New York City
14) 神取道宏（2014）：ミクロ経済学の力、日本評論社
15) 鎌倉市（2018）：(仮称)鎌倉ロードプライシングの検討内容と検討経緯等について、Retrieved May 17, 2018, from https：//www.city.kamakura.kanagawa.jp/koutsu/road-pricing-soan.html
16) 京都市（2018）：外国人観光客の分散化に向けた取組、Retrieved May 17, 2018, from http：//www.city.kyoto.lg.jp/sankan/page/0000233118.html
17) 京都市（2018）：宿泊税について、Retrieved April 25, 2018, from http：//www.city.kyoto.lg.jp/gyozai/page/0000226279.html
18) 寺崎竜雄（2013）：オーストラリアにおける指標を活用した観光地の管理運営モデル、観光文化、216, 7-8
19) 横井雅史（2017）：京都市における朝観光の推進について、Retrieved April 25, 2018, from http：//www.mlit.go.jp/common/001218129.pdf

視点 5　観光資源の保存と活用の両立をはかる

　観光地経営の最も基本となる経営資源が観光資源であり、保存が最優先であることは言うまでもないが、広く人々の目に触れ、感動を呼び、その価値を理解してもらうことにより、保存への道筋が開けてくるものでもある。しかし、実際には、活用が資源性をそこなうことにつながる側面も否定はできず、観光資源の保存と活用のバランスは国内外の各地にて共通かつ積年の課題であり、自然・環境・生態・文化財・都市計画・観光等の分野の専門家らと各地の観光資源に携わる多くの人々によって様々な試行錯誤がなされてきている。

　ここでは、観光資源の保存と活用のバランスに関する近年の取り組みを概観し、考え方の整理を試みた上で（5-1）、保存と活用のバランスをはかるために観光地経営という観点から取り組むべき4つのアプローチとして、「地域ルール」づくりと運用（5-2）、用途変更による観光活用（5-3）、観光地における交通マネジメント（5-4）、担い手を確保する仕組みづくり（5-5）を紹介する。

5-1　観光資源の保存と活用のバランス

5-1-1　各資源分野における近年の取り組み

（1）自然資源分野での経緯

　1970年代以降の地球レベルでの環境問題への関心の高まりを受け、1980年代になると「マス・ツーリズム」に対峙する概念のひとつとして「エコツーリズム」が生まれ、自然保全への経済的手段としてその概念を発展させた。1990年代以降「アジェンダ21」（持続可能な開発のための具体的な行動計画）採択を受け、認証プログラム制度やエコラベル制度などの取り組みも始動し、2002年は国連の国際エコツーリズム年と位置づけられ、日本では2007年にエコツーリズム推進法が成立した。自然環境や歴史文化を体験しながら学ぶとともに、その保全にも責任を持つ観光のあり方である「エコツーリズム」の考え方と蓄積から学ぶべき点は多い。

　一方、環境収容力や管理運営に関する研究や検討は、米国の自然公園における野外レクリエーションを中心に1970年代以降発展してきた。その結果、算出の困難な環境収容力を最大利用者人数（マジックナンバー）として追求するよりも「地域は生態的・社会的特性に鑑みてどのような状態であるべきか」と「この地域ではどのような観光レクリエーション体験が享受されるべきか」といった目指すべきあり方を設定して施策を抽出していく管理運営の枠組みであるLAC（Limits of Acceptable Change：許容範囲内の変化の策定）が1985年に考案され、各地にて地域の環境や社会的状況等を踏まえたものとすべく創意工夫が行われてきた。

　日本では、国立公園を中心に適正な利用等の議論は早くからあり1974年以降マイカー規制が行われてきたが、2002年の自然公園法改正による利用調整地区の導入と前述のエコツーリズム推進法によって、利用行動に対する規制ができるようになり、国立公園や沖縄県を中心に各地で管理運営に関する新たな試みが生まれてきた。また、2016年「明日の日本を支える観光ビジョン」で、国立公園を「世界水準のナショナルパーク」とすることが掲げられ、利用環境整備や体験型コンテンツの充実などの活用策と利用者負担による保全の仕組みづくりとを目指した取り組みが始まっている。

（2）人文資源分野での経緯

1976年のイコモス総会にて採択された文化観光憲章（Charter of Cultural Tourism）を観光に対してより積極的な方向へと改訂した1999年の国際文化観光憲章（International Cultural Tourism Charter）では、6つの原則（①遺産へのアクセスの保障②ツーリズムと遺産のもつ潜在的な価値観の対立関係に対する持続可能な関係の構築③訪問者の経験を価値あるものにすること④ホスト・コミュニティの関与⑤ホスト・コミュニティへの利益の還元⑥遺跡を改善するためのプロモーションの活用）の下で遺産保存とツーリズムの関係を評価することを提唱した。

人文資源は地域の暮らしがあって成り立つものゆえ、観光活用にあたって地域がマネジメントの主体性を発揮し、観光による恩恵をコミュニティにとどめることが重要であり、「コミュニティ・ベースド・ツーリズム」「内発的観光開発」「自律的観光」といった概念が日本においても提唱・研究されてきた。

制度面では、1970年代の高度経済成長期に各地で起こった町並み保存運動の盛り上がりと大阪万博後の国鉄による「ディスカバー・ジャパン」によって町並み観光ブームが起こり、地域側が主体となって町並みを守りながら活用していくための「伝統的建造物群保存地区」制度が1975年に創設されたのが大きな転換点であった。また、1996年に「登録有形文化財」制度が建造物において創設され、2002年に美術工芸品、有形民俗文化財、記念物にまで広がり、2004年には「文化的景観」制度が創設され、文化財の裾野自体が、縦横へ広がってきた。そして、2008年に制定された「地域における歴史的風致の維持及び向上に関する法律」（以下、歴史まちづくり法）により、文化財行政とまちづくり行政が連携するための体制が整った。2016年の政府による「明日の日本を支える観光ビジョン」内で、「文化財の観光資源としての開花」が謳われたことや各種社会環境変化を踏まえ、2018年に文化財保護法が改正され、都道府県による文化財保存活用大綱、市町村による文化財保存活用地域計画が導入され、地域における資源をより広く捉え、保存活用していくことが法的に担保されることになった。あわせて、これまで教育委員会が担っていた文化財保護業務も首長部局が担えるようになり、保存と活用に一体的に取り組みやすい枠組みが整いつつある。

5-1-2　観光資源とそれを取り巻く環境を巡る状況

観光資源はそれを取り巻く周辺環境とセットでその魅力を発揮し、観光に資する価値を持ち得る。しかし、取り巻く環境の改変に直面してその価値に気づき、手遅れとなることも少なくない。1992年世界遺産条約の批准後は、自然資源、人文資源共に、世界遺産登録地での観光入込客の急激な増加により、資源の保存や適正な管理が危ぶまれる事例も顕在化した。2005年に世界遺産登録にかかる作業指針の改定によって、「顕著な普遍的価値」を構成する要素に保存管理が加わった。近年は、地域の住民と行政をはじめとする関係者が、観光活用をどうコントロールしていくか等について登録前から慎重な検討が行われるようになりつつある。世界遺産登録に際しては、コア・エリアの周囲にバッファーゾーン（緩衝地帯）の設定が義務づけられているが、観光活用を検討する初期段階

表 5-1 観光資源と取り巻く環境の保存・活用を後押しする主な法制度

名称（成立年）	観光資源と取り巻く環境の保存・活用に係る用語等	所管
文化財保護法（1950）	有形文化財、無形文化財、民俗文化財、記念物（史跡、名勝、天然記念物）、文化的景観（2004-）、伝統的建造物群保存地区（1975-）、登録有形文化財（1996- 建造物、2004- 美術工芸品、有形民俗文化財、記念物）、文化財保存活用大綱（2018-）、文化財保存活用地域計画（2018-）、文化財保存活用支援団体（2018-）	文化庁
自然公園法（1957）	国立公園、国定公園、公園計画、特別地域、特別保護地区、海域公園地区、利用調整地区（2002- 特別地域又は海域公園地区内のみ）、集団施設地区、生態系維持回復事業、風景地保護協定（2002-）、公園管理団体の指定（2002-）	環境省
古都における歴史的風土の保存に関する特別措置法（1966）	歴史的風土保存区域、歴史的風土保存計画、歴史的風土特別保存地区、土地の買入れ（歴史的風土特別保存地区内）	国土交通省
都市計画法（1968）	市街化区域、市街化調整区域、準都市計画区域（2000-）、特別用途地区、特定用途制限地域（2000- 非限引き都市計画区域 or 準都市計画区域のみ）、景観地区、風致地区、高度地区、歴史的風土特別保存地区、伝統的建造物群保存地区、都市計画道路、地区計画	国土交通省
絶滅のおそれのある野生動植物の種の保存に関する法律（1992）	国内／国際希少野生動植物種、緊急指定種、捕獲・譲渡し等の禁止・許可、生息地等保護区（国内国際希少野生動植物種について）、管理地区（生息地等保護区内）、立入制限地区（管理地区内）、監視地区（管理地区外）、保護増殖事業	環境省
自然再生推進法（2002）	自然再生基本方針、自然再生事業実施計画、自然再生協議会、維持管理に関する協定、自然再生推進会議	環境省、農林水産省、国土交通省
景観法（2004）	景観重要建造物、景観重要樹木、景観重要公共施設、景観農業振興地域整備計画、景観計画、景観計画区域、景観地区、準景観地区、景観協定、景観行政団体、景観協議会、景観整備機構	国土交通省
観光立国推進基本法（2006）	第13条「観光資源の活用による地域の特性を生かした魅力ある観光地の形成を図るため、史跡、名勝、天然記念物等の文化財、歴史的風土、優れた自然の風景地、良好な景観、温泉その他文化、産業等に関する観光資源の保護、育成及び開発に必要な施策を講ずる」	観光庁
エコツーリズム推進法（2007）	既存の自然保護制度では保全が難しい観光資源についても、「特定自然観光資源」として指定し「エコツーリズム推進全体構想」に位置付けることで、無秩序な利用や立ち入り等の規制が可能	環境省、国土交通省、文部科学省、農林水産省
生物多様性基本法（2008）	保全に重点を置いた施策〔地域の生物の多様性の保全・野生生物の種の多様性の保全等・外来生物等による被害の防止〕、持続可能な利用に重点を置いた施策〔国土及び自然資源の適切な利用等の推進、生物資源の適正な利用の推進・生物の多様性に配慮した事業活動の促進〕	環境省
地域における歴史的風致の維持及び向上に関する法律（2008）（通称：歴史まちづくり法）	歴史的風致維持向上計画、歴史文化基本構想、重点区域、歴史的風致形成建造物、歴史的風致維持向上支援法人	文部科学省、農林水産省、国土交通省

から資源と取り巻く環境の保存、開発圧力の調整はセットで考えていかなければならない。これらを後押しする主な法制度は、表 5-1 の通り幅広く、地域側は関係各課、各団体の連携が必須である。特に、資源の活用をより意識した文化財保護法と自然公園法の近年の改正、景観法と歴史まちづくり法の制定、観光立国の推進は注目される。

また、地方分権により、各地域が独自の条例や仕組みを構築・運用しやすくなっていることに加えて、「構造改革特区」（2002年～）、「総合特区」（2010年～）、「国家戦略特区」（2013年～）等で全国一律の規制を特定地域で緩和することもできる。ゆえに、市町村の実力と熱意に左右される部分は多々あるが、法制度下に置かれた資源と環境は、かなりの範囲がカバーされ、ハード・ソフト両面から保存・活用に取り組みやすくなった。観光地経営に取り組む各地域は、関連する法制度の背景にある考え方も含めて正しく理解し（理解不足は過度な自己規制を生み、それが保存と活用の調和を難しくする）、最新状況をウオッチしながら地域が望む環境を維持していくためにうまく組み合わせて大いに活用したい。

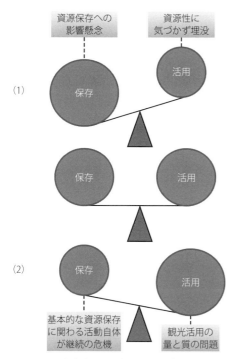

図 5-1　観光資源の保存と活用のバランス

一方、法制度下にない資源や環境であっても地域にとって重要かつ、経営資源として有効に活用できる可能性を秘めたものは無数にあり、これらに光をあて、守り、活用していくための独自の仕組みを創出していくことが求められる。

5-1-3　観光資源の保存と活用のバランス

次に、観光資源の保存と活用のバランスという観点から問題と解決の糸口を整理する（図 5-1）。

（1）保存＞活用の場合

資源保存への影響を過度に懸念して活用できない場合と、資源性に気づかないために活用可能性があり保存すべき資源が埋没している場合とがある。いずれもまずは現況と価値を丁寧に把握し、住民の意識啓発、生涯学習やまちづくりからのアプローチが不可欠で、既に各地において試みられている。しかし、既存の法律の壁に加えて活用に対する懸念ゆえの自己規制等もあって、その先の一歩がなかなか難しい。観光地経営という観点からは用途変更という手法が各地で試行錯誤され、一定の成果がみられることから注目される（5-3 節参照）。

（2）保存＜活用の場合

観光活用の量の多さ（過大な入込客数、集中）や質の悪さ（観光スタイル、動線、顧客タイプが適切か等）に起因し、資源の存続が危ぶまれるというのが現場で頻繁に直面する問題である。短期的な経営に縛られると、より多くの観光客を確保しようという見えざる力が働きがちとなるが、10 年、50 年、100 年後…にも地域の大切な経営資源を持続させるという発想からの取り組みこそが求められる。そのための「地域ルール」を定め地域の資源の価値を守り伝えていく仕組みと人材が欠かせない（5-2 節参照）。

また、観光地に暮らす住民の懸念事項の筆頭であり、観光客側の不満要因にもなりやすい交通問題は、資源を含む環境総体と顧客の維持のためにも改善・解決を図らなければならない問題である（5-4 節参照）。

一方、人口減少と高齢化の著しい中山間地等を中心に、人手不足・資金不足等で資源の保存に係る基本的な活動自体が存続の危機に直面しているためのアンバランスも少なくないが、保存と活用に係る担い手を確保する仕組みが各地で模索されている（5-5 節参照）。

5-2　「地域ルール」づくりと運用

5-2-1　地域ならではの保存と活用のバランスの設定

資源の観光活用の初期段階において、保存か活用か、公開か非公開かという議論は必ず起こるものである。しかし、地域が主体となって適正な利

> **コラム1：ガイドライン〜沖縄県エコツーリズムガイドライン（2004）の例〜**
>
> 沖縄県では、自然・文化・歴史という資源を保全するためのルールとして「沖縄県エコツーリズムガイドライン」を3主体別に（沖縄県を訪れるみなさまへ・訪問客を迎え入れる地域のみなさまへ・観光に関連する事業を営むみなさまへ）定めている。観光客向けを冒頭に置き、以下のような観光の心がけとマナーを求めている。
>
> 「沖縄県を訪れるみなさまへ」
> 1）土地の人々の言葉に耳を傾けましょう。2）おじゃまする気持ちで、訪れる場所のルールを理解しましょう。3）沖縄の生態系や生活文化に付加を与える行動は避けましょう。4）ゆったりとしたスケジュールを考えましょう。5）それぞれの地域特産のものを味わいましょう。6）資源の節約を心がけましょう。7）ごみを少なくすることを心がけ、ごみをだした時は持ち帰りましょう。8）環境に配慮している事業者を選びましょう。9）沖縄県の環境保全に関するルールを守りましょう。

> **コラム2：住民憲章〜妻籠宿を守る住民憲章（1971）の例〜**
>
> 集落保存事業の進捗に伴って観光客が急増し始めた時期に、妻籠地区住民の総意で制定した全11条から成る住民憲章。第2条の三原則は特に大切にされてきた。第4条の外資への危機感や利益の地域還元という先見性はいまも学ぶところが大きい。
>
> **第2条　保存優先の原則**：保存をすべてに優先させるために、妻籠宿と旧中山道沿いの観光資源（建物・屋敷・農耕地・山林等）について、「売らない」「貸さない」「こわさない」の三原則を貫く。
>
> **第4条　外部資本から妻籠宿を守るために　第2項**：外部資本が侵入すれば自然環境や文化財の観光的利用による収益も、地元に還元されることなく、外部に流出してしまうだろう
>
> 土地や建物の改変や所有者情報の変更等がある場合は、住民組織内に設置された「統制委員会」へ事前に申し出なければならないことも明示されており、約半世紀経った今日まで大方遵守され良好な環境が維持されている。本憲章の影響を受けて、竹富島や白川郷荻町集落などでも住民憲章を制定、運用している。

用を促す「地域ルール」をつくり、適切に運用すること、資源や環境の価値を正しく伝えるガイド等を介在させることで、二者択一ではない地域ならではの保存と活用の好ましいバランスを設定できる。そして、これは外部資本の直接的・間接的コントロールにもつながる。

5-2-2　資源の価値・魅力をみつめ地域ルールを定める

まずは地域において、資源と取り巻く環境の価値・魅力をみつめ、何を守り、誰に何を伝えたいのかということについて、観光活用の実態と照らし合わせながら整理していくプロセスが重要となる。その上で、地域が目指したい理念を実現するために必要なことを「地域ルール」として明示することにより、地域の関係者が共通見解をもち、各自が持ち場で役割を発揮していくことができる。

「地域ルール」の形式や内容は様々で以下に示す限りではないが、対象範囲（施設・資源単位／地区単位／地域単位）、テーマ（観光スタイル、景観、交通、屋外広告物等）によって、主導的に関わる主体（住民、事業者、行政、観光客等）も変わり、持たせるべき拘束力も異なるので、複数の切り口からの検討が必要である。観光では速やかに適切な対処療法をとっていくことも大事だが、将来の変化を見越して先手を打ち、地域にとって好ましい変化へ導くことが望ましい。

策定過程において、関連する主体（住民、事業者、行政、観光客）の声に加え、自然資源ではガイドや公園管理団体、人文資源では地域の文化団体、建築士会、ガイド、教育関係者、管理団体等の声までを幅広く把握し、丁寧に議論を重ねた結果として各主体が納得し「自分たちのルールだ」と思えるものを目指したい。ここではいくつかのタイプを紹介する。

①ガイドライン

法的拘束力は持たないが、地域が目指すべき方向性を内外にいち早く明示できるという観点から有用で、取り組みの初期段階や関係主体が多い場合、景観関係で有効な手法である。ガイドラインを踏まえて、地区ごとにより具体的かつ効果的なルールを定めていく展開が好ましい（コラム1）。

②住民による憲章や宣言の制定

観光と住民生活との関係性が課題となりやすい町並み観光地での制定例が多い。法的拘束力を持たずとも、住民総意でつくるため地区や集落においては一定の拘束力を持ち得てきた。住民の誇りと決意を内外に表明するものが多いが、妻籠宿の

コラム3：協働会議による行動計画の策定
～石見銀山（2006）の例～

2007年に世界文化遺産に登録された「石見銀山遺跡とその文化的景観」を有する島根県大田市では、登録前の2005年に約200名の公募市民プランナーと市・県の職員で石見銀山協働会議を立ち上げ丁寧に議論を重ねて、2006年「石見銀山行動計画」を策定した。

石見銀山の価値について「遺跡自体と、これを取り巻く自然、そして人々の暮らしが一体となって価値をもつ」と捉えた上で、石見銀山の諸活動を官民協働事業を中心に5分野「Ⅰ守る（保存管理）「Ⅱ究める（調査研究）「Ⅲ伝える（情報発信）「Ⅳ招く（受入）「Ⅴ活かす（活用）」に分けて体系的にとりまとめた（図参照）。この中で「石見銀山ルールの確立」「保存管理基金の設置」「石見銀山ツーリズムの推進」「石見銀山マーケティングの推進」等も示され、その後、テーマや地区単位での議論を重ねて着実に実行にうつしている。

本計画の進捗管理と「石見銀山基金」を活用した保全活用事業を推進していく組織として、石見銀山協働会議を自立させ、2010年NPO法人化させたことにより、実行力を高めている。

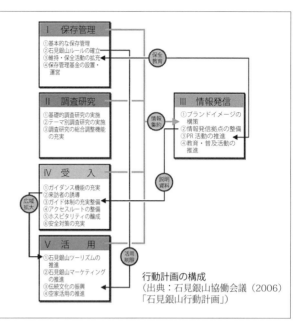

行動計画の構成
（出典：石見銀山協働会議（2006）「石見銀山行動計画」）

ように事前に申し出るべき事項や観光事業者の閉店時間、宿場内の交通に係る具体的な規定を設け、運用方法まで明示し、運用組織を立ち上げている例もある（コラム2）。

③住民と地権者による協定締結

観光地においては、地権者が地域外、遠隔地に居住していることも多く、地域の環境や景観の改変に気づいたときには手遅れという事態は珍しくないが、観光地経営にあたっては未然に防いでいかなければならない。特に、地域の顔ともいえる地区については、景観形成に係る基準や事前協議行為について協定で定めておくべきである。都道府県や市町村による認定を受けたり、市町村が景観行政団体の場合は、景観計画の重点地区に位置づけることで更なる効力を発揮する。

④事業者による協定締結

観光地では地域の資源を活用して事業を行い、収益を得ている事業者による日々の責任ある行動が重要である。優良な事業者を育てるために事業者間で資源および環境の保存と利用に関する自主的なルールの策定を促進し、公的機関が支援・認定等を行うことが理想的である。小笠原の大型鯨類のウォッチングに携わる事業者間で1989年の事業化当初から小笠原諸島沿岸20マイル以内の海域で適用するルールを制定、改訂、遵守しているのが先進的事例である。また、沖縄県ではエコツアー事業者がエコツアー・サイトの適正な保全と利用のために事業者間で自主的に策定・締結する「保全利用協定」（沖縄振興特別措置法）の締結促進、認定を進めている。

⑤計画や条例としての位置づけ

観光計画やアクションプランの策定段階や関連する条例で、観光資源の保存と活用に関する地域ルールを位置づけることが好ましい。これらは法的拘束力を持つ一方で議決に至る過程で関係者の本来の思いが薄められてしまう可能性もあるため、逆に懇談会や協働会議等による提言・計画という形でストレートに表現するという手法が有効な場合もある（コラム3）。

⑥公開や入域に係る具体的な条件や規制等の導入

デリケートな観光資源や環境ほど、その特性と観光による影響を踏まえて具体的な活用に際しての条件設定が求められる。希少価値が高く生態系への影響の大きな自然資源を中心に、自治体の条例制定、自然公園法に基づく利用調整地区の導入などが功を奏している（コラム4）。特に公開や入域の①時期②立入条件③料金④人数制限等⑤範囲やルートについて慎重な検討、設定が求められる。

コラム 4：事例紹介〜知床五湖散策制度〜

　知床五湖では、混雑に伴う植生浸食、ヒグマ出没の危険と度重なる閉鎖による不安定な運用などが大きな課題であった。これを解決し、より深く知床五湖の自然を体験してもらうことを目指した散策の在り方について、地元の協議会で30回以上にわたる熱心な議論と複数回にわたるモニターツアーを経て、下記の新たな利用のあり方：知床五湖散策制度が生み出された。2011年の導入後も実態を踏まえた検討を経て微修正を行ってきた。

　高架木道：いつでも安全に無料で誰でも散策可能。バリアフリー。新設。往復約1.6 km

　地上遊歩道：年間を4つの時期（開園〜5/9：植生保護期、5/10-7/31：ヒグマ活動期、8/1-10/20：植生保護期、10/21-閉園：自由利用期）に分け、「植生保護期」と「ヒグマ活動期」は、自然公園法に基づく「利用調整地区」を導入し右表の条件を設定。大ループ全周約3.0 km、小ループ全周約1.6 km

知床五湖の地上遊歩道における「知床五湖利用調整地区」の各種条件設定

	ヒグマ活動期(5/10-7/31)	植生保護期（開園〜5/9、8/1-10/20）
①時期		
②立入条件	ヒグマとの遭遇回避や対処法を習得した知床五湖登録引率者によるガイドツアー（有料）への参加によってのみ立入可能	ガイドツアーへの申し込みは必須ではないが、知床五湖フィールドハウスで立入認定申請書を提出の上、約10分間のレクチャー受講（要手続き・有料）が必要
③料金	ガイドツアー料金をガイドに支払う　大人　大ループ：大人 4500-5250 円/人　小ループ：大人 2500 円/人	レクチャー受講料を知床五湖フィールドハウスで支払う　大人（12歳以上）250円/人　子供（12歳未満）100円/人
④人数制限等	1グループ定員10名、最短10分間隔　ただし、小ループツアーは1日4ツアー（定時、当日先着順）	10分おきに50名までの立入
⑤散策ルート	大ループ：入口→五湖→四湖→三湖→二湖→一湖→高架木道→入口（所要約3時間）　小ループ：入口→二湖→一湖→高架木道→入口（所要約90分）　※ただし、ヒグマの出没で閉鎖もあり	

（出典：https://www.goko.go.jp/ground_pathway.html）

（出典：知床五湖ホームページ　https://www.goko.go.jp/index.html を元に作成）

観光のオン・オフ、地元利用の時期（祭事等）への考慮に加え、自然資源では植生保護や動物の活動時期等の生態的条件、人文資源では建造物の構造的条件、庭の生態的条件等が定量的な条件設定の根拠となりやすい。特に観光事業者の利害に関係するため、定量的な条件設定の合意形成は困難を極めるが、客観的・科学的データに基づいて議論をすること、試行を重ねて地域によりふさわしいものとなるよう見直していくことが重要である。5-4節で扱うが、交通に関する対策、規制誘導も併せて講じなければならない。地域側としては地域の理念を理解してくれる良質の観光客にこそ、良き体験を提供、共有できる条件を整えることに留意したい。

5-2-3　運用とモニタリングを担う組織と仕組み

　「地域ルール」は、関係主体に周知され、遵守されてはじめて効力を発揮するものだが、そのためには日常的にルールの遵守を監督し、観光資源と環境の状態、利用実態（観光客の意識やニーズ、満足度等も含む）、管理実態についてモニタリングを行い、必要に応じてルールを見直すことができる中立的な組織と人材が欠かせない。ルール策定段階で活躍した組織が母体となるケース、行政との連携で担うケースが多いが、地域の資源・社会特性、目指すべき方向性と段階に応じた組織形態をとるべきである。近年の国立公園における協働型管理運営の蓄積から学ぶべき点が多い。また、ルール遵守事業者を定期的かつ継続的に認証する制度や表彰・奨励するような仕組みも有効である。

5-2-4　人的説明による適正利用と理解の促進

　観光資源や環境の価値を伝え、適正利用と深い理解を促すための手法としては、看板やパンフレット、音声ガイド、または近年ではVR等のツールもあるが、ガイド人材による説明、対応は欠かせない。観光の現場では一定以上の金銭を支払ってガイドしてもらうことへの抵抗感がいまだ根強いため、一部のエコツアーガイド事業者を除いては、専従ガイドが成り立つのは難しい状況にある。また、特に人文資源の現場ではボランティアガイドが活躍しており、ボランティアならではの良さ（安さ、素朴さ等）がある反面、顧客とガイド双方の品質管理という課題を抱えている。有償化は、ガイドの質の向上と、地域にとってより良質な顧客の絞り込みにつながり、保存と活用のバランスに寄与する側面があることを踏まえ、ボランティアと有償ガイドの役割分担を戦略的に考える必要がある。観光資源と環境の状況が許す場合については、潜在的な理解者の発掘、育成に結び付けるという観点からツアー催行以外の取り組み（ポイントにガイド等を常駐させ、その場で質問やガイド要請に応じつつ、適正利用の監督も行う等）も併せて行えることが望ましい。

5-3　用途変更による観光活用

5-3-1　用途変更による観光活用の概況

　産業構造や都市構造等の変化に伴い地域において一定の役割を終えたかに見える有形の資源（特に歴史的建造物）は全国各地に数多ある。そのままでは活用が難しくとも、用途変更とそれに伴う改修等により新たな価値を付加し、運営の仕組みを構築することで再び輝きを取り戻せる可能性があるものは少なくない。1911年築の紡績工場をホテルと4つの文化施設、工房、レストラン等へ用途変更して1974年に開業した倉敷のアイビー・スクエアを端緒に、1970年代半ばから歴史的建造物等のコンバージョンが各地で広がり、現在ではそのこと自体が付加価値を持つに至っている。中でも、80年代後半以降の函館・小樽等での近代建築の再生・活用の成功に代表される観光に関連する用途変更は、各種機能の集積と観光客の回遊を誘発し、現在の観光地区を形成しているところも多い。

　一方、芸術文化を活かした地域活性化の取り組みが新たな観光交流を生み出している直島（1998年〜家プロジェクト）や横浜（2004年〜BankART 1929等）、越後妻有（2006年第3回大地の芸術祭「空き家プロジェクト」〜）をはじめとする各地で、歴史的建造物や空き家がアーティストやクリエーターと地域住民等の手によって新たな命を吹き込まれ、その場所と関わる人々自体が、集落・地域の重要な経営資源となっている事例も増えている。

　そして、2000年代後半以降は、各地での空き家問題の深刻化と訪日外国人旅行者数の急増、古民家等のコンバージョンへの関心、地域固有の生活文化を楽しむ観光スタイルの広がり等があいまって、空き家となっている町家等の古民家を改修して滞在・宿泊の場として活用する「町家ステイ」「古民家ステイ」を行う事業者が京都や篠山等で活躍し始め、当該敷地に縛られない理念（例：暮らすように旅する、集落ツーリズム）と新たな滞在・

表 5-2　農家民宿関係の全国における近年の主な規制緩和

年月	規制緩和の内容	改正前	改正後
2003.4.1-適用	農林漁家が民宿を行う場合の旅館業法上の面積要件の撤廃【旅館業法】	簡易宿所の民宿を開業する場合、33m²以上の客室面積が必要	33m²に満たない客室面積でも、簡易宿所営業の許可を得ることが可能
2003.3.28付け通知	農家民宿が行う送迎輸送を道路運送法の許可対象外として明確化【道路運送法】	宿泊者に対する送迎が「白タク営業」にあたるのではという懸念	宿泊サービスの一環として行う送迎輸送は原則として許可対象外であり、問題ない。
2003.3.20付け通知	農家民宿が行う農業体験サービスを旅行業法の対象外として明確化【旅行業法】	農家民宿が行う体験ツアーの販売・広告は、旅行業法に抵触するのではという懸念	農家民宿が自ら提供する運送・宿泊サービスに農業体験を付加して販売・広告することは、旅行業法に抵触しない。
2004.12.10付け通知	農家民宿における消防用設備等の設置基準の柔軟な対応【消防法】	農家民宿も通常の民宿と同じ消防用設備等の設置を義務付け	地元の消防庁又は消防署長の判断により、誘導灯等を設置しないことが可能
2005.1.17付け通知	農家民宿に関する建築基準法上の取扱いの明確化【建築基準法】	農家が囲炉裏や茅葺き屋根のある自らの住宅を民宿として利用する場合も、火災時の延焼を防ぐ内装を義務付け	小規模で避難上支障がなければ、新たな内装制限は適用しないことを明確化
2005.1.17付け通知	農家民宿に関する食品衛生法上の取扱いに関する弾力的な運用を都道府県に要請【食品衛生法】	農家民宿において飲食物を提供する場合には、飲食店営業の許可が必要で、都道府県等が条例で定める通常の飲食店営業と同じ許可基準を適用（営業専用の調理施設必要等）	既存の家屋で農家民宿を行う場合には、一回に提供する食事数や講習会の受講等により設備基準の緩和が可能であることから、都道府県等に対し、条例の改正の検討や弾力的な運用を要請（家族兼用の調理場を認める等）
2005.9.1-適用	農業生産法人の業務に民宿経営等を追加【農地法】	民宿経営は農業生産法人の行う農業関連事業の範囲外	農業生産法人の行う事業に農作業体験施設の設置・運営や民宿経営を追加
2005.12.1-適用	農林漁業体験民宿業者の登録の対象範囲の拡大【農山漁村余暇法】	登録の対象である農林漁業体験民宿業者の範囲を農林漁業者又はその組織する団体に限定	登録対象を「農林漁業者又はその組織する団体」以外の者が運営するものにも拡大

※上記の他に、構造改革特区による規制緩和として 2003 年以降農家民宿等による濁酒の製造事業特区（どぶろく特区）があり
（農林水産省農村振興局（2010）『『農村を楽しむ旅行（グリーン・ツーリズム）』普及のための手引き」財団法人日本交通公社を基に作成）

運営の仕組み構築により、地域固有の資源と環境の維持・向上に大きな役割を果たすと同時に、以下で示す関連制度の改正等を促してきた。

5-3-2　観光に資する用途変更の壁と近年の法改正等

■歴史的建築物への建築基準法という壁

　1996 年の登録有形文化財制度（建造物）の創設で、文化財の裾野は広がったが、国宝と重要文化財等を除く歴史的建築物は、現行の建築基準法が適用されるため、活用のために用途変更をすると大規模な改修が求められ、費用がかかる上に、伝統的な意匠・構造を継承することが難しく、保存と活用を阻んできた。しかし、建築基準法の第 3 条 1 項 3 号が規定する地方公共団体による「その他の条例」により一定の条件を満たすものは適用除外とできることに着目し、京都市では 2012 年に景観的・文化的に特に重要なものとして位置づけられた伝統的な木造の建築物を保存し、活用するための「伝統的な木造建築物の保存及び活用に関する条例」を制定し、翌年には木造以外の建築物にも対象を広げた「京都市歴史的建築物の保存及び活用に関する条例」を制定・運用してきた。同様の動きが少しずつ各地（神戸市、横浜市、兵庫県、福岡市、川越市、鎌倉市等）へ広がり、これを促進するために国も「歴史的建造物の活用に向けた条例整備ガイドライン」（2018 年）を作成した。また、安全性の確保と既存建築ストックの有効活用の両立を目指した建築基準法の一部改正（2018 年）により、戸建住宅等（延べ面積 200 m² 未満かつ 3 階建て以下）を他の用途とする場合に、在館者が迅速に避難できる措置を講じることを前提に、耐火建築物等とすることを不要とすることや、用途変更に伴って建築確認が必要となる規模の見直しが行われることとなり、今後一層の活用が見込まれる。

■旅館業法による壁

　建築物は、用途変更により宿泊客を受け入れる

コラム5：用途転換による観光活用～「北野工房のまち」の例～

児童数の減少と阪神・淡路大震災（1995年）での被災により閉校した旧北野小学校校舎が、1931年築のレトロなデザインを活かしながら、神戸の地場産業の孵化装置かつ体験・販売の場「北野工房のまち」へと生まれ変わった（1998年）。異人館が立ち並ぶ山手地区入り口という立地を大いに活かし、観光バス駐車場も整備して、年間約75万人が訪れる神戸観光の拠点施設となったことにより、5年間の暫定活用の予定から2003年に本設となった。当初は神戸市傘下の公社が運営していたが、利用客の低迷を受け、開館から15年後の2013年から市による運営事業者一般公募で、民間によるマスターリース運営（神戸市と土地建物賃貸借契約締結：施設管理・テナント契約・運営管理・販売促進・広報業務・渉外業務）に切り替え、地元向けのテナントや独自メニューの充実により、現在は年間約100万人を集客している。

ことになると、旅館業法、旅行業法、消防法など既存の各種法律に沿った改修等が求められる。農家民宿については、長年に亘る各地での創意工夫が実を結び、03-05年にかけて全国的な規制緩和（表5-2）が行われ、非常に展開しやすくなったが、古民家等については、特区による対応が行われてきた。例えば、株式会社出石まちづくり公社（兵庫県豊岡市）は、旅館営業の規制の中でも建物の大規模改修が必要になる「玄関帳場」に関する規制を緩和する構造改革特区「城下町いずし うなぎの寝床町家特区」の認定を受け（2010年）、空き家の町家を一棟貸しの「宿泊施設」として開業した。これが契機となり、「重要伝統的建造物群保存地区」内の「伝統的建造物」に限って「玄関帳場」の施設外設置が可能となる規制緩和（2012年旅館業法施行規則の改正）に結び付いた。各地で歴史的建築物の活用に関わる団体からの要望を受けて、2013年以降「国家戦略特区」にて建築基準法の適用除外の規制改革と旅館業法の特例措置の具体化へ向けた検討が行われ、2016年「明日の日本を支える観光ビジョン」に基づく「歴史的資源を活用した観光まちづくりタスクフォース」が立ち上がったことで、農山漁村を含めた地方に広く存在する古民家等を活用した魅力ある観光まちづくりを推進するための体制が急激に整った。この中で、農泊（農家民宿）の推進もあらためて位置づけられた。そして、2017年旅館業法の一部が改正され、ホテル営業及び旅館営業の営業種別を旅館・ホテル営業へ統合し、政令により最低客室数の廃止、1客室の最低床面積の緩和、宿泊者の安全や利便性が確保できる場合の玄関帳場等の基準の緩和等、現場の声を踏まえた改正が行われた。

一方で、Airbnbなどの登場と普及を受けて、2018年6月住宅宿泊事業法（通称：民泊新法）が施行され、旅館業法とは異なる枠組みでの宿泊営業が、「住宅」にて、原則年間180日を越えない範囲で実施可能となった。

5-3-3 観光に関連する用途変更の留意点

■候補となりうる資源の把握

観光資源や文化財のリストはどの自治体も有しているであろうが、地域の住民や学生、有識者などの協力を得て、空き家を含めて幅広く地域の資源を把握し、情報更新を行い、活用可能性がある資源候補を日頃から蓄積し、基礎資料として整備しておきたい。

■用途変更に関わる関連制度の最新状況の確認

5-3-2で記した通り、確認申請が必要な条件や設備要件、面積要件、営業が可能な地域や期間等は、自治体によって規定の有無を含めて内容が異なり、近年関連制度の改正が著しく、計画を大きく左右するので、最新状況の確認が欠かせない。

■まちづくりや地域の中での位置づけの確認

観光に資する資源となっても、地域の住民に歓迎されなければ持続性は持ちえない。まずは、対象（候補）資源を用途変更して活用すること、新たな機能を付すことが地域にどのように寄与するのかを考えなければならない。

■有形から無形、ソフトとハードをセットで考え、ストーリー、ターゲットを定める

有形資源の活用を機に、新旧の地場産業や生活文化、その担い手など関連する無形資源の保存・活用、創出にまでつなげていくことを目指して、その場ならではのテーマやストーリー展開を定め

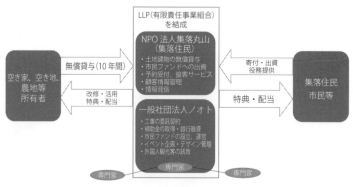

図5-2　集落丸山における「集落トラスト」の事業スキーム
（資料：LLP丸山プロジェクト「集落丸山視察見学資料」）

る。各種調査や話し合いの場の設定を通じて、所有者・地域住民・観光客・産業界・市場のニーズとシーズを把握しターゲットを定める。

■継承する部分と新たに付加する部分のバランス

新しい機能や用途の付加、現代生活に即した機能や利便性を高める建築・設備計画を施すことで活用が可能になるが、建物が元来持つ価値と地域におけるシンボル性を尊重し活かす改修は用途変更だからこそできることであり、他との差別化になることを意識して新旧のバランスをはかる。

■事業スキームと管理・運営体制づくりの工夫

ビジネスとして長い目でみて無理がないか、所有や賃貸形態、運営体制について慎重な検討が求められる。兵庫県神戸市の「北野工房のまち」（コラム5）は5年間の暫定活用、兵庫県篠山市の集落丸山は図5-2のような集落トラストスキームをつくりあげ事業期間をひとまず10年間とし、その後の運営継続については後に協議として様子をみることからスタートして成功し、今日に至っている。近年は、地域金融機関の関心の高まりやクラウドファンディング等の新たな手法により、古民家等の観光活用に際して、多様な組み合わせの資金調達が行われるようになってきているが、テストマーケティング、かつリスクマネジメントという観点から、その土地や顧客になじむ事業スキームを丁寧に構築していく過程が大切である。

5-3-4　借りたい人と貸したい人を結ぶ仕組みの構築

空き家問題は各地において深刻化している一方で、活用可能性の高い歴史的建築物等は不動産市場に流通しづらい現実が立ちはだかっている。観光活用や地域外からの利用も内包する形で、地域全体で活用可能性がある資源について借りたい人と貸したい人とを結びつける「空き家バンク」やマッチング等の仕組みを構築、運営していけることが好ましい。既に、自ら不動産の取得や改装を行い利活用事業者の募集選定を行うNPO法人等が近年各地で躍進している。また、自治体が運営する空き家バンクと農業委員会の手続きを連動させ、空き家バンクに登録された空き家に付随する農地の下限面積要件を引き下げ「農地付き空き家」として提供し、移住促進、新規就農促進等をはかる取り組みも出てきている。

5-4　観光地における交通マネジメント

5-4-1　観光地における交通の役割と課題

交通は、出発地と目的地を結ぶすべてのトリップについて連続的に考えなければならないが、ここでは観光地側が主体的に取り組むべき観光地における交通マネジメント—既存の交通施設、道路や公共交通などの使い方の見直しを中心に、地区の交通の需要と供給のバランスを図っていく一連

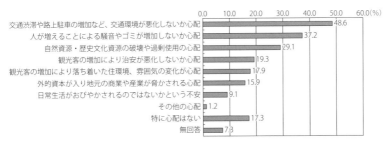

図5-3 観光・交流振興に伴う住民の懸念 首位は「交通環境」の悪化
（人口約5万人、観光入込客数約180万人のK市の場合）（複数回答）

の取り組みについて述べる。

(1) 交通の多様な役割と問題点

観光地における交通は、以下7つの多様な役割を有しており本来多面的に捉えなければならない。

1. 観光地演出軸としての交通
2. 観光資源としての交通
3. 観光資源の景観場、視点としての交通空間
4. 利便性向上のための交通
5. 観光需要のコントロール手段としての交通
6. 土地利用コントロール手段としての交通
7. 地域生活基盤としての交通

しかし、モータリゼーションの進展とともに、交通混雑や事故、排気ガスによる環境への負の影響等の交通問題が顕著となり、全国各地で観光地経営に関わる主体共通の懸念事項となっている。観光計画等の策定時に実施する住民向け・観光客向けのアンケート調査結果でも観光に関する懸念や不満要素の上位にくるのが交通問題であり（図5-3）、観光地の魅力の持続性に係る重大な問題となっている。

(2) 観光地の交通マネジメントの難しさ

・需要の変動特性（季節変動、日変動、時間変動）が大きいためインフラ整備やサービスの規模・水準を定めづらい
・観光地の魅力を構成している自然環境や歴史的町並みを尊重するという大前提を考えると、交通容量の調整が難しい都市・集落構造が多い
・観光地は、土地や家屋に関する権利関係が複雑かつ地域内外に利害関係者が多く、既得権益に絡む政策転換の合意形成が難しい

といったことにより、観光地における交通問題は一筋縄にはいかない。実際、1999年以降国土交通省の補助等を活用してパーク＆ライドなどの交通社会実験が各地で試みられたが、観光地では多くが実験止まりとなった。しかし、社会実験等を契機に地域ならではの観光スタイルのあり方や魅力向上への意識が高まり試行錯誤を重ね、ようやく成果が現れ始めた地域もでてきている。

5-4-2 交通マネジメントを構成する方策群

観光地における交通マネジメントの検討にあたっては、交通の変動特性（季節変動、日変動、時間変動）、地域が有する観光資源特性、道路ネットワーク形状（行き止まり型、通過型、回遊型）、観光客層、観光実態等から観光地の交通問題発生メカニズムを把握し、地域独自の方策群を編み出していくわけだが、ここでは主な構成要素となりうる方策を紹介する。

(1) 道路自体に対する方策

①**道路網の見直し**：観光地全体の道路網のあり方を見直し、都市計画道路の変更による観光資源や環境の温存、バイパス道路整備等による通過交通の排除につなげる。

②**道路空間の再配分**：道路網の見直しと併せて、観光地の顔、メインストリートにおける道路空間の利用のあり方を見直し、安全で快適な歩行環境の整備・確保につなげる。具体的には車線数の減少、歩道の拡幅、トランジットモール、歩行者専用道路等である（コラム6）。

(2) 自動車交通の抑制に対する方策

①**マイカー規制**：上高地をはじめとする国立公園各地で1974年の「国立公園内における自動車利用適正化要綱」に基づいて実施されてきた歴史ある手法だが、乗換えバスや通行が許可され

視点5 観光資源の保存と活用の両立をはかる

コラム6：交通マネジメントによる歴史的環境の保全
～妻籠宿の例～

　観光客用の駐車場は、宿場を迂回する西側の国道沿いにほぼ集約され、観光客はここで駐車場料金（大型バス2,000円／日、乗用車500円／日※2019年2月現在）を支払い、徒歩で宿場町へ入る。なおこの駐車場料金が保存事業等に使われる仕組みともなっている。住民用の駐車場は、立地に応じて、蘭川沿い、堤防道路沿い、生活道路沿い等に確保している。
　宿場内の約450mは、中山道沿いの静寂と、観光客・住民双方の安全・安心を確保するため、通年で10時～16時の間は歩行者用道路となる。これに伴う生活者の不便を補うため、宿場東側に生活道路が整備されている。
（出典：文・図面共に、（参考文献9）石山ら 2018）を基に作成）

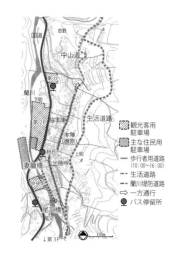

ているタクシーの容量規制等の在り方とセットでの検討が必要である。

② パーク＆ライド or ウォーク：繁忙期を中心に協力者に参加してもらう方式で実施している観光地が多いが、協力メリットを高める工夫が必要である。駐車場の場所の設定方の工夫、ライドの場合の乗換えバスの容量規制や公共交通の利便性向上が必須となる。

③ ロードプライシング：観光地の顔となるメインストリートへ流入する走行車両から利用料金を徴収するシステムで、シンガポール（1998～）、ロンドン（2003～）、ミラノ（2008～）等の都市で大きな成果を挙げてきた。日本では未導入だが、観光車両による交通渋滞が深刻な京都や鎌倉などで、ICT（情報通信技術）やAI（人工知能）を活用したエリアプライシングとしての具体的な検討と実証実験が始まっている。

（3）駐車場に対する方策

① 駐車場整備の抑制、配置見直し：近世以前からの都市・集落構造を維持しており、それが観光魅力となっている地域では、観光資源や環境の保全、景観、安全といった観点から、駐車場整備の抑制や外周道路沿いへの配置による効果が大きい（コラム6）。特に、景観、安全上悪影響をもたらす可能性のある場所での民間駐車場を規制誘導するガイドラインや条例の制定、公営駐車場が範を示すことなども必要である。附置義務制度は見直し途上にあるが、駐車需要発生原因者が負担金により責任を果たす地域独自の仕組みなど履行方法の多様化が進んでいる。

② 既存駐車場の有効利用：駐車場の増設を検討する前に、既存の駐車場が十分に活用されているかを点検し、案内システムのあり方を検討しなければならない。駐車料金を混雑しやすいエリアほど高く、遠くほど安くといった段階的な設定とし誘導する、観光交通と生活交通のバランスが逆転する土日・祝日限定で役所等の駐車場を観光客に開放するという手法もある。

③ 駐車場の事前予約制の導入：特に環境負荷が大きくなる観光バスが集中するイベント時や繁忙期に限定して、駐車場の事前予約制を導入することで、交通渋滞の緩和および入込客数の調整につなげることができる。石見銀山のように通年実施のところもある。

（4）提供情報に対する方策

① カーナビ情報の制御：観光地では、カーナビの情報不足や不適切な誘導による迷い車が原因の交通混乱も多い。限られた空間に宿泊施設が集積した温泉街では、旅館組合が住宅地図会社や一般社団法人日本デジタル道路地図協会（DRM）

> **コラム7：「自転車観光と利用環境整備に取り組む有限会社京都サイクリングツアープロジェクト」（京都市）**
>
> 2001年設立、京都初の道案内付きサイクリングツアーとレンタサイクル事業に取り組む（保有台数約400台）。サイクリングツアーでは「自転車を使った観光ガイドのプロ」の育成に力を入れており、以下6つの研修を行っている。
> 1）自転車交通ルール研修　2）走行研修　3）ガイディング研修（23項目・82チェックポイント）　4）京都研修　5）インタープリター研修　6）ファーストエイド研修
>
> 新人ガイドは、上記に加えて熟練ガイドのサブガイドとしてツアーに参加し、現場でノウハウを習得している。安全走行と適切な説明能力に加えて、演出能力や沿道の店舗等とのお付き合いもできるガイドを目指しており、一人前になるのに最低3年はかかるという。
> 確かで魅力的なガイド人材育成と独自のサイクリングツアー催行に加え、行政や警察、寺院等との連携による自転車道・駐輪場整備、「京都市自転車走行環境整備ガイドライン」（2016年）策定や各地の取組みへの助言も行い、日本の都市特有の不備の多い自転車利用環境の向上に寄与している。

と連携して、路地を誘導しない、宿泊施設の出入口情報を細かく設定することなどを試みている。情報更新まで多少時間はかかるが、地域側できめ細かく情報を整理し、改訂を重ねていくことが重要である。

② 発地と着地における地域の交通情報提供：特に交通規制やパーク＆ライドは観光行動全体に与える影響が大きいので、発地で見るガイドブックや観光協会HP等で提供したい。駐車場情報や混雑状況は、着地においてリアルタイム情報を提供したい。

(5) 新たな観光交通手段に対する方策

① 環境負荷の小さな手段の導入：自転車、電気自動車、ベロタクシー等は自動車より環境負荷が小さく、徒歩より広い範囲で様々なテーマやストーリーで地域を楽しめる可能性が広がる。各種主体と連携してパーク＆ライドを効率的に進めたい。特に、自転車は軽車両にも拘らず、日本では1970年代に歩道通行が認められて以降手軽になったと同時に歩行者との事故が増えており、インフラ改善の必要がある。しかし時間のかかる問題なので、自転車観光に携わる事業者の役割は大きく、ツアーの催行方、ガイドの誘導・案内等で補うことが重要である（コラム7）。

② 移動の楽しみを増す手段の導入：乗車自体が目的となり、観光地の魅力向上にもつながるような新たな移動手段（スロープカー、登山電車、ロープウエイ、観光船等）の導入も、資源および環境への影響に十分配慮しながら考えたい。

5-4-3　地域ならではの観光交通マネジメントの編み出しにあたっての留意点

■ 地域が目指したい観光と生活の関係を実現させるためのゾーニング、重点エリアの設定

上位計画や関連する計画の整理、関係主体間での意見交換を通じて、地域が目指したい姿、観光と生活の望ましい関係性についての共通の価値観を形成することが基本となり、それに基づいてどう散策やドライブをしてもらうか、観光交通に関するゾーニングや重点エリアの設定をきめ細かく行いたい。交通マネジメントに関わる主体間の調整は、インフラによる部分も大きいことから行政が主導となるが、住民、観光客、観光事業者（直接観光客と接点のある宿泊施設、土産物品、観光施設、旅行会社）、観光関連事業者（観光客と直接接点はなくとも観光事業者に卸している各種事業者等）、運輸関係事業者、道路管理者、警察等との連携がなければ進まない。

■ 観光地演出軸としての役割の点検

交通問題を考え始めると交通処理に集中してしまいがちだが、交通環境は観光客の動線を規定するため、地域の印象形成や満足度を左右する。常に観光地演出軸にふさわしい役割を果たしているかという点検を心掛けたい。

■ 施策連携による相乗効果の発揮

交通マネジメント方策は、観光資源および環境への負荷を十分踏まえた上で行われなければならないが、その結果として地域や施設への立ち寄り率を減じる方向に作用する可能性もあり、バランス設定がポイントとなる。観光客の頭数は減った

> **コラム 8：交通施策と景観施策の相乗効果による観光魅力の向上～草津温泉湯畑地区の例～**
>
> 　草津温泉は湯畑に向かって沢山の坂が下り、小路が延びる近世以来の都市構造の名残をよく留める情緒ある温泉街だが、それゆえにモータリゼーションの進展以降、温泉街のシンボルである湯畑まわりの交通問題は懸案となってきた。2003年「草津温泉歩きたくなる観光地づくり基本計画」を策定し、車両規制とパーク＆ライド社会実験を実施し、住民、観光客双方から肯定的な評価だったにも関わらず、湯畑地区の車両規制は恒常的なものとなるには至らなかった。しかし、一連のプロセスが観光客に歩いて楽しんでもらうための各種整備（歩道、路地裏整備等）や他の方策を模索する契機となった。
> 　2009年以降、外部プランナーと共に、街なみ環境整備事業を活用して温泉街を5地区に分け景観協定を締結し、温泉街らしい景観づくりが進んでいる。旅館組合では、湯畑まわりの交通混雑の大きな要因である「迷い車」の進入を減らすために、カーナビ情報の設定（湯畑まわりや路地を通らない設定＋旅館入り口の厳密な誘導設定）に取り組んだ。
> 　これらの取り組みと並行して、町役場が中心となり、交通・景観上の長年の課題であった湯畑前町営駐車場を廃止して、共同湯「御座之湯」と「湯路広場」等とする「湯源湯路街」プロジェクト（2012年-）で草津温泉のシンボルである湯畑まわりの魅力向上につとめてきた。なお、この駐車場廃止に伴う減少分の駐車台数をバスターミナル前の既存駐車場（所有者は寺院）の立体化で補うと同時に、一連の整備で歩行者動線が商店街から外れることを防ぎ、動線誘導のために町が足湯を整備するといった、良き連鎖も生じている。また、外周道路沿いの駐車場への誘導とそこから温泉街を結ぶ道の整備にも継続的に取り組んでいる。
>
>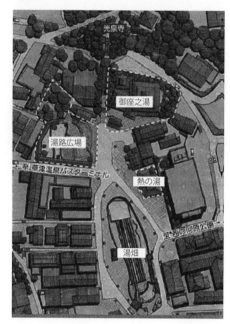
>
> 湯畑周辺の再開発「湯源湯路街（とうげんとうじまち）」プロジェクト（出典：草津町「湯源湯路街」）
> 「御座之湯」と「湯路広場」は、旅館跡地を町が買い取り、長年「湯畑前町営駐車場」としてきたものを廃止して再開発された。湯もみの観覧や体験ができる「熱の湯」は2015年に建て替えられた。
>
>
>
> 共同湯「御座之湯」（2013年4月オープン）
> （出典：御座之湯ホームページ(http://www.gozanoyu.com/what.html)）

としても、例えば自動車から降りて地域を歩いてまわることで滞在時間や地域での観光消費額が増加するよう、駐車場から見所への遊歩道整備や乗換地における着地情報の充実、提供体制強化など、交通以外の施策との連携で相乗効果を発揮させることができる（コラム8）。

■ **多面的な評価に耐えうるか**

　交通マネジメントは費用も手間も時間もかかるため、多様な主体に対して改善効果を説明できなければならない。効果とは、混雑の緩和や協力者の人数だけではなく、改善された交通環境のもとでの観光客の満足度の向上、住民の懸念の低減につながるかといった視点も含まれるべきである。そのような観点から施策を精査していく。

5-4-4　実施にあたっての留意点

■ **関連主体の意見の丁寧かつ中立的な把握**

　地域内外の利害関係者の言い分や状況を、中立的な立場にある主体が丁寧に把握し（公式会議と非公式会議の組み合わせ等で）、総論賛成と各論反対の溝を少しずつ埋めていくことが最大の難関かつポイントである。まさに「急がば回れ」なので、時間をかけて持続的な運営の土壌づくりを行う。

■ **交通以外の切り口からの進展の可能性**

　観光交通の取り組みというと賛否両論が巻き起こり難航しがちだが、地域の景観向上や住環境向上、環境保全に係る事業等が契機となり連動して交通対策が進む場合も多い。戦略的な展開を描きたい（コラム8）。

■社会実験の段階的・現実的導入
　特に交通規制は合意形成が難しく、また、実際に試してみることでより有効かつ現実的な方策をとることができるため、実施時期・時間・エリア、車両等を限定した社会実験を重ね、段階的な導入を目指すべきである。
■社会実験による効果測定と共有
　交通量データの把握と関連主体（観光客、住民、協力事業者は必須）へのアンケート調査により社会実験の効果測定を行い、結果をオープンにして共有することは、多くの協力者への説明責任という観点から欠かせない。また、主体やエリア別のきめ細かい分析を行い、改善方策の検討や合意形成の基礎資料とする。
■協力観光客のメリット確保・サービス拡充
　社会実験やパーク＆ライド/ウォーク、交通規制等に協力した観光客が地域の魅力、地域での滞在時間を存分に楽しめ、金銭的にも納得感がなければ取り組みは持続性を有しえない。適切な誘導や情報提供、公共交通の適正な価格設定は基本であり、加えて手荷物配送サービス、自動車から降りたからこそ楽しめる路地裏整備やルートづくりなどの環境整備、歩き方ガイド（動きを分散させることにもつながる）等のサービスをハード・ソフト両面から拡充させていきたい。
■実施情報と意義の周知徹底
　社会実験でも本格導入でも関連する主体に適切なタイミングと場所で実施の周知がなされなければ、十分な協力者を得られず効果は限られ、非難を招くことすらある。特に、交通規制やパーク＆ライドについては、取り組みの意義と効果をわかりやすく発信していくことが大切である。各地域が有するあらゆる媒体（回覧板、説明会、広報誌、ポスター、新聞広告、HP、SNS、テレビやラジオ、案内板等）を複合的かつ戦略的に活用したい。
■一人ひとりの行動変化を促し続ける
　交通分野で昨今注目されているモビリティマネジメントは、一人ひとりのモビリティ（移動）が、社会的にも個人的にも望ましい方向（例えば、過度な自動車利用から公共交通や自転車等を適切に利用する等）に自発的に変化することを促す、コミュニケーションを中心とした交通施策であるが、観光地においても関係者間の会合やイベント時、情報提供や観光プロモーションの機会等を活かし、一人ひとりの行動を変える契機となるメッセージを発信し続けることが変革の底力となる。

5-5　担い手を確保する仕組みづくり

5-5-1　資源や環境の担い手の不足と可能性

　日本の美しい農山漁村の風景とそこで営まれる歳時は、農林漁業に関わる人々の手によって長い年月をかけて生み出され維持されてきた賜物であり、日々の生業と暮らしが基盤にあって成り立つものである。しかし、少子高齢化と農山漁村の過疎化により、この基本的な生業と暮らし自体が成り立ってゆかず、結果、存続の危機に瀕している貴重な資源や環境が各地にある。この問題は、限界集落問題や農林漁業政策等も絡む複雑な問題だが、ここでは観光が介することで資源と取り巻く環境の保存・活用へ結び付けることに寄与してくれる担い手を地域内外で生み出すための方策について整理する。

注2) 六次産業化：第一次産業が生産だけにとどまらず、それを原材料とした加工食品の製造・販売や観光農園のような地域資源を生かしたサービスなど、第二次産業、第三次産業にまで踏み込むこと。農山漁村の所得向上や雇用創出につなげることを目指している。2010年六次産業化法（正式名称：地域資源を活用した農林漁業者等による新産業の創出等及び地域の農林水産物の利用促進に関する法律）成立。

注3) 農商工連携：農林漁業者と商工業者等が通常の商取引関係を超えて協力し、お互いの強みを生かして売れる新商品・新サービスの開発・生産等を行い、需要の開拓を行うこと。2008年農商工連携促進法成立。

注4) ヘリテージマネージャー：歴史的建造物の保全・活用に係る専門家。阪神・淡路大震災を契機に、2002年兵庫県がヘリテージマネージャー養成講習会を開講し、修了者の登録制度を発足したのが端緒となり、全国へ広がり、2012年全国ヘリテージマネージャーネットワーク協議会が設立された（事務局：（公財）日本建築士会連合会）。2018年現在、建築士会を中心に44都道府県で養成講座が実施されている。

5-5-2　地域内の担い手を増やす仕組みづくり

■住民の活躍の裾野を広げる

　灯台下暗し、まずは地域内で出番を待っている人材がいないか注意深く見渡し、発掘の機会をつくりたい。特に女性や若い世代の参画は十分であろうか。「大地の芸術祭」や「長崎さるく」は、そのシステムの中に住民の活躍の場をいくつものパターンで組み込むことにより、住民という担い手の裾野を広げることに寄与している。

■移住者の活躍機会づくり

　近年、二地域居住や交流居住に係る政策が進められてきたが、Uターンや Iターン、他分野から新たに農業を目指す若い新規就農者は増加傾向にある。また、総務省により2009年度から始まった都市地域から過疎地域等の条件不利地域に住民票と生活の拠点を移し、地域協力活動を行う「地域おこし協力隊」制度も普及し（2017年度　隊員数：4,830人、実施自治体数：997自治体）、任期終了後、約6割が同じ地域に定住している（2017年度末現在）。

　雇用確保等、課題も多いが、観光地経営においては、外部の目線を持ちながらも住民となった移住者の見方や発想は貴重で、実際に、移住者がきっかけとなり、新たなビジネスや集落維持につながっている例も少なくない。移住者支援の仕組みと共に、観光地経営の多様な場における参画、活躍の機会を積極的に設けたい。

■地域資源を活かした付加価値の高い商品開発・販売（農林漁業と観光関連事業との連携の促進）

　近年「食」や地産地消への関心がますます高まっている。各地では、農山漁村の六次産業化[注2)]や農商工連携[注3)]の取り組みが盛んである。これらは、まさに地域での業種を越えた連携（担い手も広がる）により、知恵を絞って地域資源を活かした付加価値の高い商品開発・販売を促し、地域の生業や環境を健全化させる可能性を有している。

■出資者、従業員、購買者としての住民

　（株）吉田ふるさと村や（株）四万十ドラマのような住民・村民出資の株式会社で地域産品の商品開発・販売、地域環境の向上等に取り組むという従来からの手法も益々重要性を増すが、今後は地域のファンなどを巻き込んだ展開も重視したい（コラム9）。

■資源や環境継承のための技術の担い手育成

　地域が誇る観光資源や環境の維持継承のためには、専門的な知識と技術をもった目利きと職人を地域で育てていかなければならない。ヘリテージマネージャー制度[注4)]、（公財）金沢職人大学校（1996年金沢市が設置）の取り組みが参考となろう。農業景観では農業試験場の人材、国立公園ではレンジャー（自然保護官）等との情報交換の場をもつことも大切である。また、同様のテーマに取り組む他の地域や団体との交流、情報共有も持続の力となる。

5-5-3　地域外からの担い手を増やす仕組みづくり

■多様な関わり方をする主体の重層的な活用

　地域外からの来訪者・観光客は、観光資源や環境の保全に不可欠な財源をもたらしてくれるという観点から重要な担い手である。同時に、来訪者・観光客と一口にいっても、その場限りの人からリピーターとして足繁く通ってくれる人、内外の様々な活動を支援してくれるファン、別荘、農園、

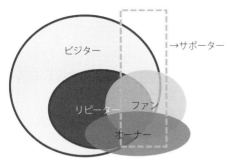

図 5-7　地域外からの多様な担い手

棚田、牛などのオーナーになってくれる人、イベント時や有事等に共に活動してくれるサポーターまで様々なレベルがありうる（図 5-7）。これらすべての人を地域の担い手と捉え大切にし、活躍してもらう仕組みを重層的に用意したい。

【例】

リピーター：ゆふいん親類クラブ事業（1997年〜）、安心院の農村民泊のキャッチフレーズ"1 回泊まれば遠い親戚、10 回泊まれば本当の親戚"

ファン：ふくしまファンクラブ（2007 年開設。東日本大震災後様々な形で福島県を支援。会員数：16,671 人（2018 年 5 月 31 日現在））

オーナー：各地の「棚田オーナー制度」、熊本城一口城主制度（1998 年〜）と城主手形制度、別荘所有者が町民同様にまちづくりに参加できるようになった「軽井沢町まちづくり基本条例」（2007 年）

サポーター：東日本大震災後の津波で番屋（漁民が漁場の近くの海岸線につくる作業場兼宿泊施設）群が流失した田野畑村では、再生にあたって「サポーター」を 1 口 10,000 円で募集した。その後、建物等の復旧は、国の復興事業として進められることになったが、漁村文化の復元展示や井戸の再生、各種交流活動、復旧した番屋群の活用が可能になった（2016 年度末で事業終了）。

■都市との交流事業の推進

都市と農山漁村という異なる魅力をもった地域間での交流事業は、地域外に頼もしい担い手を育み、そのことが地域内の担い手の活力につながる。東日本大震災以降、地域間での災害時協定の締結が増えているが、日頃からの交流活動は、有事においても大きな助けとなり、観光地経営という観点からはリスクマネジメントの一つともなる。

【例】

川場村（群馬県）：世田谷区と区民健康村相互協力協定（縁組協定）（1981 年〜）

智頭町新田（鳥取県）：都市の生協との交流事業を機とした集落型 NPO によるむらづくり

美山町（京都府南丹市）：京阪神地域在住の美山町ファンによる「かやぶきの里美山と交流する会」は年会費の半分がふるさと産品の購入に使われ、残りは茅葺き民家の保存と茅葺き職人の育成等のための「南丹市美山町かやぶきの里保存基金」（1993 年〜）へ寄付される

■環境保全や地域活性化への関心の高い企業や大学等との連携

近年、CSR 活動の一環として環境保全活動、国立公園の管理活動などを行う企業や、大学・企業のインターンでの地域への派遣が増えているが、今後ますます重要な地域の担い手と捉えたい。

■専門家とのネットワーク構築

観光資源の保存と活用にあたっては、動植物、農林漁業、建築、都市計画、土木、法律等、多方面にわたる専門的知識と経験が求められ、地域だ

> **コラム 9：事例紹介**〜地域内外から多様な担い手を得て、四万十川の自然環境を保全しながら活用するビジネスを展開：株式会社四万十ドラマ（高知県）〜
>
> 　1994 年四万十川流域の 1 町 2 村の出資で第三セクター設立、2005 年に近隣住民に株式を売却し、「住民が株主」の株式会社（資本金：1,200 万円）。
> 　四万十川の自然環境を保全しながら活用することをベースに、環境・産業・ネットワークを循環させながら、四万十川に負担をかけないものづくりに取り組んでいる（2010 年売上：年間 3.3 億円、従業員 28 名）。デザイナー梅原真氏という強力なサポーターを得て、地域の「考え方」を伝える魅力的なデザインを追求している。
> 　四万十川を中心に、田舎の人と都会の人で四万十の風景を未来に持続していくための活動を共に行う会員ネットワーク「RIVER」も 1996 年以来広がっており、2010 年 9 月に特定非営利活動法人 RIVER として独立させた（当初会員数約 1,000 名）。情報誌の定期的・一方的な発送だけでなく、直接交流や商品モニターの機会等もある。会費の一部を栗の植樹（会員 3 人で 1 本の栗の木）にあてたり、栗の苗木の植樹や休耕栗園の管理運営の活動に協力したり、風景を守っていくための様々な活動を継続的に実施している。

けでは到底担えない。外部専門家をアドバイザーや支援員として派遣する各種制度等を活かしながら、各地域が主体的・積極的に専門家とのネットワークを大切に構築していきたい。

5-5-4　おわりに

地域の魅力やその存続の危機が内外の担い手の活動の契機となることが多いが、関わる人間同士の信頼関係と、その地域のために汗を流すことに喜びを感じられることによって、それは確かで持続的なものとなる。地域内外の異なる立場の担い手たちが様々なレベルの交流機会を持ち、地域の理念を共有し、互いの立場を尊重しながら協働を重ねていけることが望ましい。

【主要参考文献】
5-1　観光資源の保存と活用のバランス
1) 環境省、(財)日本交通公社(2004)：「エコツーリズム」
2) (財)日本交通公社(2006)：「観光地の資源管理に関する研究」
3) 敷田麻実、森重昌之編著(2011)：「地域資源を守っていかすエコツーリズム 人と自然の共生システム」講談社
4) 田中正大(1981)：「日本の自然公園　自然保護と風景保護」相模書房
5) 熊谷嘉隆(2013)：「特集1 米国の自然公園利用におけるインパクト研究とLimits of Acceptable Change Systems for Wilderness Planning」「観光文化216号」(公財)日本交通公社(2013)
6) 経済産業省(2008)：「観光地域経営　プランニング編」経済産業省発行より敷田麻実著「自然系地域資源のマネジメント」と西山徳明著「人文系地域資源のマネジメント」
7) 石森秀三・西山徳明編(2001)：「ヘリテージ・ツーリズムの総合的研究」国立民族学博物館
8) 西山徳明編(2006)：「文化遺産マネジメントとツーリズムの持続可能な関係構築に関する研究」国立民族学博物館
9) 西村幸夫(2004)：「都市保全計画」東京大学出版会
10) 史跡等整備の在り方に関する調査研究会(2004)：「史跡等整備のてびき—保存と活用のために」文化庁
11) 香川眞編・日本国際観光学会監修(2007)：「観光学大事典」『観光資源と観光開発』木楽舎
12) 首相官邸「明日の日本を支える観光ビジョン構想会議」ホームページ https：//www.kantei.go.jp/jp/singi/kanko_vision/

5-2　「地域ルール」づくりと運用
1) 西村幸夫(2004)：「都市保全計画」東京大学出版会
2) (財)日本交通公社(2006)：「観光地の資源管理に関する研究」
3) 敷田麻実、森重昌之編著(2011)：「地域資源を守っていかすエコツーリズム 人と自然の共生システム」講談社
4) 西村幸夫・埒正浩(2007)：「証言・町並み保存」学芸出版社
5) 則久雅司(2010)：『野生を育む知床五湖共生へ新しい二つの歩き方』「国立公園688号」自然公園財団
6) 文化庁文化財部監修(2013)：「月刊文化財592号」第一法規
7) 柳沢厚・野口和雄・日置雅晴(2007)：「自治体都市計画の最前線」学芸出版社
8) 知床五湖ホームページ(知床五湖フィールドハウス) https：//www.goko.go.jp/index.html

5-3　用途転換による観光活用
1) 大河直躬(1997)：「歴史的遺産の保存・活用とまちづくり」学芸出版社
2) 文化庁文化財部(1998&2004)：「文化財建造物活用への取組　建造物活用事例集」文化庁文化財部
3) 農林水産省農村振興局(2010)：「『農村を楽しむ旅行(グリーン・ツーリズム)』普及のための手引き」(財)日本交通公社
4) 日本建築学会建築歴史・意匠委員会(2018)：「歴史的建築の担い手—新しい保存と活用」2018年度日本建築学会大会(東北)建築歴史・意匠部門研究協議会資料
5) 「歴史的資源を活用した観光まちづくりセミナー　古民家を再生し、まちの宝に変える」(2017年10月18日)配布資料
6) 厚生労働省ホームページ「旅館業法の改正について」https：//www.mhlw.go.jp/stf/seisakunitsuite/bun-ya/0000188046.html

5-4　観光地における交通マネジメント
1) 太田勝敏・岡並木・高田邦道・山本雄二郎(1997)：「まちづくり資料シリーズ25 交通計画集成9 観光地域の交通需要マネジメント」地域科学研究会
2) 森地茂・伊東誠・毛塚宏・(財)国際交通安全学会(1998)：「魅力ある観光地と交通」技報堂出版
3) 新谷洋二(2006)：「歴史を未来につなぐまちづくり・みちづくり」学芸出版社
4) 山中英生・小谷通泰・新田保次(2010)：「改訂版まちづくりのための交通戦略」学芸出版社
5) 三船康道+まちづくりコラボレーション(2009)：「まちづくりキーワード事典」第三版、学芸出版社
6) 川上光彦「地方都市の再生戦略」(2013)：学芸出版社
7) 温泉まちづくり研究会(2011)：「温泉まちづくりの課題と解決策　提言集」(財)日本交通公社
8) 黒岩裕喜男(2012)：「観光文化215号」「特集3 泉質主義」

を貫き、時代を紡ぐ草津温泉」(公財)日本交通公社
9) 石山千代、窪田亜矢、西村幸夫(2018):「集落・町並み保全地域における交通環境整備に関する一考察:妻籠宿における自動車交通への対応から」『日本建築学会学術講演梗概集(東北)』日本建築学会

5-5 担い手を確保する仕組みづくり
1) 農林水産省(2013):「平成24年新規就農者調査」
2) (公財)日本交通公社(2012):「観光・交流に対する住民意識に関する研究報告書」
3) 観光庁(2012):「地域いきいき観光まちづくり2011」
4) 総務省「地域おこし協力隊」ホームページ http://www.soumu.go.jp/main_sosiki/jichi_gyousei/c-gyousei/02_gyo-sei08_03000066.html
5) 兵庫県リカレント学習システム調査研究会(2004):「歴史的文化遺産の活用〜兵庫県ヘリテージマネージャーの活動報告」兵庫県
6) 金丸弘美(2012):「幸福な田舎のつくりかた:地域の誇りが人をつなぎ、小さな経済を動かす」学芸出版社
7) 佐藤誠、(財)日本交通公社(2004):「魅せる農村景観―デザイン手法と観光活用へのヒント」ぎょうせい

視点 6　組織と人材を見直して実行力を高める

　観光地の持続的な発展を目的とする観光地経営にとって、それを推進する組織・体制と人材が重要な役割を担っていることは言うまでもない。その組織・体制は、これまで行政の観光担当課と観光協会、観光事業者等が主体となってきたが、近年、地方自治体の中では縦割り行政の限界から、従来の観光セクションだけでなく、企画や国際セクション、文化やまちづくりセクションなども観光に関与しつつある。また、商工会議所（商工会）が観光に熱心に取り組むようになってきていると同時に、農協（JA）や漁協（JF）といったその地域の特産を統括する組織や一般の住民を含むまちづくり組織や大学なども活発な活動を行うようになってきている。

　ここでは、観光地経営の中核を担う組織として、いわゆる「観光協会」を取り上げ、実行力のある組織として進化していくための方策、具体的には「日本版DMO」として機能させていく方策について人材育成を含めて整理する。

6-1　観光推進組織・体制の現状と課題

6-1-1　観光推進組織に求められる役割の変化

　これまでの観光推進組織、具体的には観光協会と言えば、イベントとプロモーション・キャラバンなどが主要な活動であり、団体客主体から個人客主体の時代に対応できていない、また行政への依存体質や行政界にしばられ、広域観光に対応できていないなどの問題点が指摘されてきた。

　現在、こうしたいわゆる従来型の観光協会の限界が指摘されるようになってきており、新しい機能や役割が模索されている状況にある。

その背景には、
・観光客のニーズの多様化により、いわゆる着地型の旅行商品づくりが求められるようになってきたこと
・これまでの行政依存からの脱却、具体的には財政面での自立を求められるようになってきたこと
・地方創生の総合戦略に「日本版DMO」の形成・確立が位置づけられ、観光地経営の舵取り役としてその成果を期待されていること
などがある。

6-1-2　観光推進組織の現状と課題

　そもそも観光推進組織、「観光協会」とは、「観光地を含む地域内の観光産業の振興を目的とした組織」と定義され、現在では全国至るところに設置されている。

　その観光協会は、日本政府観光局（JNTO）を除くと、所管するエリアに応じて、
　①全国組織
　②複数の都道府県にまたがる組織
　③都道府県単位の組織
　④複数の市町村にまたがる組織
　⑤市町村単位の組織
　⑥観光地単位の組織

の6つのタイプに分類できる（図6-1）。なお、旅館組合や民宿組合、飲食店組合などは業界団体であり、地域全体の裨益を想定しておらず、公益性に乏しい。現在では会費の滞納や新規参入者の未加入等により組織としての体をなさなくなっているところも散見される。このうち⑤⑥は、わが国で最も数多く設置されている組織である。なお、

注1) 法律に基づく観光関連組織としては、全国旅館ホテル生活衛生同業組合連合会（全旅連）「環境衛生関係営業の運営の適正化に関する法律（厚生労働省）」や独立行政法人国際観光振興機構（日本政府観光局）「独立行政法人国際観光振興機構法（国土交通省）」などがある。

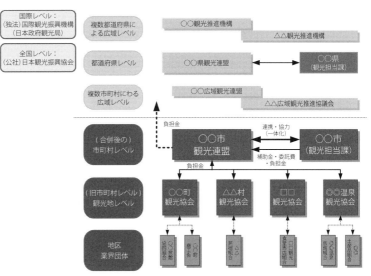

図6-1 わが国の観光推進組織の現状

近年はインバウンドへの対応力強化などを目的に②のタイプの広域地方組織の設立、取り組みが進んでいる（表6-1）。

観光協会の現状と課題は以下のように整理できる。

■ **法律に基づかない組織、任意団体が多い**

旧来、観光は法律に基づかない行政分野（企画系などと同様）であり、観光行政担当者は、根拠、後ろ盾となる法律を持たなかった。そのため、観光協会は、市における商工会議所（商工会議所法）や町村における商工会（商工会法）、さらに農業協同組合（農業協同組合法）などとは異なり、法律に基づく組織でない場合が多い[注1]。また、組織運営を簡略化するため、あるいは活動内容の規模がそれほど大きくないため法人化する必要性が高くないことから、任意団体としているケースも少なくない。

近年の特徴として、商工会議所・商工会の観光推進組織としての役割、位置づけが高まりつつあるが、観光推進組織と商工会議所・商工会の会員はもともと重複する場合が多いこと、商工会議所・商工会が中心市街地活性化策として「観光」に力を入れつつあることからも、それぞれの役割分担が検討されるようになってきている。

■ **役割分担の不明確さと所管するエリアの重複**

例えば、③都道府県単位の組織、④複数の市町村にまたがる組織、⑤市町村単位の組織など、エリアの広がりに対応した組織構成となっているものの、それぞれの役割、事業内容が明確に区分されているケースは少ない。また、商工会議所や農業協同組合の場合、法律の定めによって所管するエリアが重複することはないが、観光協会の場合には、幾重にも重なっているケースが多い。

近年の市町村合併によりエリアの見直しや組織の改編が急務となっている。

■ **活動資金の脆弱さと行政からの補助金依存体質**

観光推進組織が観光施設や駐車場の管理・運営など自主財源を持っている場合には、当該事業が軌道に乗っているうちは安定的な組織運営が可能であるが、そうした組織は全国的にまだ多くはない。多くの観光推進組織の主要な財源は、民間事業者などからの会費収入と行政からの補助金、観光振興を目的とした事業の委託金等であるケースが圧倒的に多い。また、組織の事務所自体が、役所の観光担当課などに間借りして経費を抑えているケースも少なくない。

行政からの補助金や委託金等に頼りすぎることなく、自主財源をいかに確保していくかは、観光推進組織の積年の課題となっている。

■ **事業内容の見直しが急務**

観光推進組織の代表的な事業としては、観光プロモーションの実施、観光イベントの開催、観光

表 6-1　広域観光推進組織

名称	活動対象地域 （事務局所在地）	設立年	主な事業
公益社団法人 北海道観光振興機構	北海道全域　（札幌市）	2008 年	（1946 年北海道観光連盟（任意団体）として設立） コーディネート、マーケティング調査、国内および国際プロモーション、地域支援（助成事業、研修会、功労者表彰等）
東北観光推進機構	青森県、岩手県、宮城県、秋田県、山形県、福島県、新潟県　（仙台市）	2007 年	海外からの観光客誘致事業、国内観光客及び教育旅行誘致事業、東北の認知度向上及び観光客の満足度向上事業、広域観光戦略策定及び推進体制構築事業
関東観光広域連携事業推進協議会	山梨県、長野県、埼玉県、福島県、茨城県、栃木県、千葉県、新潟県、群馬県、神奈川県、東京都	2015 年	広域周遊ルートの形成計画策定・事業実施、観光マップやパンフレットの作成、学生旅行企画コンテストの実施、TOKYO & AROUND TOKYO ブランド地場産品認定及び物産展の開催、ツーリズム EXPO ジャパンでのシンポジウム開催、等
中央日本総合観光機構	富山県、石川県、福井県、長野県、岐阜県、静岡県、愛知県、三重県、滋賀県　（名古屋市）	2017 年	（2007 年中部広域観光推進協議会として設立）効果的なマーケティングの実施による地域ニーズへの対応・ターゲット市場とのネットワーク構築・誘客力の向上・各種プロモーション事業、地域 DMO の戦略・企画立案の支援事業、観光経営に関するトレーニング事業
関西観光本部	福井県、三重県、滋賀県、京都府、大阪府、兵庫県、奈良県、和歌山県、鳥取県、徳島県　（大阪市）	2017 年	（関西国際観光推進センターとして発足、2003 年関西地域振興財団となる） 観光事業：マーケティング事業、プロモーション事業、共通基盤サービス提供事業、人材育成事業 文化振興事業：「関西文化の日」の実施、「関西元気文化圏」構想の推進 情報発信事業：「Kansai Window」等、WEB を活用した情報発信、外国特派員プレスツアーの実施
中国地域観光推進協議会	鳥取県、島根県、岡山県、広島県、山口県　（広島市）	2000 年	国内：広報、観光関連機関や他ブロックとの連携 国際：ビジネスフォーラム事業、トラベルマート参加調整、5 県連携インバウンド事業の計画・管理・運営　等
四国ツーリズム創造機構	徳島県、香川県、愛媛県、高知県　（高松市）	2009 年	広報・宣伝事業（四国地域の認知度向上）、国内・海外観光客の誘客促進事業、魅力ある観光地づくり事業、国際観光に関する事業、等
九州観光推進機構	福岡県、佐賀県、長崎県、熊本県、大分県、宮崎県、鹿児島県　（福岡市）	2005 年	九州観光戦略の推進、地域観光事業の支援、観光関係団体との連携、観光事業に関する調査研究、等

（出典：各組織のホームページより）

案内所の運営などが挙げられる。このほかに行政などからの委託により、観光地・観光施設の清掃活動や駐車場・公衆トイレの管理など、観光地の管理・運営に関連する事業が行われている。

しかし、大都市での誘客キャンペーンや旅行会社へのキャラバン、イベントの開催など、誘客宣伝事業を中心に毎年似通った事業を継続していたり、団体客の誘客活動が主体で個人客への対応が遅れているケースもみられる。

組織としての基盤が経済的にも人的にも脆弱なため、キャラバンやイベントなどの短期的な事業に終始する傾向が強く、長期的な視点に立ったモノの見方、マーケティングに基づいた戦略的な事業展開が行われてこなかったと言える。

■ 専門的な人材の不足

古くは足助町（現愛知県豊田市）や湯布院町（現大分県由布市）など、外部の人材を事務局長として招いて成功したケースも少なくない。また、近年では旅行会社の OB などを「観光プロデューサー」などと称して受け入れる組織も増えてきている。特に「日本版 DMO」の登録に不可欠なマーケティング専門人材の確保は、登録認定を目指す組織にとっては大きな課題となっている。

しかし、観光推進組織の場合、多くはもともと予算規模が小さく、処遇、待遇の面からも優秀な人材を正職員として採用することが難しく、結果として行政からの出向や兼任などによって要員が確保されるケースも多い。当財団が実施した「観

光関連組織に関するアンケート調査」をみても、全体の2割強の観光協会が自治体から職員が派遣されており、観光協会の自治体依存からの脱却、そして両者の関係性、役割の見直しが課題となっている。

6-2　特徴ある観光推進組織の事例

従来、観光地の宣伝・PR、観光客の誘致を目的としていた観光協会であるが、わが国の観光マーケット、特に宿泊需要は右肩下がりを続け、宿泊単価はやや持ち直しつつあるものの、全体としては縮小市場といわれている状況の中で、観光客誘致で期待される効果・成果が出せなくなってきている。

ここでは、既存の観光協会が、これまでとは役割を変え、いわゆる観光地経営の中核組織として機能している（しつつある）以下の2事例を取り上げる。

事例A：特定非営利活動法人阿寒観光協会まちづくり推進機構―民間主導で自ら将来ビジョンを策定。その実現に向けて必要な組織・人材を柔軟に整備して至った事例。

事例B：一般社団法人信州いいやま観光局―行政主導ながら、古くから着地型旅行商品の充実を推進。近年では観光施設の指定管理に乗り出し、独自財源化を図っている事例。

6-3　これからの観光推進組織・体制のあり方
―多様な主体が参画する地域マネジメント組織＝「日本版DMO」への期待

6-3-1　これからの観光推進組織の役割

これからの観光推進組織は、「地域マネジメント組織」としての役割を認識し、体制を抜本的に変革していくことが求められる。事業ごとの評価を行い、事業内容を見直し、それを実現させるための体制（PDCA）を内外の人的ネットワークも含めて構築していくことが大切である。

そして、これからの観光推進組織（観光協会）は、「観光地経営を担う中核組織」としての役割を果たしていく必要がある。具体的には"住んでよし、訪れてよしの観光地づくり"の中核となる組織である。その役割・機能は、単なるセールス・プロモーションや着地型旅行商品づくりだけに留まらず、観光地を取り巻く様々な問題、例えば廃業した旅館や観光施設の処理、空き店舗対策と商店街の魅力づくり、歩く空間や環境づくり、域内交通対策、観光案内標識の整備など観光地のハード、ソフト両面にわたる全般的な再生策・活性化策、つまり魅力づくり全般をトータルでマネジメントすることである。とはいえ、すべての役割を観光推進組織（観光協会）が担うことは難しいため、積極的に行政の関係部署との連携を働きかける、あるいは主体的にプロジェクトを推進するための体制を整えるなど役割分担、つまり「マネジメント機能」を有することが重要である。

そして、観光業界だけでなく、観光地経営に関係する幅広い主体による体制づくり＝「プラットフォーム」を構築する役割である。そのためには、

〈事例A〉特定非営利活動法人阿寒観光協会まちづくり推進機構（地域DMO）

所在地
北海道釧路市阿寒町阿寒湖温泉

設立
2005年1月（NPO法人（特定非営利活動法人）認証は同年7月）

目的
阿寒湖温泉及びその周辺地域において、住民一人一人が本地域の気候、自然、景観、文化などの地域資源を見つめ直し、それらを活かした観光まちづくり事業を推進することにより、訪れる人々に対して真心を込めたおもてなしを行い、観光の振興を通して本地域の活性化に寄与するため。

当機構および市の支所などが入る「まりむ館」

組織概要（2019年3月現在）
理事長	地元旅館グループの会長（観光カリスマ）
スタッフ	18名（地元7名、出向など11名）
資産	109,700千円
事業予算	252,845千円（2017年度）（図1）
組織	…事例1参照

主な事業
- 観光まちづくり構想の企画、調整
- 観光まちづくりイベントの企画、運営
- 観光まちづくりのための研修、勉強会の開催
- 観光案内所の運営
- 人材や地域資源の発掘、育成
- 施設の管理、運営及びその受託
- 関連団体等との交流、連携
- 旅行業法に基づく旅行業

経緯
1949年（昭和24年）	阿寒観光協会設立（任意法人）
2001年（平成13年）	まちづくりに着手し、「阿寒湖温泉まちづくり協議会」設立
2002年（平成14年）3月	「阿寒湖温泉再生プラン2010」策定
2005年（平成17年）1月	観光協会とまちづくり協議会を統合し、「阿寒観光協会まちづくり推進機構」を設立

【設立理由】
- 観光振興のみならず、住民の生活向上も目指すために、観光まちづくりを総合的にコーディネートする組織が必要であったため。
- 釧路市と合併（2005年10月）するため、阿寒湖温泉地区を代表する組織の充実・強化が必要であったため。
- 法人格を取得することにより、補助金や信用が得られスムーズに活動が行えるため。

同年　　　　7月	NPO法人（特定非営利活動法人）認定
2007年（平成19年）5月	役員改選、組織改編
2009年（平成21年）4月	「まりむ館」オープン（当機関移転）
2011年（平成23年）3月	「阿寒湖温泉・創生計画2020」策定
2015年（平成27年）4月	入湯税超過課税実現（150円→250円）
2016年（平成28年）1月	「観光立国ショーケース」選定
2016年　　　　7月	「国立公園満喫プロジェクト」選定
2018年（平成30年）8月	「阿寒湖・フォレスト・ガーデン」駐車場オープン

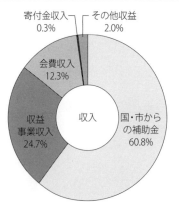
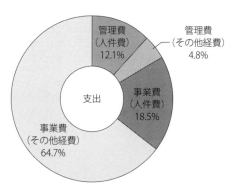

収入
- 寄付金収入 0.3%
- その他収益 2.0%
- 会費収入 12.3%
- 収益事業収入 24.7%
- 国・市からの補助金 60.8%

支出
- 管理費（人件費）12.1%
- 管理費（その他経費）4.8%
- 事業費（人件費）18.5%
- 事業費（その他経費）64.7%

図1　2017年度決算　　（出典：日本版DMO形成・確立計画）

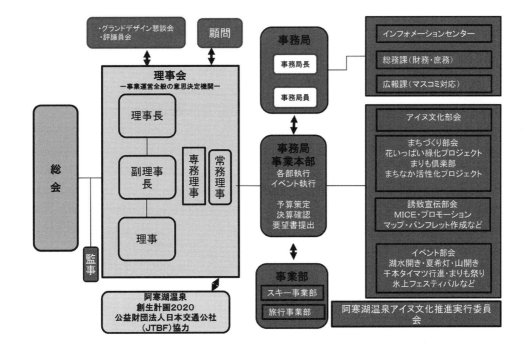

(出典：NPO法人阿寒観光協会まちづくり推進機構資料)

視点6　組織と人材を見直して実行力を高める

〈事例B〉一般社団法人信州いいやま観光局（地域連携DMO）

所在地
飯山市役所内

設立
2010年（平成22年）4月

目的
豊かな地域の資源を活用した観光まちづくりによる産業の健全な発展を旨とし、活力のある地域形成に必要な事業を行い、もって地域経済の活性化に寄与するため。

新幹線飯山駅前に設置された観光案内所

組織概要（2019年3月現在）

理事長	副市長
スタッフ	101名（正職員23名、出向職員3名、臨時職員15名、パート・アルバイト50名）
資産	108,000千円
事業予算	113,386千円（2017年度）（図1）
組織	（図2）

主な事業
北陸新幹線・飯山駅開業の将来を見据えた地域づくり。市内農商工業や市民団体との連携に加え、周辺9市町村との広域連携を強化して魅力づくりに取り組み、インバウンドを含む誘客拡大、受入態勢の充実を目指している。

- 農業や地場産業と連携した特産品（地場産品）の開発・販売
- 観光施設の運営管理
- 日本のふるさと体感の旅づくり
- 飯山駅における信越自然郷観光案内所・アクティビティセンターの運営
- 信越トレイルやレストランかまくら村など地域資源を生かしたコンテンツづくり

経緯

1950年代後半～1990年代	高度成長期からバブル崩壊まではスキーを中心にした観光が発展
1960年（昭和35年）	飯山市観光協会設立
1960年代後半～	生産地体験ツアー、学習塾の合宿、教育旅行に取り組む
1994年（平成6年）	グリーン・ツーリズム推進協議会結成
1997年（平成9年）	「なべくら高原森の家」オープン（グリーン・ツーリズムの拠点）
1999年（平成11年）～	ニューツーリズムの展開（いいやまブナの森倶楽部、NPO法人信越トレイルクラブ、森林セラピー基地　等）
2007年（平成19年）	飯山市観光協会を有限責任中間法人化（第2種旅行業登録）
2008年（平成20年）	信越トレイル全線開通
2010年（平成22年）4月	観光振興策を一元的に推進する体制を構築するため、公的観光施設を運営する飯山市振興公社（第3セクター）と統合し「一般社団法人信州いいやま観光局」へ改組
2011年（平成23年）	着地型旅行商品ブランド「飯山旅々」を立ち上げ
2012年（平成24年）1月	「信越9市町村広域観光連携会議」設立
2015年（平成27年）3月	北陸新幹線開業（「飯山駅」に観光交流センターオープン、2014.11）

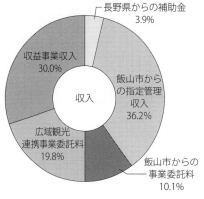

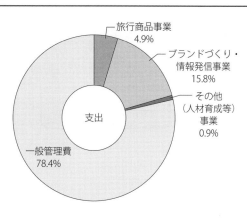

図1　2017年度決算　　（出典：日本版DMO形成・確立計画）

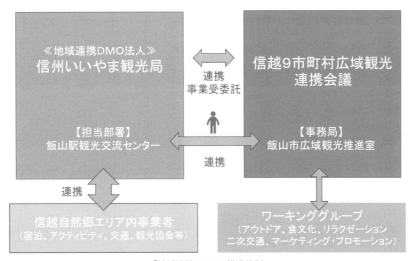

「地域連携DMO」推進体制

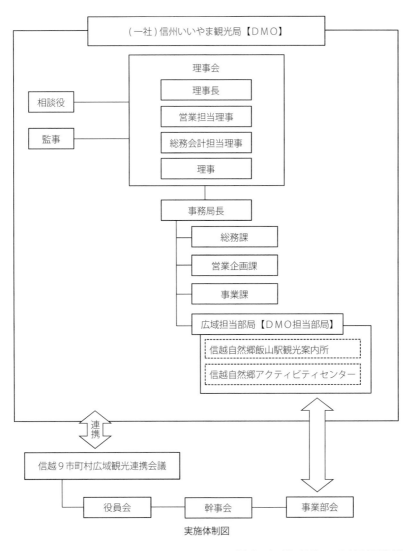

実施体制図

(出典：(一社)信州いいやま観光局資料)

視点6 組織と人材を見直して実行力を高める

> **コラム：これからの観光推進組織が取り組むべき事業の例**
> ①観光まちづくり事業
> ・住民参加によるまちづくり
> ・将来ビジョンやアクションプランの策定
> ・行政との連携・協力
> ・各種補助事業の導入によるまちづくり
> ②観光案内・コンシェルジェ事業
> ・現地情報の発信、提供（ホームページ、紙媒体等）
> ・広域・域内観光案内
> ・コンシェルジェ
> ・観光ボランティア育成、コーディネート
> ③マーケティング・プロモーション関連事業
> ・市場研究（マーケティング）、プロモーション計画の策定
> ・地域の旅行商品計画（体験プログラム、着地側旅行商品の開発等）
> ・地域観光情報の集約、プロモーション活動
> ④旅行関連事業
> ・宿泊・域内交通等の運行・予約受付
> ・着地型旅行商品（オプショナルツアー等）の催行、斡旋等

財源不足、人材不足などの諸課題を一つ一つ解決していく必要がある。

6-3-2　地域マネジメント組織への展開に向けて

観光客、特に個人客に対応できる体制への改革が重要であり、多様な主体の参画による観光振興が大切であることを理解しておく必要がある。従来型の観光事業者だけの観光推進ではなく、これからは観光客、つまり需要側の発想で地域マネジメントを行っていくことが望ましい。そのためには、科学的な視点、具体的にはマーケティング機能であり、データに基づいた戦略の策定が重要となる。

しかし、観光地の多くは、来訪者だけの空間ではなく、地域住民の生活の場でもある。当然ながら、地域マネジメントの中には、住宅や景観の問題から、交通、医療、福祉、教育、環境など幅広い問題を地域の実態に合わせてマネジメントしていかなければならない。そのためには、当然ながら、行政との連携、役割分担の明確化は欠かせない。さらには、地域における既存組織である農業協同組合や漁業協同組合、商工会議所、商工会などとの幅広い連携も重要である。

ただし、地域マネジメント組織としての観光推進組織のあり方については、取り組みの当初から理想型を求めるのではなく、段階的な発展を目指すことが現実的である。地域の関係者で議論をしながら見直すことで、これからの観光推進体制の構築に向けた様々なアクションが見えてくる。

ここで言うアクションとは、例えば観光推進組織の法人化をはじめとする民間手法の導入や、観光協会やまちづくり組織の統合といった組織の高度化などである。

今でも多くの地域には既に観光協会が存在するため、そうした観光協会が母体となり、その発展型を検討していくことが効果的かつ効率的である。そして、その際には、観光推進組織の目的を公益系におくのか、非公益（私益）系におくのかによって、どういった組織形態が相応しいか（公益性を担保しながら自由度の高いNPOとするのか、事業展開の早さや民間レベルでの資金確保を念頭において株式会社や公益要件の外れる一般財団法人、一般社団法人とするのかなど）についても、議論が求められることになるだろう。

宿泊事業者、交通運輸事業者、飲食事業者等から構成される従来型の観光協会は、エコツーリズムやグリーンツーリズム、まち歩き・まちなか探訪、産業観光等への消費者の志向が高まる中で、今や事業内容や組織形態が曲がり角に来ている。そうした中で、株式会社化（ニセコリゾート観光協会、南信州観光公社）や、NPO法人化（阿寒観光協会まちづくり推進機構）、一般社団法人化（信州いいやま観光局など多数）するケースもみられるようになってきた。

こうした事例を参考に、地域マネジメント組織としての観光推進体制の構築に取り組んでいくと同時に、観光統計・マーケティング機能を充実させ、理論的・科学的な根拠に基づいた観光振興施策を立案し実行していくことが欠かせない。

6-3-3　求められる機能と役割

観光地の特性や実態に応じて、機能・役割は異なる。したがって、こうでなければならないというものはないと思われる。ただ、求められる機能

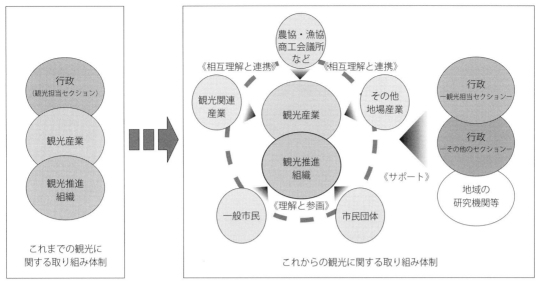

図6-2 これからの観光推進体制のあり方（多様な主体の参画）

と役割としては、
①観光まちづくり機能
②観光案内・コンシェルジュ機能
③観光マーケティング機能
④戦略的プロモーション関連機能
⑤着地型旅行商品造成機能
などが挙げられる。

いずれにしても、
・観光地の特性を把握する「マーケティング」機能
・観光地全体を見渡す「プロデュース」機能
・観光地を運営していく「マネジメント」機能
が重要である。

最終的に望ましい機能形態としては、図6-2のようにイメージできる。つまり、いわゆる「観光地におけるプラットフォーム」＝地域における観光推進体制の確立であり、図6-2右の中心に位置する観光推進組織が「日本版DMO」ということになる。

6-4 観光地経営の担い手として求められる人材の育成

6-4-1 観光地の人材育成についての課題

観光産業は経営規模の小さい事業者が多く、また宿泊施設や観光施設の販売促進活動は永らく旅行会社に頼ってきたこともあり、マーケティングを踏まえた商品開発や経営数値を基にした科学的な経営が、業界全体で広く実践されてきたとはいえない。

また、以前は多くの温泉旅館等で、宿泊客を館内へ囲い込み、宿泊に伴う飲食からお土産購入まですべての消費活動を吸収しようとするなど、自施設への誘客のみが関心事であった。

しかし昨今、消費者の旅行ニーズが多様化し、農林漁業・ものづくり等の体験や地域の普段の暮らしぶりが旅行目的になり得るようになったことで、第一次・二次産業との連携やまちなかの景観整備が求められるなど、地域の多様な人々が関わる滞在プログラムづくりや観光まちづくりを推進する必要性が生まれ、それを担う人材の育成の重要性が高まってきている。

こうした現状の中で、これからの観光地経営を担う人材に求められる能力とその育成方法、地域において人材育成に取り組む際の留意点を整理する。

6-4-2 観光地経営を担う人材と求められる能力

今後の観光地経営には、様々な業種や立場の人々の関わりが求められる。これまで国土交通省・観光庁や経済産業省等、国の観光分野の人材育成施策では、観光地で活動する人材の分類がいくつ

表 6-3　観光地経営を担う人材と求められる知識・能力

能力のカテゴリー／人材のカテゴリー	テクニカルスキル（専門的能力）担当業務についての専門知識	ヒューマンスキル（対人関係能力）組織の一員として、顧客や関係者を理解し、良い関係を築き維持する能力	コンセプチュアルスキル（概念化能力）状況や変化を認知・分析し課題を発見して、解決に向けた戦略を構築する能力
リーダー	・マーケティング ・推進態勢づくり ・リスクマネジメント ・コンプライアンス ・観光政策	・リーダーシップ ・プレゼンテーション力 ・コミュニケーション力	・観光地域づくり戦略 ・ブランド戦略
コーディネーター（企画・調整者）	・マーケティング ・観光統計分析 ・会計 ・地域学 ・地元学 ・着地型旅行商品開発 ・特産品・土産品開発 ・推進態勢づくり ・プロジェクトマネジメント ・地域資源マネジメント ・人材育成マネジメント ・リスクマネジメント ・コンプライアンス ・観光政策	・プレゼンテーション力 ・コミュニケーション力	・観光地域づくり戦略 ・ブランド戦略 ・観光プロモーション戦略
プレイヤー（実践者）	・地域学・地元学 ・語学 ・リスクマネジメント ・地域資源のマネジメント	・ホスピタリティ ・コミュニケーション力	

（出典：観光庁「観光地域づくり人材ガイドライン」をもとに作成）

かなされているが、ここでは大きく3つのカテゴリーに整理した。

それぞれの人材に求められる知識・能力は、表6-3に整理したが、この中で現在、最も育成が求められているのは、コーディネーター（企画・調整者）である。

コーディネーターとは、観光地のマーケティングや地域づくり戦略を行政等とともに検討し、ビジネスとしての事業を含めて推進していく人材である。具体的には、DMOや観光協会、商工会議所等の観光・経済業界団体や地域づくり団体といった観光推進組織の事務局長など専従者がこれに該当する。

以下では、観光地経営の要となることが期待されるコーディネーターの育成について整理する。

6-4-3　コーディネーターに求められる能力

（1）期待される活動

コーディネーターには、これまで多くの観光地では実践されてこなかった、観光地域づくり戦略に基づきマーケティングや経営数値を踏まえた科学的な観光地経営を主導することが期待される。

具体的な活動としては、日常的に来訪者と接している経験も踏まえて、行政等とともに観光地域づくり戦略の策定、マーケティングの実施、着地型旅行商品や特産品の開発、プロモーション戦略の策定と実施、情報発信、人材育成戦略の策定と実施等、非常に多岐に渡る。

（2）求められる知識・能力

以上のような活動を実践するためには、習得すべき知識も多い。表6-3では求められる知識・能力を3つのカテゴリーに分けて整理した。

まず、特に核となるのが、担当する業務についての専門的な能力（テクニカルスキル）である。観光統計や経営数値等の各種データを分析し解釈する力や、地元や広域エリアの観光資源や宿泊施設・交通機関等の知識、旅行商品や特産品の開発、イベント開催の際には企画力とともに旅行業法や

食品衛生法、道路交通法といった関連法規の理解、そして国等の観光施策や各種支援・補助制度、インバウンドの誘客には各国の旅行事情や文化等についての理解が求められる。さらには、各プロジェクトを確実に実行していくプロジェクトマネジメントの能力も必要となる。

こうしたテクニカルスキルを活かし、地域内外の関係者に働きかけて実際に事業を進めていくためには、対人関係の能力（ヒューマンスキル）が必要である。その一つは利害関係を調整し、事業としてまとめていく交渉力であり、根幹にはパートナーとして信頼され得る人間性が求められる。そして、コミュニケーションを円滑にするための対話力や表現力、デザイン面のスキルも重要となる。

こうしたヒューマンスキルは、観光地で活動するリーダーやプレイヤー（実践者）を含めたすべての人材に求められる能力であるが、特にコーディネーターは観光地経営の要として、地域内外、官民問わず、多くの多様な関係者と相対することになるため、特にこうした能力が求められる。

3つ目には、現状を踏まえて解決に向けた戦略を構築する能力（コンセプチュアルスキル）が挙げられる。具体的には、データや各種情報の分析・解釈を踏まえた戦略の構築、先進事例を自らに当てはめて解釈・適用できる力等がある。

コンセプチュアルスキルは、高いテクニカルスキル（専門的能力）の上に構築されるものであるが、多岐に渡る複雑な情報や考えを、長期的な視点で概念化する必要があることから、より高次な能力であるといえる。地域リーダーには必ず求められるこのコンセプチュアルスキルは、地域内外の関係者と様々な調整や交渉を行っていくコーディネーターにおいても、求められる能力である。

6-4-4　コーディネーターの育成方法

コーディネーターに求められる知識や能力の多くは、一人ひとりが文献や研修等にて学ぶことが求められる。しかしながら、非常に幅広いこうした知識や能力を個人の努力だけで習得することは難しい。また、一人のコーディネーターがすべての能力を身につけることも、実際には現実的ではない。

以下では、観光地が組織的、長期的にコーディネーターの育成に取り組むにあたっての留意点をまとめる。

(1) 組織や地域内での実践の積み重ね

コーディネーターは、テクニカルスキルを習得すればすぐに観光地経営がうまくできるようになるとは限らない。それは、現場での実践的な知識やちょっとした知恵が重要だからである。こうした多くが言語化されていない暗黙知を習得するには、観光協会等の組織や観光まちづくりの様々な現場で実践を積み重ねることが必要である。

これは、一般的にOJT（On-the-Job Training）と呼ばれるものであるが、漠然と日々の業務や年間のイベントをこなすことがOJTではない。組織として、地域として、どのような知識や知恵、人的ネットワークをコーディネーターが身につけるべきかを明確にし、そのために必要な現場に出向き、経験を積み重ねることが重要である。

地域内での経験の重ね方について、地域リーダーの例であるが、観光まちづくりに熱心に取り組む温泉地等では、現在でも旅館組合や商工会の

青年部の活動、消防団活動等が活発であり、これらの日々の地域活動が若手をそれぞれの生業の後継者として育成している面がある。多くの優れた観光地の若手リーダーは、現役の地域リーダーの活動を間近に見ながら薫陶を受け、地域外の人々（中央省庁や他の地域、業界団体、外部の有識者等）との付き合い方や"活用"の仕方を学んでいる。彼らが様々な経験を積み、実践的な知識を得ていくために、そしてその時々の新しい価値観等を取り入れるといった意味合いからも、地域イベントや地域づくりの取り組みを柔軟に若手へ任せることが、次世代の人材育成には重要である。

また、プレイヤー（実践者）についての優れたOJTの事例としては、もがみ情報案内センターの窓口職員の育成が挙げられる。山形新幹線の終着駅の新庄駅にあり広域エリアの情報提供が求められる窓口であるが、協会職員だけで案内業務を充実させることは難しいとして、日替わりで周辺エリアの案内人（ガイド）たちに窓口勤務を依頼している。こうした各地の熟練の案内人（ガイド）と並んで案内業務を行うことが協会職員自身の育成にもつながっており、ここでも先輩の経験や薫陶が人材を育てている。

(2) 体系的なカリキュラムによる研修

人材育成は実践と学びの繰り返しであり、定期的な知識・能力のメンテナンスが必要である。コーディネーターとなった後も、定期的に研修を受講することが望ましい。ただし、行き当たりばったりに受講するのではなく、コーディネーター自身のキャリアプランや観光地の人材育成戦略に則って、体系的な研修を受講することが重要である（表6-4）。

一般的に行われている集合型研修は、知識の吸収や、ロールプレイ等を交えることでコミュニケーションスキルを効率的に習得するには有効であり、また観光地において同じような立場にいる参加者同士が互いに学び合えたり、ネットワーク構築の場にもなる。ただし集合型研修は、観光地経営についての理解や熱意に差がある参加者が一堂に会する場合もあることから、全員が同様の達成感を得ることは難しい。研修の目的や最終的な着地点（到達点）をあらかじめ明確にし、この研修によって何を学び、持ち帰って活用したいのか、参加者自身がきちんと理解し主体的に参加することが重要である。

研修手法としては、知識を得る講義のほか、先進事例を描いたケース教材から参加者自らが課題や解決策を検討したり、参加者同士で議論しながら自らの考えを深めるケースメソッドの手法等がある。また、グループに分かれてまちなかなどを探索し、課題や商品化の可能性を検討するフィールドワークも、集合型研修の一つの手法である。

三重県では厚生労働省の事業を活用して、新商品を開発できる人材の育成を目的とする全6回の集合型研修を実施した（図6-2）。本事業では体系的なカリキュラムを策定しており、観光産業の大きな動向の把握（講義）に始まり、三重県内各地でのフィールドワーク、宿泊施設・着地型旅行商品・特産品の3つのテーマごとに事例研究・ワークショップ・演習の手法を取り入れることで、商品開発に向けた実践的な研修となった（（社）三重県観光連盟「新事業展開地域人材育成支援事業」（厚生労働省事業）、2012年）。

表 6-4　コーディネーターの育成プログラムのイメージ

研修テーマ			講座の開催概要（イメージ）	研修手法※ 講義（受動的）←→自習・フィールドワーク（能動的）			
				講義（解説）	ケーススタディ（事例研究）	ワークショップ・議論・プレゼン	フィールドワーク／合宿
Ⅰ．総合型			観光原論（観光資源、観光・地域振興の考え方）、観光政策、市場動向、観光統計、プロモーション、ウェブを活用した情報発信、イノベーションなど、初めて観光行政に携わる行政職員やこれから観光による地域振興事業へ従事することを希望する人材を対象として、2日間程度、集中的に開催する。なお、地域が抱える課題次第で、以下の「個別課題解決型」講座を選択的・追加的に実施することも可能。	●	●	●	●
Ⅱ．個別課題解決型	観光地づくり系	着地型旅行商品開発	地域主導で魅力ある旅行商品を開発できるスキル習得のために、資源発掘、商品造成、販売促進、接客運営、品質管理、組織づくり等について学ぶ。	●	●	●	●
		インバウンド対策	魅力ある地域づくりと連動したインバウンド対策として、訪日外国人マーケットの理解、効果的な情報発信、受入環境整備、商品造成、接客サービス等について学ぶ。	●	●	●	○
		推進態勢づくり	地域として目指すべき推進態勢のあり方についての議論から具体的な事業計画の策定、旅行業登録等、地域の状況に合わせて内容を設定する。	○	●	●	・
		※その他、個別課題の例	―美しいまちなか景観形成 ―歩きたくなる観光地づくり（交通社会実験） ―マーケティング手法の習得 ―特産品開発　等	※課題テーマによって異なる。			
	観光産業系	旅館ホテル経営	経営数値の理解から自館の経営分析、経営改善計画の策定、魅力ある商品づくりまで、一連の流れとして理解できるプログラムとする。	●	●	●	●
		MICE 対策	MICE 受入にあたって、基礎的知識から実際の実務まで、地域の状況に合わせて内容を設定する。	●	●	○	・
		旅行業	着地型旅行商品の開発・販売、旅程管理業務を行うために必要な研修の課程を修了し、資格を取得する。	●	・	・	・
		ガイド養成	自然ガイドやまちなか案内人として求められる知識や技能、安全管理に関する留意点等について、知識の習得とともに実技・ロールプレイ等を取り入れることで体得する。	●	○	●	●
		接客・ホスピタリティ	お客様と接する現場の従業員として求められる知識や技能等について、知識の習得とともに実技・ロールプレイ等を取り入れることで体得する。インバウンド対策も含む。	●	○	●	●
	観光人材スキル系	プレゼンテーション ファシリテーション	地域や各施設において、円滑な意思疎通、合意形成を進めるために必要となるコミュニケーション系スキルの向上について学ぶ。	●	・	●	・

※有効な手法・採用のしやすさ：●＞○＞・

（3）外部人材の登用

観光地経営の要となることが期待されるコーディネーターに求められる知識や能力は非常に多岐に渡るため、一人がすべてを身につけることは難しい。そのため、特に若年層や中堅層の人口が少ない観光地においては、外部から積極的に人材を登用することも重要である。

実際に、都市部の行政職員が公募によって温泉地の観光協会事務局長へ転身し、その温泉地の活性化のために活躍した例や、東京勤務だった観光関連団体の職員が婿入り先の地域で同年代の青年たちと地域づくりに邁進した例などがみられ、近年はDMOのマーケティング担当のCMOとして地域外から人材を招くケースも増えている。観光分野の専門知識やマーケティング、デザイン、ICTといった専門的なスキル、人的ネットワーク、それまでその地域になかった価値観等を持った外部の人材が、恒常的でなく定期的にでも地域に入ることで、地元の人材が刺激を受けて大きく育つことも期待できる。

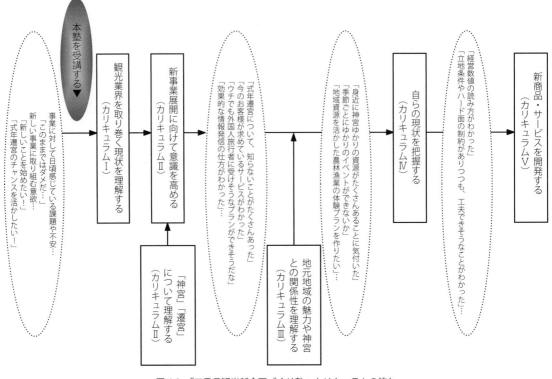

図6-2 「三重県観光新企画づくり塾」カリキュラムの流れ

ただし、外部の人材をコーディネーターに登用する際には、留意すべき点がある。コーディネーターは観光地経営の要を担う人材であるが、地域に入ってまだ日が浅い人にすべてを託すのではなく、まずは戦略づくりから収益事業まで数ある領域の中で適材適所として活躍してもらう形が良いだろう。例えば、マーケティングや着地型旅行商品の開発など、コーディネーターの専門性を見極めて、徐々に担当領域を広げていくことも一つの推進態勢づくりではないだろうか。また、地域内外の多様な関係者とコミュニケーションを図ることが求められるが、特に地域コミュニティが濃密な地域においては、高いヒューマンスキルを持つことが必須となる。

このように外部人材の登用は、コーディネーターとして必要でありつつ、地域内で欠けている能力を一時的に補完する仕組みといえよう。外部の有識者やコンサルタントが委託業務などで通ってきているうちに、地域側は足元の人材育成を急がなくてはならないのである。

(4) コーディネーターの世代交代

ここまで主に、コーディネーター個人の育成について述べてきたが、観光地としてコーディネート（企画・調整）機能を持続的に確立するためには、外部人材の登用等による役割分担でその機能を補完するほか、コーディネーターの世代交代が円滑に行われる必要がある。

そのためには、先輩コーディネーターが若手の候補者と現場で様々な経験を共有し、その際、先輩達が体得している暗黙知をきちんと言語化して共有することが重要である。これは実はすでに「年代間のコミュニケーションがスムースで風通しが良い」といわれる観光地では日常的に行われており、世代交代も比較的上手に進んでいる。

成功したビジネスリーダーの業績が書籍で明文化されることは多いが、観光地においても、先輩達が自らの想いや経験、知識を語り、ネットワークとともに若い世代へそれらが着実に継承され、人材育成へとつながることを期待したい。

【参考・引用文献】
1)（財）日本交通公社（2008）:「自主研究レポート2007／2008」
2) 梅川智也(2005):「観光の現状と観光をめぐる新たな動き─観光構造の改革に向けて」、『RPレビュー』、日本政策投資銀行
3) 国土交通省総合政策局旅行振興課(2006):『地域観光マーケティング促進マニュアル』
4) 羽田耕治(2008):『地域振興と観光ビジネス』、(株)ジェイティービー能力開発
5) 観光庁観光地域振興部観光地域振興課(2013):「観光地域づくり人材育成ハンドブック～「住んでよし、訪れてよし」への実現へ～(案)」
6) 金井壽宏・楠見孝編(2012):『実践知～エキスパートの知性』、有斐閣

視点 7 観光地としてのブランドを形成し、維持・向上させる

地域ブランドに関する取り組みが全国各地で活発化している。地域の特産品等を開発し、地域独自のブランド品として推奨、認定する仕組みの構築や、地域団体商標制度への温泉地として商標登録など様々な動きがみられる。その対象は、商品・サービスにとどまらず、地域そのものも対象とされる。地域は、激化する地域間競争から一歩抜け出そうと、地域の歴史、文化、風土等を改めて見直し、当該地域と他地域との差別化を通じて地域ブランドを確立しようと試みている。

こうした動きの中には、"観光客の当該地域への来訪意欲を喚起させ、当該地域での滞在を満足させる観光地としてのブランド"(以下、観光地ブランド)形成への戦略意識の芽生えや観光商品等の高品質化への意識が確認される。そして、その観光地ブランドを維持管理し、さらに向上させていく日々の努力は、わが国の観光地が世界レベルのより魅力ある観光地へと変わっていくのではないかと期待される。もちろんこうした取り組みの背景には、地域側の強い意向のみではなく、消費者側の地域に対する関心の高まりや本物志向などがある。例えばミシュラン等の第三者による観光地評価は、消費者にもよく知られているところである。

以下では、観光地ブランドを主な題材として、まずその形成の必要性を整理した上で(7-1)、ブランド・コンセプトの設定と戦略の策定(7-2)と、ブランド形成、維持管理のためのアクション(7-3)について基本的な考え方を述べる。

7-1 観光地ブランド形成の必要性

7-1-1 観光地ブランドの特性

観光地として求められるブランドは、先に述べたように、個別の商品・サービス等から観光地という地域(全体)まで幅広い。それは観光が移動、食事、宿泊、買い物、交流等、主に地域を舞台とした一連の活動(過ごし方)を含むためである。観光地側は、観光客の行動を意識し、市場において観光目的地として選好されるための取り組みから、実際の来訪時の過ごし方を満足させるための取り組み等を一体的に行う必要がある。ここでは、こうした観光客の一連の活動に関わる観光地ブランドの特性について、主な点を述べる。

・土地に根差した資源を素材にして構成される

観光地ブランドは、市場において当該地域(観光地)に行きたいという想いを消費者に喚起させるものであり、観光に関係するブランドである以上、わざわざ来訪しなければ体験できない価値がそこに存在することが不可欠となる。その価値の源泉となるのは、地域固有の様々な資源、自然、景観、歴史・文化、風習、暮らしなど、その土地に根差した資源であり、それらを素材にして観光地ブランドは構成される。

・外部の情報と消費者の体験が集約されたもの

観光地ブランドは、先に述べた構成要素(素材)をもとに、地域内外から発信される様々な情報や個々人が持つイメージ、多様な体験の集合から生まれるものである。それは、単なる地名ではなく、地名から連想される地域に対する良好なイメージや憧れ、期待であり、地名以上の価値を有してい

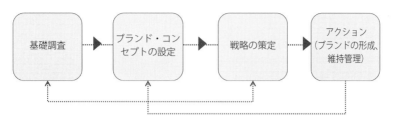

議論や実践から得られたことを各段階の取り組みに反映し、徐々に磨き上げ、精度を高めていく

図7-1　ブランド形成に向けての取り組み

・代々受け継がれていくような地域の遺伝子（DNA）

　観光地ブランドとは、他地域にない当該地域固有の価値をもとに構成されるもので、差異が明確で希少性を兼ね備えるものである。それは、競争優位性があり、地域において代々受け継がれていくような遺伝子（DNA）のようなものである。

7-1-2　ブランド形成の意義と効果

　次に地域が観光地ブランドの形成に取り組む意義とその効果について述べる。

　観光地ブランドの形成とは、地域の魅力を高め、付加価値を地域にストックし、それらを糧に消費者の心の中に地域に対する想いをストックさせて地域の存続を図る行為である。単なる認知度向上策ではなく、潜在客の開拓も視野に入れた、選好される（され続ける）地域をつくることであり、地域の持続性を担保するための手段でもある。ブランド形成の目的は、地域によって多少異なるが、取り組みの背景と結果として得られる効果は以下の通りである。

（1）地域固有の魅力で市場を惹きつける必要性
　　～フロー型からストック型の観光施策への転換

　今後地域においては、人口減少による内需縮小と自治体の税収減等が見込まれる。観光に対する期待が高まっているとは言え、観光振興に投入できる予算は限られてくるだろう。そうした状況下においては、地域産品の外販や観光消費による外貨獲得の取り組みの重要性はますます高まってくるはずである。しかし、今後実施する各種観光施策においては、従来からの取り組みの視点に加えて観光地ブランドを形成するという視点が必要と

なる。従来の観光振興策は、プロモーション活動や補助支援による価格低下を通じた誘客の取り組みに傾注していることが多かった。しかし、今後の厳しい財政状況を勘案すると、多額の費用を掛けた誘致宣伝活動や価格競争等からはやや距離を置いて、地域の魅力そのものを高めて消費者に来訪してもらえる（来訪し続けてもらえる）ように、観光地の構造転換を図る必要がある。そのための手段がブランド形成である。

　ブランド形成は、消費者の期待に応え、消費者を満足させることにより、経済効果等の地域が望む結果を得る行為である。そして、消費者に忠誠心（ロイヤルティ）を抱いてもらうことができれば、継続的な来訪と経済効果が見込める。誘致宣伝費の削減等も可能となることが見込まれる。ブランド形成の取り組みは、集客に対する即効性は期待できないものの、中長期的にその便益が見込まれることから、地域において早期に取り組みに着手し、地域の魅力をストックしていくことが求められる。

（2）外部環境の変化への耐性を有する必要性
　　～競争環境の激化と不確定要素の多い時代への備え

　観光地を取り巻く外部環境の変化には、観光客の来訪増加を後押しする好機と観光客の来訪に負の影響を与える脅威がある。前者には、テレビドラマの放映、航空路線の拡充等が、後者には、新幹線の延伸による通過、経済不況等があげられる。近年においては、観光を通じた地域活性化に取り組む地域が増加し競争が激化している。これも外部環境の変化（脅威）として捉えられる。

　観光地が、市場に影響を与えるような好機、脅

	自然や風景がすばらしい	歴史や文化がすばらしい	他にない見どころがある	見るものが多くバラエティ豊富	街並みがすばらしい	祭りや伝統芸能や特産品がある	いい温泉がある	おいしい食べ物がある	その地ならではの活動や楽しみがある	いろいろな活動や楽しみがある	いい宿泊施設がある	気候がよく居ごこちがよい	地域の人とのふれあいがある	にぎやかで楽しい	独特の雰囲気がある	清潔さや美しさが保たれている
富良野	●		▒					▒				▒			▒	▒
札幌	▒			▒	▒			●						▒		
小樽	■	▒	▒		■			■							▒	
洞爺湖	●						▒				▒					
彦根	▒	■	▒					▒								
京都	■	●	■	▒	■	■		▒	▒		▒				■	▒
姫路	▒	●														
熊野	●	■	▒												▒	
倉敷	▒	■	▒		■										▒	
直島	■		▒													
別府温泉	▒						●	▒			▒					
由布院	■						●	▒			▒				▒	

●50%以上　■30%以上　▒10%以上

図 7-2　観光地イメージ
（資料：（公財）日本交通公社「旅行者動向」）

威に敏感に反応することは大切である。しかしながら、地域がこうした外部環境を直接的に操作することは外部環境であるがゆえに難しい。したがって、こうした状況に一喜一憂せず、地域は外部環境の影響を受けにくい耐性を有する観光地へと構造転換してくことが必要である。その耐性を持つための手段がブランド形成である。一度ブランドが形成されれば、外部の不安定な状況や不確定要素が多い時代においても、あまり影響を受けず、一歩引いて観光地経営を行うことができるようになる。

7-1-3　ブランド形成に向けての取り組み

いずれの地域においても既に何かしらの活動が実施されていることが想定される。地域の特性もそれぞれ異なることから、ブランド形成の方法は一律ではないが、次節以降において、ブランド形成の要点を説明するために、便宜的に実施すべき取り組みを 3 つの段階―「基礎調査」「ブランド・コンセプトの設定と戦略の策定」「アクション」―に分けて説明する（図 7-1）。ブランド形成に際しては、地域において既に実施されている取り組みや過去に実施された取り組みの成果を有効に活用しながら、各種活動を関連づけて実施していくことが重要である。

この 3 つの段階は、〈視点 1〉の「観光地の特性と経営状況を把握する」、〈視点 2〉の「関係主体を巻き込んで説得力ある将来ビジョンを策定する」プロセスに近いものであるが、〈視点 1〉、〈視点 2〉ともに "インナー（内部向け）"、つまり当該観光地を支える関係主体（ステークホルダー）向けの色彩が強いのに対し、ブランド形成の方は、"アウター（外部向け）"、つまり消費者向けに行われるプロセスであることに違いがある。したがって、〈視点 1〉〈視点 2〉の成果を参考にしつつ、消費者、具体的には来訪者・観光客を想定し、またポイントも絞り込んで別途策定することが望ましい。ただ、「ブランド戦略」という場合、地域の側の戦略を取りまとめたものであり、必ずしも外部向けということではない。また、「将来ビジョン（観光計画）」がどちらかというと行政色が強いこともあり、別途「ブランド戦略」や「ブランド形成計画」を策定するケースは少ないのが現実であろう。また後者は広告代理店などに依頼して民主体で策定されることも考えられる。計画系や広告系かによってアプローチの手法が異なるともいえるが、いずれにしても観光地にとっては今後、大いに期待される分野であるということがいえるであろう。

海外重点地域		台湾	韓国	北京	上海	香港
競合地	タイ	●	●	△	●	●
	マレーシア	●	●	●	●	●
	インドネシア	●	●	△	●	●
	フィリピン	△	●	△	△	●
	済州島	●	●	●	●	●
	ハワイ	△	△	△	△	△
	グアム	△	●	△	△	−
	北マリアナ	−	△	△	△	−
	海南島	△	△	●	●	△

● 強い競合	（海外重点地域に対して沖縄と強い競合関係にあり、競合地の方が有利な状態）
△ 弱い競合	（海外重点地域に対して沖縄と弱い競合関係にあり、沖縄の方が有利な状態）
− 競合なし	（海外重点地域に対して沖縄との競合関係はほとんどない状態）

標記記号は総合的な調査結果に基づいた判断による。

図 7-3　沖縄と海外観光地との競合関係
（資料：「平成 20 年度国際観光地プロモーションモデル事業報告書」（（財）沖縄観光コンベンションビューロー、2009 年 3 月）、琉球新聞 2009 年 8 月 1 日記事より作成）

7-2　ブランド・コンセプトの設定と戦略の策定

以下、ここからは具体的な取り組み内容について述べる。

7-2-1　基礎調査

基礎調査は、第一にブランド・コンセプトの源泉となる地域固有の価値を見極めることを目的として行うものであり、その後の取り組み等を見越して、以下の調査、分析を行う。

■ 地域資源および観光資源等の棚卸し

地域には、観光資源として既に顕在化しているものから、まだ観光活用されていない潜在的な地域資源まで様々なものがある。まずは、地域にどのような資源があるか、体験プログラム等も含めて一度棚卸し、地域の資源を総合的に把握する作業が必要となる。ブランド・コンセプトの設定や観光客への提供を想定しながら、各種資源の関連性や成立の背景、地域の物語等、地域固有の価値に結びつく調査、分析を行う。

実際の作業では、次に述べる市場から観た評価を前向きに受け止め地域を見直したり、外の視点を持つ人と一緒になって議論しながら進めたりすると効果的である。

■ 自地域に対する評価と競争優位性の把握

・市場における評価

市場における評価を把握する目的は、当該地域に対する外部の評価を具体的に把握することであり、現時点における市場での立ち位置を把握することにある。具体的には、市場における当該地域に対するイメージや観光資源に対する認知度、来訪経験等を把握する（図 7-2）。

分析にあたっては、市場全体に加えて、主要市場、地域別、来訪経験別など市場を細分化してみることも重要である。市場別の評価を見ることで、各市場のニーズや当該地域に対する見方の違いも把握することができる。

また、着地において、当該地域に来訪している観光客への聞き取り調査等を通じて、実際の印象や当地域に対する感情、心理的距離などを具体的に把握していくことも有用である。

さらに、地域イメージの把握に際しては、地名から連想される、自地域の個々の資源に対するイメージ、地域全体に対するイメージ、来訪時の過ごし方イメージ等の具体的内容やその強弱、関係性を把握しておくとブランド形成の戦略を考えるときに役に立つ。また、市場は当地域の何についてどのようなイメージ・印象を持ち、そうしたイメージがどのようにして形成されたのかを、社会経済的背景等も含めて深く分析しておくことが必要である。

・競合地域との比較評価

観光地間の競争が激化する中では、当該地域は市場において他の地域とは違うものと識別され、差異が認識される必要がある。特に競合関係にある観光地とは、より一層明確な差別化が必要であり、比較分析を通じて競争優位性を明確にすることが求められる。競合地域の設定にあたっては、"市場から観て、市場を介して"当地域とライバル関係にある地域を適切に選出し、比較分析を通じて得られた結果をもとに差別化を図ることが重要である（図 7-3）。表面的な比較ではなく、その後

> **コラム 1：ブランド・アイデンティティと**
> **ブランド・イメージ**
>
> 　ブランド・アイデンティティとは地域側が打ち出したい価値、知覚されたい姿を明確にしたもので、ブランド・イメージは消費者が抱く好意的な地域イメージである。一般的にブランドは、各種情報や個人の体験等が重ね合わされて形成される。そのため、地域が打ち出したいブランド・アイデンティティと消費者が抱くブランド・イメージは一致しないということは多分に起こり得る。しかしながら、ブランド・イメージを見ると、地域側では気づかなかった新たな地域の魅力や見方が浮かび上がることもある。市場の捉え方を鏡にして自地域を肯定的に捉え直す視点も重要であり、そうした中でブランド・アイデンティティを精緻化し正確に発信していくことが重要である。

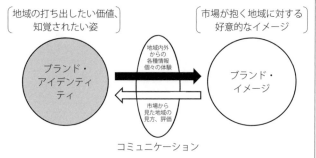

ブランド・アイデンティティとブランド・イメージの関係性

の取り組みに反映できる実用性のある比較分析がなされることが望まれる。

・**自地域における評価**

　地域の風景や特産品等は、いわゆる地域の共有財産や住民の暮らし、生業を背景に成立しているものが多い。それ故、ブランドが永続的なものとなるためには、地域に支持され、地域住民による継続的な関与が行われることが必要である。そのために、地域住民の地域に対する想いや観光資源等への来訪経験率、紹介意向、観光振興等に対する意識について把握することが必要である。

■**社会に対する深い洞察**

　後述するブランド・コンセプトの設定にあたって必要となるのは、表層的な差異や優位性の把握ではなく、本質的な価値の把握である。ブランドは、地域固有の価値を源泉とし、かつ当該地域の範囲を超えて社会的にも価値や意味を有するものであることが求められることから、社会が本質的に求めている価値を見極めることが重要となる。

■**中核となる人材、組織の把握**

　ブランド形成にあたっては、地域および地域固有の資源に加えて、ブランドの形成、維持管理に積極的かつ中核となって活動を行う人材や組織が必要である。ブランド・コンセプトの設定に先立ち、活動主体等を事前に把握し、一定程度見込みをつけておくことが望ましい。

　以上の調査結果を踏まえて総合的に検証、判断し、ブランド・コンセプトの設定を行う。調査結果は、SWOT 分析等のフレームを使用して分かりやすく整理するのも一つの方法だろう。

7-2-2　ブランド・コンセプトの設定

　ブランド・コンセプトの設定とは、市場に対して当該地域に来訪することの意味や、満足の度合いや質を高めることで共感や支持を集めるような価値を明確にすることである。

（1）コンセプトの基本要件

　主に次の基本要件を満たすコンセプトが設定されることが望まれる。

> ・時代を超えて受け継がれるような地域の本質的な価値や魅力を捉えたものである
> ・一貫性、普遍性があり拡がりのある展開が見込まれるものである
> ・当該地域での過ごし方、場面が想起されるものである
> ・他地域と差異が明確で希少性と優位性を兼ね備えた、競争力のある個性を源泉とするものである
> ・社会（市場）が理解を示し、共感し、好意的な態度、感情を抱く可能性のあるものである
> ・安定的かつ継続的に提供できるもので信頼性に足るものである
> ・地域住民が支持し、関与できるものである
> など

　これらの基本要件を満たすものとして導き出されたブランド・コンセプトは、市場に対して当該

地域への来訪の意味を与えるような、端的で分かりやすいコンセプトとしてまとめられることが重要である（基本となるコンセプトは必要だが、必ずしも1つではなく、(3)で後述するようにサブ・コンセプトの設定なども考えられる）。

(2) コンセプト導出の視点

さて、実際にコンセプトを導き出す場合において考える視点としては、①地理的範囲、②テーマ、③標的市場の3つがあげられる。これらは独立的に存在するものでなく、相互補完的な性質を持ち、いずれかの視点から検討すると他の視点の内容が見えてくることも多い。そして、これらを検討するにあたっては、ブランドの維持管理を見越して、関係者が密にコミュニケーションを取れるか否かも把握しておくことが重要である。

①地理的範囲の画定（ゾーニング）

・基本となる自然、歴史、文化の結びつきの把握

地域単位でのブランド形成は、その政策主体となる行政区域で検討されることが多いが、観光客にとって行政区域は意味を成さないことが多い。また、住民とっても実際の生活圏と一致しない境界であることも多い。ブランドの圏域は、地域の自然、歴史、文化に関わる文脈を踏まえて設定することが重要であり、例えば既に認知度のある圏域名や資源名等（江戸時代の藩や昭和、平成合併前の市町村名など）を上手く利用していくのが有効だろう。

・広域化、細分化による戦略的な範囲の設定

既に市場において一定のイメージが定着している場合は、地理的範囲を広域化、細分化することで地域の本質的な価値が導き出されることもある。

範囲を広域化すると、資源の同質性、類似性、

コラム2：観光・サービスブランド形成
～四万温泉における複数事業者による取り組み

群馬県四万温泉は、滞在型保養温泉地を目指し、様々な取り組みを行っている。平成20年には、観光庁の「観光イノベーション事業」を活用して、地域の複数旅館が客室清掃の協働化による生産性向上に取り組み、地域単位で宿泊客の滞在時間の延長につながるレイトチェックアウトの実現を目指した。併せて地域協働事業として地域の食堂でのブランチの提供などにも取り組み、「全宿レイトチェックアウトの温泉地」の実現を試み、無形のサービスを通じて「ゆっくり長い時間休める温泉地」という地域イメージ創出に取り組んだ。（「観光産業イノベーション推進ガイド」平成23年3月、観光庁 観光産業課）

四万温泉直行バス企画「全宿レイトチェックアウト」のチラシ（資料：(社)四万温泉観光協会）

異質性が浮かび上がってくることもある。広域化は、市場に対してそのスケールメリットを活かして注目を集め、イメージを届けるという側面も持ち合わせる。

一方、細分化（ダウンスケール）は、より人々の暮らしのサイズに近づけることで、地域ならではの暮らしの魅力を引き出すことが可能になる。

②テーマ性の追求

地域の個性を表出し、観光客に体感、体験してもらえるような特定のテーマに対象を絞ってブランド・コンセプトを考えていくこともできる。概ねテーマは、自然、歴史、文化のいずかの枠に該当するもので、具体的な過ごし方と観光スタイルをセットで検討する必要がある。テーマを深く突き詰めていくと、地理的範囲やテーマから想定される市場も見えてくる。

③標的市場の抑え

ブランド・コンセプトの設定にあたっては、主要市場も想定しつつ、地域の本質的な価値に共感する市場を見込んで検討する必要がある。現在は、わずかな市場からの来訪しか見込めない場合も、新たな地域の未来を切り開き主流となることも考

注1) 草津温泉の特色である酸性泉は、建物を早く劣化させるため、大理石に使用や大浴場の設置ができなかった。地域において、その理由として泉質のことを表だって述べることはあまりしていなかった。

図7-4　泉質主義宣言と泉質主義のロゴマーク（草津温泉）

えられるので、そうした市場をブランド・コンセプトの基本に据えるかは、市場の反応を見てから判断するのがよいだろう。地域におけるブランド形成の目的にもよるが、地域における量的に主となる市場と質的に主となる市場は異なる場合があるので、両市場を想定しつつ、サブ・ブランド等による展開を見越しながら、基本となるブランド・コンセプトを設定する必要がある。

(3) コンセプトの設定と展開

ここでは、コンセプトの設定とその後の展開について、具体的なイメージが持てるよう、事例を紹介しながら、これまで述べた内容を振り返る。

①原点に立ち返りブランドを再構築する
　　―観光客に提供する価値の明確化―

群馬県草津温泉では、2001年に草津温泉旅館協同組合が「冬の草津を考える会」を設立し、オフシーズンとなってしまう冬の魅力づくりを検討していた。その中で、湯治場としての原点である温泉に立ち戻り、通年の魅力として昔からある"泉質"に改めて気づき「泉質主義」を宣言した注1)。「泉質主義」を意識した各種取り組みを行った結果、泉質なら草津というイメージを内外に改めて植えつけることに成功した。「泉質主義」宣言のロゴマークは、ポスターやパンフレット、名刺などに使用され、草津温泉が提供する価値を消費者にわかりやすく、印象に残る形で伝えている（図7-4）。

②地理的範囲とカテゴリーを転換しブランドを構築する

三重県鳥羽市の地域イメージは、鳥羽水族館やミキモト真珠島などの観光施設や大規模宿泊施設が中心となっていた。しかし、近年においては、市全体ではなくエリア・地区単位で魅力を検討し、同時に「食」（伊勢海老や鮑などの代表的な食材）から地域の「食文化」（地域でしか流通していない食材や調理法、家庭料理等）へとテーマ・カテゴリーを深化させながらコンセプトを導出し、ブランド形成に取り組んでいる。地域の住民が主体となって議論し進めることで地域のより深い魅力を味わえる体験が提供可能となり、地域イメージが新規に付与され転換されることにもつながる。

③特定のテーマ（強み）からブランドを構築する

新潟県胎内市では、米粉を核にした地域ブランドの形成に取り組んでいる。胎内市は日本で初めて米粉専用工場が建設（1998年）され、米粉の普及に力を入れてきた歴史を強みに「我が国の米粉発祥地」としての米粉商品や料理の開発プロジェクトに重点的に取り組んでいる。市民とともに具体的な商品開発を進め、「米粉のまちたいない」として徐々に認知されるようになってきている。

具体事例は他にもあるが、こうした各種事例のブランド形成の展開に見られるよう、基本となるブランド・コンセプトを設定し、サブ・ブランド、個別ブランドなどの各ブランドの多様な展開を想定しながら、コンセプトを導出することが重要である。既に市場に対して一定程度イメージが定着している場合には、第1ブランドから第2ブランドの形成へと移行するための先導役を定めて取り組み、新鮮なイメージを打ち出していく、あるいは改めて地域を見直し、原点回帰して展開するなどの戦略が考えられる。

(4) コンセプト設定にあたっての留意点

・地域における市場評価の解釈と取り扱い

ブランドはある意味で地域の多様な要素をそぎ

落とし特定の要素を際立たせて表出する行為である。「なんでもあります」では曖昧となり市場に訴求できずに終わる。一方でブランドとしてある側面や差異を強調し過ぎると、他の特性や暮らしの場において矛盾を起こすこともある。そうしたことを避けるためにも、市場における評価のみではなく、事前にあるいは並行して、自地域を総合的に捉えその価値や関係性を地域で確認してみることが必要である。消費者が抱くブランド・イメージは、地域のある特定の要素で構成されていても、人々が暮らす実態としての地域は、様々な要素が有機的に結び付いて一つの地域社会を成している。観光はそうした地域社会の存在があって初めて可能となる。地域の顔となる代表する資源や市場からの強い誘客力を有する資源は観光地経営には必要だが、地域社会への配慮なしに、市場評価を安易に地域に持ち込むことは避けるべきである。外部の中立的な立場の専門家にコーディネーターとして入ってもらう、市場等の客観的データを活用しつつ、慎重な説明を行う、見せ方を工夫する、第2ブランドを設定する等を行いながら進めていくことが望まれる。

・地域の目指す方向性とコンセプトの整合性

　市場が抱く地域イメージやニーズを意識することは重要である。しかし、それに迎合して、地域のアイデンティティが希薄化したり、地域の特性、本質的な価値が流動的になってしまっては本末転倒である。ブランド・コンセプトの設定を含む観光地ブランドの形成においては、地域側が目指す将来ビジョン（方向性や理念、目標像等）と擦り合わせながら進めていくことが求められる。

7-2-3　ブランド戦略の策定

（1）ブランドの体系的整理と戦略的思考

　観光地ブランドは多様な主体のまちづくりや企業活動の"結果"として形成されるものである。一方で、地域全体として統一的な観光地ブランドの形成を視野に入れると、打ち出したい価値や市場に知覚されたい像から遡って、各主体のブランドや取り組みを束ねて体系化し、効果的かつ効率的に事業を推進することが求められる。

　無関係なブランドとして存在している場合は、個別ブランド間の相乗効果は見込まれず、統一的なイメージや価値の創出は難しいことから、地域は望ましい観光地全体のブランド像を設定して、ある一定の方向性を持たせることが重要である。

（2）ブランド・コンセプトに基づく戦略の策定

　ブランド・コンセプトを観光客が体感できるようにするために必要となるのが、戦略と具体的なアクション（戦術）である。戦略として、いつまでに、どのような順序で、どの事業を優先的に実施するかを決めて取り組む必要があり、それは、地域が打ち出したいブランドや標的とする市場によって異なってくる。通常、地域の魅力・付加価値向上に向けた取り組み、情報発信などが想定されるが、取り組みの強弱は地域によって異なる。ブランド形成に必要な戦略・戦術を体系的かつ関連性を相互に持たせて取り組むことと、重点的に特定の対象領域に注力して市場で浮上を狙うことの2点を意識して戦略策定を行うことが重要である。

> **コラム 3：観光推進組織を中心とした観光地ブランド形成の試み**
>
> **〜八ヶ岳南麓地域と（一社）八ヶ岳ツーリズムマネジメントを例として**
>
> 　観光地ブランドの形成には、社会経済の深い洞察を踏まえ、地域固有の強みを核としたブランド・コンセプトの設定とそのコンセプトに基づく施策の実施が重要である。そして、観光地という地域に関わる多様な主体を調整し、時には先頭に立って、時には各種活動を下支えして、地域の諸活動を一体的な取り組みへと結び付けていく観光推進組織の存在が観光地ブランドの形成、維持管理においては欠かせない。
>
> 　八ヶ岳南麓地域では、2010 年 4 月に当地域の観光活性化を目指す新たな組織「（一社）八ヶ岳ツーリズムマネジメント」が設立された。当組織は、「八ヶ岳南麓やとわれ支配人会」（合併した山梨県北杜市 7 町村を横断的に活動する組織）を母体としており、長野県富士見町、原村まで拡大した広域観光受入に対する機運の高まりを受けて設立されたものである。
>
> 　また、当地域では、県境、自治体の垣根を越え、長期滞在型の観光施策に取り組むため、「八ヶ岳観光圏整備推進協議会」が設立された。そして 2010 年 4 月には観光圏整備法に基づく「観光圏」として国土交通省より認定された。（一社）八ヶ岳ツーリズムマネジメントは推進協議会の代表者として、行政等と連携して計画の実現に向けた複数の会議を運営している。そこでは、当圏域内で活動する様々な関係者とより効果的・効率的な事業の推進に向けて、協議と役割分担、情報共有を行うとともに、事業の進捗状況を定期的にチェックし、計画管理を関係者と一緒になって行っている。2011 年からは、観光庁の新たな支援を受けて検討会議を設け、地域の中で中心となって活動を行うメンバーと地域の強みや弱み、方向性について議論を重ね、「1000m の天空リゾート八ヶ岳〜澄みきった自分にかえる場所〜」というコンセプトを導き出した。現在、「住んでよし、訪れてよし」の地域づくりを目指して、地域内で合意形成を図りながら、コンセプトに基づく事業に取り組んでいる。
>
> ブランド・コンセプト導出の過程（一部）
> （資料：八ヶ岳観光圏関連資料より抜粋）

7-2-4　関与する主体とプロセス

(1) 多様な主体の関与と中核となる組織、人材の必要性

　観光地ブランドの形成には、行政、観光推進組織、民間事業者、まちづくり組織、住民など地域の多様な主体の関与が必要である。

　観光地ブランドの構成要素となる景観、土地利用等に関する規制やルールは、行政が中心となって担う部分も多い。観光客への接客は、民間事業者が中心となって担っている。どちらの局面も観光においては重要であり、行政、民間のどちらかに偏った体制にならないことが重要である。多様な主体が一体となって取り組まなければ、観光地ブランドの形成および維持管理は難しいという意識を持って良好な関係を構築しながら進めるべきである。そして、そこには、「日本版DMO」をはじめとする中核となる観光推進組織や人材が存在することが望ましい。観光推進組織には、マーケティング能力も求められるが、地域のプラットフォームとして、地域の複数の多様な価値観を持つ主体と調整しながら進める能力が求められる（コラム 3）。

(2) コンセプトを体得するためのプロセスの必要性

　ブランド形成の芽となる活動は、初動期は一部のメンバーに限られることも多い。初動期であっても活動が注目を集めることもあるが、基本的には、地域単位のブランドは、様々な関係者と目的を共有しながら、ブランドを体現する地域の人々と共に時間をかけて創っていくものである。ブランド・コンセプトを我が物として一人ひとりが体得していくプロセスと場が必要であり、コンセプト導出時のみならず、普段からブランド形成を意識して取り組んでいくことが重要となる。それが観光客と実際接する場面やブランドを形にする場合において力となる。また地域住民を含む多様な主体と議論と実践を繰り返していく中で、ブランド形成におけるそれぞれの役割分担も見えてくることから、継続的に取り組んでいくことが望まれる。重要なのは、関係者のコミュニケーションである。

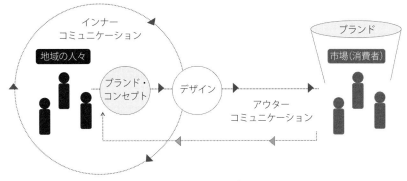

図 7-5　コミュニケーションとデザインの関係性

7-3　ブランド形成、維持管理のためのアクション

　ここでは、観光地ブランドを形成するためのアクションとして、消費者（観光客）と地域を結びつける接点において重要となるコミュニケーションとデザインに絞ってその手法の要点を述べる。併せて、形成されたブランドを維持、管理していくための手法についても要点を述べる。

7-3-1　コミュニケーションとデザイン

　地域はブランド形成に向けて、ロゴマークやキャッチコピー、WEB、パンフレット等の様々なツールを駆使して情報発信を行い、地域と消費者、地域と地域住民の接点を増やしていくこととなる。そこで重要となるのが、コミュニケーションとデザインである（図 7-5）。
　コミュニケーションは、直接的な交流、出会いを通じて行われるものと、情報媒体等による間接的なものがある。地域に対する理解を深め、地域への来訪の動機づけを行うための手段として、コミュニケーションはブランド形成には必須である。デザインは、ブランド・コンセプトを視覚的に体感できる形で消費者に届ける重要な手段であり、コミュニケーションを誘発する手立てとしても有効である。

(1) 地域内外を結び付けるコミュニケーション

　コミュニケーションは、対象別にインナー・コミュニケーションとアウター・コミュニケーションの二つに分けられる。

■インナー・コミュニケーション（主に地域内）

　インナー・コミュニケーションは、ブランドの元となる地域の資源を直接的・間接的に所有、維持管理する人々に対する情報発信と交流を通じて、ブランド・アイデンティティを構築し、ブランドの信頼性を担保していくことを目的とする。観光地のブランドは、地域住民の暮らしや生業に深く根差したものを源泉とするので、それに関わる観光地ブランドのコンセプトや戦略等を地域で共有していくことが求められる。交流の場や活動の場など、地域の人々が関与できる機会を積極的に設け、地域で一緒になって地域の魅力を磨いていく必要があり、それは、一時的なものではなく、継続的に行われる活動としていく必要がある。
　例えば、由布院のように、長い年月を通じて形成された観光地ブランドを見ると、一朝一夕に地域の本質的な価値やコンセプトが導き出されることは少ないことがわかる。地域で交流する場を設け、地域住民が自身の言葉でまちを語り、具体的な行動に反映していくことが大切である。コンセプトがいくら良いものでも、地域住民一人ひとりにコンセプトが体得されていなければそれを表現（体現）することもできずコンセプト倒れになってしまう。その意味においてブランド・コンセプトは事前確定的なものではなく、発展性が見込めるものである必要がある。また、取り組みにあたっては、一方通行の伝達ではなく双方向のコミュニケーションを行い、真に磨かれたブランド・コンセプトとしていくことが求められる。そして、地

図7-6 NPO法人阿寒観光協会まちづくり推進機構が地域向けに発行するニュースレター
（資料：NPO法人阿寒観光協会まちづくり推進機構）

写真7-1 （株）四万十ドラマの商品デザイン

域全体として一定の志向性を有するようになるまで、地域にも忍耐が必要とされる。観光地ブランドの形成は非常に息の長い取り組みと認識し、中長期的視点で取り組まなければならない。

具体的には、公設、私設を問わず、セミナーやサロン、シンポジウム、各種ワークショップ等の場や実践的な活動の中で、地域の様々な人が関与できる場と仕組みを設けるとともに、まちづくり新聞等の広報誌を通じて、住民が情報を取得できる環境にする等の工夫が必要となる（図7-6）。

■アウター・コミュニケーション（主に地域外）

アウター・コミュニケーションは、主に地域外に対して、情報発信等を通じて自地域に対する憧れや存在感を示し、好意的な感情を抱かせ観光客の来訪へと結びつける行為である。自地域と他地域の識別、差異の認知に留まらず、動機づけを行い実際の来訪行為へと結び付けることを目的として行われるもので、潜在的な市場開拓も含むため、戦略的な取り組みが必要となる。

三重県では、2004年11月に策定された「三重県観光振興プラン―観光構造の変革、そして観光文化の創造をめざして―」を受けて、三重県の誘客を計画的かつ戦略的に展開するための「三重県観光振興プラン誘客戦略」を翌年3月に策定した。その特徴は、国内を4エリア（中部圏、関西圏、首都圏、遠隔地）に分けて「エリア別誘客戦略」を策定している点にある。首都圏誘客戦略は、情報発信戦略と旅行商品戦略から構成され、基本的観光情報を訴求して三重県の認知度を高め、来訪欲求を喚起することが目的とされた。三重県は、従来からの主たる誘致エリアである中部圏、関西圏に加えて、首都圏に対して誘客事業を展開することにした。首都圏では、中部圏、関西圏と同様の手法は用いず、「三重県の定番」（伊勢志摩、熊野古道等）に絞り込み、広告表現等の工夫・配慮を行った。三重県のブランド・イメージの明確化と定着を狙い、具体的には集中広告期展開やキャンペーンによる話題性の創出等を行い、来訪意欲を喚起していった。

このように市場別に幾分ポジションや視点を変え、市場に適した表現と適切な手法（ツール等）を用いて訴求していくことが重要である。市場の分類には様々なものがあるが、今後は、リピーターの重要性が増すことから、リピーターの関心や来訪頻度に応じた細やかな情報発信が求められることになるだろう。

一方、コミュニケーションを通じて、消費者に好意的な感情や来訪意向が生まれても、地域の受入体制が十分でない状態の場合、その期待に応えることができず、不満足を生み出し、効果を得られない場合があるので、発信するコンセプトに即した地域での観光魅力の形成が大切である。

なお、三重県では、先に紹介した誘客戦略に加えて、2009年より「『美し国おこし・三重』県民

> **コラム4：市場における自地域に関する情報の管理**
>
> 　市場に対して発信された自地域に関する情報（記事や映像等）を、入手可能な範囲ですべて取得し、定期的に情報の質（記載内容等）のチェックが行われることが望ましい。市場における情報には、外部（メディア、来訪者等）の情報発信主体の解釈等も含まれる。それらの分析結果をもとに、必要に応じて外部と接点を積極的に設け、コミュニケーションを通じて、できる限り地域が望む方向にコントロールしていくことが観光地のブランド管理には求められる。
>
> 　実態としては、外部で発信される情報の質の管理は、充分になされていない状況にはある。しかしながら、ある観光地においては、経費をかけずにメディアに取り上げてもらう工夫を行うとともに、外部で発信された各種情報をできる限りすべて収集し、広告宣伝費に換算して把握している地域もある。どの観光地でも既に情報の収集、集約は行われていると思われるので、質を管理するという意識から改めて見つめられることが望まれる。
> （資料：「平成23年度観光実践講座 講義録 "つなぐ" "つながる" が生む地域の新しい魅力」（公財）日本交通公社）

力拡大プロジェクト」も実施している。県の観光PRを「美し国」で一貫して続けているのみならず、他部署の取り組みや県内市町村の取り組みとも連動させながら、県民向けにも美し国おこし運動等に取り組み、地域内外のコミュニケーションを関連づけて行っている点において他の地域の参考となるだろう。

（2）コンセプトに基づく統一したイメージを届けるためのデザイン

　ブランド・コンセプトは、地域での消費者の個々の体験によって具体的に感じられるものであり、最終的にその体験が地域全体のブランドに収斂されていくことになる。消費者と地域の接点には、地域の人々（おもてなし・接客、仕種、所作、言葉・方言）から風景、情報媒体、土産品等まで様々であるが、ブランド・コンセプトを消費者に届け、統一感のある地域イメージを創出するためには、各接点にデザインを投入していくことが有効である。

　ブランド・コンセプトは、デザインを通して視覚化され消費者に届けられる。デザインの対象は、公共空間、私的空間、商品（写真7-1）等まで様々であるが、具体的に形にする際に重要となるのは、コンセプトや地域の人の想いである。地域の人々は、デザイン技術を持つ専門家やモノづくりの職人等にコンセプトや想いを明確に伝えていく必要がある。

7-3-2　ブランドの維持管理

（1）維持管理の必要性とその体制

　観光地のブランドは、一度市場において形成されても、ブランドの構成要素である地域の環境や商品・サービス等の品質は時間の経過とともに、変容していく可能性もあるため、消費者との信頼性を保ち続けるために維持管理が必要となる。ブランドの維持管理は、地域全体で統合的に管理していくことが望ましいが、様々な経営主体に観光地の経営資源は横断的に保有されることから、地域で束ねて統合的に観光地ブランドを保証していく意識を持ちつつ、地域で第三者も含めた会議等を設け間接的に管理していく、というのが一般的である。

（2）維持管理の手法

■市場で発信される情報の管理と地域での情報共有

　観光地ブランドの維持管理は、基本的には、個別ブランドの管理が主となる。その中で地域全体として実施すべきは、当該地域に関する情報の収集、管理と地域内での情報共有である。観光地のイメージは、消費者の個々の体験や受信する情報によって、わずかに変化していると見ることもできる。ブランドの維持管理や活用を通じた当該地域の持続性確保を見据えている場合は、市場における当該地域の評価を定期的かつ継続的に把握し、自地域のブランド管理や実働に結び付けていくことが望ましい（コラム4）。地域側は打ち出したい価値、知覚されたい姿と市場が抱くイメージの乖離度合いに応じて、コミュニケーションの内容や各種取り組みの力の入れ具合を変えていくことになるだろう。

　情報の管理にあたっては、外部の機関が実施している観光地ブランド、地域ブランド等に関する調査結果を把握し、自地域と他地域の相対的な立ち位置を把握するのみならず、外部の機関が"ど

> **コラム 5：統合的な視点でのブランド形成と価格を下げない意識**
> ～春蘭の里構想にもとづく地域一体となった取り組み
>
> 　観光客の受け入れを想定して、地域において様々な視点から魅力づくりを行い、近年、市場評価が高まっている地域がある。石川県能登町宮地・鮭尾地区の農村集落である。当地区は 1998 年に「春蘭の里構想」を策定し、その実現に向けて地域一体となって多岐にわたる事業に取り組んでいる。若者が帰ってくる農村の再生を目指し、1 軒の農家民宿で月 40 万円を売り上げることを目標に掲げている。1997 年に一軒の民宿が開業して以来、徐々に取り組みが広がり、現在民宿は 47 軒にまで増加。地域一体となって来訪者を受け入れている。
> 　春蘭の里の民宿の特徴は、1 日 1 客、輪島塗の膳、手作りの箸、地元産の食材、化学調味料を使わない等のこだわりであり、食材などは違っても各民宿のサービスコンセプトはほぼ統一されている。
> 　価格については、個人客は 1 泊 2 食付きで 10,000～15,000 円ほど、団体客は 8,500 円という値段を設定している。一般的な民宿が 5,000～6,000 円で受け入れている現状からすると幾分価格は高くはあるが、その代わりに価格に見合う最良のサービスでおもてなしをしていくことを徹底し、付加価値向上に取り組むことで値段を下げない姿勢を取っている。旅行会社と時間をかけて交渉を行い、地域側の手取り価格は下げず維持している。
> 　また、「春蘭の里」は、観光・サービスに関する取り組みのみではなく、景観保全も行っており、春蘭の里地区は 2011 年度に「いしかわ景観総合条例」に基づく景観形成重点地区の第 1 号に指定された。「白壁」と「黒瓦」という能登半島各地で一般的によく見られる景観を大切に保全し、地域の統一イメージを形成しようとしている。こうしたハード・ソフトに関する取り組みを一体的に進める地域が全国に増えることが期待される。
> （資料：「若者が帰ってくる農村の再生を目指した里山での体験交流～地域への恩返しから始まったグリーンツーリズム」『地域づくり団体活動事例集～地域づくりの新段階　活動紹介 3』財団法人地域活性化センター）

春蘭の里の景観

のような視点"で地域を評価しているかを把握することが重要である。外部が行う評価項目を確認し、外部の視点を地域が獲得することで、自地域の新たな魅力や不足している部分が見つかることがある。

■環境や商品・サービス等の維持管理

　個別ブランドの元となる要素は、町並みや農地、特産品や宿泊施設、人材など多岐にわたる。地域および個別の商品・サービスが継続的に高い評価を受け、観光客の来訪や満足につながるようにするためには、独自にルールを定め、その品質を管理することも一つの方法である。

　観光・サービスブランドの管理に限って言えば、宿泊施設の格付け、工芸品・特産品の認定、生産者・提供者の認定、プログラムの認定、ガイドの認定、イベント等の参加者（受入側）を制限する仕組み等がある。こうした制度を設ける目的としては、対内部的には、各取り組み主体に対してある目標を設定し、モチベーションの向上を通じて地域全体の質の向上、底上げを図ることであり、対外部的には、安心や安全、品質の保証、選択時のわかりやすい判断材料を提供することにある。

■外部からの参入への備え

　観光地としてのブランド力のある地域には、外部からの事業者の参入が想定される。地域はそうした状況を想定し、積極的に受入れを行うもの、取り込んでいくものを事前に地域で話し合い明確にしておくことが必要である。

　現状としては、例えば土産品等の商品においては、観光地のブランド力を逆手にとった地名を冠しただけの便乗品も多く見られる。これらは、ブランドの信頼性を低下させ、地域性を希薄化させることにもつながりかねない。こうした状況を回避するために、先に述べたような仕組みの構築とその仕組みを運用していく主体の信頼性を高めていくこと、仕組みを消費者目線でわかりやすく情報発信することが大切である。加えて、当該地域の考えやルール等を事業者に対して情報発信していくことも重要である。地域の方向性と志を同じくするもの、良質なものを意識的に取り込み、後手に回らないこと、対話を通じて双方がメリットを享受できるような関係性を構築していくことが

望まれる。

　また、仕組み・制度を通じた管理は重要ではあるが、市場経済の中では、"地域が外部に勝るものを創る""消費者に選好されるものを創る"という意識を地域が持ち、創意工夫を凝らして商品等を生み出していくことも、一部の個別ブランドにおいては求められる。

■地域住民の関与と支持の重要性

　観光地ブランドの維持管理においては、市場評価と同時に価値の源泉を守る地域住民の意向も定期的に把握していくことが重要である。

　これまでの観光地の発展を振り返れば、全国的な認知度を有し、観光客の来訪は確保できていても、交通混雑やごみ等で暮らしの場が破壊され、地域住民と観光事業者の間に溝ができてしまった観光地も少なくない。市場において良好なイメージが形成されていても、地域に支持されないということも十分にあり得る。

　観光地ブランド形成の目的が達成されているか、形成された観光地ブランドが地域の目指す方向性に則しているか等を定期的に確認し、真に持続的な社会の構築に向かっているかを見極めて取り組んでいく必要がある。目的意識に則したブランド形成とその維持管理が求められる。

【参考文献】
1）和田充夫・菅野佐織・徳山美津恵・長尾雅信・若林宏保著、電通abic project編（2009）：「地域ブランド・マネジメント」有斐閣
2）財団法人東北開発研究センター「地域ブランド研究会」編著（2005）：「創造地域ブランド」、東北電力株式会社後方・地域交流部監修、河北新報出版センター
3）佐々木一成（2011）：「地域ブランドと魅力あるまちづくり―産業振興・地域おこしの新しいかたち―」学芸出版社
4）佐々木純一郎、野崎道哉、石原慎士（2009）：「地域ブランドと地域経済―ブランド構築から地域産業連関分析まで」
5）田中道雄（2012）：「地域ブランド進化論―資源を生かし地域力を高めるブランド戦略の体系と事例」繊研新聞社
6）陶山計介、妹尾俊之（2006）：「大阪ブランド・ルネッサンス―都市再生戦略の試み」ミネルヴァ書房
7）Simon Anholt（2009）：「Handbook on Tourism Destinations Branding」World Tourism Organization Pubns
8）二村宏志（2008）：「地域ブランド戦略ハンドブック-この1冊で、明日から地域のブランド戦略が企画できる！」ぎょうせい
9）加藤正明著、橋爪紳也監修（2010）：「成功する「地域ブランド」戦略」PHP研究所
10）Steven Pike（2004）：「Destination Marketing Organisations（Advances in Tourism Research）」Routledge
11）十代田朗編（2010）：「観光まちづくりのマーケティング」学芸出版社
12）大橋昭一編（2013）：「現代の観光とブランド」同文館出版
13）牧瀬稔、板谷和也（2008）：「地域魅力を高める「地域ブランド」戦略―自治体を活性化した16の事例」東京法令出版
14）博報堂地ブランドプロジェクト（2006）：「地ブランド日本を救う地域ブランド論」弘文堂
15）敷田麻実・内田純一・森重昌之編集（2009）：「観光の地域ブランディング―交流によるまちづくりのしくみ」学芸出版社
16）東徹（2007）：「Chapter2 地域ブランド戦略の意義と展開」『新時代の観光課題と挑戦』、総合観光学会編、pp.21-42
17）原田保・三浦俊彦編著（2011）：「地域ブランドのコンテクストデザイン」同文館出版
18）大西雅之・松田忠徳編（2011）：「北海道の観光を変える！競争しない個性を磨け！」中西出版
19）松下公一（2005）：「「地域ブランド」のすすめ―地域ブランド（地域版CB）の戦略的マネジメント手法について（青森県のケースを中心に）―」
20）長野県（2005）：「信州ブランド戦略」
21）朝倉はるみ（2012）：「三重県による首都圏情報発信戦略の意義と効果―個別事業の変遷を中心として―」『第27回日本観光研究学会全国大会学術論文集』、pp.161-164
22）小林英俊、吉澤清良、久保田美穂子（2013）：「第3回研究会で考えたこと」『2012年度温泉まちづくり研究会ディスカッション記録』（公財）日本交通公社、pp.116-126

視点 **8** 地域の観光財源を確保する

観光客を誘致している観光地においては、大なり小なり観光需要に対応した財政需要が発生する。例を挙げれば、観光案内所での旅行者への情報提供、観光資源の保全、観光インフラの提供（上下水道、清掃、消防・医療、交通機関・駐車場等の整備、遊歩道の整備等）、あるいは観光人材の育成などの諸施策が必要となってくる。そして、こうした施策を計画的に展開していくために、安定的に財源を確保していくことが重要となる。

8-1 地方財政の悪化と観光自主財源の不足

8-1-1 地域の観光費の動向

地域の観光費[注1]は90年代半ば以降長期的に減少傾向にあった。その要因としては観光需要が1995年頃をピークに減少に転じた点が大きいが、もう1つの背景として、地方財政の逼迫や自主財源制度の不備など財源の問題がある。

2000年代に入って地方自治体では、社会保障関係経費の増加への対応、地方債利払いなど経常的経費が拡大して財政硬直化が進んだ。都道府県の経常収支比率は2009年度に過去最高の95.9%に達しており、観光振興に振り向けられる歳出の許容度が顕著に減退した。総務省「地方財政統計年報」から47都道府県の観光費の推移をみると、1995年度の1,532億円から15年後の2010年度には635億円まで減少しており、この減少率は都道府県の歳出額の伸び率を大きく下回るものである（図8-1）。ところが、インバウンド市場の急拡大に伴い、2015年度の観光費は1,450億円へと急増した。このため、観光費を補うための新たな財源がこれまで以上に必要とされる状況となっている。

市町村レベルの観光費については統計データが不備であり、その動向を掴みきれないが、経常収支比率も高水準で推移しており、市町村の重要な観光財源である入湯税収入も2003年をピークに横ばいもしくは減少傾向にあることから、観光費の財源の必要性は都道府県同様に高まっているものと推察される。

都道府県の観光財政が逼迫する一方で、国の観光関連予算は、インバウンド市場への期待を背景に、2005年の観光立国推進基本法成立と2008年の観光庁設置を経て、むしろ拡大する傾向がみられる。その額は観光庁以外の省庁予算を含め2014年度で2,956億円と、地方の観光予算に比べて規模が大きい[注2]。また、2019年から国際観光旅客税が特定財源として導入され、観光庁の予算額も19年度で414億円（東北復興枠・他省庁付替えを除く）と、大幅に増加している（図8-2）。

8-1-2 観光需要に対応する自主財源の不足

地域においては観光財源の不足から、国の補助事業に相乗りする形で政策を実現していくケースが目立つ。2010年度の例では、「訪日外国人3,000万人プログラム（VJ事業が主）」（観光庁・予算額95億円）、「観光を核とした地域の再生・活性化（観光圏整備事業）」（観光庁・同6.4億円）「我が国のかけがえのない文化財の保存・活用等」（文化庁・同406億円）などが多くの地域で実施されている。このほかにも、経済産業省、環境省、農林水産省、外務省、総務省、内閣府など多くの省庁で地域を対象とする観光関連補助事業が展開され

注1）「観光費」には総務省の「都道府県決算状況調」に計上されている額を用いている。目的別歳出の分類において「観光費（項）」は「商業費」「工鉱業費」と共に「商工費（款）」を構成している。

注2） 政府全体観光予算は観光関連部分を特定できるもののみを計上して作成（観光庁資料）。

図8-1　都道府県観光費と対都道府県歳出額比の推移
（資料：総務省）

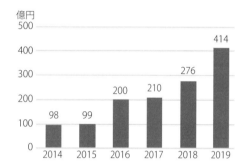

図8-2　観光庁予算額（東北復興・他省庁付替えを除く）
（資料：「観光庁予算決定概要」観光庁）

ている。都道府県の観光費の縮小は、相対的に国への依存度を高める結果につながってきている。

なお、わが国においては、地方税だけでは不足する歳入を地方交付税交付金によって補うという財源配分の方式が採られている。しかし、自治体に配分される交付金額の算定は、自治体の人口と面積を主な基準として決められ、宿泊客数や交流人口といった指標を用いた交付金の加算は行われていない。観光関連では、特別交付金の一部として文化財保全に若干の予算措置が行われている程度である。

また、市町村において観光政策を使途に含む法定目的税が入湯税のみであり、地域の温泉資源の賦存状況に左右されてしまうことも課題である。観光客数規模に比較して入湯税収が相対的に低い観光地域を例示すれば、沖縄や、東京、京都、名古屋、大阪等の大都市圏、あるいは奈良、宮島（廿日市市）など人文系の世界遺産登録地域等も多く含まれている。

こうした問題意識を踏まえて、ここでは地域の観光財源を確保する方法について、体系的な整理を行うこととする。また、法定外税と協力金の2つの方式の実際について、事例を基に解説を行う。

8-2　観光財源の体系

本節では、まず地域の観光財源の体系について整理した上で、主な自主財源に関して事例を交えて解説を行うこととする。

8-2-1　観光財源の分類

自治体の主な観光財源の体系について分類すると、図8-3の通りである。なお、ここでいう観光財源は、その使途が地域の観光振興施策との関連性が強いものに限定して考えることとする。例えば、ゴルフ場利用税（法定普通税）は、観光客の負担が大きな比率を占める税目だが、観光振興とは原則として無関係に支出されているため、ここでは除外している。

観光財源はまず、自治体独自の財源である自主財源と、国や県の裁量等に左右される依存財源とに大別される。自主財源としては、地方税、協力金・寄附金、事業収入が主なものであり、依存財源としては、地方債（過疎対策事業債等）、国等の補助事業等が主なものといえる。

なお、観光地経営の主体には、観光協会や旅館組合などの観光関連団体も含まれる。これら組織の財源構成が自治体と異なる点は、地方税収や地方債等がない点と、自主財源として会費収入や協賛金、広告宣伝事業等の事業者分担金が含まれること、依存財源として金融機関からの借入金等が含まれる点である。図8-3は、代表的な温泉地に

■自主財源
　■地方税(観光を使途とするもの)
　　・法定税
　　　入湯税(市町村税)
　　・法定税の超過課税
　　　[・入湯税(三重県桑名市、岡山県美作市)、県民税
　　　(高知県森林環境税)等]
　　・法定外税
　　　・法定外目的税
　　　　[宿泊税(東京都)、乗鞍環境保全税(岐阜県)、遊漁税
　　　　(富士河口湖町)等]
　　　・法定外普通税
　　　　[別荘等所有税(熱海市)、歴史と文化の環境税
　　　　(太宰府市)等]
　■協力金・寄附金
　　・協力金
　　　[花見山協力金(福島市)、おわら風の盆行事運営協
　　　力金(富山市)等]
　　・寄附金
　　　[ふるさと納税制度等]
　　・分担金(地方自治法に基づくもの):BID、CID
　　　[倶知安町ニセコひらふ地区エリアマネジメント条例
　　　(H26年に条例可決後、施行に至らず)]
　■事業収入(利用料・使用料等)
　　　[観光施設等入場料、衛生施設利用料(トイレ・シャワー
　　　等)、温泉施設利用料、空港施設利用料、駐車場利用料、
　　　不動産事業、有料道路通行料、旅行業収入、製造業、卸小
　　　売業、国等の事業請負　等]
■依存財源
　■特定財源
　　・航空機燃料譲与税、電源立地地域対策交付金等
　■地方債
　　・過疎対策事業債(産業振興施設、ソフト事業)・辺地債等
　■国等の補助事業
　　・観光振興費(観光庁)、離島振興費(国交省)、文化振興費
　　　(文化庁)　等
　■その他(民間団体等)
　　・観光ファンド、エコファンド、宝くじ事業収益金等

図8-3　地域の観光財源の体系

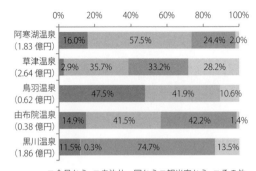

図8-4　支払者区分からみた温泉地の観光推進組織の収入
　　　(2011年度)
(資料出所:「温泉まちづくり研究会」(公財)日本交通公社)

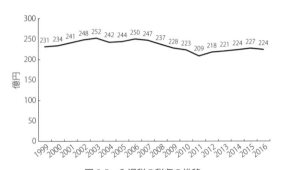

図8-5　入湯税の税収の推移
(資料:総務省「平成25年度地方税に関する参考計数資料」)

注3)　2000年4月の地方分権一括法による地方税法の改正により、法定外普通税の許可制が同意を要する協議制に改められるとともに、新たに法定外目的税が創設された。

おける観光推進組織について、その財源がどの主体から支払われているかをみたものである。地域によってその構成が大きく異なっていることがわかる。

8-2-2　地方税(観光施策を使途とするもの)

わが国の租税体系は、徴収権を持つ主体の別で「地方税(道府県税と市町村税)」と「国税」に分かれ、使途の限定性という観点で「目的税」と「普通税」とに大別される(揮発油税など普通税であっても特定財源として使途が限定されている税目もある)。また、地方税については、地方税法に定められた「法定税」と、条例によって自治体が新設する「法定外税」の区分がある。

観光消費を源とする税収は、観光事業者が納税する税目を含めると、消費税、所得税、法人税、道府県民税、市町村民税、事業税、固定資産税、都市計画税等、広範にわたる。しかし、その使途が自治体の観光振興施策との関連性が強い法定税は、厳密には「入湯税」のみである。

法定外税は、2000年4月の地方分権関連一括法の中で導入が容易となった税であり[注3)]、2001年7月に山梨県河口湖町(現富士河口湖町)において第一号案件として「遊漁税」が施行されている。これは、観光に関わる法定外目的税の最初の事例でもある。その後、観光税としては、東京都の「宿泊税」や、岐阜県の「乗鞍環境保全税」など幾つかが導入に至っている。

以下で、観光活動との関連が比較的深い税目に

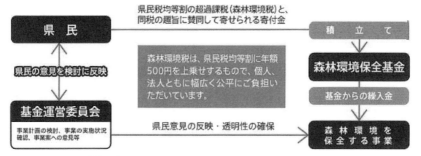

図8-6 森林環境税による事業の仕組み（資料：高知県森林部ホームページ）

ついて簡単に解説する。なお、法定外税については次節で整理することとする。

（1）入湯税

入湯税は使途が限定されている目的税である。具体的には、環境衛生施設、鉱泉源の保護管理施設、消防施設その他消防活動に必要な施設の整備に要する費用、観光の振興（観光施設の整備を含む）に要する費用に充てられる。近年は観光振興のウェイトが高まっているとされるが、観光振興に入湯税収入の何割を用いるかなどは、各自治体の裁量により異なる。

入湯税収入額は、2003年度の252億円をピークとして減少傾向にある（図8-5）。入湯税は温泉地の重要な財源となっているが、温泉資源に乏しい観光地にとっては入湯税のような観光需要に比例的な法定税が整備されていない状況にある。

（2）超過課税

地方自治体の課税自主権を尊重する立場から、財源確保や環境対策など特定の政策目的を達成するため、超過課税を実施することが認められている。したがって、自治体が標準税率（通常拠るべき税率）を超える税率を条例で定めて課税し、その使途を一定程度観光施策に充てていく手法も採り得る。ただし、制限税率がある税目も多く、また、「一定税率」と決められている税目もある。

入湯税の標準税率は150円であり、多くの市町村が標準税率を適用している。ただし、日帰り客については、減額されるケースが多い。逆に標準税率を超過して課税している市町村も2018年度で5団体ある（釧路市、上川町、美作市、箕面市、桑名市）。

高知県の「森林環境税（通称）」は税制上は住民税均等割の超過課税であり、上乗せ部分の税収を「森林環境保全基金」に積み立てる方式を採っている（図8-6）。基金の運営については、森林環境保全基金運営委員会を設置して、アンケート調査等を活用して県民の意見を反映させている。この税は、県外からの観光客を課税対象としたものではないが、その使途には森林環境の保全だけでなく、自然体験活動や環境学習プログラム作成など県内青少年向けのレクリエーション分野にも踏み込んだものとなっている。

8-2-3　協力金・寄附金

（1）協力金

ここで対象とする協力金制度は、自治体もしくは非営利の地域の観光振興に寄与する組織が運営する事例で、自然公園や歴史文化資源等を利用する観光客に対して、環境保全やサービス維持の財源確保を目的として拠出を依頼するものである。協力金制度の導入は税方式に比べて相対的に容易であり、今後自主財源制度としての重要性が高まる可能性がある。ただし、協力金の収受には強制力がなく、収受額は一般に税方式よりも不安定で小さくなりやすい。協力金制度の事例と課題については、8-4節で述べる。

（2）寄附金制度

観光施策に関連する寄附金制度の事例としては、2008年5月に「地方税法等の一部を改正する法律」によって全国的に導入された「ふるさと納税制度」を活用したものが多い。同制度は、ふるさと（都道府県または市町村）へ寄附をした場合、領収書が発行され、寄附金相当額が居住地の個人住民税や所得税から控除される仕組みになってい

る。

　なお、「ふるさと納税制度」は、控除が効かない2千円と引き替えに様々な特典を手に入れる疑似的な投資商品としての性格を持っており、自治体間の特典の還元率競争に陥りやすい。また、高額納税者ほど還元率が高い事例が多く、垂直的公平の観点で課題もある。受益との対応という点でも、自分が行政サービスを受けている自治体の財源を域外に漏出させることになる上に、住民税の控除手続きのコストが居住自治体に発生するという矛盾もある。

　なお、高知県の森林環境税（住民税均等割の超過課税）に関連して、2007年12月の条例改正から寄附金制度が併用されている（2008年度で約120万円の寄附金があった）。

　寄附金制度全般の課題としては、大口寄附者の有無にもよるが、一般的に財源としての規模が小さいこと、安定性に欠けることなどを指摘できる。

8-2-4　事業収入（利用料・使用料等）

(1) 概念

　ここで言う事業収入は、自治体や第3セクターを主体として、特定のエリアや施設において提供されるサービス等の対価として徴収されるものである（利用形態等によって、利用料、入場料、使用料、料金、手数料等、名称は様々である）。

　料金の徴収方法は、施設や地区の入口施設など利用者が出入りするボトルネック（隘路）での徴収や、当該施設利用者が必ず購入するサービス等の代金支払いに合わせての徴収がみられる（空港使用料であれば航空券代に上乗せするなど）。また、こうしたポイントがない場合には、駐車場のような交通利便施設を新たに整備することで、駐車場料金を収受し、これを施設・地区の整備や保全等に充てるといったことも行われる。

(2) 事業導入による財源確保の長所と課題

　利用料は、特定のエリアや施設の利用対価として徴収されるものであるため、利用者の納得性は相対的に高い。また、沖縄県南城市の「緑の館セーファ」のように、斎場御嶽が持つ、県民にとっての歴史的あるいは精神的な価値を伝えた上で、観光客の利用に一定の節度をもたらすといった教育的な価値を付加することも可能である。

　海外の例になるが、ハワイ州のハナウマ湾は環境教育の好例である。入場料を徴収すると共に、入口付近に環境保全のルールをビデオで学習させる施設が設置されている。

　課題としては、利用料徴収により来訪客が減少する可能性があること、収入の使途が当該施設に関するものに限定されやすい点などが挙げられる。また、駐車場事業など、立地によっては民間事業者のサービスとの競合が課題となる可能性もある。

8-3　入湯税の超過課税による観光財源の確保

8-3-1　入湯税の概要

(1) 入湯税の概要と現状

　入湯税は鉱泉浴場に入る行為に対して課税するものである。
　①環境衛生施設の整備
　②鉱泉源の保護管理施設の整備
　③消防施設その他消防活動に必要な施設の整備

注 1) 鉱泉浴場：温泉法にいう温泉を利用する浴場（同法の温泉に類するもので鉱泉と認められるものを利用する浴場等社会通念上鉱泉浴場として認識されるものも含まれる。）

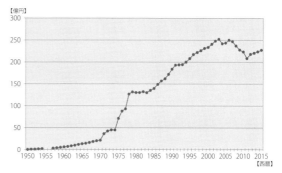

図 8-7　入湯税の税収の長期推移（資料：総務省）

④観光の振興（観光施設の整備を含む）

の 4 つの目的に使われる税金であるが、現実には目的税と言いながらも一般財源的に使われているケースもあるようである。なお、課税主体は、鉱泉浴場[注1]所在の市町村で、市町村より指定された「特別徴収義務者」（鉱泉浴場の経営者など）が、入湯客（＝納税者）から税額を徴収するようになっている。

歴史的な導入経緯については、都道府県税になったり普通税になったりと様々な変遷はあるが、いずれにしても歴史のある税金の一つといえる。最終的に市町村税の目的税になったのは昭和 20 年代の終わりである。また、目的に観光振興が追加されたのは平成に入ってからで、比較的新しいことから行政でも知らない方も多いのかも知れない。

入湯税を導入しているのは全国 976 の自治体で、893 が 150 円の標準税率にしている。超過課税を導入しているのは、釧路市、上川町の 250 円、桑名市の 210 円、美作市、箕面市の 200 円である。全国で 5 つしか事例はないが、それぞれユニークな使い方をしている。なお、全国の入湯税の税収は図 8-7 に示すように、全国で約 230 億円程度で、固定資産税、住民税などが市町村税の大半を占める中で、0.1 パーセント程度となっている。2011 年の東日本大震災時に落ち込んだが、その後、取り戻している。

8-3-2　超過課税と基金化の導入事例

(1) 美作市

岡山県美作市は 5 町 1 村が合併して市となった。元々は美作町に美作三湯の一つ、湯郷温泉で超過課税が行われていた。同温泉は、岡山湯郷 Belle という女子サッカーリーグのチームが本拠地としていることで有名である。

元々、入湯税の 150 円と入湯料 50 円を取っていたが、入湯料の方の使途に不明瞭な点があったとのことで、当時の町長が入湯料をやめて、入湯税の 150 円だけにしてはどうかと旅館組合に対して提示があった。ところが、旅館組合側は昔から 200 円取っているのだから、入湯税として 200 円を取って、その代わり、町に納められる入湯税 200 円のうち半分を旅館組合に戻す仕組みにする約束を取り付けた。これによって旅館組合に安定的に年間 2500 万円が入る仕組みができあがった。旅館組合に入った 2 千 5 百万円の 15% が観光協会に回って、パンフレットやポスターを作る等の資金となっている。

行政の予算は単年度主義と言われていて、予算化したらその年に使い切らなくてはいけないが、旅館組合に戻ってくるお金は行政予算ではないので、積み立てておくことができる。例えば、今年 2500 百万円入ってきて、使わなかったら、来年は 5 千万円になる。旅館組合では積み立てておいて、博物館などの観光施設を作る等、様々な独自事業に使っている。

美作町という町でやっていた超過課税のシステムであったが、合併する時に他の町村はどうなのかという問題が出てきた。合併した町村と違う課税することを不均一課税と言うが、これはできないので、他の町村も 200 円にして、湯郷温泉旅館組合に 50 パーセントをバックしているのと同じように、徴収した入湯税の半分を地区ごとに配分することとし、やはりそれぞれの観光推進組織が

コラム：入湯税導入の歴史的な経緯

戦 前

明治11年、地方税規則において府県が課することができる雑種税（営業税の課税対象とならない零細な営業に課する税）の一つに「湯屋」が掲げられた。これは昭和25年の税制改正まで続いた。但し、「湯屋」とは現在で言う銭湯に近いものであり、温泉は含まれていなかった。

昭和2年、雑種税を課すことができる科目に「温泉」が加えられた。

昭和15年、地方税法施行により、府県税営業税及び雑種税が廃止された。しかし、いくつかの市町村においては既に「入湯税」「鉱泉税」を課しており、それらは引き続き課することができることとされた。（ここでいう「入湯税」は鉱泉の浴客に課すもの。「鉱泉税」は鉱泉浴場に課すもの）なお、この「入湯税」「鉱泉税」は、それまでの地方税関連法令に明確な規定がなく、市町村特別税として個別の市町村において課していたものであるらしい。

戦 後

1947年（S22）、改正地方税法が施行され、「入湯税」は鉱泉浴場における入湯行為について道府県が入湯客に対して課するものと定められた。また市町村はこれに付加税を課することができるとされた。

1950年（S25）、地方税法改正により、入湯税は浴場所在の市町村において課する法定普通税となる。当時の国会会議録に、入湯税制定の根拠として、「それ以外に殆ど課税対象となるものがなく、困窮している市町村が多いので」（昭和25年7月衆参・地方行政委員会）という記録が残っている。

1954年（S29）、地方税法改正により、「環境衛生施設その他観光施設の整備に要する費用に充てる」目的税となった。鉱泉所在地の観光施設整備の財源確保が図られることとなった。

1971年（S46）、課税目的に、「消防施設の充実」が加えられた。

1991年（H3）、「観光の振興」が追加され、観光宣伝事業等にも使途が拡大された。

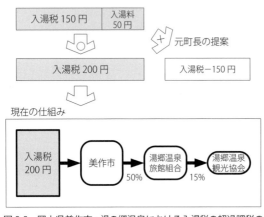

図8-8　岡山県美作市・湯の郷温泉における入湯税の超過課税の枠組み

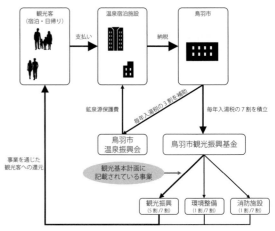

図8-9　三重県鳥羽市・鳥羽温泉郷における入湯税の基金化の枠組み

独自の事業をやっている。

入湯税は群馬県みなかみ町では70パーセント、岐阜県下呂市はほぼ100パーセントを観光振興に使う約束を行政としているが、これらも有効なやり方だといえる。

（2）鳥羽市

鳥羽市の入湯税導入は後発である。元々は温泉地ではなく、旅館の何軒かが自分たちで温泉を掘り当てたり、近くの榊原源泉などから運び湯をしていた。運び湯でも入湯税を取るのかという議論もあったが、運び湯でも入湯税を取らなくてはいけないことが判明したため、本格的に徴収するための協議が官民で進められた。結果として2007年から入湯税を徴収することとなったが、当初から源泉保護に30パーセント、観光振興・消防・環境整備に70パーセントを基金として積み立てるという配分を条例で決めている。具体的には入湯税の条例と別に観光振興基金条例を作って、基金を積むようになっている。基金であれば、当年度に使わなくても良い。

一時、南海トラフの地震がおきると30メートルを超える津波が来るという報道があり、その時に観光サインと避難誘導を合体させた標識を作るのに基金を使った。積み立てておくと、そういった有事のときに一気に使うことができる。

観光客が入湯税を払い、宿泊事業者がそれを鳥羽市に納税し、鳥羽市は3割を源泉保護のために、温泉を引いている50軒ほどの旅館が加入している温泉振興会に配分。温泉振興会では源泉管理を含めて幅広く人材育成にも活用しており、とても

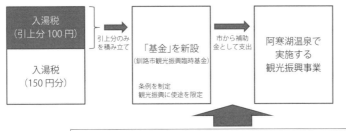

図 8-10　北海道釧路市・阿寒湖温泉における入湯税の超過課税の枠組み

ユニークな使い方となっている。

　鳥羽市観光振興基金に積んでいる 7 割のうち 5 割は観光振興に使えるが、第 2 次鳥羽市観光基本計画に位置付けられた事業にのみ使えるという一定の枠組みを設けているので、場当たり的な事業には使えず、計画行政を基本に活用を図っている。このやり方は非常に優れた方法だということができる。

　鳥羽市の基本計画は 2015 年 3 月に策定されており、同時にアクションプログラムも作られている。そこには細かな事業が網羅されており、どの事業に入湯税を充当するか線引きがきっちりとつけられている。

　入湯税は観光行政にしか使われず、他の部局では使うことができないので、観光課は活用する際には様々な配慮をしながら、あるいは議会にも配慮をしながら活用している。計画通りにきちんと使っていることを公開しアピールすることは重要である。

8-3-3　北海道釧路市・阿寒湖温泉における超過課税導入の概要

（1）超過課税の検討から導入までの経緯

　阿寒湖温泉では住民主体で将来ビジョン（「阿寒湖温泉再生プラン 2010」）を策定したが、何をするにしても財源がなく、国の補助事業などの導入も挑戦し続けたが、実現に至るプロジェクトは数えるほどであった。そこで、独自財源の確保に取り組むことになるわけであるが、当初、2000 年の地方分権一括法による課税の自主権を活用して、法定外目的税を導入しようとした。旧阿寒町で若手の職員が集まって「新しい地方税のあり方研究会」という勉強会を開催し、「湖畔再生税（仮）」の導入をという提言をしたが総務省の壁が高かった。観光振興に使える入湯税があるのに、さらに観光振興に使う目的税・湖畔再生税（仮）を導入するということは二重課税になるとの指導を受けることとなり、それでは既にある入湯税を嵩上げしようという話がまとまって取り組むこととなった。しかしながら、特別徴収義務者である 1 軒の旅館が反対し、足並みが揃わず、条例改訂の一歩手前で頓挫してしまったのであった。

　それから 10 年以上が経過し、2013 年から 14 年にかけて状況が大きく変わってきた。そして、どうしてもやらねばならない「阿寒フォレスト・ガーデン（仮）」という構想があった。行政の補助金は導入できないプロジェクトであり、独自財源が必要だということから再度、入湯税の嵩上げ論が浮上してきた。

　様々な検討が行われた結果として、図 8-10 のような形で条例改定ができた。

　1 人 1 泊 150 円徴収していたが、標準税率を 250 円とし、国際観光ホテル整備法に基づく登録ホテル・旅館以外は、奢侈性が低いとして 150 円で据え置く軽減措置を講じる制度を作り、総務省の理解も得ながら、2015 年 4 月 1 日から 10 年間の特例として、実現することとなった。

　入湯税は目的税と言いながらも貴重な市町村税で、行政からすると比率は低いけれども独自財源である。そうした点に配慮し、もともとの入湯税 150 円には一切手をつけず、超過課税分 100 円だけを阿寒湖温泉の観光振興に使うこととし、10 年間限定で釧路市観光振興臨時基金を創設することとなった。基金を活用する事業については、「阿寒

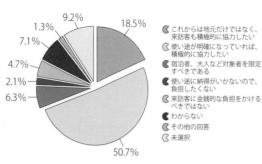

図8-11　来訪客の金銭面での協力について

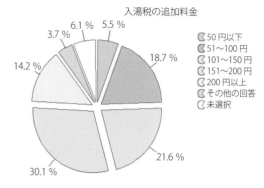

図8-12　担税力調査の結果
(出典:「阿寒湖温泉の今後の取り組みに関するアンケート調査」
(2013年9月):(公財)日本交通公社)

湖温泉創生計画2020後期計画」に位置づけられたものだけとし、官民で設置している検討会議で毎年10月くらいから市役所の観光担当者と協議しながら次年度の事業が決まっていく仕組みを構築した。

この取り組みの中で有効なエビデンスとなったのが「担税力調査」であった。阿寒湖温泉来訪者に対して詳細な意向調査を実施し、追加の税負担に関して約7割が賛成し、図8-12に示すように151〜200円上乗せしてもいいという回答が30.1パーセント、101〜150円が21.6パーセント、つまり約半数以上が100〜200円の負担が可能との結果が出たことである。議会での説明にも説得力のあるデータがとても役に立った。

(2) 使途と官民連携の検討体制

100円上乗せすることによって、およそ年間5千万円が独自財源となった。この5千万円は増加するインバウンドに対応できるよう観光地の質を高める「国際観光地環境整備事業」と温泉街全体としての「おもてなし事業」の大きく2つに使われている。メインプロジェクトは「阿寒フォレスト・ガーデン整備事業」である。温泉街の中心にあった旅館が廃業し更地となっていたが、いつまでもそのままにしておく訳にはいかない。一般財団法人前田一歩園財団が所有する土地であり、活用するためには地代が発生する。仮に道の駅とした場合、設置は行政となり、しかも駐車場は無料なので収益をあげることができないため地代が払えないという構造となる。結果、温泉街の玄関口として整備して、そこに車を停めて温泉街に入ってきてもらうという有料駐車場事業として、その整備に入湯税嵩上げ部分を使うこととした。

それ以外の使途としては、「まりも家族コイン」がある。泊まったお客さんに商店街へ出ていただこうというもので街中の活性化を意図している。コインは宿泊施設の部屋に置いてあり、それを持って商店街へ行くといろいろな特典を得られるもので、旅館の中で買物や飲食が完結するのではなく、積極的にまちに出て、歩いてもらおうというものである。さらには、温泉街を巡る「まりも家族バス」は一番分かりやすいお客さんへの還元事業となっている。

全国一高額な入湯税を取っている釧路市という紹介もされたが、入湯税をこうした事業に使っているという情報公開を積極的に行っているので、全くと言っていいほどお客さんからのクレームはなかった。温泉街を回っているバスの出発式に市長が訪れ、アイヌ式の儀式を行ったりしたが、これらも情報発信の一躍を担っている。

8-4　法定外税による財源確保

地域の財政状況が悪化する中で、税制面では2000年の地方分権関連一括法施行を機に、多くの自治体で観光に関わる法定外税の導入についての検討が行われた。2018年度までに施行に至った事例は11地域であり、その使途からの分類を試みると、観光振興全般、環境保全、インフラ整備の

表 8-1　法定外税の事例

「観光予算」の使途範囲	事例	検討された事例・頓挫事例等
観光振興全般	東京都「宿泊税」（法定外目的税） 大阪府「宿泊税」（法定外目的税） 京都市「宿泊税」（法定外目的税）	大阪市「ホテル税」（02年頃検討） 石垣市「環境生活保護税（宿泊税）」 （05年頃検討） 廿日市市「宮島を守るための新しい税」 （08年以降）他
環境保全（観光資源、自然環境、歴史文化、生活環境の保全等）	河口湖「遊漁税」（法定外目的税） 岐阜県「乗鞍環境保全税」（法定外目的税） 太宰府市「歴史と文化の環境税」（法定外普通税） 伊是名村「環境協力税」（法定外目的税） 伊平屋村「環境協力税」（法定外目的税） 渡嘉敷村「環境協力税」（法定外目的税）	京都市「古都保存協力税」（85-88年） 三浦「ヨット・モーターボート税」（76-81年） 静岡県「富士環境保全税」（01年頃検討） 琵琶湖「湖面利用税」（03年頃検討） 駒ヶ根市「駒ヶ岳ロープウェー利用税」 （05年頃検討）他
インフラ整備への負担	熱海市「別荘等所有税」（法定外普通税） 泉佐野市「空港連絡橋利用税」（法定外普通税）	

（自治体ホームページ、新聞記事等より作成）

3系統がある（表8-1）。

8-4-1　観光税導入における課題

観光税の導入には克服すべき様々な問題が存在しており、これらを慎重に検討し、関係者と協議していくことが必須となっている。表8-2は、先行事例を元に、導入目的、徴収方法、導入手続き等の観点からみた検討課題と、その対応について整理したものである。

8-4-2　観光税導入の効果と今後の方向性

観光税（環境税や観光インフラの税を含む）を導入することで得られる効果は正負様々であるが、主に次のような点に集約できる。以下で正の効果を高め、負の効果を抑制する方向性について簡単に解説する。

【正の効果】
1) 観光税を活用した観光振興施策の効果
2) 観光資源の保全や観光客への啓蒙の効果
3) 安定的・自立的な観光予算の確保

【負の効果】
4) 行政や特別徴収義務者のコスト
5) 観光需要の減少と経済効果の減退

(1) 観光振興効果

観光税の導入を契機として体系的な観光政策が継続的に実行され、行政内部、議会、住民において観光振興への意識が高まり、官民一体での観光地経営が実現へとつながるのであれば、観光客満足度や地域ブランド力は高まり、観光の経済効果の向上が期待できる。

観光税を導入するということは、観光客に対して「高品質な観光地を経営していく」というメッセージを発することでもある。そしてその後の観光政策や環境政策には、新税を導入しそれを継続していくことに対する責任が生じる。また、観光客に環境税やアメニティ税を課すのに、住民や自身が環境に無頓着では説得力に欠けてしまう。行政、観光産業だけでなく、住民を含めた意識の水準が非常に重要であり、観光税は地域づくりの方向性が明確に打ち出された上で、その実現に寄与するものであることが望ましい。

(2) 観光資源の保全効果

環境税やアメニティ税の導入による観光資源の保全効果には、1)税の使途が観光資源の保全に用いられることによる効果と、2)徴収時の観光客への啓蒙効果の2つの面がある。

観光客への啓蒙効果を高めるには、パンフレットや看板、インターネット等により、課税目的とその使途についての公示・広報体制を充実していくことがまず必要である。併せて、観光振興施策や環境保全施策の効果をわかりやすい形で観光客に示すことが重要となる。例えば、トイレ、駐車場、散策道等の利便施設の効果的な配置や、観光サービス導入（ガイド制度や地域通貨導入など）や条例制定（景観条例や環境条例など）と連動させることにより、観光客の納得性を高め、共感を得ていくことが大切である。

表 8-2 先行事例にみる導入目的、徴収方法、導入手続き等における検討点

名称	自治体	導入目的、徴収方法、手続き、調整等の検討点	検討結果・回答内容・対応策、課題等 ［　］内は課題点
別荘等所有税 （法定外普通税）	熱海市	・課税の妥当性 ・新税の妥当性（市民税所得割相当負担、手数料、負担金・分担金との違い） ・二重課税、過重負担にならないこと ・地方税法の改正による別荘の概念変化（固定資産税：月1回以上は住居）	・開発許可申請増加と財政需要の急増 ・受益者が広範、受益の程度を個別に評価できない等 ［景気悪化による収納率の低下。「何故熱海市だけ」といった苦情］ ・税の使途等のPRによる対応
遊漁税 （法定外目的税）	富士河口湖町（旧河口湖町、勝山村、足和田村）	・使途範囲（駐車場トイレに限定しない理由） ・1町2村の広域遊漁税制であること（何故広域か等） ・釣り客だけに課税する理由 ・課税客体・税額の予測 ・徴収費は妥当か ・分担金、使用料でなく税である理由 ・税額の妥当性 ・自治大臣同意要件	・長期計画で環境保全・環境美化へ対応 ・河口湖全体での取組の必要性。重複者の免除規定、盛り込む等 ・長時間滞在する実態等から駐車場、トイレ整備負担が妥当 ・遊漁券販売統計から予測 ・納税額の1割弱。遊漁券と遊漁税券は一体で、漁協監視員が巡回 ・遊漁税の使途の受益者は納税者に特定されない ・年間環境整備費を積算し、1人当たり税額を算出 ・入湯税やゴルフ場利用税の標準税率と比較して負担は重くない
宿泊税 （法定外目的税）	東京都	・宿泊税は東京からの追い出し税との意見 ・特別徴収義務者（宿泊事業者）への説明 ・宿泊施設名簿の作成 ・税収の予測 ・宿泊税導入の効果と問題点の評価 ・パブリックコメントへの対応 ・観光振興予算の維持	・旅行者への便益向上が目的。都民にも課税、1万円以上に課税 ・ホテル協会の説得 ・市販ガイドブック等による情報収集から絞り込み ・ホテル業界実態調査の実施等 ・条例に見直し規定を置く（5年ごと） ・反対意見や賛成意見の付帯意見について活用 ・宿泊税という安定的財源に一般財源を加えることで維持
乗鞍環境保全税 （法定外目的税）	岐阜県	・自動車を規制し、シャトルバス方式に決定した理由 ・駐車場で入山者をすべて捕捉できるのか ・入込み客の減少が政策目的なのかとの意見 ・一人ひとりから徴収せず車両当たりとする理由 ・国立公園内での課税について ・税という形で徴収されることについての抵抗感について ・駐車場代、バス代、環境税、トイレチップ代と何度も支払う点 ・乗鞍地域の範囲について ・見直し期間について	・乗鞍スカイライン無料化に伴う自動車流入量の増加を抑えるため ・車で入り込む場所として定着している。歩いて登る人は少ない ・入込み抑制を目的としないが、結果として入込みを抑制する効果もある ・徴収コストや課税客体の確実な捕捉 ・環境省だけではなく、地域としての付加的な管理が必要 ・協力金では強制力はない。環境税として原因者負担求める。税率百円に抑える ［入込み客は予想以上に減少し、03年度税収は予想を下回った］ ・課税客体と使途明確にするため主として散策する範囲に限定 ・マイカー規制の見直し期間に合わせ3年とする
歴史と文化の環境税 （法定外普通税）	太宰府	・特別徴収義務者（反対駐車場業者）の説得 ・駐車場台数の把握困難（5台以下免除の規定あり） ・条例の見直し（事業者からの要望） ・普通税とする妥当性 ・有料駐車場の定義について ・課税客体に市民を含むかについて ・税目を（当初）「観光環境税」としたこと ・無料駐車場の有料化 ・非課税事項 ・駐車場料金と税率の関係 ・税の使途への理解 ・納税者説明 ・鉄道による来訪者に課さない理由	・説明会開催や反対同盟との円卓会議、個別訪問等を実施 ・駐車場実態調査の実施。［業界団体、駐車場統計の不在］ ・条例施行後5年経過時点を3年に短縮。 ・まちづくりを推進するための税。時代の趨勢に対応。使途を開示 ・当初の「観光客等のため」という表現は恣意が入る余地があり削除 ・納税義務者は駐車場に有料で駐車する者であり、市居住者にも賦課 ・市の将来像「歴史とみどり豊かな文化のまち」とそぐわないため再検討 ・租税の公平性を図る為、無料解放駐車場を有料化。違法駐車対策強化 ・身体障害者は自動車利用が多いことから免除とした。二輪車にも課税 ・租税の公平性のため、駐車場料金に格差があっても税率は定額とした ・行政、納税者、事業者、市民からなる運営協議会を設置 ・新聞広告（九州各紙）、チラシ（道の駅やSA）、ポスター ・徴税費用、把握可能性、排ガス、交通渋滞、事故誘発等の負担から適切
環境協力税 （法定外目的税）	伊是名村	・村民に課税すべきかについて ・村民に課税することへの反対意見 ・導入の必要性 ・特別徴収義務者への協力要請 ・住民への説明	［租税の公平性に反するとの総務省の意見があり課税］ ・スポーツ活動で村外へ行く子供等に配慮し、高校生以下を非課税とした ・環境協力税が無ければ公園管理費は財政緊縮の為削減せざるを得ない状況 ・伊是名運送は村営であり、発券場所での徴収依頼可能。他機関も協力的 ・説明会を地区ごとに開催。税率100円であれば大きな負担でないとされた

(3) 安定的・自立的観光予算の確保

観光税導入が観光予算（環境保全やインフラ整備予算等を含む）に与える効果としては、予算規模の拡大効果のほかにも、安定的・持続的財源の確保、地域の自律的な財源の確保が挙げられる。

観光税を導入し、その使途計画を関係先に対して明示することは、一般財源から毎年観光予算を要求する場合に比べ、観光予算を安定化する効果がある。納税額が見込額に対して大幅な減少をみた場合でも、一般財源によって一定の補填が行われ得る。条例に観光税の見直し条項を設定する場合、3年から5年とする例が多く、中期的な目標の下で持続的な政策が期待できる。こうした効果を通じて、観光予算を基礎とする観光推進組織の強化や、人材の確保や人材育成（観光マーケティングの専門知識など）の促進も期待される。

また、国や県の税体系から独立した自主的課税を行うことで、観光資源の特性を踏まえた個性ある観光政策を独自財源で実現する効果が期待できる。観光地の資源特性は、山岳や湖などの自然資源、温泉資源、歴史文化資源、都市観光資源など多種多様であり、地域独自の課税により、自律的な観光施策を確保することは、課税自主権の主旨から見て順当なものである。

(4) 行政や特別徴収義務者のコスト

観光税導入における行政のコストには、観光税の検討・導入準備までのコスト（人件費、広報費、各種調査費等）、および導入後の徴税コスト（印刷費、広報費、人件費等）がある。また、特別徴収義務者にとっての負担（人件費見合い、会計システムの変更等）も考慮に入れる必要がある。

トータルコストとして負担の少ない効率的な徴収方法を検討することが重要であり、法定外税のコストが大きい場合には、入湯税の超過課税の活用や協力金制度などの手法を検討すべきである。

(5) 観光需要と経済効果の減少への対応

観光税導入による負の効果としては、購入価格が上昇することによる消費需要の減少が挙げられる。特に旅行市場の低迷局面では、特別徴収義務者が消費者へ十分に転嫁できない可能性もあり、導入のタイミングには注意が必要である。

また、観光税の価格弾力性については、観光税の事例が未だ少ない点や、観光統計等の課税客体に関わる基礎資料の不備などもあり、不明な点が多い。今後の研究課題となろう。

「乗鞍環境保全税」では、自動車乗入れ規制によって入込数が減少したものの、従来のドライブ客から自然志向の強い観光客への転換が進むという効果もみられた。こうした新たな客層への変化を捉え、体験観光等により滞留を促進し、食材や土産品等の域内調達率を高めることで、1人当たりの地域への経済効果を高めていく施策検討も重要である。

8-4-3　宿泊税の導入事例

宿泊税の導入は、2000年の地方分権一括法の施行とともに検討されたが、平成13年に東京都が導入して以降、次の大阪府の導入まで14年間が経過しており、宿泊客の減少など民業に与える影響が少なくないことからどこも慎重な姿勢を崩すことはなかった。

しかしながら、近年の訪日外国人旅行者の急増や民泊の問題など大きく環境が変わっていることから、市町村レベルでははじめて京都市が導入を

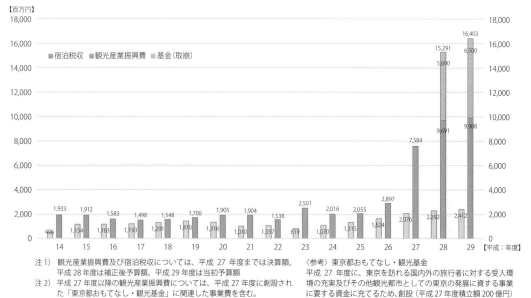

図 8-13　東京都の宿泊税と観光産業振興費の推移
(出典:「宿泊税に関する資料」(平成 29 年度東京都税制調査会　第 3 回小委員会　平成 29 年 8 月 24 日))

決めている。この動きは、独自の観光財源に悩む全国の自治体に少なからず影響を与えている。

(1) 東京都の導入事例

東京都が宿泊税を導入するに至るまでに様々な議論があった。パチンコ税、産業廃棄物税等々を導入したらどうかを石原元知事の諮問委員会の税制調査会で検討したが、最終的には「東京都観光産業振興プラン」を実現するための財源として宿泊税を導入してはどうかということで、条例を制定可決し、総務大臣の同意を得て、施行された。

導入時には地方の知事から「仕事で東京へ行く人から税金を取るのか」というような批判を受けたこともあり、ビジネスホテルなど 1 泊 1 万円未満は課税せず、1～1 万 5 千円未満は 100 円、1 万 5 千円以上は 200 円取ることとした。

宿泊税は宿泊という行為に対して課税される。1 泊 2 食で食事が入っている場合にはどうするのか、宿泊と食事をどう分離させるのかは難しい問題である。具体的には 1 泊 2 食で 1 万 2 千円の場合、食事代が 2,001 円以上であったら非課税となるので、こうした微妙なところをどうするのかという課題があり、徴税は簡単ではない。

東京都の宿泊税収は一時期、落ち込んだが、その後は図 8-13 に示すように伸び続けている。実際には、宿泊税よりも観光産業振興費の方が遥かに多く、2020 年の東京オリンピックに向けての取り組みではあるが、平成 27 年度に 200 億円の基金を積んで、東京観光財団とともに多くの事業を行っている。

多言語マップの製作やウェルカムカード、地下鉄駅における観光案内板、観光案内所の運営、バリアフリー対応など、また、近年では Wi-Fi の整備などにも積極的に活用している。

東京都の場合、5 年に 1 回、評価・見直しをやっているが、既に安定財源として定着しており、大きな課題はないとのことである。

(2) 市町村レベルでの導入事例 - 京都市の場合

京都市の場合、免税点(東京都の場合の 1 万円未満には課税しないこと)がないことで、すべての宿泊行為から取るというのが一番のポイントである。税額は 2 万円未満が 200 円と設定されていて、安価な民宿、民泊からも徴税することとなっている。2 万円から 5 万円未満が 500 円、5 万円以上は 1000 円と富裕層対策も視野に入れている。なお、修学旅行生は免除となっている。

入湯税の特別徴収義務者は旅館・ホテルであるが、京都市の場合、旅館業法に基づく旅館・ホテル、簡易宿所だけではなく、民泊仲介事業者によ

る代行徴収が検討されている。

　海外では民泊仲介業者が、民泊を紹介する時に、宿泊税を預かって、それを行政に代理で納付しているが、同じ仕組みで京都市に対して仲介業者がやると言えば、その方が確実に税金を取ることができる。行政担当者は税の徴収、そして徴収コストが最も悩ましいところであるが、エージェントがやることによって行政にもメリットがある。小さな宿泊施設から個別に取るのは非常に難しいため、そこがうまくいくかどうかもポイントとなる。

　OTA（Online Travel Agent）は宿泊税を取るシステムを既に導入している。大手旅行会社やレガシーキャリアにもそのシステムはあるがまだ対応はできていない。パッケージツアーの料金には入湯税が含まれるが、個別に手配すると現地で払うこととなる。これは市町村によって入湯税の取り方が違うので、エージェントが徴収するのが難しいからである。標準税率は150円だが、修学旅行は免除するとか、長期滞在の湯治客は割引があるとか、日帰り施設は半額だとか、市町村によっていろいろなタイプが条例によって定められている。それを全てエージェントが把握して納税することは現実問題として難しい。

　京都市は2017年9月に条例が施行され、2018年10月から導入したが、宿泊税導入の目的は、「国際文化観光としての魅力を高め、及び観光の振興を図る施策に要する費用に充てるため」となっており、京都ならではの文化振興や美しい景観の保全などを含む「住む人にも訪れる人にも京都の品格や魅力を実感できる取組の推進」「入洛客の増加など、観光を取り巻く醸成の変化に対する受入環境の整備」「京都の魅力の国内外への情報発信の強化」を3つの柱としている。

　平年度で約46億円の税収を見込んでおり、これは東京都のほぼ倍の規模となる。それでも宿泊客は減らないだろうと言われており、京都市に続いて金沢市などが導入を検討するとしている。

　2019年11月の導入が条例で可決されたが倶知安町の宿泊税である。全国で初めて宿泊料金の2%が課税される仕組みが採用された。納税義務者は全ての宿泊施設（ホテル、旅館だけでなく、コンドミニアムや民泊も対象となる）への宿泊者となり、より公平性が追及されている。

8-5　協力金による財源確保

8-5-1　事例

　協力金制度は、自治体や非営利団体が管轄する自然エリアや歴史文化資源等を訪問する観光客に対して収受するもので、協力するか否かは対象者の任意である。

（1）森林環境整備推進協力金（林野庁）

　比較的古くから行われている協力金の事例として、1986年に創設された「森林環境整備推進協力金」制度がある（図8-14）。全国の「レクリエーションの森」の整備や森林レクリエーションの普及啓発を目的に、国または地元自治体等の利害関係者を含む協議会が事業の主体となって徴収を行っている。

　収受方式としては、施設利用料金や駐車場料金との組合せ方式や物品販売との組合せ方式など幾つかの方式がある。

　屋久島自然休養林（白谷地区）の例では、国主体で高校生以上に300円の拠出を依頼しており

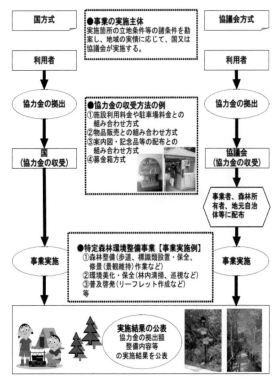

図 8-14 「森林環境整備推進協力金」制度の仕組み
(資料:『国有林野における「レクリエーションの森」の現状』林野庁・2004年3月)

(ポストカードを配布)、収受金額は 2002 年度で 17 百万円(入込客数 6.4 万人)となっている。

(2) 美ら海協力金 (美ら海協力金連絡協議会・宮古島市)

自治体の事例ではないが、沖縄県宮古島市の事例として、2008 年 2 月に導入された「美ら海協力金」制度がある。

宮古島市内の三漁協とダイビング事業者間では「宮古地域における海面の調和的利用に関する協定」を結んでいる(「美ら海協力金連絡協議会」)。宮古島市周辺の海洋環境の保全、観光ダイビング事業および水産業の振興並びに地域の発展に寄与することを目的としており、目的達成のための財源として、宮古島市周辺海域でダイビングを行う人々等から、一人 1 日につき 500 円の協力金をダイビングショップを通じて依頼している。

協力金はポストカード型のチケットをダイバーが購入する方式となっており、ショップは漁協からチケットを購入する。ほとんどのダイバーが協力に応じており、2008 年度の収入は約 2 千万円(約 4 万人日)であった。

協力金の使途は、65％が水産振興のための予算に割かれ、そのほかに 4 月のマリンダイビングフェアへの参加も含めて PR 費用が数百万円の規模となっている。2008 年には初めて水中フォトコンテストも実施したほか、ダイビング月刊誌に広告掲載なども行っている。また、サンゴ礁などの環境保全にも活用されている。

三漁協の予算配分は三漁協間の話し合いで決まっている。各漁協の経営状況などにも配慮しているとされる。

8-5-2 導入における長所と課題

協力金は、税方式に比較すると、条例で定める必要がなく、総務省の認可も必要ないことから、比較的導入しやすい財源確保の方式である。運営主体も自治体だけでなく、観光協会や行催事運営委員会、各種協議会、住民組織など幅広い観光関連組織で運営されている。

収受場所は単体の資源や施設であることが多く、収受期間もイベントや季節の資源などに合わせて短期間であることが多い。使途事業としては、集中的に発生する観光需要に対して、資源の保全や安全対策などの外部不経済に対するものが中心となっている。

収受方法としては、ボトルネックとなる駐車場やゲートにおいて、駐車料金や入場料見合いとして収受するケースが多い。

14 年における全国 60 事例での収受額は、駐車場方式では 1 台あたり平均 500 円(無料シャトル

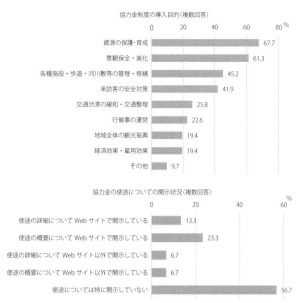

図 8-15　事例にみる協力金制度の導入目的と使途の開示状況

バス利用込みの事例を除くと 388 円）、入場料方式では 1 人あたり 257 円（大人）となっている。

収受態勢の構築には、自治体所有地や施設の活用や、適宜関係団体や事業者とのネットワークの中で観光客への依頼を進める必要があり、制度設計には注意も必要となる。

また、収受に強制力がないこと、根拠となる法律がなく制度としての基盤が弱いこと等から、他の財源や観光計画・基金等との連動性が低く、使途事業の計画性・安定性が低い。特に、多くの事例で使途の開示が不十分であり（図8-15）、不透明性が批判の対象になりやすいことから、制度としての安定性に欠ける面がある。コンプライアンスの点やリピーター対策としても、最低限の情報をホームページ等で発信していくことが望まれる。

【参考文献】
1) 松本和幸、塩谷英生(2006)：「地域づくりと法定外税―観光関連税を中心に」立教大学観光学部紀要 8、pp.27-36
2) 塩谷英生(2007)：「法定外税における観光関連税の動向と課題」経済政策ジャーナル 4 (2)、pp.51-54
3) 塩谷英生(2013)：「都道府県観光費の動向とその規定要因」観光研究、Vol.24,No.2、pp.9-14
4) 梅川智也、吉澤清良、福永香織(2015)、『温泉地における安定的なまちづくり財源に関する研究―入湯税を中心として―』、『観光研究 Vol.27　No.1』、日本観光研究学会
5) 梅川智也(2018)「釧路市・阿寒湖温泉における入湯税超過課税導入の取り組み」、『観光文化』238 号、(公財) 日本交通公社
6) 京都市行財政局税務部税務課(2018)「京都市における宿泊税導入の取り組みについて」、『観光文化』238 号、(公財) 日本交通公社
7) 塩谷英生(2017)：「自治体における観光自主財源の導入に関する研究―法定外税と協力金制度を中心に―」

視点 9 観光地のリスクをマネジメントする

9-1 観光地BCPとは／観光地BCPの必要性

　観光立国を目標に掲げる日本は、同時に災害大国である。本節では、国内の自治体における防災体系を観光地に適用する上での課題を整理した上で、観光地を擁する自治体が危機[注1)]に備え、危機からの再生をはかる際に求められる視点について検討する。

9-1-1 自治体の防災体系

　地方自治体における危機対応は、原則として「地域防災計画」に基づいて遂行される。地域防災計画は災害対策基本法を根拠法とする法定計画である。国の中央防災会議が策定する「防災基本計画」の指針に準じて、各自治体が地域防災計画を策定する枠組みが整備されており、有事に際して具体的な活動や意思決定を行う主体は地方自治体である。消防庁によれば、2014年時点ですべての都道府県および市区町村で地域防災計画が策定されている[注2)]。

　地域防災計画を根拠とする災害対応は、原則として「自国民」ないし「自治体住民」の生命と財産を守るための行為である。したがって、予算や物品の備蓄、避難所となる施設等は、各自治体の定住人口に基づいて準備され、運用される。

　その他、国内の横断的な防災の枠組みとして、国民保護計画、国土交通省が推進するタイムライン[注3)] 等が挙げられる。

9-1-2 観光地における災害対策

　近年、日本国内のあらゆる地域が観光地となるに伴って、観光地が災害に見舞われるリスクも増大している。観光地においては観光客が被災者となる事態が想定され、そのための備えもまた必要とされつつある。

　しかしながら、住民に対しては政府―都道府県―市町村という行政体系に基づく防災体系が確立されている一方で、観光という切り口から防災を扱った施策は限定的である。国による施策として、内閣府と総務省による2005年の報告[注4)、5)、6)]や、観光庁が2009年に策定した旅行事業者向けマニュアル[注7)]、同じく観光庁が2015年に取りまとめた文書[注8)] などが挙げられるが、全国の都道府県、あるいは市町村での統一的な展開はなされていない。

9-1-3 観光地における災害対策の時間軸

　ここで、危機の発生によって観光地が受ける影響を概念的に整理してみたい。

　観光地が受ける影響とは、危機・災害の発生から回復までの期間中の観光客の損失量（元々想定されていた観光客数－実際数）の大きさによって示される。必ずしも観光客数ではなく、定量的に計測できる指標であればよい。損失量の大きさと、想定される回復の程度によって、危機後の期間は応急対応期、復旧期、復興期の三期間に区分される（図9-1）。

　本節では応急対応期と、復旧・復興期について、それぞれの期間における施策を紹介する。

（1）応急対応期における施策と課題

　発災から72時間以内を目安とする応急対応期において、施策の目的は第一に生命と安全の確保、第二に財産の保全である。この点は施策の主体が

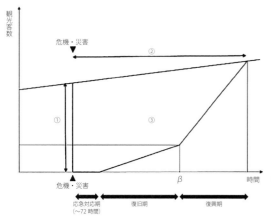

図9-1　時系列による観光地が受ける影響の整理

自治体であってもそれ以外でも変わらず、また対象が住民であっても観光客であっても同様である。

一方で両者の相違点を考えると、観光客は生活の拠点となる住居がなく、また土地勘や地縁も薄いことから、宿泊先の営業停止や交通の寸断をもたらす災害が発生した場合、自助努力によってこれを克服する手段は限られる。換言すれば、観光客は地域住民との比較において、防災上の「要配慮者」群である。

2018年9月に発生した北海道胆振東部地震においては、発災当日から新千歳空港や女満別空港が閉鎖され、また北海道新幹線を始めとする鉄道網でも運休が相次いだために、帰宅手段を失った観光客が一定数、道内に留まる事態となった。当日中に新千歳空港のターミナルビルが閉鎖されたことから、千歳市は市内に開設した避難所[注9]のうち、2箇所を外国人・観光客向け避難所として運用し、空港から退出した旅客を受け入れた[注10]。報道によれば、千歳市における避難者のピークは発災日夜時点の1,768人であり、その半数が観光客だった[注11]。

発災後に多数の観光客が帰宅手段を失い、観光地周辺に留まるといった事態は、北海道に限らず全国の観光地で発生し得る。千歳市の事例においては臨機応変な避難所の運用が奏功し、二次的な死者や遭難者の発生を防ぐことができた。しかし、自治体の計画が住民のみを想定していた場合、支援を求める観光客が避難所から溢れる、あるいは住民とリソースを奪い合うといった事態も想定される。

(2) 復旧期・復興期における施策と課題

応急的な対応が求められる期間が終了した後にも、観光産業における経済的な損失は拡大することが想定される。復旧・復興期における施策の主眼は、被災地ならびに被災地周辺の観光業の維持と継続である。

施設の破損や交通の寸断といった直接的な被害を乗り越えたとしても、観光需要は即時に回復しない。被災地に隣接しているが直接の被害を受けなかった地域においても同様の状況が発生することにも注意が必要であり、このような状況を「風評被害」として表現する例もみられる。

一般に観光産業は季節性が高く、また供給を在庫として留め置くことができないため、災害による需要の低下が、経営状況の悪化や廃業に直結する可能性が想定される。また、著名な観光資源や大規模な宿泊施設といった、ある地域の観光需要を量的に担保する存在が毀損された場合、その影響は周辺の事業者にも波及し、地域内の産業が連鎖的に疲弊することが想定される。災害後に観光産業を維持しつつ地域の活力を取り戻すには、地域防災計画とは異なるアプローチが求められる。

ふたたび北海道胆振東部地震の事例をみると、北海道庁は、発災から15日までに発生した道内宿泊施設の予約キャンセルはのべ94万2千人、観光全体の推計損失額は約292億円であり、これは今後さらに増大する可能性があると発表した[注12]。これは農林水産の被害額397億円[注13]の7

割超に相当し、土木インフラの被害額1千億円[注14]の3割程度に相当する。民間事業者の損失も拡大しており、JR北海道は地震による同社の減収額が11億円を超えると発表した[注15]。

「風評被害」対策には需要側（観光客側）への働きかけが必要であり、この点では「ふっこう割」に代表される政府の取り組みには、既に一定の知見蓄積がある。北海道胆振東部地震においても、直接の被災地域だけでなく、北海道全域が「ふっこう割」の対象となるなど、従前の成果を踏まえた対応がなされた。被災後に低減する需要を喚起し、観光産業全体の荒廃を防止するという点で、「ふっこう割」に代表される需要側への働きかけには一定の成果が見込まれる。

一方で供給側である観光地においては、観光地としての経営を維持するために必要とされる、広域・長期・継続的な取組みについて、明確な指針や制度は発展途上の段階にある。また、観光地を「元通りの（被災前の）姿に戻す」だけでなく「新たな姿に発展させていく」といった方向性も考えられるなど、議論や検討を要する点も数多い。数年から数十年という時間軸のなかで、観光地としていかに再生していくかという計画や、計画を含めた地域全体をマネジメントする体制が求められる。

（3）事業継続計画（BCP）

ここまでに見た現状と課題をふまえて、観光地における防災計画・危機管理計画を検討するにあたり、有効な概念としてBCPがある。

BCP（Business Continuity Plan）は事業継続計画とも訳され、定義の一例としては、「企業が自然災害、大火災、テロ攻撃などの緊急事態に遭遇した場合において、事業資産の損害を最小限にとどめつつ、中核となる事業の継続あるいは早期復旧を可能とするために、平常時に行うべき活動や緊急時における事業継続のための方法、手段などを取り決めておく計画のこと」とされている[注16]。

またBCPの上位概念として事業継続マネジメント（Business Continuity Management：BCM）がある。BCPの策定や維持・更新、事業継続を実現するための予算・資源の確保、事前対策の実施、取り組みを浸透させるための教育・訓練の実施など、有事にBCPを運用するために、平時を含めて継続的に行うマネジメント活動をさす。

BCPとBCMは、元来は企業単位の事業継続を目的として策定された計画の枠組みであるが、これを援用して地域の運営継続計画として用いる事例がみられる。すなわち、被災時に優先して復旧すべき箇所や、ハード対策を講じておくべき箇所を事前に地域で決定し、有事には発災直後から各組織が戦略的に行動できる指針となるよう定めておく計画やマネジメントの体制であり、香川、京都、四日市霞地区などで、一定の地域内を対象とした計画策定の事例が見られる。

ここで観光地の経営を事業として考えてみると、観光地は危機が発生しても他所へ移転して事業を継続することはできないなど、一般的な事業とは異なる特徴を有している。このため観光地においては、観光業に属する企業が個別に策定するBCPとは別に、観光地単位で策定する事業継続計画、すなわち「観光地BCP」の検討が必要となる。

既往研究において、観光地全体のリスク管理にBCPを援用することの有効性が指摘されている。また、海外では国家レベルで危機発生時の対応を

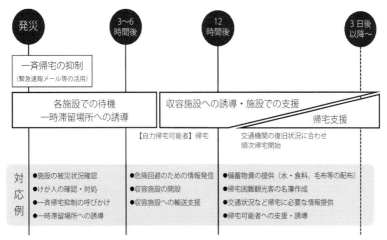

図 9-2　富士河口湖町における観光防災対応の基本的な流れ
(『富士河口湖町観光防災の手引き【発災時対応編】』から抜粋注17))

計画化している例が見られる。応急対応期から復旧・復興期までを包括する新たな枠組みとして、観光地 BCP の検討と導入が期待されるが、具体的な指針や枠組みについては検討すべき課題も残されている。国内で観光地 BCP を有する地域として、県レベルで計画を策定している沖縄県の事例があるものの、限定的である。

9-2　観光地 BCP の策定事例

国内において観光地として危機災害時の計画やマニュアルの策定事例を紹介する。前述の通り、危機、災害発生後の対応は大きく「発災から 72 時間後まで(以下、応急対応期)」、「復旧期」、「復興期」の三段階が想定されており、それぞれの期間で対応の指針が異なる。本項では、それぞれの期間に対応する計画・マニュアルの策定事例を紹介する。

9-2-1　応急対応期に関連する策定事例

応急対応期は、その地域に滞在する人々の安全確保が第一の目的となる。観光客や従業員の安否確認・避難誘導、帰宅困難観光客への支援、正確な情報収集と判断、そのための体制の構築が必要となる。

以下に、紹介するマニュアルの事例は、こうした緊急時に行政や観光関係組織、事業者等が迅速に対応できるよう、実用性の高いものとなっている。

(1) 富士河口湖町の事例

富士河口湖町は 2013 年度に『富士河口湖町観光安心安全マニュアル』を作成し、町内の観光事業者に配布した。マニュアルでは自然災害や事件などの発生時に、必要となる対応と行動目標の設定方法が解説されている。

さらに 2016 年度以降、ピークシーズンに発生する可能性のある帰宅困難者数を推計し、観光客の一時滞留場所や収容施設、主体間の役割分担などを検討した。その成果は『富士河口湖町観光防災の手引き【発災時対応編】』として取りまとめられた。

手引きでは、発災から 72 時間までを一定の時間ごとに区切り、各区間における観光客の誘導指針を定めるとともに、行政・団体・事業者など関係する主体それぞれに対して担うべき役割と連絡方法を規定している(図 9-2)。このほか、宿泊施設が発災後すぐに取組むべき項目のリスト(継続宿泊機能の確保を企図)や、外国人観光客対応の考え方、事前の備えについても言及がなされており、計画から実践まで、平時から有事まで、さまざまな現場での活用が想定されている。

なお、外国人観光客に対する対応については、観光庁より「自然災害発生時の訪日外国人旅行者への初動対応マニュアル策定ガイドライン〜観光・宿泊施設の皆さまに向けて〜」(平成 26 年 10 月)が発行されている。

図9-3　京都市における帰宅困難観光客の避難誘導イメージ
（『帰宅困難観光客避難誘導計画　概要版』から抜粋[注18]）

（2）京都市の事例

京都市は大規模災害時に発生する帰宅困難者に着目し、その総数を37万人と推定した。その上で、京都市においては帰宅困難者に観光客が含まれることから、関係団体や民間企業との連携による帰宅困難者対策の構築が課題であるとして、2012年に「ターミナル対策（京都駅周辺）協議会」「観光地対策協議会」「事業所対策協議会」からなる検討体制を構築した。

3種の協議会のうち、「観光地対策協議会」における検討の成果は、2013年に『京都市観光地避難誘導取組指針』、ならびに清水・祇園地域と嵯峨・嵐山地域における『帰宅困難観光客避難誘導計画』として取りまとめられた。

京都市の避難誘導計画では、観光客に対して正確な情報を伝えるとともに、一斉帰宅の抑制によりターミナルへの集中を回避し、二次災害を未然に防ぐという指針が示された。発災後、観光客はまず一時滞留所となる「観光客緊急避難広場」へ誘導され、水道とトイレの使用、公共交通機関の運行情報や災害対応情報などの提供等を受ける。その後、休憩や宿泊が可能な「観光客一時滞在施設」へ誘導され、公共交通機関が復旧する3日後までを目途に支援を受けて滞在し、その後順次帰宅することとなる（図9-3）。

なお、「観光客緊急避難広場」および「観光客一時滞在施設」には公園や博物館といった公共施設だけでなく、八坂神社、清水寺、天竜寺、伏見稲荷大社等の民営施設が含まれる。京都市は施設を運営する民間事業者との協定締結によって避難広場や滞在施設を拡大しており、2017年10月時点で京都市内の「緊急避難広場」は50箇所、「一時滞在施設」は143箇所となっている[注19]。京都市内の観光地区における民間施設を包括した避難誘導の有効性については、学術的な観点からも一定の検証がなされている[注20、21]。

9-2-2　「復旧期」、「復興期」に関連する策定事例

観光客に対する帰宅支援が落着し、応急的な対応が中心となる「応急対応期」から「復旧期」へと移行しつつある中で、観光産業における経済的な損失はその後も拡大することが見込まれる。

これらの期間に講ずべき対策が具体的な計画にまで落とし込まれた事例は全国でも未だ数少なく、先進的な事例を以下に紹介する。

（1）沖縄県の事例

沖縄県では、東日本大震災をきっかけに、観光危機管理の取り組みに着手し、2014年度に「沖縄県観光危機管理基本計画」、2015年度に「沖縄県観光危機管理実行計画」を策定した。

計画の中で、沖縄県は「観光危機管理」を「観光客や観光産業に甚大な被害をもたらす観光危機を予め想定し、被害を最小化するための減災対策、観光危機発生時における観光客への情報発信、避難誘導・安全確保、帰宅困難者対策等の迅速な対応、観光危機後の風評被害対策、観光産業の早期復興・事業継続支援等を組織的かつ計画的に行うこと[注22]」として定義した。

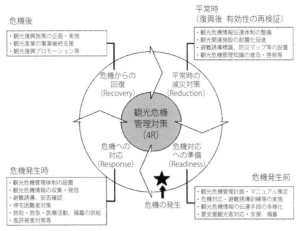

図9-4 沖縄県における観光危機管理対策の基本方針
（『沖縄県観光危機管理基本計画』から抜粋[注23]）

　また、観光危機管理計画の基本要素として、Rで始まる4つ（減災（Reduction）、危機への備え（Readiness）、危機への対応（Response）、危機からの復興（Recovery））を挙げている（図9-4）。

　観光危機管理の4Rには、「危機後」の段階として、企画やプロモーション等、事前に計画できない領域、つまりその時々の状況に応じた判断が必要となる。危機後のこうした領域に対応するために、計画のなかでは体制の平常時からの備えや危機管理体制の構築の必要性についても言及されている。

　沖縄県観光危機管理基本計画においては、地域防災計画や観光振興基本計画等の既存の計画との役割分担を明確にし、観光危機発生時にムダ・モレのない対応ができるようにされている（図9-5）。さらに、県の計画に準じて、市町村の計画の策定も進められ、今後県全域での観光危機管理体制の構築が期待されている。

（2）市町村レベルでの取り組み事例

　南城市では、平成28年度に観光危機管理基本計画を策定した。上位計画として地域防災計画、及び沖縄県観光危機管理基本計画を位置づけ、沖縄県観光危機管理実行計画と連携を図る形を取っており、観光危機管理の基本要素の4Rや各時期での対応等も沖縄県観光危機管理基本計画に準拠している。

　この計画においては、市の観光危機管理計画として、危機・災害別の発災時の行動フローや、発災〜72時間／その後に市職員が取るべき対応チェックリスト等を参考資料として掲載し、より実用性の高いものとしている（図9-6）。

9-3　DCM（観光地継続マネジメント）の構築と展開に向けて

　これまでBCPの必要性、BCP策定の事例を整理してきたが、前述したように、危機・災害発生時から非常時を①応急対応期（72時間）、②復旧期、③復興期の3段階に区分すると、各地で策定されている地域防災計画や観光客誘導計画、BCP、観光危機管理計画ともに①が主体であり、②や③を想定したものは少ないのが現実である。この復旧期から復興期に至る段階は、計画ではなく、その計画をどう実行に移すかというマネジメントの領域となり、実は観光地経営にとって最も大切な視点となる。そして、この段階では計画を実行に移すマニュアルの策定であったり、危機・災害対応トレーニングであったり、「平常時」の取り組みが極めて重要である。ここでは、そうしたトータルな地域における観光危機管理体制の構築を「DCM（観光地継続マネジメント）」とし、その具体的な取り組みについて紹介していくこととする。

9-3-1　DCMの概念整理

　これからは、常に自然災害などの危機と向き合いながら、いつか発生することを前提に観光地経

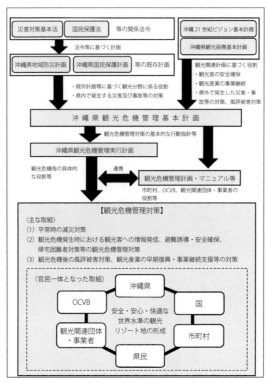

図 9-5　沖縄県における観光危機管理基本計画の位置づけ
(『沖縄県観光危機管理基本計画』から抜粋[注24])

(◎：主たる実施時期、○：適宜実施)

主な活動内容（観光班）	チェック	発災からの時間経過					主な活動内容（観光班）	チェック	発災からの時間経過				
		30分	3時間	24時間	3日	以降			30分	3時間	24時間	3日	以降
1　市内滞在観光客等の被害状況の把握及び応急対策【☞[3-7] 観光客等対策計画】							3　観光施設等の被害調査及び応急対策【☞[3-2] 災害状況等の収集・伝達計画】					
①観光客の避難誘導	□	○					①観光施設等の被害状況の把握（観光施設管理者、観光関係団体等の連携）	□		○	○	○	○
②市内滞在の観光客等の被害状況、安否情報等の把握（観光施設管理者、観光関係事業者、観光関係団体、観光客等（修学旅行中の学校）、交通機関、警察、医療機関等と連携）【観光地、観光施設、宿泊施設、避難所等で把握】	□		○	○	○	○	4　商業施設等の被害調査及び応急対策【☞[3-2] 災害状況等の収集・伝達計画】【☞第4部[1-3] 農漁業及び中小企業等への支援計画】					
							①商工関係施設の被害状況の把握（商工会議所、商店会等の関連団体と連携）	□		○	○	○	○
③久高島や奥武島等離島部における観光客の状況把握	□		○	○	○	○	②被害を受けた商業関係者等に対する融資・斡旋の周知・指導 ・中小企業金融公庫資金 ・中小企業信用保険公庫資金 ・商工組合中央金庫資金 ・環境衛生金融公庫資金 ・国民金融公庫資金	□					○
④観光客等の被害状況、安否情報等の県への報告および救助要請（安否確認システム等を使用）	□		○	○	○	○
⑤観光客等に対する応急措置（安全な場所への誘導・一時収容、飲料・飲料水・食糧・生活必需品等の供給等）	□		○	○	○	○
⑥外国人観光客（特にイスラム系：ハラール等）やアレルギー等の把握	□		○	○	○	○
⑦外国人観光客に対応できる医療機関の情報提供	□		○	○	○	○	5　部内他班の応援					
⑧外国人観光客の遺体処理に係る情報提供	□				○	○	①本部指示に基づく部内他班への応援職員の派遣等（適宜）	□	○	○	○	○	○
⑨交通状況の把握（適宜）	□		○	○	○	○	②行方不明観光客に係る情報提供	□		○	○	○	○
⑩宿泊状況の把握（適宜）（市内外の宿泊状況の把握）	□		○	○	○	○	6　所管の被害状況等の調査、対策業務に関する報告					
⑪帰宅困難者対応（県の対応計画に基づく）	□			○	○	○	①その他の観光課所管の被害状況等の調査（適宜）	□	○	○	○	○	○
⑫被災した観光客の関係者への対応	□			○	○	○	②調査結果、対策実施状況等の総務1班への報告（適宜）	□	○	○	○	○	○
⑬観光危機や観光産業への影響に関する情報収集・風評被害対策	□			○	○	○
2　所管の関係団体との連絡調整・体制の設置					
①観光協会、商工会等関係団体との連絡・協力要請（適宜）	□		○	○	○	○
②観光危機管理体制の設置	□	○				

図 9-6　南城市における地域防災計画　職員初動マニュアルに基づく観光危機管理初動（観光班）
(『南城市観光危機管理計画』から抜粋[注25])

表9-1 用語と概念の整理

	危機的事象に対する対応計画	マネジメントプロセス全般
企業	事業継続計画 BCP（Business Continuity Plan）	事業継続マネジメント BCM（Business Continuity Management）
観光地	観光地継続計画≒観光危機管理計画 DCP（Destination Continuity Plan）	観光地継続マネジメント DCM（Destination Continuity Management）

※近年、国際的には「BCP（事業継続計画）」は、「危機的事象に対する対応計画」を指し、マネジメントプロセス全般を指す用語としては、「BCM（事業継続管理）」が用いられることが多いことから、その潮流を踏まえた呼称としている。

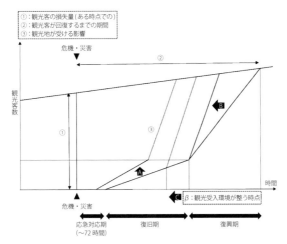

図9-7 観光事業者が受ける影響を小さくする方策

営を進めていくことが求められる。個々の企業がBCPを策定して、事業継続を指向することは当然として、観光地としても観光地継続計画（観光地危機管理計画）の策定からリスクを観光地全体で管理し、損失を回避する、あるいは最小限に留めるためのマネジメントプロセスを平常時から準備していくことが望ましい。こうした考え方をDCMとしているが、DCMとは、危機・災害後に元の状態に戻すことを目的としたものではなく、復旧・復興の過程のなかで持続的に見直し・改善等を行いながら発展させていくマネジメントプロセス全体を指す。計画だけでは対応することの出来ないマネジメント活動で対応する領域をも包含したものといえる。従って、ここではDCMを「観光地が、危機・災害の発生による観光客の減少等により受ける負の影響を低減し、地域を持続的に発展させていくことを目的として行うマネジメントプロセス」と定義することとする。そうした用語や概念を整理したのが表9-1である。

9-3-2 DCMの基本的考え方

観光地で営業している観光事業者がリスクによって受ける影響をできる限り小さくすることが重要である。そのためには、図9-7に示すように時間軸に応じて3つの対応策がある。

〈復旧期〉

対応A：観光客の損失量（図中①）の回復を促進する。例）万全な観光受入環境が整わなくても来訪者を受け入れる。

対応C：復興期への移行時期を早める（観光受入環境が整う時点（図中β）への到達を早める）。例）財源の確保、ハード復旧の早期着手。

〈復興期〉

対応B：観光客が回復するまでの期間（図中②）を短縮する。例）ふっこう割など外部予算の活用、積極的なプロモーション。

基本的には、「観光客の損失量」と「観光客が回復するまでの期間」を小さくすることにより、「観光地が受ける影響」を小さくすることができる。

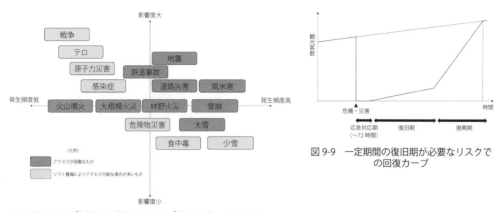

図 9-8 「リスク」の評価（見える化）

図 9-9 一定期間の復旧期が必要なリスクでの回復カーブ

9-3-3 観光地におけるリスクのタイプ分類とその対応

(1) リスクのタイプ分類

観光地におけるリスクには、観光客のアクセス可能性が確保されているかという観点から、
①一定期間の復旧期が必要なリスク
②復旧期を短期化ないし省略することが可能なリスク
の2つのタイプが存在する。

「一定期間の復旧期が必要なリスク」とは、道路の崩壊等で物理的にアクセスが不可能な危機・災害等であり、地域側の努力により、観光入込の復興期を早める（β の時期を早める、対応 C）ことはできないため、復旧期の来訪者の受入（対応 A）を維持する、受入環境が整った段階で（β）、回復速度を高める（対応 B）ように取り組むことが基本的な考え方である。

「復旧期を短期化ないし省略することが可能なリスク」、つまり復興期への移行を早めることができるリスクとは、食中毒や周辺地域での危機・災害による間接的な危機等であり、来訪者の獲得・受入（対応 A）に加え、受入環境整備を行い（対応 C）、復興期に入る時期（β）を早める。さらに、回復速度を高める（対応 B）ように取組むことが基本的な考え方となる。

参考までに、この2つのリスクタイプ毎に、個別のリスクを発生頻度と影響度によって、評価したものが図 9-8 である。

(2) リスク別の対応

①一定期間の復旧期が必要なリスク

具体的には、地震や火山噴火などにより道路の崩壊等で物理的にアクセスが不可能な危機・災害等であるが、図 9-9 のような回復カーブを描くこととなる。

このタイプの事例としては、2016 年 4 月の熊本地震であり、震源に近い熊本県熊本市や城町、西原村、産山村、阿蘇市、大分県由布市などに甚大な物理的な被害が生じ、また竹田市南小国町、別府市などの周辺地域にも影響を与えた。直接被害を受けた地域では、交通アクセス/ライフラインが断絶され、物資供給や情報伝達の不確実性、そして観光面でも大きな影響が生じた。また、特に物理的な被害を受けなかった福岡や長崎、宮崎など九州全体にいわゆる風評被害が及び、観光分野における地震災害の影響の大きさを目の当たりにした。

②復興期への移行を早めることができるリスク

具体的には、食中毒や周辺地域での危機・災害による間接的な危機等であり、図 9-11 のような回復カーブを描く。

このタイプの事例としては、2018 年 1 月 23 日に発生した草津白根山の一つ、本白根山の噴火である。草津の名称が付いて入るものの、草津温泉街には直接的な被害はなく、警戒が必要な範囲外であったが、噴火直後から宿泊客のキャンセルが

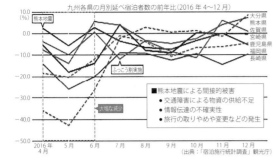
図9-10 熊本地震による九州全体への影響

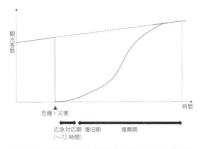
図9-11 復興期への移行を早めることができるリスクでの回復カーブ

図9-12 非常時の対応策

相次いだ。噴火後約3日間で宿泊キャンセル数は5,299件、延べ20,275人、被害総額は2億8000万円程度と試算された。

この風評被害への対応として、草津町では対外的な情報発信の窓口を草津町役場総務課に一本化し、そこから噴火情報や刊行業界に対する支援策等について、専門家の見解・データに基づいた正確な情報を交えて発信することに注力した。また観光業界は旅館協同組合と観光協会が中心となって被害額の把握や今後の誘致策について取りまとめた。こうした対応策（具体的には対応窓口の一本化や被害額の早急な把握など）は今後の観光地経営にとって重要な示唆を与えてくれる。

9-3-4 DCMの全体像と取り組むべき項目

これまで、観光地におけるリスク管理手法として「観光地継続マネジメント（DCM）」を定義し、観光地へのアクセス可能性によって2つのリスクのタイプ別に対応を検討してきた。非常時の対応策としては時間軸に基づき、大きく整理すると、図9-12の通りである。

① 応急対応期：人命救助、避難誘導等
② 復旧期：観光関連産業の維持・早期復旧
③ 復興期：観光客等の回復、観光地の再生
　特に復旧期から復興期へと移行するプロセスに関する知見が十分ではなく、観光地経営の要諦は、そこにあると考えられる。

各地の対応事例を収集し、それぞれの期間における取り組み項目を図9-13として整理した。このうち、特に復旧期、復興期における観光セクション担当者が中心となって取り組むべき項目を抽出し、具体的な取り組み内容を提示する。

（1）復旧期において取り組むべき項目

復旧期に観光担当セクションが取り組むべき主要な項目は以下の通りである。

■ボランティア受入環境整備（受入可能事業者把握、受入窓口・サイトの設置、受入コントロール）
■ふっこう割導入に向けた取組（政府への要請、受入事業者募集、商品整備、サイト構築等）
■正確な情報収集（観光事業者、交通アクセス等）
■正確な情報発信（特設サイト設置、DMO/行政ウェブサイト等活用）
■報道機関への正確な情報の提供
■風評・誤報のモニタリング（海外での報道も含め）
■国内外に対するプロモーション＊直接物理的被害がない地域に限られる。
　国内：イベントを絡めたキャンペーン、ふっこう割の活用、トップセールスなど

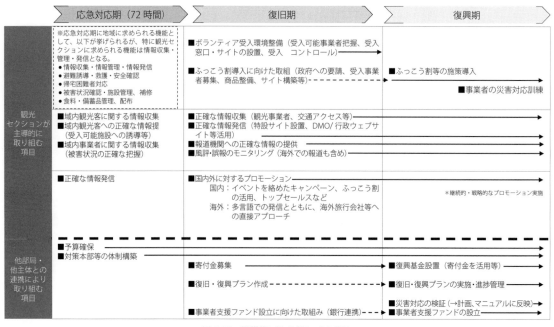

図 9-13　発災後に取り組むべき項目

海外：多言語での発信とともに、海外旅行会社等への直接アプローチ
■寄付金募集
■事業者支援ファンド設立に向けた取組み（銀行連携）
■復旧・復興プラン作成

さらには、観光地として維持していくためにも、受入可能な範囲で観光客（観光目的ではなく、復旧のためのボランティアの受入も含む）を受け入れていくことが必要となる。復旧のための要員は、観光需要とは言えないものの、極めて安定的な需要であり、2011年3月の東日本大震災のときにも観光地にそうした需要が認められた。

その際、観光セクションに求められる役割は、域内の受入可能施設及び受入可能人数の把握とその情報伝達となる。

(2) 復興期において取り組むべき項目

復興期に観光担当セクションが取り組むべき主要な項目は以下の通りである。
■ふっこう割等の施策導入
■事業者の災害対応訓練
■正確な情報収集（観光事業者、交通アクセス等）＊継続
■正確な情報発信（特設サイト設置、DMO/行政ウェブサイト等活用）＊継続
■報道機関への正確な情報の提供＊継続
■風評・誤報のモニタリング（海外での報道も含め）＊継続
■国内外に対するプロモーション＊継続
　国内：イベントを絡めたキャンペーン、ふっこう割の活用、トップセールスなど
　海外：多言語での発信とともに、海外旅行会社等への直接アプローチ
■復興基金設置（寄付金を活用等）
■事業者支援ファンドの設立
■復旧・復興プランの実施・進捗管理
■災害対応の検証（→計画、マニュアルに反映）

復興期においては、観光需要を取り戻すための情報発信・プロモーションが重要となる。

復旧期から復興期への移行時期には、アクセス可能な地域・施設とそうでない地域・施設が混在し、発信される情報も様々である（被災情報と観光情報等）。

復旧期から復興期への移行時期においては、特に観光受入可能地域・施設やアクセスに関する正確な情報を発信していくことが求められる。

9-3-5 観光地全体で取り組むべき項目

地域全体を俯瞰する視点から、取り組むべき項目を一般化し、事業の性質や目的に応じて整理したのが、図9-14である。観光地における経営資源である人材、観光資源・観光施設、観光インフラ、財源をさらに細分化し、人的資源/物的資源/ソフト・体制/情報/資金として整理した。

9-3-6 平常時における取り組むべき項目と留意点

DCMにおいては、非常時（発災後）の取り組みを迅速、かつ効果的に対応するためには平常時の備えが肝心である。観光危機管理計画やマニュアル等で必要事項を規定、体制・役割の明確化、関係者での意識共有、非常時のための財源確保等も重要である。

平常時に取り組むべき主要な項目を以下に整理した。
■計画・マニュアル策定
■対策本部体制、連携体制・役割分担の明確化
■情報収集・伝達体系の構築
■危機・災害対応トレーニング（訓練・演習）
■関係機関との事前協定
■観光客（国内外）向けの非常時情報発信手段の確保
■その他、水・食料・生活必需品の備蓄、非常時通信手段の確保等
■非常時に備えた財源の確保

〈留意点〉
①計画・マニュアルを策定したとしても、トレーニング（訓練と演習）をしない限りは実行に移せない。トレーニングは、計画・マニュアルの実行可能性や課題の抽出のためにも有効な機会となる。特に観光地においては、訓練にも演習にも災害弱者である（災害時の自助的な対応力が小さい）観光セクターの視点を導入する必要がある。
②訓練はPDCAの「C」である。防災計画等で定められている規定の手続きを間違いなくこなす実行力を高めるために実施する。同時に、訓練を通じて、計画・マニュアルが実行可能なものであるかを確かめ、必要に応じて計画・マニュアルの修正・改善を行う。
③演習では、非常時に対する応用力を身につけるものである。実際の非常時においては想定されない様々な状況に対して意思決定者が判断をし、各所に適切な役割を果たしてもらう必要がある。演習では、そうした様々な状況に対するシミュレーションを行い、想定できていなかったリスクや対応手順を抽出する。

9-3-7 DCM体制の構築と今後の課題

近年、ますます自然災害の発生頻度が高まっており、"明日は我が身"であることを、常に全国の観光関係者は念頭に置く必要がある。地域が主体的にDCMに取り組むことは重要なことであるが、地域だけではどうにもならない観光特有の課題もある。例えば、何も今被災地に行かなくとも…という出控える消費者側の心理であったり、直接的な被害がないにも関わらず客足が遠のく、いわば風評被害であったりなどである。当該観光地に足を運んでもらわなければ観光地は成立しないわけで、消費者の心理や観光需要を地域側でコントロールすることは難しい。

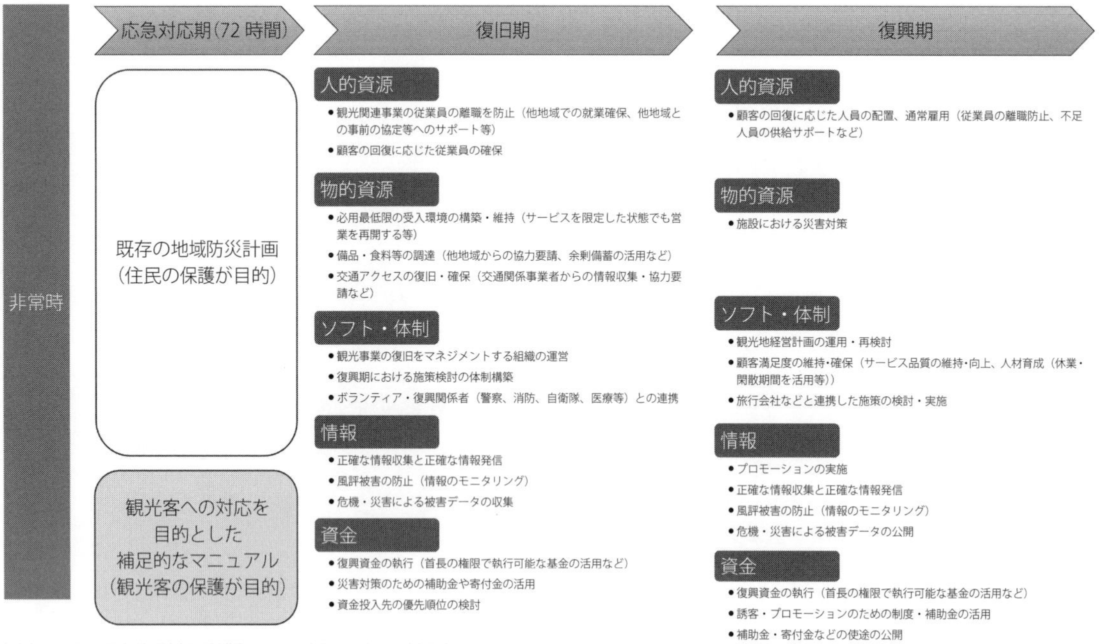

図9-14 観光地全体で取り組むべき項目

非常時

応急対応期（72時間）
- 既存の地域防災計画（住民の保護が目的）
- 観光客への対応を目的とした補足的なマニュアル（観光客の保護が目的）

復旧期

人的資源
- 観光関連事業の従業員の離職を防止（他地域での就業確保、他地域との事前の協定等へのサポート等）
- 顧客の回復に応じた従業員の確保

物的資源
- 必用最低限の受入環境の構築・維持（サービスを限定した状態でも営業を再開する等）
- 備品・食料等の調達（他地域からの協力要請、余剰備蓄の活用など）
- 交通アクセスの復旧・確保（交通関係事業者からの情報収集・協力要請など）

ソフト・体制
- 観光事業の復旧をマネジメントする組織の運営
- 復興期における施策検討の体制構築
- ボランティア・復興関係者（警察、消防、自衛隊、医療等）との連携

情報
- 正確な情報収集と正確な情報発信
- 風評被害の防止（情報のモニタリング）
- 危機・災害による被害データの収集

資金
- 復興資金の執行（首長の権限で執行可能な基金の活用など）
- 災害対策のための補助金や寄付金の活用
- 資金投入先の優先順位の検討

復興期

人的資源
- 顧客の回復に応じた人員の配置、通常雇用（従業員の離職防止、不足人員の供給サポートなど）

物的資源
- 施設における災害対策

ソフト・体制
- 観光地経営計画の運用・再検討
- 顧客満足度の維持・確保（サービス品質の維持・向上、人材育成（休業・閉館期間を活用等））
- 旅行会社などと連携した施策の検討・実施

情報
- プロモーションの実施
- 正確な情報収集と正確な情報発信
- 風評被害の防止（情報のモニタリング）
- 危機・災害による被害データの公開

資金
- 復興資金の執行（首長の権限で執行可能な基金の活用など）
- 誘客・プロモーションのための制度・補助金の活用
- 補助金・寄付金などの使途の公開

観光地における経営資源（人材、観光資源・観光施設、インフラ、財源）を細分化し、人的資源、物的資源、ソフト・体制、情報、資金としている。

そうしたことも踏まえて、国レベルの観光危機管理への取り組み、国によるマクロな視点からの観光地支援の枠組みが期待されるところである。その方策として、大きく3つが考えられる。一つは国による直接的な需要回復に対する支援策「ふっこう割」等であり、もう一つは個別施設の復旧・復興のための資金支援制度の充実、さらには観光産業に対する保険制度の充実である。

(1) 国による需要回復策・「ふっこう割」制度の充実

国が激甚災害クラスの災害が発生した際、「ふっこう割」という需要喚起、風評被害払拭のための財政支援をすることが定着してきた。2016年4月に発生した熊本地震は、震源地周辺だけでなく、観光面では九州全域に影響を与えることとなった。九州を代表する温泉地である別府や由布院、黒川温泉などでも翌日から客足が一気に遠退いてしまった。こうした危機に対して国が「九州ふっこう割」を始めたのである。その後、西日本豪雨、北海道胆振地震などに対しても同様のふっこう割が適応され、それぞれの地域で様々な課題はあるものの喫緊な需要回復には効果的な施策となった。過去の事例を総括し、より使いやすく、厳しいところに支援が回るような制度として充実させていくことが期待されている。

(2) 個別事業者に対する資金支援策、並びに観光産業支援のための保険制度の確立

自然災害などによって観光客が全く来なくなったとき、個々の観光事業者が最も困難に陥るのが従業員の雇用を継続することである。雇用調整助成金制度を理解し、効率的に申請し、効果的に活用する知見やノウハウを蓄積していく必要がある。また、ハードが使えなくなったり、施設の建て替えが必要となった場合には、グループ補助金などの制度があるが、これも観光業界で浸透しているとは言い難く、活用のための方策を確立していくことが期待される。

一方、農業には「農業保険法」（旧農業災害補償法）があり、「農業経営の安定を図るため、災害その他の不慮の事故によって農業者が受けることのある損失を補填する共済の事業並びにこれらの事故及び農産物の需給の変動その他の事情によって農業者が受けることのある農業収入の減少に伴う農業経営への影響を緩和する保険の事業を行う農

業保険の制度を確立し、もつて農業の健全な発展に資することを目的」とされている。この法律に基づき全国各地に農業共済組合が組織され、実際の補償業務を行っている。法律で定められた保険事業であるため、掛金に対し国が補助を行っている。同様に漁業にも「漁業保険制度」があり、漁船損害等補償制度（漁船保険）や漁業災害補償制度（漁業共済）などもある。いずれも自然気象や災害に弱い産業に対する支援制度であり、こうした制度の観光版が期待されるところである。旅館賠償責任保険やさらにそれを補完する全旅連（全国旅館ホテル生活衛生同業組合連合会）保険なども存在するが、主に宿泊客とのトラブルなどに対する賠償保険であり、自然災害をはじめとする観光危機管理に十分対応しているとは言い難い面がある。観光産業界として制度の充実に取り組む必要がある。

【注】
注1) 本稿では「当該地域の資源や資産に物理的な損害を与える、もしくは当該地域への訪問に対する不安を増大させることにより、地域の運営を困難ならしめる、非日常的かつ突発的な事象全般」と定義する。具体的には、自然災害、少雪や渇水などの天候不順、感染症、食中毒、戦争、テロ、サイバー攻撃といった事象が想定される。
注2) 消防庁（編）（2015）：地方防災行政の現況（付 平成25年 災害年報）：消防庁、pp9-10
注3) 災害の発生を前提に、防災関係機関が連携して災害時に発生する状況を予め想定し共有した上で、「いつ」、「誰が」、「何をするか」に着目して、防災行動とその実施主体を時系列で整理した計画
注4) 防災と観光の共存に向けた国・地域間尾連携の在り方調査報告書
注5) S.K.Y.広域圏における広域的な防災対策に関する調査報告書
注6) 観光地における先進的な防災対策構築のための指針作成に関する調査報告書
注7) 観光関連産業における感染症風評被害対策マニュアル
注8) 旅行安全マネジメントのすすめ
注9) 北海道：平成30年北海道胆振東部地震による被害状況等(第8報)〈http://www.pref.hokkaido.lg.jp/sm/ktk/300906jisin/top.htm〉、2018/09/07更新、2018/09/19閲覧
注10) 北海道テレビ：空港閉鎖の千歳市に観光客向け避難所「助かります」外国人も避難 北海道胆振東部地震〈http://news.hbc.co.jp/771b1b401900c49fafcb7661b56f21ff.html〉、2018/09/07更新、2018/09/07閲覧
注11) 苫小牧民報：災害に強いまち、本領発揮 千歳市、訓練生かし迅速に対応〈https://www.tomamin.co.jp/news/area1/14651/〉、2018/09/13更新, 2018/09/19閲覧
注12) 共同通信：北海道地震、観光損失292億円〈https://this.kiji.is/413654437510726753〉2018/09/15更新、2018/09/19閲覧
注13) 共同通信：農林水産の被害397億円〈https://this.kiji.is/413997317479548001〉、2018/09/16更新、2018/09/19閲覧
注14) 共同通信：北海道地震、土木の被害1千億円〈https://this.kiji.is/415352497106568289〉、2018/09/20更新、2018/09/21閲覧
注15) 共同通信：JR北海道の減収は11億円超〈https://this.kiji.is/414638203783431265〉、2018/09/18更新、2018/09/19閲覧
注16) 中小企業庁「中小企業BCP策定運用指針」
注17) 富士河口湖町（2016）：富士河口湖町観光防災の手引き【発災時対応編】https://www.town.fujikawaguchiko.lg.jp/ka/info.php?if_id=4278&ka_id=9、更新日不明、2018/09/19閲覧
注18) 京都市：帰宅困難観光客避難誘導計画 概要版 https://www2.city.kyoto.lg.jp/shikai/img/iinkai/keisou/gaiyouban.pdf、2014/03/19更新、2018/09/19閲覧
注19) 京都市：災害発生時における観光客等に対する施設利用等の協力に関する協定の締結について ～京都テルサを一時滞在施設に指定～ http://www.city.kyoto.lg.jp/tokei/page/0000227557.html、2017/10/25更新、2018/09/19閲覧
注20) 德永優輝、落合知帆、岡﨑 健（2015）：京都市清水・祇園地域における震災時の観光客対策としての寺社活用可能性：日本都市計画学会都市計画報告集13, pp160-163
注21) 杉山貴教、大窪健之、金度 源、林倫子（2015）：清水寺周辺における帰宅困難観光客避難誘導計画の改善に関する研究 ― 避難シミュレーションを用いた検証を通して：歴史都市防災論文集9, pp127-134
注22) 沖縄県（編）（2015）：沖縄県観光危機管理基本計画：沖縄県、p9
注23) 沖縄県（編）（2015）：沖縄県観光危機管理基本計画：沖縄県、p11
注24) 沖縄県（編）（2015）：沖縄県観光危機管理基本計画：沖縄県、p2
注25) 南城市（編）（2017）：南城市観光危機管理計画：南城市、p66-67

第Ⅱ部

観光地経営の参考となる 10 の事例

はじめに

1. 9つの視点との関連

第Ⅰ部では「観光地経営」に必要な視点を以下のような9つに整理した。

視点1　観光地の特性と経営状況を把握する
視点2　関係主体を巻き込んで説得力ある将来ビジョンを策定する
視点3　地域を見つめ直して新たな魅力を生み出す
視点4　滞在化・平準化のための仕組みをつくる
視点5　観光資源の保存と活用の両立をはかる
視点6　組織と人材を見直して実行力を高める
視点7　観光地としてのブランドを形成し、維持・向上させる
視点8　地域の観光財源を確保する
視点9　観光地のリスクをマネジメントする

これら9つの視点と第Ⅱ部で取り上げた10の事例との関係は図1の通りであるが、観光地経営においては、いずれの視点も長期的には必要となってくる。それぞれの観光地の現状、置かれている状況、発展段階、目指す姿などによって、視点の重要度は異なり、時代に応じて推移していく。そのことを念頭に置いてご活用いただきたい。

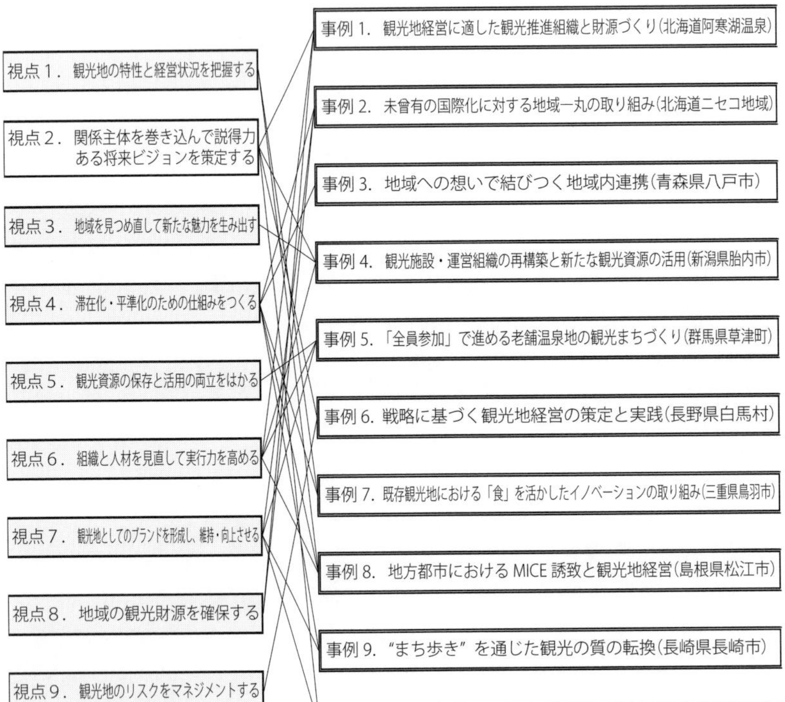

2. 10の事例の概要

事例1　観光地経営に適した観光推進組織と財源づくり（北海道阿寒湖温泉）

時代の変化に対応して柔軟に組織体制を構築してきた阿寒湖温泉のNPO法人阿寒観光協会まちづくり推進機構の取り組みを紹介している。

事例2　未曾有の国際化に対する地域一丸の取り組み（北海道ニセコ地域）

日本全国の中でもいち早く外国人観光客が訪問するようになった北海道ニセコ地域の変容と、それに対する地域（行政・住民）の取り組みを紹介している。

事例3　地域への想いで結びつく地域内連携（青森県八戸市）

漁業の町・八戸が、着地型旅行商品「八戸あさぐる」など地域主導の試行錯誤をしながら、自らの知恵と努力で町全体の魅力づくりを展開してきた取り組みを紹介している。

図1　9つの視点との関係性

図2　第Ⅱ部で取り上げた10の事例

事例4　観光施設・運営組織の再構築と新たな観光資源の活用（新潟県胎内市）

かつては村興しのモデルとも言われた旧黒川村（現胎内市）で、各種補助金を活用して整備してきた公的観光施設と、その運営体制の再構築、及び食を軸とした新たな展開について紹介している。

事例5　「全員参加」で進める老舗温泉地の観光まちづくり（群馬県草津町）

スキー場として、温泉観光地としての魅力づくりに邁進してきた草津町における、ブランド戦略や景観まちづくり、更にDMOを主体とした観光まちづくりと人材育成の取り組みを紹介している。

事例6　戦略に基づく観光地経営の策定と実践（長野県白馬村）

計画策定の初期段階から観光地経営の概念を意識して取り組んだ白馬村での、「白馬村観光地経営計画」の策定と運用段階における取り組みを紹介している。

事例7　既存観光地における「食」を活かしたイノベーションの取り組み（三重県鳥羽市）

伊勢志摩の宿泊拠点である鳥羽市において、「食」をはじめとする恵まれた地域資源を地域主導型で発掘、商品化していったプロセスを紹介している。

事例8　地方都市におけるMICE誘致と観光地経営（島根県松江市）

マーケティングに基づく活動や適切な推進体制などを基に、自地域にとって適正規模のMICEの誘致・創出を進めている松江市の取り組みを紹介している。

事例9　"まち歩き"を通じた観光の質の転換（長崎県長崎市）

観光都市・長崎の低迷を脱するため、「まち歩き」に着目、市民を巻き込みながら「長崎さるく」という新しい観光システムを開発していった取り組みについて紹介している。

事例10　百年先を見越した観光地経営の実践（大分県由布院温泉）

由布院温泉の約40年に及ぶまちづくりの取り組みには、次世代にも語り継ぐべき多くの知恵を有している。ここではその一端を紹介している。

【事例1】
観光地経営に適した観光推進組織と財源づくり
（北海道阿寒湖温泉）

北海道釧路市の北端に位置する阿寒湖温泉は、国内で二番目に指定された阿寒国立公園内にあり、国の天然記念物に指定されたマリモで世界的にも有名である。また宿泊収容力5,000人を有する道東一の宿泊拠点ともなっている。

北海道観光における1990年代後半からの急速な団体客から個人客への大転換期に、温泉観光地の構造を変革するため、住民参加型で長期ビジョンを10年おきに2度策定し、観光まちづくりに取り組んできた。その時々で必要とされる機能に応じて柔軟な組織体制を構築してきた阿寒湖温泉の事例を通じて、観光地経営に適した組織づくりを考える。

具体的には阿寒湖温泉の中核的組織である特定非営利活動法人阿寒観光協会まちづくり推進機構（旧阿寒観光協会）を対象とし、長期ビジョンに基づいて（公財）日本交通公社とともに観光まちづくりを進めてきた2000～2018年の18年間を組織の発展段階ごとに6段階に分け、事業内容、予算、体制、人材、財源等の視点から段階ごとの組織の特徴・課題を分析し、現在同組織が抱えている課題や地域のマネジメント組織としての役割、具体的には「日本版DMO」について論ずることとする（図1）。

1. 長期ビジョンの策定と阿寒観光協会の機能と役割

【旧体制期（～2000年度）】

団体客を中心に受け入れてきた温泉観光地は、観光施設、宿泊施設、土産物店、飲食店等が個人客対応にうまく転換できず、旧態依然とした形態に留まっているところが少なくない。観光客の志向や行動の変化に伴って、観光地自らが変化し続けなければ衰退は避けられず、そのためには推進主体となる組織（観光推進組織）の機能と役割が重要となる。

阿寒湖温泉は、東北海道の宿泊拠点として1990年代末には年間200万人近い観光客を集めていたが、個人客対応への遅れは観光地としての魅力を低下させるのではないかという危機感から、2000～2001年度にかけて10年後の2010年度を目標とする「阿寒湖温泉活性化基本計画（以下、2010プラン）」を策定し、観光とまちづくりを連動させた数々のプロジェクトを推進してきた（図2）。

当時の「2010プラン」に位置づけられた56のプロジェクトを推進していく主体は、1949年（昭和24年）に設立された任意団体である阿寒観光協会（以下、観光協会）であった。2000年度、観光協会と行政、住民、外部専門家が協力して「2010プラン」策定に着手したが、策定にあたり各種の現状分析を行った結果、観光協会の役割・機能はあくまで団体客中心であり、個人客の時代に対応できてい

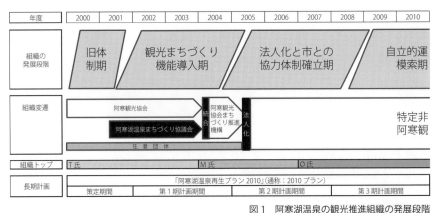

図1　阿寒湖温泉の観光推進組織の発展段階

ないことが明らかとなった。具体的には当時の観光協会の事業は、マンネリ化したイベント開催運営とパンフレット・ポスターの作成、観光キャラバンが中心であった。

2000年度の観光協会の年間収入は約6,200万円、その53%が阿寒町（当時）からの補助金であった。支出のうち事業費は55%で、その39%を行事費が占めた。他の費目の中にも行事費と見られる支出があり、実質的には事業費の8割近くが行事費であったと推察される。当時はイベント＝誘客事業と考えられ、まちづくり事業はほとんど行われていなかった。

2. 新たな組織の設立と法人化準備

【観光まちづくり機能導入期（2001〜2004年度）】

(1) まちづくり組織の新設と法人化準備

2001年度は「2010プラン」策定中であったが、プロジェクトの試行・検討過程で観光協会では対応できないまちづくり系の事業が出てきた。そこで、プロジェクトの推進に向け、優先順位・実施方法・実施担当組織の決定、関係組織の連絡調整を行うまちづくり推進組織「阿寒湖温泉まちづくり協議会（以下、まちづくり協議会）」を2001年6月に設置し、観光協会とともに「2010プラン」の推進にあたることとなった。

(2) 観光まちづくり事業への取り組み

まちづくり協議会設置後、「2010プラン」で提案された観光まちづくり事業に本格的に着手することとなった。事業費は国の補助事業を導入することとし、2002〜2003年度には国土交通省北海道運輸局「観光まちづくり支援プログラム策定推進事業」を導入して商店街活性化事業を実施、2004〜2006年度には国土交通省北海道開発局の協力を得て交通社会実験を実施した。「2010プラン」の最重点プロジェクトの1つである湖畔公園整備に向けては環境省の協力を仰ぎ、2006年度には同省により、東側の湖畔公園の整備が完了、現在でも観光客や住民の憩いの場として活用されている（図4）。

しかしながら、2つの組織はいずれも任意団体で役員の多くは両組織を兼務、事業内容も連携協力が不可欠であった。さらにまちづくり協議会の収入源は阿寒町（当時）からの補助金と負担金（観光協会会費割増）であったが2001〜2003年度の時限措置であったことから活動資金の確保に限界があった。また、2005年には釧路市との市町村合併を控えており、阿寒湖温泉が今後も持続的発展を続けていくためには、法人格を持った自立運営できる組織が不可欠であり、その第一歩として2003年度から準備を進め、2005年1月に両組織を合併して「阿寒観光協会まちづくり推進機構」を設立した。

(3) 自主財源の模索

「2010プラン」の事業を実行するには、安定した自主財源が不可欠であった。そこで2002年度、「新しい地方税のあり方に関する調査研究会（小磯修二・当時釧路公立大学教授）」が設置され、入湯税の活用について研究されたが、答申は出されたものの残念ながら一部の特別徴収義務者の反対により実施には至らなかった。

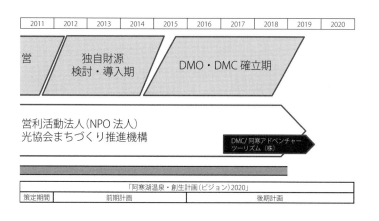

図2 観光まちづくりのきっかけと目標

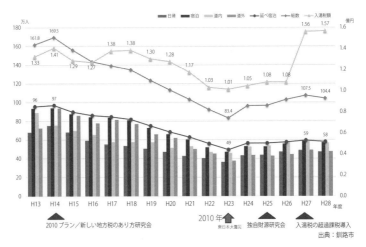

図3 阿寒湖温泉入込客数と入湯税収額の推移

3. 組織法人化と補助事業の導入

【法人化と市との協力体制確立期（2005〜2008年度）】

(1) 法人化による自主的補助事業導入

阿寒観光協会まちづくり推進機構は2005年7月に特定非営利活動法人として認定された（以下、機構）。同年、国土交通省が新設した「観光ルネサンス事業」は、国際競争力のある観光地づくりや観光地活性化に取り組む民間組織を支援する制度であり、同省の観光関係補助事業としては初めて民間組織が申請できた。そこで、「2010プラン（第2期）」で掲げられた「国際化への対応」強化に向けて機構が同事業に申請、外国人観光客の満足度向上を目指した受入体制を充実させた（〜2007年度）。

(2) 市町合併による釧路市との連携強化

2005年10月に阿寒町は釧路市、音別町と合併、新市建設計画の観光分野に「2010プラン」が取り入れられたことから、合併後は釧路市との協力体制が以前より強化された。市職員の機構への派遣（2006〜2007年度）や観光まちづくり関連補助金の新設等である。また、市の協力を得て総務省の「地域再生マネージャー事業」（2006〜2008年度）を導入し、合併効果を活かした観光まちづくり事業（着地型旅行商品の企画・販売に向けたモニターツアーやMICE事業等）に取り組んだ。

(3) 法人化後の組織改編と収支構造の変化

NPO法人化により組織機能は一新された。まちづくりや、イベント・大会の誘致・営業を担う専任部署が設置され、専任の常務理

図4 環境省による湖畔園地の整備

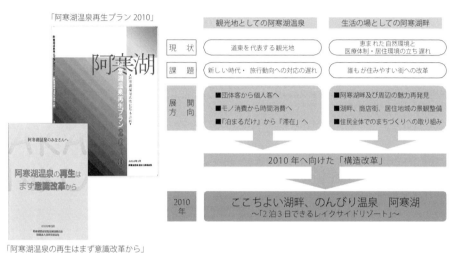

図5 「阿寒湖温泉再生プラン2010」(2002年3月)の基本コンセプト

事業兼事務局長が採用された。2007年度には理事長交代もあり、受託事業担当、アイヌ文化事業部、阿寒湖温泉VJCS(外客対応)を新設した(VJCS:ビジット・ジャパン・キャンペーン・サポーターズの略)。

また収支構造も大きく変化した。収入は、釧路市からの補助金は観光協会時代と同じ位置づけの補助金(本体補助)に加え、観光まちづくり関係の補助金が追加された。イベントでの売店等の売上(事業収入)と受託事業(2006年度から2か所の観光施設管理を市から受託)も収入として計上されるようになった。支出には「観光まちづくり」という費目が新設され、2005年度の支出に占める割合は32％であった。しかし、観光まちづくり費は国等からの補助事業の有無によって、収支ともに変動が大きい(図6)。

4. 指定管理者制度の導入と着地型への取り組み

【自立的運営模索期(2009～2011年度)】

(1) インフォメーションセンター機能の充実

2009年4月、「2010プラン」の重点事業である多目的施設(阿寒湖まりむ館)がオープンし、機構はその1階に移転した。観光案内所は温泉街のメインストリートに面しており、観光客の利便性は高まった。また、阿寒湖まりむ館2階にある釧路市阿寒町行政センターには、以前機構に派遣されていた市職員が観光担当として勤務していることから、機構と釧路市との良好な協力体制が継続されている(図7)。

(2) 指定管理者制度の活用

2009年度からは、機構が国設阿寒湖畔スキー場の指定管理者となり、組織内にスキー事業部が新設された。リフト券の早期販売開始やイベント、来場特典等が効果を上げ、2009年、2010年とスキー場利用者は前年を上回り(対前年

26%増、8%増)、2年連続で黒字を計上した。現在でも順調な経営を継続しており、施設整備にも着手する予定となっている。民間の創意工夫によってスキー場の魅力を向上させ、利益を出せる経営ノウハウが蓄積されつつある。

(3) 着地型旅行商品の企画・販売と広域連携の取り組み

2009～2011年度、厚生労働省緊急雇用創出事業ふるさと雇用再生特別対策推進事業「阿寒湖温泉の業態転換に向けたニューツーリズム推進事業」を導入、機構に担当部署を設置してニューツーリズム商品の企画・開発を行うツアーガイド候補生5名を雇用・育成した。「2010プラン」では滞在時間延伸や阿寒湖温泉のアウトドア基地化を掲げており、アウトドアガイドは不可欠であった。また着地型旅行商品の販売は、国が奨励したこともあり自主財源として期待されたが想定通りには進まなかったのが現実である。

広域連携に向けては、2010年度国土交通省「観光圏整備事業」および2011年度「観光地域づくりプラットフォーム支援事業」を導入して、釧路市中心部および弟子屈町との広域エリアでの観光客の滞在化促進事業を行ったが、その後2015年度にはブランド観光圏事業として「水のカムイ観光圏」として再認定されている。

5. 長期ビジョン・『阿寒湖温泉・創生計画2020』の策定と独自財源の確保

【独自財源検討・導入期(2012～2015年度)】

(1) 2度目の長期ビジョンの策定

2002～2010年度を目標とした『阿寒湖温泉再生プラン2010』が終了し、グランドデザイン懇談会など第3者機関による評価や地元住民、観光まちづくりを担ってきたキーマンなどからの評価を踏ま

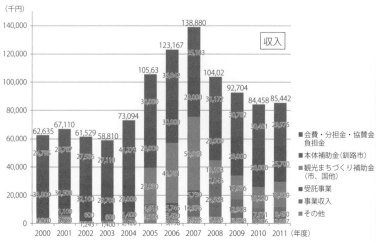
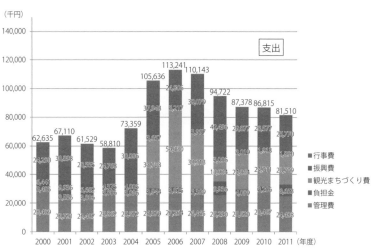

図6 「2010プラン」期間中のNPO法人阿寒観光協会まちづくり推進機構の収入と支出の推移

■観光タウン情報センター「阿寒湖まりむ館」
〈住民と観光客へのサービスと観光まちづくりの拠点機能〉
- 釧路市阿寒湖温泉支所
- 釧路市阿寒観光振興課
- 多目的ホール
- 調理室 等

- 観光案内所
- 観光交流ホール
- NPO法人阿寒観光協会まちづくり推進機構

阿寒湖まりむ館・外観

図7 阿寒湖まりむ館の概要

えて総括をし、2011年度から、2020年を目標とする新しい長期計画「阿寒湖温泉・創生計画2020」（通称、ビジョン2020）がスタートした。

策定中の2011年3月には東日本大震災が発生したこともあり、発行が2011年8月に延期されたこともあり、ビジョンの内容に関する告知活動はほとんど行われなかった。

(2)「独自財源研究会」の開催と入湯税の超過課税の導入

2008年秋、約25年間の営業を終了した旧阿寒ビューホテル跡地は、温泉街の中央部に位置する重要な空間だけに、その活用については大きな課題となっていた。2012年12月、半年以上に及ぶ住民や有識者との意見交換を通じて取りまとめたのが「阿寒湖・フォレスト・ガーデン構想」であった。この構想実現のための財源探しが「独自財源研究会」であり、約10年前に頓挫した入湯税の嵩上げを中心として（公財）日本交通公社との共同研究が進められ、2015年4月、正式に超過課税と観光振興臨時基金が実現することとなった。

6. 国の観光先進国に向けた取り組みを追い風として新たなステージへ

【DMO・DMC確立期（2016年度〜）】

(1) 入湯税の観光振興臨時基金を活用した事業展開

この独自財源は大きく①国際観光地整備事業、②おもてなし事業の2つの事業に活用するものとしており、①のメイン事業は「阿寒湖・フォレスト・ガーデン」整備事業、②のメイン事業は「温泉街循環バス・まりむ号」運行事業である。前者については、2015年度より基本計画・実施設計などが行われ、2018年8月に駐車場の一部が開業となっている。今後は除雪センター跡地の利用を含めて周辺地域の魅力づくりが進められることとなっている。

(2)「日本版DMO」の確立に向けた事業展開

2016年3月に策定された『明日の日本を支える観光ビジョン』を実現するため、阿寒湖においても新たなステージに入っている。まずは「ひがし北海道広域周遊観光ルート」の認定であり、全国3都市に中に選ばれた「観光立国ショーケース」であり、「国立公園満喫プロジェクト」のモデル国立公園に選定されたことである。こうした事業の展開は、機構のマンパワーの充実だけでなく、行政の要員・体制の強化も求められた。

具体的には日本版DMOの確立のために、大手旅行会社と大手広告代理店から社員が出向し、それぞれアイヌ・パロコロプロジェクトの展開やDMC・阿寒アドベンチャー・ツーリズム（株）の設立といった新たな事業を担当している。

7. 阿寒湖温泉から学ぶ観光地経営の視点

(1) 社会環境の変化に応じた事業内容の変化への対応

このほぼ20年間を6つの段階に分けて、NPO法人阿寒観光協会まちづくり推進機構を中心に阿寒湖温泉での観光まちづくりの経緯を整理してきたが、ここで見えてきたことは観光の外部環境の変化に応じ、また実施すべき事業の内容の変化に対応して観光振興組織・体制も柔軟に変化させていくことが重要であるという観光地経営の要諦に他ならない。それらを整理すると図8のようになる。

(2) 求められる人材の変化への対応

当然ながら組織が実施する事業に合わせて、必要とされる人材は変化するものである。そうした時代に応じたフレキシブルな対応力こそが地域マネジメント組織、つまり、これからの「日本版DMO」に不可欠な要素となっていく。観光推進組織に人材が不足した場合、いかにして外部から導入するか、支援を仰ぐかが大切であり、組織のリーダーに求められる役割・能力ともなってくる。ただ、外部人材はあくまでワンポイントリリーフであることが多く、そうした限界も踏まえて役割を与えることが望ましい。

8. 今後の課題

(1) 世界レベルの観光地に向けた対応

『再生プラン2010』の段階から、今後のインバウンドの増加を見越して「国際化」を念頭に置いて進めてきた。台湾や中国を中心としたインバウンドの影響が顕著に表れてきたものの、まだまだ多言語化やWi-Fi、SNS対応、キャッシャレス化、免税店化といったソフトや湖畔公園や散策路、トイレ、観光案内サイン、街並み景観の整備、空き店舗対策などハードな部分も遅れがみられる。

世界レベルの観光地を目指して国などの公的な補助事業に加えて、民間の設備投資や外部資本の参入が期待されるところである。

(2) 独自財源の有効な活用

2016年3月に改訂された「ビジョン2020・後期計画」は、入湯税の超過課税分が機構に入ってくる、つまり安定的に公的資金が入ってくること（市民や議会、第三者の厳しい目が注がれることも想定して）を想定した内容となっているとともに、機構の内部統制（定款の改訂、意思決定機関の明確化など）の充実も並行して実施している。こうした自律的な組織運営と同時に、主体的な基金財源の活用を進めなければ、民間サイドから増税を要求した意味が希薄化してしまいかねない。

□ 事業内容の変化への対応
・実施すべき事業内容の変化に対応して、組織・体制も変化

①旧体制期	②観光まちづくり機能導入期	③法人化と市との協力体制確立期	④自立的運営模索期	⑤独自財源検討・導入期	⑥DMO・DMC確立期
●イベント（湖水開き、山開き、まりも祭り、秋・冬のロングラン、スケートマラソン） ●パンフレット・ポスター作成 ●キャラバン、エージェント回り	●花いっぱい運動 ○商店街活性化 ○足湯・手湯整備 ○滞在プログラムパンフレット ○食べる・買うガイド ○食の新メニュー開発 ○手作りマップ ○湯めぐり手帳 ○交通社会実験（臨時駐車場等）	○外客受入体制整備 ○アウトドアイベント、アイヌ関連イベント新設 ○観光施設管理（スキー場・展望台） ○着地型旅行（モニターツアー、アフターMICE） ○泊食分離社会実験 ○おもてなし講座 ○景観ガイドライン	○インフォメーションセンター充実 ○アイヌ文化活用事業（新シアターオープン準備） ○スキー場指定管理者 ○ツアーガイド育成・モニターツアー	○将来土地利用構想（フォレストガーデン）策定 ○独自財源研究会（NPO・JTBF共同研究） ○デジタルアーカイブス事業（環境省） ○（水のカムイ）ブランド観光圏事業 ○ひがし北海道広域周遊観光ルート ○「観光立国ショーケース」事業	○入湯税超過課税実現→基金 ○観光振興臨時基金による事業 ・フォレストガーデン ・まりむ号の運行 ●DMC・阿寒アドベンチャーツーリズム（株）設立 ○アイヌアートギャラリー ○空き店舗活用

●観光推進組織の事業費
○上記以外の事業費（例：国補助金等）

□ 必要とされる人材の変化へのフレキシブルな対応

①旧体制期	②観光まちづくり機能導入期	③法人化と市との協力体制確立期	④自立的運営模索期	⑤独自財源検討・導入期	⑥DMO・DMC確立期
観光関係の諸団体のトップ（男性のみ）が観光協会の役員	●旅館の若手、飲食店や土産物店、女性もまちづくり事業に参加 ●まちづくりを行う女性グループが誕生 ●海外・国内先進地視察	●常務理事兼事務局長就任 ●釧路市職員のNPO派遣 ●外客対応住民サークル設置 ●おもてなし講座	●ツアーガイド育成 ●外客対応可能な職員採用	●外部有識者、シンクタンク、行政による研究会 ●事務局長の公募など外部人材の登用 ●官民協力体制	●旅行・観光系業のOB採用 ●大手企業からDMO人材の出向受け入れ ●釧路市役所の阿寒湖担当の強化

図8 事業内容と組織・体制、必要とされる人材の変化

(3)「日本版DMO」の役割の明確化

現在の機構は、通常の観光推進組織（地域DMO）の役割・機能を大きく上回り、"第2の行政"の域に達していると思われる。DMOに求められる機能・役割は、一律に決めるものではなく、地域の事情に応じて決まっていくべきものであるが、（一財）前田一歩園財団が大半の土地を所有し、さらに国立公園の規制が厳しい阿寒湖においては地域マネジメント機能の発揮も限界が来ているという状況である。

【参考文献】
1) 阿寒観光協会総会資料（1999～2004年度）
2) 阿寒湖温泉まちづくり協議会総会資料（2001～2004年度）
3) NPO法人阿寒観光協会まちづくり推進機構総会資料（2005～2012年度）
4) 阿寒湖温泉活性化基本計画（中間報告）（2000年度、財団法人日本交通公社）
5) 阿寒湖温泉活性化基本計画・阿寒湖温泉再生プラン（2001年度、阿寒湖温泉活性化戦略会議）
6) 同 第二期計画（2004年度、NPO法人阿寒観光協会まちづくり推進機構）
7) 同 第三期計画（2007年度、NPO法人阿寒観光協会まちづくり推進機構）
8) 阿寒湖温泉イベント現況調査（2002年度、財団法人日本交通公社）
9) 温泉観光地の再生に関する実証的研究（2002～2005年度、阿寒観光協会・財団法人日本交通公社）
10) 阿寒湖温泉観光まちづくり組織のNPO法人化支援業務報告書（2005年度、財団法人日本交通公社）

〈参考〉「2010プラン」期間中の阿寒湖温泉における観光推進組織の発展段階と10年間の軌跡

年度	2000	2001	2002	2003	2004	2005	2006	2007	2008	2009	2010	2011
組織発展過程	旧体制期		観光まちづくり機能導入期			法人化と市との協力体制確立			自立的運営模索期			
組織変遷	阿寒観光協会 → 阿寒湖温泉まちづくり協議会（任意団体） → 統合（阿寒観光協会まちづくり推進機構）→ 法人化 → 特定非営利活動法人（NPO法人）阿寒観光協会まちづくり推進機構											
組織収入（千円）	62,635	67,110	61,529	58,810	73,094	105,636	123,167	138,880	104,022	92,704	84,458	85,442
組織支出（千円）	62,635	67,110	61,529	58,810	73,094	105,636	121,494	146,964	102,001	87,378	86,815	81,510
支出に占める観光まちづくり費比率	—	—	—	—	—	32%	45%	26%	14%	28%	28%	25%
2010プラン	プラン策定	第1期計画期間				第2期計画期間			第3期計画期間			ビジョン2020

【阿寒湖温泉の主な動向】

- 2000: ■阿寒温泉活性化戦略会議発足・観光関連施設・組織の実態調査・4部会WSの開催
- 2001: ■2010プラン策定・カナダ視察・宿泊客実態調査、住民意識調査・まちづくり協議会、まりも倶楽部発足・花いっぱい運動（実験ガーデン）
- 2002: ・商店街活性化事業（～2003）・ぐるっと湯めぐり帳発行・商店街現況調査・イベント現況調査・新しい地方税の研究会・グランドデザイン懇談会設置
- 2003: ・阿寒湖温泉あなたがつくる時間割発行・阿寒湖岸の公園化推進
- 2004: ■2010プラン第二期計画策定・交通社会実験（～2006）・まるごとマーケティングシステムの構築
- 2005: ・釧路市・音別町と合併（10月）・特定非営利活動法人認証・シーニックバイウェイ
- 2006: ・日中韓観光大臣会合・土地利用計画策定・泊食分離推進事業・まりもの里商店街整備構想・計画策定
- 2007: ■2010プラン第三期計画策定・「イオマンテの火まつり」10周年記念（千本タイマツ行進開始）・「異国の森プロジェクト」（～2011）
- 2008: ・アイヌ文化ギャラリー船就航
- 2009: ・阿寒湖まりむ館オープン＆NPO移転・釧路市景観計画策定・中国映画ロケ地として中国人観光客急増・NPOがスキー場指定管理認定（～2011）・阿寒やきとり丼開発
- 2010: ・アイヌシアター建設開始（2011.12オープン）・サイン整備マニュアル策定
- 2011: ・ビジョン2020策定

【観光まちづくり関連主要プロジェクト（国の補助事業）】

- 商店街活性化事業（国土交通省）
- エコミュージアムセンターリニューアル（環境省）
- 交通社会実験（国土交通省）
- 観光ルネサンス事業（国土交通省）
- 地域再生マネージャー事業（総務省）
- 湖畔園地整備完了（環境省）
- 景観形成ガイドライン策定事業（環境省）
- ニューツーリズムガイド育成事業（厚生労働省）
- マリモ再生事業（～2013）（環境省）
- 観光圏整備事業（観光庁）
- 観光地域づくりプラットフォーム支援事業（観光庁）

【阿寒湖温泉基礎データ】

年度	2000	2001	2002	2003	2004	2005	2006	2007	2008	2009	2010	11年間の増減
人口（人）	1,758	1,751	1,759	1,765	1,771	1,711	1,707	1,655	1,606	1,566	1,510	▲248
世帯数	837	844	871	890	897	876	888	854	844	814	773	▲64
観光協会会員数	146	145	143	143	137	不明	131	134	134	125	113	▲33

【阿寒湖温泉観光客数（千人）】

年度	2000	2001	2002	2003	2004	2005	2006	2007	2008	2009	2010	11年間の増減
観光客数	1,520	1,618	1,695	1,560	1,436	1,392	1,348	1,233	1,133	1,032	924	▲596
うち延宿泊客数	854	936	942	877	843	840	812	728	661	603	519	▲335
うち日帰り客数	666	682	754	683	593	552	536	505	472	428	404	▲262
外国人（*）	32	35	38	39	59	61	59	49	47	49	49	16

*旧阿寒町エリアの宿泊延べ数

【事例1】 観光地経営に適した観光推進組織と財源づくり （北海道阿寒湖温泉）

【事例2】
未曾有の国際化に対する地域一丸の取り組み
（北海道ニセコ地域）

　北海道ニセコ地域は日本全国の中でもいち早く外国人観光客が訪問するようになった地域の一つである。外国人の地域への移入は観光客としてだけに留まらず、観光産業の担い手として、居住者としても見られた。これはニセコ地域の真の国際化とも言えるが、一方で様々な問題が生じたのも事実である。生じた問題に対して、行政や住民は手探りの中、問題解決策の検討を繰り返してきた。それは時に停滞したり、失敗に終わったものもあったが、それほど問題が複雑で難解なものだったことを示すとも言える。ニセコ地域はこれからの日本の観光地が経るであろう国際化を10年早く経験した地域であり、失敗も含めて他地域は学ぶ必要があろう。

　本稿では、外国人観光客が増加する2000年以降を対象としてニセコ地域の変容とそれに対する地域（行政・住民）の取り組みを紹介する。また、本稿で扱う「ニセコ地域」の範囲は、ニセコアンヌプリ山にある4つのスキー場（ニセコ花園スキー場、ニセコひらふスキー場、ニセコビレッジスキー場、ニセコアンヌプリスキー場の4つのスキー場とそれぞれのスキー場の麓につくられたリゾートタウンの範囲とし、ニセコ町と倶知安町の2町にまたがる。中でもその中心的な存在であるニセコひらふ地区に重点を置いて地域の取り組みについて論じることとする。

1. 外国人観光客の到来によるニセコ地域の変容[注1]

(1) 外国人観光客の到来

　1990年代後半からオーストラリアを中心とする外国人が訪れるようになった。その流れを牽引したのが、のちに観光庁から観光カリスマとして選定されたオーストラリア人のロス・フィンドレー氏である。ロス氏は1990年代初頭にいち早くニセコの雪に魅せられてニセコに移住した。そしてスキーだけでなく夏の魅力も伝えたいと考え、1995年にラフティングやトレッキングなどのアウトドア体験観光を提供する会社NACを立ち上げた。彼はニセコひらふのパウダースノーの魅力に惹かれ、冬だけでなく夏や秋のニセコの魅力を国内外へと発信していったのである。

　この活動を通じて、徐々に口コミやインターネットを通じてニセコのパウダースノーがオーストラリア人に知られるようになった。さらに2001年に米国で起きた同時多発テロによって、それまで北米や欧州でスキーをしていたオーストラリア人がニセコひらふに着目するようになった。オーストラリア人にとって日本は時差の少ない地域であり、日本人のもてなしの心や治安の良さといった利点があり、オーストラリア人はニセコひらふを訪れるようになっていった。

(2) 外国人観光客の客層の変化

　オーストラリア人によるパウダースノーの発見から始まった外国人観光客の訪問だが、その後の約10年間に外国人観光客の動向

写真1　ニセコひらふ地区（筆者撮影）

は大きく変化していった。倶知安町の外国人宿泊観光客数を参照すると、2003年に27,312人泊であったが2014年には293,339人泊と約10倍に増加した。また、国籍別の延べ宿泊者数の比率は、2003年はオーストラリアが86%を占めていたのに対し、2014年は41%に減少し、香港やシンガポールなどのアジア圏の比率が増加しており、徐々に国籍の多様化が進んでいる。この変化は単に国籍の変化に留まらず、スキー客のレベルの変化でもある。オーストラリアからの観光客の多くは欧米のスキー場を経験した上級者であるのに対し、東アジアや東南アジアからの観光客はスキー初心者や雪遊びを目的としており、それはスキー場ゲレンデの利用にも影響を与えている。索道会社はアジアから訪れた初心者向けにゲレンデの麓に特別なゾーンを整備するなどの工夫を行っている。

(3) 外国資本の参入とコンドミニアム建設

オーストラリア人観光客が増加する2000年代半ばから、オーストラリアの不動産企業がニセコひらふに進出するようになった。オーストラリア人観光客向けにコンドミニアムの開発・販売を行うもので、購入者は自身が利用する数日間以外をホテルとして貸し、その収益を物件のローン返済に充てるというビジネスモデルである。ニセコひらふ最初のコンドミニアムは2003年に建設された「ファーストトラック」であり、以降のコンドミニアムブームの先駆けになったといわれる。その数は年々増加し、2008年には100を超えた。

近年は不動産業だけでなく、飲食業や宿泊業、あるいはスキーガイドサービスやレンタルサービス業など、様々な業種で外資が参入するようになった。その数は2016年度に122件に上り、その内訳は不動産業72、宿泊業11、飲食業10、スポーツ業8、観光業・ツアー業8などである。また、ニセコひらふ地区のリフトを経営する索道会社は国内資本だが、近隣のニセコHANAZONOスキー場では2004年から2007年までオーストラリア資本、2007年から現在まで香港資本が経営し、ニセコビレッジスキー場では2006年から2010年までアメリカ資本、2010年から2016年までマレーシア資本が経営するようになっている。

(4) 外国人労働者の参入

外国人居住者数については住民基本台帳によって確認が可能である。それによると、倶知安町に居住する外国人には季節変動がある。つまり、12月〜3月までの冬季シーズンは外国人居住者数が増加し、6月から9月の夏季シーズンは減少する傾向にある。その背景には、冬季のスキーシーズン限定で期間雇用される外国人が一時

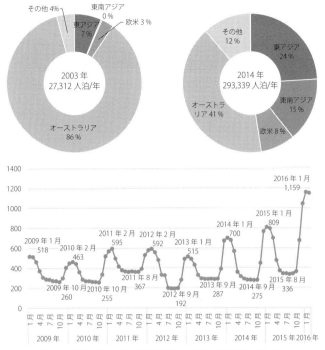

図1 外国人居住者数の月別推移（住民基本台帳より作成）

的に倶知安町に居住するためである。また、夏と冬の外国人居住者数の差は年々拡大傾向にある。

以上のように、ニセコひらふ地区は2000年代に入り、劇的な変化を経験した。外国人観光客や外国資本の参入は町の活性化に繋がり、経済的な効果も期待された。一方、日本人居住者の減少と外国人居住者の増加に伴うコミュニティの変化や日本人と外国人のコミュニケーション上の問題、不在地主である外国人地権者の増加による町内会組織の機能低下、外国人観光客の増加による治安の悪化、コンドミニアムの乱開発による景観悪化への危惧などのデメリットも経験した。こうした問題に対して、倶知安町及び住民は大きく次のような対応を図ってきた。第1に、空間に対する法的な規制をかけること、第2にエリアマネジメントによる住民自治の検討である。

2. 空間に対する法的規制

倶知安町ではコンドミニアムの開発需要の高まりに対して、土地利用や景観上の規制を検討し、2000年代後半に体制を整えた。当時、ニセコひらふ地区はその一部が国定公園第3種特別地域であり、その範囲については高さや建築面積等の一定の制限があったが、それ以外のエリアは2007年まで建築物の外観や形状に対する規制が存在しなかった。そこで、国定公園以外の範囲に対して、2008年2月8日に「用途の混在防止や街並みの保全、景観や風致の保全を図り、無秩序な開発等を排除する必要性から、予防的に土地利用の整序のみを行うことを目的」にニセコひらふ地区及び周辺に対する準都市計画区域適用を北海道に要請し指定された。この動きに関連して同年2月18日に「倶知安町の美しい風景を守り育てる要綱（1992年）」の条例化、同年3月7日に準都市計画区域に対して景観地区の都市計画決定を進めてきた。更に2009年3月25日には準都市計画区域に特定用途制限地域を決定し、一定の条件を満たす工場やマージャン屋、パチンコ屋等の建築が禁じられた。これら一連の都市計画決定により、ニセコひらふ地区は用途と景観の規制体系を整えた。

一方、一連の都市計画決定によって準都市計画区域の方が国定公園区域を上回る景観規制を持つこととなり、国定公園区域側についても同等の基準を持つ必要性が生じた。そこで北海道は倶知安町と折衝を重ねた結果、「自然公園法施行規則第11条第35項基準の特例（以下、特例）」を定め、準都市計画区域の基準に準じた規制をかけることとなった。この特例は景観や用途のみではなく、開発立地の規制もなされている。当時、日本資本が国定公園内に有していた宿泊施設は相次いで外資系企業に買収され、外資系企業による取り壊しが進んでいた。その後の乱開発を防ぐため、以前宿泊施設が立地していた敷地のみの開発を認めるものになっている。その他、ニセコひらふ地区の建築物に付与する駐車場については、2014年1月より倶知安町建築物等に関する指導要綱に基づいた算定基準が詳しく設定された。このように、2000年代後半以降、ニセコひらふエリアの空間を規制・誘導するための取り決めが多く定められた。

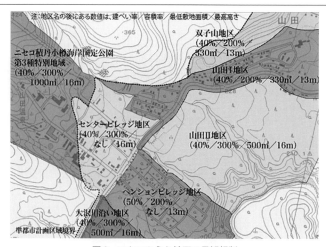

図2　ニセコひらふ地区の景観規制
（ベースマップは国土地理院発行 1：25000 地形図（アンヌプリ）2009）

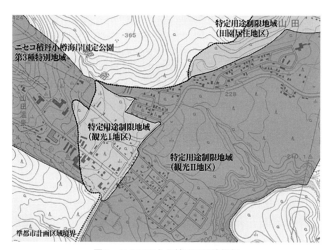

図3　ニセコひらふ地区の用途規制
（ベースマップは国土地理院発行 1：25000 地形図（アンヌプリ）2009）

3. 分担金によるエリアマネジメントの議論の展開と挫折

(1) きっかけ

2007年5月に北海道真狩土木現業所から、2009年度以降、ひらふ坂の道路改良工事に着手することが可能になるが、ただの道路整備に終わらせずに景観への配慮や電線地中化など町が主体的に構想

すべきだと指示があった。また、歩道のロードヒーティング化を求める場合、完成後の維持管理は地元地域が果たすことになるため、協議しておくべきと伝えられた。

これを契機として、ひらふ坂関係者による「ひらふ坂を考える会」が開催され、2007年10月に地元関係者による道道ニセコ高原比羅夫線「ひらふ坂」整備要望協議会が設立された。協議会は町長に対して、ひらふ坂の整備要望書を提出し、それ以降、倶知安町と協議会、北海道の3者によるひらふ坂の整備に関する議論が重ねられた。その結果、全面ロードヒーティングをすることとし、住民と倶知安町の電気料負担について議論が続いた。2010年4月にひらふ坂の歩道ロードヒーティングに伴う電気料の負担について、要望協議会、ひらふ地域の町内会長、町長、副町長と担当職員による懇談会が開催された。懇談会では、地元負担のロードヒーティング代の拠り所となる町内会費の現状について、コンドミニアムの増加とペンションの減少による日本人居住者の減少、外国人地権者の町内会費徴収に対する不理解、それによる町内会費の減少と町内会活動の停滞といった問題が報告され、法的な強制力のある徴税によるロードヒーティング代の捻出の仕組みづくりが提案された。そこで、町は外国のBID（Business Improvement District）制度について紹介し、この方法の実現を検討していくことが行政と地元住民の間で合意された。

(2) BIDの導入に向けた議論展開とエリアマネジメント条例の可決

2011年よりBIDの導入に向けた議論が始まった。BIDの検討に

建物分布（左：2006年　右：2017年）

図4　ニセコひらふ地区の変容における宿泊施設の分布（2016年）

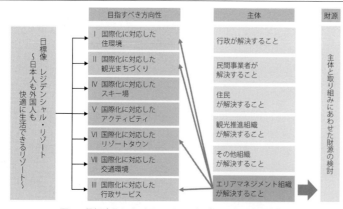

図5 倶知安町におけるエリアマネジメントの考え方 注2)

あたり、ひらふ坂のロードヒーティング費用の問題にとどまらず、ニセコひらふ地区が抱える様々な問題に対してどう対処すべきかを考えるべきだという認識が広がり、議論は拡張していった。

2011年6月にニセコBIDワークショップ、11月にニセコひらふエリアマネジメント勉強会が開催された。勉強会ではバンクーバー市でBIDのコーディネーターを務めるPeter Vaisbord氏の基調講演が開催されるなど、海外のBID制度を学ぶところからスタートした。そして12月に、18名の住民をメンバーとし、アドバイザーとして行政が関わり「ニセコひらふBID検討委員会」が設立された。つまり、BIDの検討体制は住民主体で実施された。なお、検討委員会は途中で「ニセコひらふCID／BID検討委員会」へと改称し、BIDだけでなくCID（Community Improvement District）についても議論の対象となった。

BID・CIDに関する議論は2014年3月まで続き、その回数は、研究会：51回、検討委員会：34回、住民・事業者説明会：14回、茶話会：3回、意見を聞く会：5回、懇談会：3回、大規模宿泊施設所有者説明会：1回というものだっ

た。これらの議論を経て、2013年7月にニセコひらふCID／BID検討委員会は「倶知安町エリアマネジメント制度創設に関する提案書」を倶知安町に提出した。そして2014年10月に倶知安町は「倶知安町ニセコひらふエリアマネジメント条例」を制定した。2014年5月に大阪市が日本初の条例となる「大阪エリアマネジメント活動促進条例」を制定したが、倶知安町の条例は観光地として初のものであり、全国の注目を集めた。

(3) ニセコひらふエリアマネジメント条例の特徴

この条例は、ニセコひらふ地区内でエリアマネジメント活動（ニセコひらふ地区内における良好な環境や地区の価値を維持、向上させるための、地区住民等による主体的な取り組み）を行う組織は一定の条件を満たすことで町からエリアマネジメント組織として認定を受けることができ、認定を受けた組織は町長から認定計画の年度計画に基づき実施される事業及びその運営等に要する費用について、<u>相当する額を交付されること</u>を規定した条例であった。この「相当する額」の根拠として海外のBID／CID制度を参考に、地方自治法第224条 注3)の定めにある分担金

を用いるべく、受益者分担金制度で徴収を行うための条例を制定することが予定されていた。

(4) エリアマネジメントの停滞

ところが、予定されていた受益者分担金制度による徴収を行うための条例は制定せず、エリアマネジメントの議論は停滞した。その背景には、2つの理由があった。まず、第1に分担金という税の負担に対して住民の理解が得られず合意できなかったことである。ニセコひらふ地区で事業を営む外国人にとって、地域の魅力向上を目的として法的な担保の下で自己資金を負担するCID／BIDという手法は身近な方法であり、その必要性はすんなりと理解されたのに対し、日本人事業者にとっては馴染みの薄い方法であり、地域の魅力向上に対して自己資金を支払うということに抵抗感のある事業者も少なくなかった。

第2の理由としては、地方自治法に基づく受益者負担分担金に対する総務省の見解による影響である。倶知安町が受益者分担金の法的根拠とした地方自治法224条には「当該事件により特に利益を受ける者から、その受益の限度において、分担金を徴収することができる」こととされている。つまり、受益者と負担者が一致することが前提となっている。この受益者分担金制度を活用した事例として、倶知安町では沖縄県北谷町の「美浜駐車場管理運営事業受益者分担金条例」や大阪市の「大阪市エリアマネジメント条例」を参考にしていた。北谷町では商業施設の駐車場の運営に必要な資金を商業施設事業者から徴収する点において受益者と負担者とが一致している。大阪市では施設の維持管理や街の美化・清掃といった活動に対しては分担金の利用が許されているが、にぎわい創出のためのイベント等に対しては分担金を利用す

ることは認められておらず、自主財源を充てている。

倶知安町の場合、負担者は事業者であり、エリアマネジメント活動によって地域の魅力や価値が向上するという点において受益者も事業者となるが、それだけでなく、観光客や通行人など不特定多数の利益にも繋がるものと判断された。つまり、受益者と負担者とが一致しないため、地方自治法に基づく分担金制度は適用不可であるとの見解が示されたのである。

4. エリアマネジメントの新たな枠組み作りの検討

(1) CID／BIDの議論に不足していた点

エリアマネジメントの実現に向けた動きが停滞した上記2つの理由のうち、前者についてはエリアマネジメントの議論が始まった当初考えられていた本来の目的が、数年にわたる議論により失われていき、分担金による徴収金額の是非に目が向けられすぎたことが背景にあった。つまり、何の目的で分担金を徴収するか、という議論ではなく、幾らの分担金を負担しなければならないのか、という議論にその重点が変化していったのである。

また、エリアマネジメントの動きが停滞した2つ目の理由についてもどのように財源を確保するかという手法上の議論であり、そもそも何の目的で財源が必要かを再確認することが重要であった。

(2) エリアマネジメントを超えたニセコひらふ地区のあるべき姿を検討する議論への拡張

前述の反省を踏まえ、今後のエリアマネジメントのあり方を検討すべく、2015年度に倶知安町は戦略ワーキング会議を立ち上げた。戦略ワーキング会議は町長、学識経験者、総合政策課長、エリアマネジメント検討委員会、観光専門家（コンサルタント）から構成された。

戦略ワーキング会議では、改めてニセコひらふ地区の現状を分析した上で、ニセコひらふ地区のあるべき姿やそれに向けて取り組むべきことの全体像を把握することを目的として議論がなされ、その結果は「ニセコひらふレジデンシャル・リゾート構想」として取りまとめられた。

現状分析の結果、①スキー場関連施設・サービスが十分ではないこと、②観光動向が安定していないこと、③土地利用や景観面における配慮が十分でないこと、④地域が主体的に観光まちづくりを進めていくための体制が十分でないこと、⑤域内・域外交通対策が十分でないこと、⑥観光を支える基盤を構築する必要があること、という6点の課題が指摘された。その上で、ニセコひらふ地区が目指すべき姿が検討され、日本人も外国人も快適に生活できるリゾートを目標とすることが提言された。そのために目指すべき方向性として、国際化に対応した住環境、国際化に対応した観光まちづくり、国際化に対応した行政サービス、国際化に対応したスキー場、国際化に対応したアクティビティ、国際化に対応したリゾートタウン、国際化に対応した交通環境が必要とされ、詳細に課題の解決策の案が提示された。

上記の7つの方向性に対する課題の解決は、行政や民間事業者、住民、観光推進組織など様々な主体の取り組みによってなされるものである。戦略ワーキング会議では、「既存の組織や職務では実施できないことは何かを特定した上で、それを担う組織（エリアマネジメント）や財源を検討するという考え方」という、消極的消去法でエリアマネジメントを捉える一方で、「インバウンドの急増による影響など、観光地の抱える問題のうち、行政だけでは解決できない・対応できない事柄についてはエリアマネジメントという方法を用いることで解決することができる」という積極的な可能性も評価するという考え方のもと、エリアマネジメントのあるべき姿が検討された。

(3) 住民との対話によるエリアマネジメントの検討

倶知安町による2015年度の検討は、主に行政やエリアマネジメント関係者、専門家のみによるものであり、いわば今後エリアマネジメント活動を進めていくための課題整理と方向性づくりという位置づけであった。エリアマネジメントは、ニセコひらふ地区エリアマネジメント条例にも記載のある通り、「町、地区住民等の信頼、理解及び協力の下に、公正で透明な手続きの中で情報を共有し、それぞれが良識に基づいて連携及び分担しながら行われる（第3条）」べきものである。そこで、倶知安町は地域懇談会を開催し、住民や事業者に対して受益者分担金制度による税の徴収の限界、エリアマネジメントについての今後の方向性を報告し、住民や事業者との意見交換を行った。参加した住民からは「エリアマネジメントの方向性が地域に説明された事はとても良かった」「期待感の高まる内容だった」といった好意的な意見が多く寄せられた。一方、エリアマネジメントという民間事業者主体の活動だけでなく、行政による一定の関与や行政サービスの充実も併せて重要であるという指摘もあった。

(4) 行政とエリアマネジメント組織の役割分担に関する検討

地域懇談会を経て、倶知安町では新たに「ニセコひらふエリアマネジメント推進検討会議」を設置した。これは2015年度に設置さ

れた戦略ワーキング会議を発展させたもので、新たに地域住民や民間事業者が加わり、地元関係者の意見が反映されるような体制となった。その結果、図6のような位置付けに整理された。

5. エリアマネジメント活動の始まり

エリアマネジメント活動は2017年に始動した。倶知安町行政や各観光事業者との連携を通して、地区全体の価値を高め、世界に誇れる魅力あふれる国際観光地づくりに寄与することを目的に、「一般社団法人ニセコひらふエリアマネジメント」が2017年9月に設立された。当面の活動資金は同地区でスキー場を運営する企業からの協賛金でまかなう[注4]。初期の活動は規模を小さくしつつ、住民や事業者の目に見える形でエリアマネジメント活動を実施し、その意義を浸透させることを目的としている。そして2年後を目途にエリアマネジメント条例に基づく認定法人化を目指し、町からの財源支援を受けようとしている。

一般社団法人ニセコひらふエリアマネジメントは冬季のイルミネーションやニセコひらふの清掃などの活動を始めており、ニセコひらふ地区の魅力ある空間づくりを目指している。一方、行政もまた観光地整備に必要な財源を確保するべく、宿泊税の導入に対する検討が開始した。そして2018年12月、町議会で宿泊税徴税に関する条例が可決され、成立した。この条例は、宿泊料金の2%を徴収するもので、全国初の定率制の条例として注目されている。行政による行政サービスの充実や財源確保と民間事業者によるエリアマネジメントの取り組みという2つの歯車が噛み合い、今後魅力あるニセコひらふ地区の観光地づくりが進むことが期待される。

5. ニセコひらふ地区の取り組みに学ぶ観光地経営の要点

ニセコひらふ地区では、ソフト・ハード（空間）に関して行政と住民双方の取り組みによって解決を図ろうとしてきた。行政は都市計画法や自然公園法といった法的根拠や町独自の条例による公定化により地域を支え、住民はエリアマネジメントの構築に取り組んできた。特にエリアマネジメントについては、2009年のひらふ坂のロードヒーティング費用負担の検討を発端とし、BIDやCIDの検討、エリアマネジメントの条例化、受益者負担金制度の挫折、2か年の再検討を経てようやくエリアマネジメントが実態を伴って実現していく軌道に乗り始めた。実に10年弱の年月を経ており、ニセコひらふ地区の住民や行政にとっては、その間新たな問題が次々と発生しており、苦しい時期が続いた。しかし、外国人観光客の増加に伴い未曾有の変化を経験したニセコひらふ地区にとって、それほど解決困難な課題が生じていたということでもある。さらに言えば、観光地経営は一朝一夕に進むものではなく、利害が異なる様々な住民や民間事業者、行政の地道な対話を

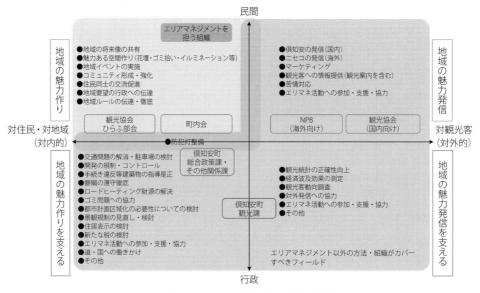

図6　倶知安町における役割分担の検討過程[注5]

経て進むものだということもニセコひらふ地区の模索から示唆されよう。

　また、CIDやBIDの検討は、オブザーバーとして行政が入っていたものの基本的には住民や民間事業者を中心に検討されたものだった。それゆえに住民や民間事業者のみでの問題解決を前提とした議論となりがちだった点も問題だったといえる。2年間の再検討はニセコひらふ地区に対する行政の役割を明確化した点でも重要であり、それは観光地経営の原則として、官民双方の協力が必要であり、そのどちらにもやるべき役割があるということを提示するものと言える。観光まちづくりやエリアマネジメントのように、住民や民間事業者自らがその地域のために活動することが当たり前のように求められるようになった近年だが、だからこそこの時代の行政はどのような役割が求められるのか、行政にしかできない役割は何かを考える必要がある。

　ニセコひらふ地区におけるCID/BIDの議論の経験を観光財源の確保という観点から見ると、何を目的に財源確保をする必要があるかという視点の重要性を学ぶこともできる。重要なのはどのように財源を確保するかというよりもむしろ、何のために財源が必要であり、現在の予算ではどのような限界が生じているからこそ、新たな財源を検討する必要があるか、という考え方のプロセスである。一方で、地方自治法に基づく受益者負担金制度は制約が多く、地方自治体にとって導入しにくい制度になっていることもまた事実であり、この点については国による検討が期待されよう。

【注】
注1）本節は西川亮（2018）、「倶知安町ニセコひらふ地区における空間マネジメントに向けた模索」、2018年建築学会（東北）梗概集オーガナイズドセッション（都市計画）pp.39-42を参照し、加筆修正を加えている。
注2）参考文献1）
注3）「第224条　普通地方公共団体は、政令で定める場合を除くほか、数人又は普通地方公共団体の一部に対し利益のある事件に関し、その必要な費用に充てるため、当該事件により特に利益を受ける者から、その受益の限度において、分担金を徴収することができる。」と定められている。
注4）日本経済新聞2017年9月27日（https://www.nikkei.com/article/DGXLZO21558930W7A920C1L41000/）。2019年2月15日参照。
注5）参考文献2）

【参考文献】
1) 倶知安町（2016）、『これからのエリアマネジメントに関する調査研究報告書』
2) 倶知安町（2017）、『ニセコひらふ地区のエリアマネジメントに関する推進支援業務報告書』
3) 倶知安町（2017）、『ニセコひらふ地区のエリアマネジメントについて』、2017年6月開催地域懇談会配布資料

【事例3】
地域への想いで結びつく地域内連携
（青森県八戸市）

1. 北の水産都市・八戸で進む「観光地経営」

(1)「観光地」としての八戸市の概要

青森県八戸市（人口約24万人）は、沿岸部に大規模な港や工業地帯が整備され、古くから水産業が盛んな街である。2005年の合併で旧南郷村が加わったことで、海と山の両方の魅力を有する地域となり、新鮮な海産物と景勝地である種差海岸、蕪島のウミネコ、重要無形民俗文化財の八戸三社大祭と八戸えんぶりが主要な観光資源である。最近はこれらに加えて、2012年のB-1グランプリでゴールドグランプリを獲得して全国的に知名度が高まった八戸せんべい汁や、大小様々な朝市、まちなかの横丁も、新たな観光資源として認知されつつある。

直近の約30年間の観光入込客数の推移をみると、1991年に400万人台を切って以降、ほぼ300万人台後半で推移し、2002年の東北新幹線八戸駅開業の直前には約300万人へと減少していた（図1）。それが開業後は、年によって増減はありつつもほぼ一貫して増加し、2011年の東日本大震災でも大きく落ち込むことはなく、600万人台後半を維持している。ここ15年間の宿泊客数の推移をみると、2007年頃までは50万人台後半から60万人台前半であったが、09年に一時的に約67万人となったものの、11年の東日本大震災以降はほぼ40万人台となっている。

(2) 八戸市に学ぶ「観光地経営」の視点：明確な観光戦略と柔軟な官民連携

東北新幹線八戸駅開業以降、市外からの来訪者が主要な観光地以外の横丁や朝市にも訪れるようになったことで、市内の観光・商業事業者がこれらの魅力に気がついた。また行政も、これまでの8月と2月の祭り中心の観光誘客から通年観光化へ、そして宿泊化を目指す中で、八戸の食と夜の横丁の魅力を重点的に情報発信する方向へPR戦略を転換した。そして実際、各種メディアに取り上げられて来訪者が増加することで、事業者の意識が高まってさらなる営業努力につながり、一層魅力が高まるという好ましい循環がみられるようになった。

このように、高速交通アクセスの改善といった外部環境の変化をきっかけとして人の動き（マーケット）が変わったことに対応して、観光地側が速やかに戦略を転換して商品づくりに取り組み、それを継続している点が、八戸市の事例から学ぶべき「観光地経営」の視点である。そして、こうした一連の取り組みを支えているのが、一つは観光による地域振興に取り組むにあたっての明確な観光戦略であり、これを行政と民間が共有しつつ、それぞれが役割分担を果たすこと、二つ目は市内の各所でみられる柔軟な連携である。

以下では、八戸市の観光が抱える課題を解決すべく進めてきた各種取り組みを、そのプロセスに沿って解説する。その進展の仕方、取り組みを継続させる手法が、観光地経営の視点として参考になると思われる。

2. 後発の観光地としての着眼点〜身近な生活文化を観光資源に

八戸市のように、これまでは観光産業以外が主産業であり、新たに観光による地域振興に取り組もうとする地域では、まずは地域資源の発掘が必要である。八戸市では、以下で述べるように身近な生活文化に光を当てたが、身近にある地域資源の新たな展開方法は、地元の関係者だけではなかなか思いつかないものである。八戸市においても宿泊統計や「社会生活基本調査」等のデータに基づく市場分析とともに、マスコミからの取材や有識者等の市外の人材との交流・意見交換がヒントになった。

また、八戸市の着地型旅行商品「八戸あさぐる」の基本コンセプトを作り、この商品開発に深く関わったキーマン（八戸せんべい汁研究所事務局長の木村聡氏）自身が出張の際、地元食材のおいしい朝食が食べたい、大きな湯船でゆっくりしたいという滞在先へのニーズを実感し、八戸市にはそうしたニーズに応えられる地域資源が存在することに気づくなど、地元を離れ、外から客観的に地元を眺めることも大切である。

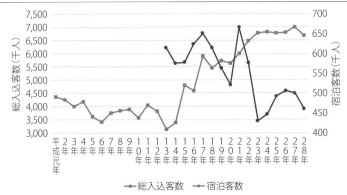

図1 八戸市の観光入込客数および宿泊客数の推移

出典：青森県観光入込客統計（青森県）

注：左軸が総入込客数、右軸が宿泊客数
　　宿泊客数は平成13年からのみ

(1) 郷土料理「八戸せんべい汁」の再評価

　新幹線の八戸駅開業を契機に八戸市をさらに活性化させようという動きの中で、新たな土産品開発の素材として、地元の日常食であるせんべい汁が取り上げられた（写真1）。2003年に市民団体「八戸せんべい汁研究所」を立ち上げた木村聡氏は、これまであまりに普段の生活に密着していたため、お客様に出す料理とは思われてこなかったせんべい汁を、単に「郷土料理」の一メニューとしてPRしているのではない。せんべいの歯ごたえをパスタの「アルデンテ」と紹介することで、せんべい汁を食べたことがない人でもイメージしやすくしたり、せんべいを小皿代わりに八戸前沖サバの缶詰を載せて供したり、せんべいをピザ風に調理するなど、南部せんべい発祥の地から、多様な南部せんべいの食文化を発信し続けている。そして同時に、地元の飲食店を対象に「八戸せんべい汁マイスター制度」を企画して提供者の意識向上にも取り組んでおり、市内・外の双方に向けた活動を行っているのである。

　これらは、せんべい汁を通じて八戸市を深く知って愛着を感じてもらい、まちなかでの飲食や地元で製造した土産品の購入を通じて地域経済へ貢献してもらうことを目指した取り組みである。八戸せんべい汁研究所は食品や飲食店の業界団体ではなく、純粋に「せんべい汁を通じて地元を元気にする」という明確なビジョンを掲げて活動を行っているのである。木村氏が仕掛けたB-1グランプリや地元での民間主導の活動によって、全国的にせんべい汁の知名度が高まり、地元でも横丁などで気軽に食べられるようになって、八戸市の観光資源としてすっかり定着した。

写真1　せんべい汁

(2) 官民の垣根を越えた交流と役割分担

　新幹線の八戸駅開業を契機に、八戸市内の各種業界団体が様々な観光振興事業に取り組んだが、核となったのは八戸市観光課と（社）八戸観光コンベンション協会（現在は公益社団法人）である。

　八戸観光コンベンション協会がまず取り組んだのは、PR戦略の転換であった。歳出の徹底的な見直し、事業の選択と集中によって2005年度に大幅な予算の組み換えを行い、戦略的な広告宣伝活動のための財源を確保した（対前年度比で約5倍）。これにより専門的なノウハウを持つ広告代理店へ業務を一括して委託できるようになり、それが観光コンベンション協会の職員の人材育成にもつながった。すなわち、単発のポスター等の発注ではなく、PR戦略全体について代理店からアドバイスを受けると同時に、外の専門家から八戸への率直な評価を聞けたことが、新たな企画を生み出す力を養う機会となったのである。このようにしてまっさらな視点で地元を見つめられるようになった観光コンベンション協会が新たに光を当てたのが、横丁と朝市であった。

　実はその頃から、せんべい汁を核に据えた活動に邁進していた八戸せんべい汁研究所の木村氏と観光コンベンション協会の職員は、八戸市の活性化について日頃から議論し、共に行動していた。八戸観光の中核となる人材同士が大きな観光戦略を共有し、それぞれの立場でやるべきことを役割分担しながら進んできたのである。そして木村氏と観光コンベンション協会の職員は、せんべい汁をはじめとする八戸の食、人情あふれる横丁や朝市を満喫した来訪者の声を聞き、それらが徐々に頻繁にメディアで取り上げられるようになるにつれて、横丁と朝市の認知度

図2 「八戸あさぐる」の流れ
（出典：（公社）八戸観光コンベンション協会）

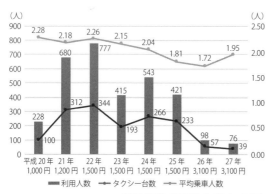

出典：（公社）八戸観光コンベンション協会
注：左軸が利用人数とタクシー台数、右軸が平均乗車人数
　各年の下に「中心街発基本コース料金」を記載
　平成20年度は100日間の実証実験、22年度は東日本大震災のため3/11～3/31は
　運休、23年度は7/10まで一部コースが運休、26年度は企画改定のため4月は運休。

図3 「八戸あさぐる」運行状況の推移

写真2 朝市の様子

が高まっていくのを実感するようになった。

(3) 朝市と銭湯に光を当てた「八戸あさぐる」の誕生

2008年に、それまでの地元の良さを見つめる様々な活動を通じて発掘してきた八戸の生活文化を活かして、着地型旅行商品「八戸あさぐる」が誕生した（観光庁事業「平成20年度観光産業のイノベーション促進事業」の実証事業に選定、（社）八戸観光コンベンション協会（当時）と八戸広域観光推進協議会の共同企画）。

①「八戸あさぐる」の概要

「八戸あさぐる」の受付から催行までの流れは、図2のとおりである。八戸市では朝の時間帯に活動する人々が多く、早朝から朝市（写真2）と銭湯を楽しむ市民文化が定着している。これを市外からの来訪者も楽しめる着地型旅行商品としたのが「八戸あさぐる」である。お金をかけて新たにハードなどを作り出すのではなく、今ある資源に光を当てたのである。

当時のターゲットは八戸市の宿泊客の約8割を占め、日中は観光できないビジネス客であり、その人たちにもぜひ八戸市での滞在を楽しんでもらいたいという想いが、この商品の根底にある。

「八戸あさぐる」を構成するコンテンツは、朝市（対象施設2か所）と銭湯（同6か所）で、利用者はそれぞれ1か所ずつ体験する。朝6時頃にホテルへタクシーが迎えに来て、8時30頃から9時頃にはホテルへ戻ってくるのだが、この間の朝市や銭湯での滞在時間など行程は、利用者とタクシードライバーが相談して決める。

旅行代金（タクシー料金＋銭湯入浴券。朝市での飲食代は含まない）は、中心街のホテル発着の場合は3,100円、より内陸部にある八戸駅前のホテル発着の場合は4,300円で、いずれもタクシーでホテルと朝市・銭湯を単純往復するよりも安い料金設定となっている（2018年8月現在）。

商品化にあたっての最大の懸案であり、八戸観光の大きな課題である域内交通を確保するために4

社のタクシー会社が参画している（乗合タクシーとして運行）（2018年8月現在）。

販売方法は、観光コンベンション協会等の窓口とともに、購入想定者（宿泊を伴う出張ビジネスマン）の行動パターンと利便性を考えて、前日の22時まで市内の協賛ホテルで申し込みが可能となっている（協賛ホテルは19軒、2018年8月現在）。

②「八戸あさぐる」の利用状況

2008年度の実証事業は、オフシーズンである冬季の約4か月間に実施されたにも拘らず約230名の利用があった。利用者の声としては、「八戸あさぐる」に参加するために青森市に泊まる予定を八戸市泊に変更したというものや、「八戸あさぐる」をきっかけにチェックアウト後の市内観光も同じタクシー乗務員に依頼したといったエピソードが寄せられた。

このように新しい旅行商品を開発したことで、新規の宿泊と朝の時間帯のタクシー乗車という新たな需要を生み出し、タクシー会社はこの商品に参画することで、観光タクシーの需要を自社に取り込むことができた。

2008年度の実証事業終了後の利用者数をみると、2014年度以降は利用者が大きく減少している（図3）。この原因の一つとして、旅行代金の値上げが考えられる。実証事業の翌年は一人1,200円であった代金を、諸経費を吸収するために数回値上げをして、2014年度以降は現在の料金（3,100円と4,300円）となった。これはタクシーで朝市まで往復するより安いとはいえ、一人当たりの旅行代金としてはハードルが高くなった感がある。

こうした状況に対して、これまでメインターゲットとしていた「平日の宿泊を伴う出張ビジネス客」以外に、金曜日の夜から週末にかけて宿泊する観光客も増えてきたことから、複数名で1台のタクシーを利用するケースが増えると想定して、八戸観光コンベンション協会は試行的に「タクシー1台貸し切りプラン」（約2時間、4名までで利用可）を催行するなど、利用者のニーズに応えられる商品づくりに知恵を絞っている（2018年2月）。

このように現在も試行錯誤を続けているが、年間を通じてほぼ毎日参加できる着地型旅行商品の存在は貴重であり、八戸市の生活文化を気軽に堪能できる機会を提供する商品として今後も長く催行されることを期待している。

③試行段階から本格展開への進め方

「八戸あさぐる」は実証事業終了後、銭湯やタクシー会社、ホテルといった参画施設が、数・エリアともに拡大した（2018年現在、ホテルは減少）。これは「八戸あさぐる」が一定程度、利用されるようになったことで八戸市内の観光関係者の参画意識が高まった故といえる。

また、JR東日本主催の募集型旅行商品のパンフレットにオプショナルツアーとして記載されるなど、販売チャネルも拡大した。当初、ターゲットを市外からのビジネス客と想定していたが、実際には観光客にも広く利用される商品となった。

このように、旅行商品の開発に限らないが、地域において何か新たな取り組みを始める際に、最初からすべての関係者を巻き込んで推進態勢をきちんと整えるといったことは、必ずしも必須の条件ではない。関係者の一部であっても熱意のある人々が集まり、まずは始めてみて、小さくても成功事例を作ることが重要である。

事業の成功イメージを思い描けず不安なために参画を表明できない人々の背中を押すためにも、そうした成功事例を示すことが必要である。

3. 次なる展開〜八戸観光の課題解決と可能性を追求する仕組みづくり

旅行商品である「八戸あさぐる」を主催するために、八戸観光コンベンション協会は2010年に第2種旅行業登録を行い、これによって本格的に着地型旅行商品の開発に参入することになった。

一般的に着地型旅行商品の開発が抱える課題として、開発・販売に手間が掛かるわりには手数料収入が少なく収益性が悪いため、民間の旅行会社がビジネスとして成立させることが難しいとされている。八戸市では、公益社団法人格を取得した八戸観光コンベンション協会が、観光地経営を担う中核組織として、「着地型旅行商品の開発」という一部門の収益性だけを追求するのではなく、八戸市の観光面の課題を解決し、市全体の観光振興を実現するための調整役・コーディネーターという役割を担っている。

以下では、2019年4月に八戸圏域連携中枢都市圏（八戸市を含む8市町村）で観光地域づくり推進法人（DMO）の設立を目指す八戸観光コンベンション協会が、八戸観光が抱える課題の解決に向けて取り組んでいる事業と、そこに含まれる観光地経営の大切な観点を紹介する。

①利用者視点に立った商品づくり〜「八戸まちタク」

八戸市の観光資源は広く点在することから、域内交通をいかに確保するかが課題である。「八戸あさぐる」の開発にあたっても、ホテルと朝市・銭湯の間をどのように結ぶかが大きな課題であったが、最終的には市内最大手のタクシー会社の理解と協力を得て、乗合タ

写真3　種差朝ヨガの様子
（出典：(公社)八戸観光コンベンション協会）

クシーという形で実施することができた。その成功要因は、そもそも早朝の時間帯にタクシーの利用がほとんどなかったため、新商品ができることで新たな需要が創出できるという点で合意が得られたことだった。

「八戸あさぐる」の成功を受けて、八戸観光コンベンション協会は市内のタクシー会社の参画を得て、定額観光タクシーチケット「八戸まちタク」を開発した（協賛タクシーは36社、2018年8月現在）。路線数や運行頻度が少ない公共交通機関に代わって、点在する観光資源を巡る移動手段としてタクシーを利用してもらおうというものである。カバーするエリアの広さによって4段階の料金が設定され、タクシーの運転手は「八戸ふるさと検定試験」を受験して案内スキルを磨くなど、移動の利便性と料金の明瞭性、さらにはおもてなしの向上という点で利用者の立場に立って開発された商品である。「八戸あさぐる」や「八戸まちタク」の取り組みによって、タクシー業界が八戸市の域内交通の中核として機能し、業界の一層の活性化にもつながることが期待されている。

なお、「八戸あさぐる」の開発の際に、朝市での朝食を付けることは市街地のホテルにおける朝食提供（1泊朝食手配）と競合するという問題が生じた。これに対して、一館単位の利益追求ではなく、「お客様の満足につながれば良い」「八戸市全体の取り組みになれば良い」という大枠での理解が得られ、最終的には多くの施設が参画することになったという経緯があった。

以上のように、同じ業界の中で連携をさらに深め（例：「八戸まちタク」）、異業種でも互いに連携して（例：「八戸あさぐる」）、利用者の視点に立った商品づくりを進めることが重要である。こうした連携によって、来訪者の利便性が高まって滞在時間が延び、詳しい観光案内があることで地元への理解と愛着が高まり、結果として消費行動につながるなど、観光による地域振興の効果が高まることが期待されるのである。

② 地元市民向けのプログラムづくり～「種差朝ヨガ」

「八戸あさぐる」は、市外からの来訪者を主たるターゲットとして開発された旅行商品であるが、その後同様に「地域資源を活かした着地型旅行商品の開発」として検討が始まり、最終的に地元の八戸市民向けプログラムとして完成したのが「種差朝ヨガ」である（写真3）。これは八戸観光コンベンション協会が、東日本大震災後の三八地域の観光振興を後押しするための青森県事業「感動を呼ぶ着地型旅行商品創出事業」として取り組んだ（2014年度）。

開発の経緯は、種差海岸に立地する民宿の女将たちが、宿泊客の伸び悩みの解消と種差海岸の活性化を目指して検討を始めたもので、外部のアドバイザーを入れ、女将の主体性や人手などの制約条件を尊重しながら、八戸観光コンベンション協会が開発を後押しした。その結果、後述するような諸条件が重なり、2015年度から毎週土曜日朝の種差海岸でのヨガ・プログラムとして開催されるようになった（事前予約必要なし、無料、ヨガマットのレンタル代500円）。冷涼な気候の関係で開催期間は5月から9月までと短いが、多い日には市内からの参加者が100名ほどになるなど盛況である。

このプログラムは、今ある地域資源と担い手ができる範囲の活動によって生み出されたといえる。すなわち、芝生が美しい種差海岸と、朝市など早朝からの活動に抵抗感が少ない八戸市民とヨガへの関心の高まり（マーケットの存在）、そして市内にヨガ講師が多いため容易に派遣を依頼できるといった、今ある条件が重なって完成したものであり、「八戸あさぐる」と同様に「地域資源の新しい捉え方」「プログラム提供側の連携」と、そして本件はターゲットを「観光客だけ」ととらわれない

ことが成功要因であったと考えられる。

なおこのプログラムは、現在は市内中心部からの運輸機関の手配などは含まれておらず、厳密には旅行商品ではないが、今後一層八戸市民に浸透して「八戸文化の一つ」とも言えるようになった時、「八戸あさぐる」のように市外からの観光客を惹きつけられる旅行商品となることも期待される。

③ 柔軟な連携～行政人材の現場経験の重要性

「八戸あさぐる」と「八戸まちぐる」の誕生には、地元で地域づくりに奔走する八戸せんべい汁研究所の木村聡氏や八戸観光コンベンション協会の歴代の事務局次長（八戸市観光課からの出向者）など、官民双方の多くの人材の尽力がある。各人がアイデアを出し、汗をかいて動き、補助金申請や業界内・役所内の調整など、適切に役割を担ったことで、商品開発全体がスムーズに進んだのである。

彼らは日常的に、時には市外の人材も交えて顔を合わせてコミュニケーションを図り、事業を一緒に推進する中で想いも共有し、それぞれ市内外に幅広いネットワークを持っている。実証事業のタイトなスケジュールの中で「八戸あさぐる」を立ち上げた時、互いの意思疎通がスムーズであったからこそ、推進態勢も迅速に立ち上げることができた。こうした民間人材と行政マンの風通しの良さは、その後の様々な取り組みの中に活かされている。

また八戸市では、中心市街地活性化の一つの取り組みとして、「ヨコヲちゃんを探せ！」や「八戸のうわさ」といったアートを活用したイベントやアーティスト・イン・レジデンスなども進められており、滞留時間の延長や滞在を促進する取り組みも進められている。

このように、従来の観光産業従事者だけで旅行商品の開発を進めるのではなく、来訪者がその地域に求めている体験・価値を理解し、それらを提供できる人材・団体と柔軟に連携することで、これまで提供されたことがなかったユニークな旅行商品が誕生する可能性が生まれるのである。

最後に指摘したいのは、観光地経営の推進にあたって重要な役割を期待される行政についてである。観光関連部署は、観光戦略の策定や観光統計の整備、施策のマネジメントとして予算の管理や庁内や市内外の関係者間の調整等を行うが、八戸市の事例からもわかるように、観光担当の行政職員の仕事は庁内で完結するわけではない。観光に関する専門知識以上に、地域内外の多くの多様な人々とコミュニケーションを図りながら、施策を推進していかなくてはならない。その人的ネットワークの構築には一定の時間がかかるし、得たノウハウを活用するのにも熟練を要する。

いくつかの自治体の観光課や人事課の担当者へヒアリングを行うと、以前に比べて一人の職員が観光関連部署に在籍する年数は長くなる傾向にあり、役所の観光課だけで経験を積むのではなく、他の組織（国や都道府県、業界団体等）への出向によって経験を積むケースも、自治体によっては増えているとのことであった。「行政担当者は2～3年で異動になるので、その度に一から人間関係を築かなくてはいけない」といった不満が事業者から聞かれるが、それがやや緩和されるかもしれない。

観光担当者として適性が見込まれる行政職員に対して、本人の希望も尊重しながら、行政内部で業務経験を積むとともに周辺産業も含めた関連組織への出向など、中・長期的な人材育成計画に則って育成を進めることが期待される。

同時に、コーディネーターとして重要な役割を期待される観光協会の事務局長については、こうした行政職員の人材育成の一環として異動（出向）先と位置づけることも一つの方法かもしれない。観光は裾野が広い産業であるため、行政職員がこの立場で様々な現場経験を積み、観光に限らずともまた施策立案の場へ戻ることで、行政職員としての幅が広がることが期待できるのではないだろうか。

八戸市の事例では、新幹線駅の開業というターニングポイントに、それまでに市内外で多様な経験を積んだ市職員が観光コンベンション協会に着任し、同世代の民間キーマンと出会ったことで、共に新しい事業を生み出すに至った。非科学的な表現かと思うが、「観光振興に取り組むべき時期に、求められる人材が育ち、めぐり合うべき人同士が出会った」というある意味で非常に運が良い事例なのかもしれない。しかし、「運が良かった」だけではないことは本稿で述べたとおりである。

【参考文献】
1) 観光庁（2011）：「観光産業イノベーション推進ガイド」
2) (公社)八戸観光コンベンション協会、各種データ

【事例4】
観光施設・運営組織の再構築と新たな観光資源の活用
（新潟県胎内市）

　1960〜70年代、日本は高度経済成長の時代となり、東京をはじめとした大都市部に多くの若者が集まった。一方、地方部においては人口の流出が進み、地元に働く場を確保する必要があった。時を同じくして、国民の余暇活動の促進が謳われ、各地の市町村等の公的組織により、宿泊施設や観光施設の整備が進められた。こうした公的組織により整備された観光地の1つのモデルとして新潟県胎内市（旧黒川村）がある。

1. 胎内市の自然環境と観光資源

　胎内市は、新潟県の北東部に位置し、新潟市から北東約40kmの位置にある。市の西部には日本海が広がり、東部には飯豊連峰がそびえ、市の名称になっている二級河川の胎内川は、飯豊連峰を水源として日本海まで流下している。胎内川の語源の「タイナイ」とは、アイヌ語の「清い水が流れる所」を意味し、「胎内」の漢字は後に使われる当て字である。

　胎内川の中流、胎内平と呼ばれるエリアにロイヤル胎内パークホテルをはじめとする宿泊施設、観光施設が集積しており、「胎内リゾート」を形成している。夏には天体観測のイベントとしては著名な「胎内星まつり」も開催されている。そのほか下流部(旧中条町)では春に「チューリップフェスティバル」が開催されている。

2. 胎内市の観光地経営の変遷

(1) 胎内リゾート形成の経緯
i)「村から人が消える」危機感

　胎内市黒川地区（旧黒川村）は、高度経済成長が始まる昭和30年代当時、農地や宅地として活用できる平地も少なく、冬季は家が埋もれるほどの大雪が降り、出稼ぎをしなければ生活が困窮する状況であった。

　こうした状況の中、当時の村長の病死により新たに村長となったのが、村議であった伊藤孝二郎氏（当時31歳）であった。伊藤村長は「こんな辺鄙な村に企業はなかなかこない、米づくりのほかには仕事もない、出稼ぎで何とか生活しているという今の状態では、村から人が消えてしまう」との危機感を抱き、村民たちが出稼ぎをしなくても生活していけるようにしなければならない、と決意した。これが今の胎内リゾートの始まりであり、伊藤村長はそれ以降、2003年に体調不調を理由に辞任するまでの12期48年間、村長を務め、各種施策を展開していった。

ii)「農業と観光」の村に─胎内リゾートの形成─
■農地整備と観光施設「胎内スキー場」の誕生

　伊藤村長はまず農業新興に着手し、1961年に共同経営の機械化農業を目指して胎内川の河岸段丘を開拓して田んぼを造成した。また、村の若者をドイツなど海外へ農業研修に送り出した。この年を最初に旧黒川村では、若者の海外農業研修を継続的に実施し、これが後に展開される畜産加工品の品質の向上にも役立つこととなった。

　同じ頃、高度経済成長によるレジャーブームやマイカーブームが高まり、新潟県内でも妙高赤倉や越後湯沢など戦前から温泉とスキー場を組み合わせて観光地となっていた所に、新たなスキー場が作られ観光客で賑わっていた。旧黒川村は豪雪地帯であり雪も山もある、そして何よりも冬に観光客を集められる施設、すなわち冬に地元に働ける場所ができることは旧黒川村にとって非常に大きい意味を持つことであった。こうして1965年、村の職員らによってリフト1基、ロッジ1棟の「胎内スキー場」が完成すると、新潟市や新発田市など日帰り圏の若者や家族連れが「東京からの人が多い所よりも、黒川村のような所の方が気安く来ることができる」と連日訪れた。その後スキー客の増加に応えるためにスキー場は徐々に拡張され、働く場として確立されたことで、徐々に出稼ぎをしなくて済むようになっていった。

■宿泊施設の整備が進む

　1970年、全国植樹祭が新潟県で開催されることが決まると、伊藤村長は黒川村での開催に向け尽力した。その結果、開催地となることが決まると、道路の整備なども進み、植樹祭開催年の1972年には、国民年金積立金からの融資に

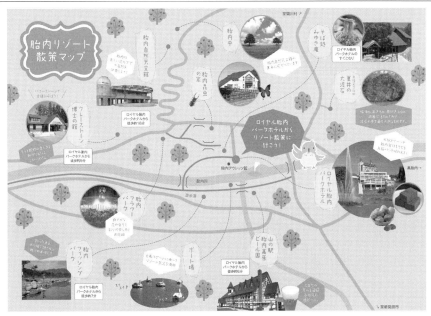

図1　胎内リゾート主要施設分布
(資料：観光ガイドブック「トコトコおさんぽたいない」（胎内市観光協会）)

より、黒川村ではじめての大型宿泊施設となる「国民保養センターたいない」（その後、国民宿舎胎内グランドホテルに名称変更）がオープンした。植樹祭が終わるとこの宿泊施設周辺の整備が進み、現在は「樽ケ橋」と呼ばれる観光エリアになっている。

1970年代はスキー場が順調に観光客を集め、旧黒川村は豪雪と出稼ぎの村から、雪が降るのを待ち、活用する村へと変化していった。しかしスキー場は冬だけの働き場所であることから、通年雇用の場が望まれるようになった。そこで1980年、農業構造改善事業の補助金や国民年金積立金からの融資により、胎内グランドホテルに続く宿泊施設「胎内パークホテル」がオープンした。

1980年代は高度経済成長からバブルの時代へと突入した時代であり、旧黒川村でも胎内パークホテルができたことで冬のスキー客はもとより、年間を通じて温泉目的の観光客が訪れ、右肩上がりで観光客が増加していった。こうした状況に合わせ、3つ目の宿泊施設として「ニュー胎内パークホテル」が1987年、胎内パークホテルの隣にオープンした。その他にも飲食施設である「そば処みゆき庵」、ハムやソーセージなど加工施設である「農畜産物加工施設」、観光施設である「胎内フィッシングパーク」などの施設が次々と作られていった。

そしてバブルの時代も終わり、全国の観光地でも観光客の減少や団体客から個人客へといった観光スタイルのシフトが徐々に進む中、2001年に村最大の宿泊施設「ロイヤル胎内パークホテル」が、さらに2005年には、それまでのいわゆる山小屋をリニューアルした「奥胎内ヒュッテ」がそれぞれオープンした。

小さな村にこれほどの宿泊施設をはじめとした観光施設、農畜産品活用施設などが作られたこともちろんであるが、それ以上に旧黒川村の大きな特徴は、こうした各種施設で働く職員は基本的にみな村職員であったということである。職員は公務員として地元で働く場を得て仕事に没頭し、伊藤村長をリーダーとして村が一丸となって胎内リゾートを築いていったのである。

(2) 胎内リゾートが直面した課題
ⅰ）公的宿泊施設の淘汰

1960年代、70年代は旧黒川村のように地域で働く場の確保、また国民の余暇活動の促進などの目的のため、市町村等の公的組織が直接運営する公的宿泊施設の整備が進められた。しかし、元々立地条件が厳しいところに建てられていることや、公的組織の運営であるが故の非効率さなどもあり、稼働率の低下や赤字の増加が見られた。また徐々に民間企業による宿泊施設の整備が進んできたことで民業圧迫への批判も高まってきた。こうした状況により胎内リゾートについても、村直営による運営で進めていくべきなのかを検討する必要性が高まってきた。

表1　胎内リゾートに整備された主な施設

竣工年	施設名
1965	国設胎内スキー場
1972	胎内グランドホテル
1977	樽ヶ橋遊園
1980	胎内パークホテル、黒川郷土文化伝習館
1981	そば処みゆき庵
1987	ニュー胎内パークホテル、胎内昆虫の家
1988	農畜産物加工施設
1990	胎内フィッシングパーク
1992	乳製品加工センター（牛乳）
1993	胎内フラワーパーク
1994	新樽ヶ橋温泉クアハウスたいない
1996	黒川石油公園・シンクルトン記念館
1998	胎内高原ゴルフ倶楽部、胎内高原ビール園、クレーストーン博士の館、米粉処理加工施設
2001	ロイヤル胎内パークホテル
2002	胎内高原ミネラルハウス
2004	胎内自然天文館、乳製品加工センター（チーズ）
2005	奥胎内ヒュッテ
2007	胎内高原ワイナリー

ⅱ）観光客の減少、各種施設の赤字増加

1980年代のバブルの時代には右肩上がりを続けていた旧黒川村の観光客数だが、1990年前後に暖冬が続いた時期には大きな増減が生じた。スキー場に雪が降らないと観光客数が減少し、収入が大きく落ち込み赤字が出るが、当時はまだ温泉目的の観光客も堅調に訪れており、全体としては収支バランスを保つことができた。

しかし、バブルの時代が完全に終わった1994～95年の96万人強をピークに、旧黒川村の観光客数は徐々に減少した。中条町との合併により胎内市となる2005年の観光客数は64万人強であり、10年で3分の2程度に減少し、それに伴い胎内リゾート各施設の赤字も増加していった。

(3) 胎内リゾートの再構築

こうした状況をうけ、2007年より（公財）日本交通公社は胎内市と協働して胎内リゾートの再構築および観光活性化に取り組んだ。

胎内リゾート形成による主な成果としては、各種施設整備による観光基盤の形成、地域での雇用の創出、品質向上・人材育成の推進などがあげられる。

一方で胎内リゾート形成後、胎内市となった2005年以降の主な課題は以下のとおり整理できる。

①リーダー不在

伊藤村長の類まれなるリーダーシップにより旧黒川村は農業と観光の村として発展し、胎内リゾートは形成された。職員の人材育成も行われたが、それはあくまでも宿泊施設従業員や農畜産品製造の専門技術者としての人材であり、胎内リゾートが今後どのような方向を目指すのか、観光客が減少し施設の赤字が増加する中でいま何をしなければならないのかといった、地域全体をどう経営していくのかを判断し指揮を取る人材ではなかった。旧黒川村の場合、その役割のすべてを伊藤村長が担っており後継者を育てられなかったことから、リーダー不在となった。

②「変化」への対応力の弱さ

バブル時代の終わりとともに、旅行スタイルが団体型から個人型へ、また温泉のある宿に泊まり観光施設を単に訪れるといった旅行から、地域の自然や歴史・文化などにより触れるようなものへと徐々に変化していったが、こうした変化に対して効果のある対策をとることができなかった。また、2005年に隣接する中条町と合併し胎内市となったことで、これまでは村役場職員が一丸となって対応していた体制からの変化を余儀なくされたが、そこでも効果的な体制構築を図れてはいなかった。

③経営意識の低さ

伊藤村長が指揮していた時代は、経営数値に関して伊藤村長が厳しくチェックし、課題があればすぐに指示を出し、従業員がその指示に対応してきた。しかし伊藤村長が不在となってからは、経営という点に関して高い意識を持ち、その改善を実行させられる人材はいなかった。また、胎内リゾート形成の段階では有効に機能した村営での運営も、民間経営に比べれば利益への意識が薄い行政運営へと変質し、有効に機能していなかった。

伊藤村長が指揮を取っていた時代には、旧黒川村および胎内リゾートの目指すべき方向性が伊藤村長の中でイメージされ、それが具体化されていた。しかし、今後は行政および施設職員、さらには地域の関係主体も巻き込んで取り組みを進めていくことが重要であり、そのためには明文化されたビジョン、プランが必要となる。そこで、胎内市全体の観光振興の将

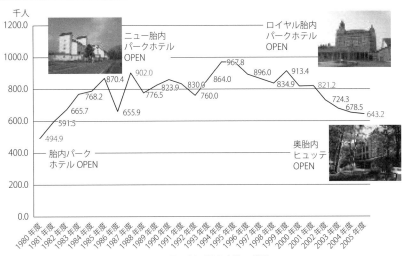

図2　旧黒川村の観光客数の推移

来ビジョンとして「胎内市観光振興ビジョン」を、胎内リゾートの活性化ビジョンとして「胎内リゾート活性化マスタープラン」を、その具体的な実行プランとして「胎内リゾート活性化アクションプラン」をそれぞれ策定することとなった。

【胎内市観光振興ビジョン（計画期間：2008～2017年度）】

中条町と黒川村が合併して誕生した胎内市において、観光・交流は重要な施策の柱として位置づけられるが、その方向性やビジョンが存在しない状態であった。そこで、胎内リゾートを旧中条町の住民にとっても「自分たちの地域の大事な観光資源」という意識を持ってもらうこと、また市民全体を巻き込んでいくために、胎内リゾートだけでなく市全体の各種の観光資源を活用して取り組んでいく視点を示すことを主眼において策定した。

【胎内リゾート活性化マスタープラン（計画期間：2008～2012年度）】

胎内リゾートには先に述べたような課題もあるが、観光地として一定の空間は既に整備され、高い技術を持つ人材も多く育成されてきており、昨今の体験型の観光への関心の高まりなどの観光ニーズに対応するための素材は十分に揃っていた。これからはこの蓄積された財産（人・施設）を「どう活用するか」を考えることが重要であり、これからの大きな課題となる。そして、この課題を解決するためには、「根本的な思想の転換」が必要であり、常に「改革の意識」を持つとともに、「経営目線」「利用者目線（顧客目線）」を持って胎内リゾートの再生に関係者自らが知恵を出し、参画していくことが必要不可欠となる。こうした考え方を踏まえ、胎内リゾートの今後の方向性を示すものとしてマスタープランを策定した。

【胎内リゾート活性化アクションプラン（計画期間：2008～2010年度）】

マスタープランで位置づけた各基本施策について、胎内リゾート全体として取り組む事項、各施設が取り組む事項をそれぞれ提示した。特に重点的に取り組む事項としては、「ロイヤル胎内パークホテルの収支改善（誘客面、財政面で影響力の大きい同施設に重点）」、「リゾート全体としての集客力の向上（施設個々の取り組みを連携させることに重点）」、「胎内リゾート全体を経営する組織の立ち上げ（エリア全体をマネジメントする組織の立ち上げ、運営の安定化に重点）」の3点を掲げた。

ⅲ）活性化プランに基づく施設・組織の再構築

胎内リゾートを再生するとともに持続的に発展していくためには、宿泊施設をはじめとする現状では過剰となっている各種施設を再構築し、同時に各種施設を有機的に連携させていくための運営組織を再構築することが必要不可欠であった。

そこで胎内リゾート各施設については、その役割に応じて「A. 市営を継続すべき施設」「B. 指定管理者制度の導入が考えられる施設」「C. 独自の運営組織の設置が考えられる施設」「D. 休止・閉鎖が考えられる施設」の4つに分類し、それぞれの運営のあり方を検討することとした（表2、図3）。

①宿泊施設の再構築

胎内リゾートへの誘客において中核的な位置づけにあり、経営面

表2 胎内リゾート各施設の運営形態分類（第1次マスタープラン策定時（2009年）

A. 市営を継続すべき施設
胎内自然天文館、胎内昆虫の家、クレーストーン博士の館、胎内彫刻美術館、黒川郷土文化伝習館、シンクルトン記念館、胎内フラワーパーク、乳製品加工センター、農畜産物加工施設、奥胎内ヒュッテ、胎内パークホテル、ニュー胎内パークホテル、樽ヶ橋遊園　など
B. 指定管理者制度の導入が考えられる施設
クアハウス胎内
C. 独自の運営組織が考えられる施設
胎内高原ビール園、ロイヤル胎内パークホテル、みゆき庵、胎内スキー場　など
D. 休止・閉鎖が考えられる施設
胎内グランドホテル　など

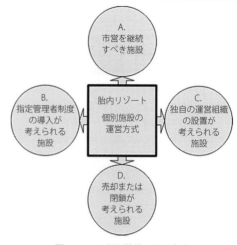

図3　4つの個別施設の運営方式

でも影響の大きい宿泊施設については下記の通り再構築した。

■ロイヤル胎内パークホテル

胎内リゾートの宿泊施設の中で最も規模が大きく、その豪華な外観が胎内リゾートのイメージを形成していることから、今後も集客の核と位置づけた。また当時は胎内パークホテル、ニュー胎内パークホテルと一体で運用しており、異なる客層が混在していた。そこでロイヤル胎内パークホテルは新たな運営組織（詳細は後述）、胎内パークホテルおよびニュー胎内パークホテルは市直営と運営主体を分離するとともに、レストラン・大浴場の共通利用も中止するなど、ホテルの位置づけ、狙う客層の明確化を行った。

■胎内パークホテル、ニュー胎内パークホテル

1980年代に建てられた両ホテルは、バブルの時代には胎内リゾートの中核をなすホテルであったが、現在では竣工から25年近くが経過し、リゾートホテルとして運営するには大幅な改修が必要となる状況であった。そこで両ホテルについては経営を市営のままにするとともに、胎内市が推進しているグリーンツーリズム（胎内型ツーリズム）での利用や、夏場の学生等の合宿利用など団体特化型のホテルとした。また冬季はお客さんも少なくなることから春〜秋の季節限定型とした（後に「胎内アウレッツ館」と名称変更）。

■奥胎内ヒュッテ

奥胎内ヒュッテは最も新しい施設であり、登山者用宿泊施設としては立派な施設であるが、多くの客室が胎内川で行われているダム工事の拠点としても利用されていた。このため登山客が利用できる客室が限られることから採算をとることが難しく、また登山者救援拠点としての位置づけでもあることから、本来は市直営とすべき施設である。しかし、稼働が6〜11月と限定的であることから、奥胎内ヒュッテだけの運営のために従業員を確保することは非効率的であることから、新たな運営組織（詳細は後述）で運営することとした。

■胎内グランドホテル

胎内グランドホテルは胎内リゾートの中で最も古いホテルであり、竣工から35年近くが経過していた。また、胎内グランドホテルは胎内リゾートの最初の施設集積地である樽ヶ橋エリアに位置していたが、その後建設された胎内パークホテルをはじめとした各種施設は、樽ヶ橋の上流に位置する胎内平エリアに集積していた。また、胎内グランドホテル周辺に位置する施設もクアハウス胎内や樽ヶ橋遊園など、市民向けの施設となっていた。これらのことから、胎内グランドホテルはその役割を終えた施設として廃止とした。

②運営体制の再構築

1960年代からのすべての施設を村営で運営する手法は、民間企業の進出が期待できない環境の中で、村民の雇用の場を確保するためには効果的な手法であった。しかし現在の社会的・地域的な状況の中では行政運営での再構築は困難であることから、新たな運営体制を構築することとした。

具体的には、先の各施設における役割に応じた運営形態の分類のうち、集客力が高く、民間の発想および行動をすることが適切であるロイヤル胎内パークホテル、胎内スキー場、奥胎内ヒュッテ、みゆき庵（そば処）を一体的に運営する「（株）胎内リゾート」を設立し、市から指定管理を委託する形とした。なお、新たな運営組織への移行に際しては、まず市内部に上記施設の運営を所管する課を設

置し、一体的な運営の素地づくりを行った。

（株）胎内リゾートは胎内市および地元企業2社が出資し、2010年度より実質的な運営を開始（設立は2009年12月）した。

iv）施設・組織の再構築による成果

①宿泊施設の再構築による成果

■ターゲットの明確化

胎内リゾートの中核となるロイヤル胎内パークホテルと胎内パークホテル、ニュー胎内パークホテルを切り離したことで、ロイヤル胎内パークホテルの雰囲気に見合う宿泊プランおよび価格設定が可能となった。その結果ターゲットも基本は個人客で、夏は家族連れ、春・秋は中高年層など明確化することができた。

また胎内パークホテル、ニュー胎内パークホテルも、グリーンツーリズムや合宿等団体に特化した「胎内アウレッツ館」としてターゲットを明確にした展開をすることができた。

■オペレーションの効率化

胎内アウレッツ館を季節限定型営業とすること、また老朽化した胎内グランドホテルを廃止したことにより、宿泊施設全体として人員を削減することができた。また、ロイヤル胎内パークホテルについては、以前は利用客が少ない場合でも、繋がっていた胎内パークホテルの和室宴会場に料理を運ばなければならないなど、人手が多くかかる場合があったが、ロイヤル胎内パークホテルに地元利用者の宴会なども集中させることができ、オペレーションを効率化することができた。

■エリアの位置づけの明確化

胎内グランドホテルは樽ヶ橋エリアに位置しており、胎内リゾートマスタープランにおいて同エリアは「誘引エリア」として位置づけ、情報発信の拠点として整備することとされた。胎内グランドホテルが廃止されたことでその跡地には「道の駅たいない」が設置され、エリアの位置づけを明確化することができた。

②運営体制の再構築による成果

■運営コストの抑制

株式会社として新たな運営組織が設立されたことで、施設職員についても、市職員を段階的に削減し、新たに株式会社社員を採用することで移行を行った。その結果給与体系も徐々に変化し、運営コストである人件費を全体としては抑制することができた。

■自立的な運営の推進

新たな運営組織設立当初、総支配人をはじめとする運営幹部および部門マネージャークラスに、ホテル経験者等の外部人材を登用したり、ホテル運営企業からアドバイザーを呼んだりすることで、新たな宿泊パックや体験商品などの開発、インターネットを活用した情報発信、各種財務諸表の整備をはじめとするマネジメントの改善などが推進された。現在は、この経験を活かした自律的な運営が推進されている。

v）活性化プラン策定による成果

胎内リゾートだけでなく、市全体の観光資源を活用していくことを目指し策定した「胎内市観光振興ビジョン」の中で、「米粉」を新たな観光資源として活用することを重点プロジェクトとして位置づけた結果、現在では「米粉発祥の地」として各種取り組みが進められるようになった（詳細は後述）。

「胎内リゾート活性化マスタープラン」については、2012年度にそれまでの取り組みを検証・評価した結果、運営組織の設立やホテル等施設の一定の収支改善などの効果をベースに、今後は「付加価値の創造、向上」に取り組むことが必要との結論に至った。これを踏まえ「第2次胎内リゾート活性化マスタープラン（計画期間：2013年度～2017年度）」が策定された。明文化されたプランが策定されたことで、取り組みが様々な意見により検証・評価され、次の取り組みを検討することが可能となった。

(4)「米粉」を観光資源として活用

ⅰ）米粉活用の背景

旧黒川村に各種施設が整備された際には、「米粉処理加工施設」（1998年）も建設された。同施設は、新潟県が技術開発した「微細製粉技術」による新規米粉を実用化するために設立されたモデル製粉工場であり、旧黒川村では米粉の生産、普及にいち早く取り組んだ。その結果、全国初の米粉パン・麺の学校給食への導入やロイヤル胎内パークホテルでの米粉パンの提供などが進められたが、その活用は市関連の施設や粉を業務用として企業へ納品するなどに留まっていた。活性化プラン策定の過程での市民からの声も「市内に米粉を生産する工場があることは知っているが、それほど身近なものでもない。市内で米粉を感じることもない」といったものであった。

ⅱ）米粉活用を検討する「たいない『食』のわいわい会議」の立ち上げ

「胎内市観光振興ビジョン」の重点プロジェクトとして「米粉商品や料理の開発プロジェクト」を位置づけた後、同プロジェクトを具体化していくべく、検討組織として「たいない『食』のわいわい会議」を立ち上げた。立ち上げ当初は会議名称も異なり、行政が主催する堅い印象のものであったが、「食べ物に関する検討だし、試食などしながら"わいわい""がやがや"楽しくやるべき」という意見もあり、市内飲食店、菓子店、米粉製品メーカー、農家、主婦など幅広い主体が参加しやすいよう、名称

写真1　たいない　べえべえ

写真2　米粉フェスタ in たいない

も変更し、会議も原則調理室があるところで開催することとなった。現在でも同会議は定期的な会合が行われている。

ⅲ) 米粉グルメの代表としての「たいない　べえべえ」の開発

米粉商品・料理について、様々な試行錯誤を行った結果、各種米粉グルメを代表するものとして「たいない　べえべえ」が生まれた。これは中国雲南省の郷土料理「粑粑（ばあばあ）」を参考に、米粉の生地に胎内市産の肉や野菜などを挟んでクレープのように食べるもので、「べえべえ」は「米米」に由来した名称である。ポイントは「お菓子や料理に米粉を混ぜる」といった従来とは異なるスタイルであること、それぞれの店舗で中に挟むもののオリジナリティが出せること、簡単に作れること、などであった。特に、これまでのいわゆるご当地グルメの場合、「市内各店舗が同じレシピで作る」という雰囲気があり、市内での広がりが進まないケースがあったが、各店舗オリジナルで作れるということで、各店舗が取り組みやすい形とした。また、「たいない　べえべえ」はあくまで米粉グルメの代表的なものとして位置づけ、各店舗がそれぞれにオリジナリティのある米粉グルメを検討・開発していくことを促した。

ⅳ) 米粉グルメのイベント「米粉フェスタ in たいない」の立ち上げ・開催

米粉商品・料理の開発と並行して、これらをお披露目するとともに、取り組む各店舗が効果を実感できる場としてイベントの立ち上げも進めた。取組初年度の2010年は既存イベントの1店舗として「たいない　べえべえ」を販売することとしたが、結果、準備した約200食は完売となり、「たいない『食』のわいわい会議」メンバーにも手ごたえが感じられた。翌年度（2011年度）からは、米粉グルメだけに特化したイベントとして独立させるとともに、市内外の各店舗が米粉グルメを販売できるイベント「米粉フェスタ in たいない」として開催した。またイベントの運営にあたっては、「たいない『食』のわいわい会議」とは別に実行委員会を組織することで、更に米粉グルメの取組の関係者を増やした。同イベントはその後も各種検討や取り組みを行いながら継続しており、第8回が2018年に開催された。また、同イベントに出店している店舗を中心に掲載された「たいない　米粉グルメ　食べ歩きマップ」も制作され、イベント時以外でも市内各店舗を巡れるようにしている。

3. 胎内市に学ぶ観光地経営の視点

公共により整備された各種施設を活かしながら、いかに市全体として観光による活性化を進めるかが胎内市の取り組みのポイントであった。ここから学ぶべき観光地経営の視点は以下の通りである。

(1) 3カ年計画での抜本的経営改革

胎内リゾートに関しては、累積赤字が拡大しないうちに抜本的な対策を取る必要性が高いと判断し、3年を目処に抜本的な経営改革を実施するシナリオを描き、首長はじめ行政幹部、並びに議会に理解してもらうことから開始させた。とはいえ、急速な経営改革は、雇用不安や行政批判を招くことが懸念され、これまでの経緯や市民感情、リゾート地としての対外的なイメージの維持などを考慮すると出来る限り自力再生による軟着陸が望ましい。

図4のように、胎内市全体の観光振興の基本計画を策定しつつ、胎内リゾートにおける施設別の管理運営の方向性をマスタープランとして整理し、採算性を求められる施設については、新しい経営組織を立ち上げて、職員の雇用を守りつつ、経営主体を移行させていくアクションプランを策定した。

新組織の立ち上げにあたっては、外部から専門的な人材を登用して、市との綿密な連携のもとで軌道に乗せていくこととした。

(2) 観光施設・運営組織の再構築

観光施設に関しては、まず最初に手がけたのは、宿泊施設容量のダウンサイジングと狙うマーケットの明確化である。補助金を活用して施設整備をしてきたために、利用者が激減しているにも関わらず経営を継続してきた。それを選択と集中の理念のもと、ロイヤル胎内パークホテルに経営資源を集中することとした。併せて、施設の特徴に応じて狙うべきマーケットを明確にした。

また、(株) 胎内リゾートの設立による民間経営へとリストラクチャリングを行った。これによってホテル、スキー場など主要施設全体を統一的に経営する組織形態が整った。

(3) 食(米粉)を軸とした新たな観光資源の活用

取り組み以前も存在はしていたものの、観光資源としては認識されていなかった「米粉」に着目し、市民を巻き込みながら取り組みの拡大、定着が進められた。「食」という誰もが参加しやすいテーマであったことから、両地区の店舗が参加したり、胎内リゾートでも米粉商品・料理が展開されたりと、胎内市観光振興ビジョンの大きな目的の一つであった胎内市中条地区(旧中条町)と同市黒川地区(旧黒川村)の取り組みの一体化が進んだ。

(4) 活性化プランの更なる推進

これまで述べてきたような各種成果がみられるものの、胎内リゾートは完全な収支改善には至っておらず、また、米粉の取り組みも市外から多くの観光客が訪れるまでには至っていない。胎内市観光振興ビジョン、第2次胎内リゾート活性化マスタープランとも2017年度に計画期間が終了したが、2018年現在、こうした状況も踏まえ新たな計画策定が進められている。こうした Plan-Do-Check-Action の一連の流れが構築され、継続した取り組みが行われていることも大きな成果の一つである。今後の更なる展開を期待したい。

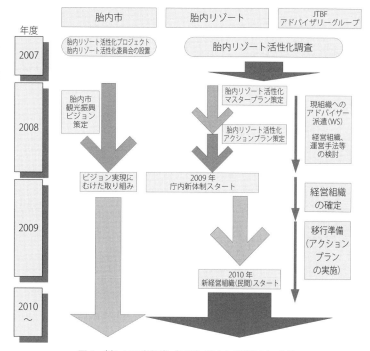

図4 新しい運営組織(民間)設立への移行プロセス

【参考文献】
1) 伊藤孝二郎(2003):「先憂後楽―新潟県黒川村の村づくり」新潟日報事業社
2) 吉岡忍(2005):「奇跡を起こした村のはなし」筑摩書房
3) 胎内市(2008):「胎内市観光振興ビジョン」
4) 胎内市(2008):「胎内リゾート活性化マスタープラン」
5) 胎内市(2008):「胎内リゾート活性化アクションプラン」
6) 財団法人日本交通公社(2007):「胎内リゾートの活性化方策に関する調査検討業務報告書」
7) 胎内市(2013):「第2次胎内リゾート活性化マスタープラン」

【事例5】
「全員参加」で進める老舗温泉地の観光まちづくり
（群馬県草津町）

1. 湯の町・草津における「観光まちづくり」のあゆみ

　群馬県草津町の草津温泉は、2017年度の観光入込客数が321.3万人（対前年度104.0％）と近年は300万人弱の水準を維持しており、町の中心部にある湯畑は年間を通じて多くの人々で賑わっている（図1）。

　この草津の賑わいは、昨今の外国人旅行者急増の影響もあるが、長年にわたる観光まちづくりへの取り組みの成果であると思われる。終戦直後の1948年に我が国初のスキーリフトが天狗山に架設されて以来、スキー場として、温泉観光地としての魅力づくりに邁進してきた草津で、どのような観光まちづくりが行われてきたのか、以下では近年約20年間の取り組みの中からいくつかの概要を紹介する。

(1)「草津温泉　泉質主義」の宣言（2001年）

　多くの観光地で観光協会や旅館協同組合、商工会議所、行政等が中心となって、観光情報の発信や観光地の魅力づくりに取り組んでおり、2015年頃からはこうした多様な主体が関わるDMO（Destination Management／Marketing Organization）の役割に注目が集まっている。草津では（一社）草津温泉観光協会が2016年8月に日本版DMO候補法人として、18年7月に日本版DMOとして観光庁に登録されたが、その20年近くも前から観光協会と旅館協同組合、商工会、行政、議会を「観光5団体」として、一体となって草津町の観光振興に取り組んでいる。

　これら観光5団体の間にも、もちろん利害の対立はある。例えば、旅館の売店・食事処と温泉街の商店・飲食店は互いに競合し、旅館同士もライバル関係にある。ただ、こうした小さくはない利害関係を乗り越えて、「まず草津へ来てもらうために、温泉の魅力を打ち出す」という最大公約数で町内が一つにまとまっている。それを可能にしたのは、「"温泉"が草津の第一の宝である」という共通認識であり、そこから発展したブランド戦略「草津温泉　泉質主義　onsenism」の成功である。

　当時は、全国各地に日帰り温泉施設が増えて気軽に温泉を楽しめるようになってきたのに対して、古くからの温泉地では湯めぐりなど温泉街散策の楽しさを打ち出そうとはしていたが、温泉自体を売り出そうというところは多くはなかった。それぐらい老舗の温泉地にとって温泉とは、そこに湧いていて当たり前のものであった。

　泉質主義宣言とは、草津温泉の泉質の素晴らしさを具体的に、①自然湧出量が日本一、②すべての旅館が源泉かけ流し、③強力な殺菌力を持つこと、を示し、「この素晴らしい温泉を草津はこれからも大切にしていきます」と宣言するものであった。2001年12月の宣言発表後は、小冊子やポスターの作成、行政職員を含む観光関係者の名刺へのロゴの印刷等によって町全体に認知されるようになり、「温泉を大事にする」という点で町内の関係者の取り組み姿勢が一致していった。

(2)「草津温泉ブラッシュアップ計画」への取り組み（1997～99年）

　こうして町内外の耳目を集めた泉質主義宣言の誕生に大きな役割を果たしたのは、旅館組合青年部を中心とする若手であった。彼らが個々の旅館を越えて町全体のことに関心を持つようになったきっかけは、1997年度から始まった「草津温泉ブラッシュアップ計画」である。

　これは、観光協会や旅館協同組合、商工会といった観光関連団体、草津町が事業費を拠出して「草津温泉ブラッシュアップ計画協議会」を立ち上げ、湯の華会（旅館組合婦人部）と旅館組合・商工会の青年部、町外から（財）日本交通公社（現在の（公財）日本交通公社）が加わって議論を行い、いくつかの試行的事業を行ったものである。

　当時の旅館組合と商工会の青年部は、このブラッシュアップ計画の期間中に「2002年ワールドカップベースキャンプ誘致推進協議会」を立ち上げた（1999年）。結果としてキャンプ地の誘致には至らなかったが、この時に町内の若

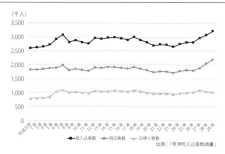

図1 草津町の観光入込客数、宿泊客数

出典:「草津町入込客数調書」

図2 「草津の景観まちづくり」表紙

手が共に自発的に熱意をもって一つの事業に取り組み、一定の手応えを感じるという経験を積んだことが、前述の「草津温泉 泉質主義」への取り組みにもつながった。

ブラッシュアップ計画を始めた頃は観光客数が非常に落ち込み（1997年281.1万人、対前年97.5％）、意気消沈しがちな町内で、まず元気になったのは、旅館の女将たちであった。草津では、1996年5月に旅館組合婦人部「湯の華会」が誕生した。それまで旅館の課題や草津の将来について語るのは主に男性であったが、湯の華会の誕生以降は、女将も旅館で日々宿泊客と接する中で感じたことや一町民の視点から思うことを発言できるようになった。

湯の華会の活動は、ほぼ月に1回開催する定例会議のほか、町内外の有識者を講師に迎えた講演会の開催、地元の郷土史家の案内によるまちなか散策といったように、外からの視点で客観的に草津を見るとともに、実際にまちを歩いてその魅力と課題を体感する活動も行った。こうした活動は、ブラッシュアップ計画に取り組んだ3年間で20回以上にのぼった。

(3)「景観まちづくり」の取り組み（2014年）

ここまでは、「草津温泉」のブランディングや観光まちづくりに携わる人材の育成といったソフト面の取り組みを紹介した。民間が中心となったこうした取り組みとともに、草津町が主導したハード面の優れた施策として、「景観まちづくり」が挙げられる。草津では2010年代に、町の中心部にある湯畑広場を「草津温泉のシンボル」とするための各種ハード整備が進められたが、それに先立ち、町全体として優れた景観づくりについて住民自身が考える取り組みを行っていた（2000～02年）。

草津のハード面の開発の歴史を紐解くと、かつて、高度経済成長期に温泉観光地として発展するにつれて、旅館の大型化などによって湯畑周辺の温泉街に建物が密集するようになった。1960年代に強酸性に耐えられるパイプが開発されると、より広い空間を求めて郊外の高原部へ温泉を引湯して大規模なリゾートホテル・マンションが建設されるようになった。その後、リゾート法の制定やバブル経済もあって高原部のリゾート開発が進んだ結果、高層建築物による景観や自然環境の悪化という問題が起こったため、草津町は「リゾートマンション建設凍結」を宣言し（1992年）、「景観条例」を策定した（1993年）。こうしてその後は、湯畑を中心とする温泉街「クラシック草津」と高原部を中心とする「ニューKUSATSU」とに地区を分けて開発が進められることになった。

2004年に景観法が制定され、草津町は2009年に景観行政団体となった。この時、多くの自治体がそれまで運用してきた自主条例を景観法に基づく法委任条例へと改正する中で、草津町は優れた景観づくりに対する住民の参加意識を醸成する機会と捉え、以下のような取り組みを行うことにした。

それは、2010年から3年間をかけて温泉街の5つの地区（湯畑、西の河原、滝下通り、中央通り、地蔵）において住民が参加して街なみづくりのルールを検討し、「景観まちづくり協定」を締結するというものであった。そして最終的には法に基づく景観計画としてまとめられた後に、2014年10月から景観まちづくり条例として施行されている（図2）。

この条例の概要は図3に示したとおりであるが、古くからの温泉地としての情緒を守り、「湯の町・草津」の雰囲気を期待して訪れる来訪者を裏切らないような景観づくりを進めるというものである。

こうした景観まちづくりと同時に、今後、一層の取り組みが期待されるのが、「歩きたくなる観光地づくり」である。2002年度に、5月の大型連休期間中に郊外にある大型駐車場（天狗山駐車場）と温泉街を無料シャトルバスで結ぶパーク&ライドの交通社会実験を実施した。結果として、このパーク&ライドは定着せず、その後も繁忙期や週末の、ある特定の時間帯に、湯畑広場や細い街路が巡る温泉街で歩行者と車がせめぎ合う場面が見られる。温泉情緒のある街なみをそぞろ歩きしたいという来訪者の期待に応えるためには、温泉街の中心部から車を排除して、安全で環境に優しい空間づくりを行うことが必要である。決して容易なことではないが、今後、来訪者が「情緒ある温泉街を散策したい」という気持ちになり、草津での滞在時間と消費単価を伸ばすためにも、快適な空間づくりへの取り組みが一層、求められている。

景観まちづくりの理念	
理念1	温泉文化と街なみの歴史の継承と発展
理念2	自然が引き立つ景観の形成
理念3	そぞろ歩きの楽しいにぎわいの空間づくり
理念4	「町民参加」から「町民主体」のまちづくりへ
街なみガイドライン	
建築物の高さ	低層（1～3階）が望ましい。最高でも、6階以下とする。
外壁等の色	穏やかな色合いとする。
建築物の構造	木造が望ましい。
外壁や部材	自然素材を活用する。風情と開放感をもたせる。
屋根	暗色系の色を使い、勾配屋根とする。
看板類	控えめにし、きれいに保つ。
緑	樹木や植栽を活かす。
建築設備等	通りから見えにくいように工夫する。
空地等	周囲に配慮し、修景する。

図3 「草津景観まちづくり」の理念と街なみガイドライン

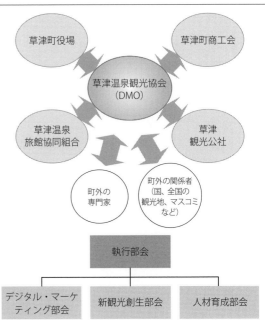

図4 草津温泉観光協会DMOの体制

2. DMOを主体とした「観光地経営」に向けた取り組み

前述のように、（一社）草津温泉観光協会は2018年7月に日本版DMOとして観光庁に登録された。DMOは観光地経営の司令塔として、その地域が観光で稼ぐことができる地域となるために、地域内の多様な主体同士の合意形成を進め、科学的なマーケティングとマネジメントを行うこととされている。その役割を担うとされているのが、（一社）草津温泉観光協会である。

以下では、これまで草津が長年にわたり取り組んできた「観光まちづくり」への取り組みが、DMOという形を得てどのように展開しつつあるか紹介する。

(1) 草津温泉DMOの体制と機能

草津におけるDMO（以下、草津温泉DMO）は、（一社）草津温泉観光協会が中核となって草津町の観光振興をさらに強力に推進するために、現在の草津観光の課題のうち、マーケティングと新しい観光コンテンツの開発、観光産業の雇用問題について特に強い課題認識を持って設立された。推進体制は図4のとおりであるが、取り組むべき課題である3つのテーマで部会が設けられ、それぞれの部会長を40歳代の若手が務め、部会員として30～50歳代が参加している。

草津における地域リーダーや推進体制のあり方の変遷をみると、終戦後本格的に温泉観光地として発展を始めた頃から平成初期までは、その時代時代の強力なリーダーが主導する形で取り組みが進められた。これが平成に入り、バブル経済の崩壊で草津観光が停滞した際に「草津温泉ブラッシュアップ計画」を始めた当時の観光業界のリーダー達には、これまで観光まちづくりの舞台に上がっていなかった女性と若者に対する期待があり、任せた部分が大きかった。当時の状況を打開できたのは、世代を越えて比較的自由に話し合える業界の雰囲気があったということも大きい。こうした気質は今に受け継がれており、DMOも「若手を中心に構成する」「自由闊達に議論する」ことを意識して体制づくりが行われた。

(2) 人材育成部会の取り組み

草津温泉DMOの3つの部会はいずれも喫緊の課題に取り組むものであるが、特に昨今、宿泊施設の経営問題に直結すると言われているのが従業員の雇用問題である。これは今に始まった問題ではなく、長年の課題であり、草津では2002年から草津町と旅館組合による、地元サッカーチーム「ザスパ草津」への支援が行われていた。これは、ザスパの選手達に対して夜は旅館や飲食店で働き、昼間はサッカーの練習ができるという形で、現在の選手生活と、引退後に自立的な生活ができる力を付けるための支援を行うというものであり、地元としては若い労働力を確保し、チーム名の露出による草津の知名度・好感度を高めるといったメリットがあった。

この雇用問題については、温泉

観光地として温泉地の魅力を伝えるためには、長時間お客様と接する宿泊施設の従業員の力量が非常に重要だという認識がある。その一方で、特殊な勤務形態等のため、従業員の確保や優秀な人材の定着と育成が容易ではないという点が課題となっている。

こうした課題に取り組む人材育成部会は、若手の旅館経営者や商店・飲食店の経営者がメンバーになっており、毎月1回の部会で議論を重ね、できることからDMO事務局や草津町などの町内関係者のバックアップを受けながら試行的に取り組みを始めている。

部会を立ち上げた初年度（2016年度）に、宿泊施設の従業員を対象に職場の現状と働く意識についてアンケート調査を実施したところ回答率が5割近くになったことと、その結果から、働き方についての従業員の不満・不安の大きさと、こうした新たな取り組みへの期待が感じられた。

この他、まずは従業員を含めて町内の関係者へ目に見える取り組み成果を示すために、官民をあげて「合同入社式」の開催（2017年6月）、町内で働く従業員を対象に小規模・多テーマで「草津塾」の実施（2017年10月から）、旅館の枠を越えた従業員同士の交流会の開催など、客観的な調査結果を踏まえてどのような解決策があるかを検討し、できるところから動き始めている（図5）。

3. 経営者の視点で取り組む草津の「観光まちづくり」

人材育成部会のメンバーが大切にしている考え方は、観光産業に従事する従業員がモチベーションを持てる職場とはどのようなものか。"働く場"としてだけではなく"生活する場"として、草津町がどんな町であったらいいのか。その

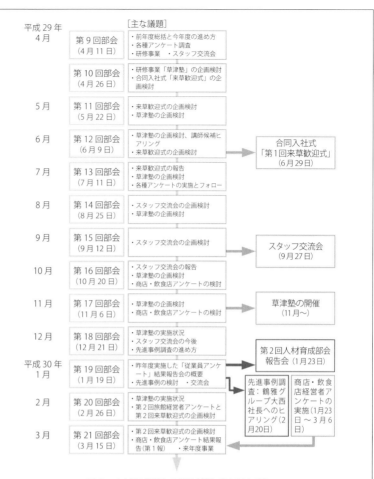

図5　人材育成部会の活動状況（2017年度）

ことについて、旅館・商店の経営者、業界団体、行政それぞれができることは何か、短期と同時に中長期的に考えるということである（多面的、長期的な視点）。そしてその検討の際には、直感や感情に流されない、データに基づいた議論を行う（客観的な議論）こととしている。

長年にわたる草津における観光まちづくりの取り組みは、今後DMOという形が調うことで、より科学的、客観的な「経営」の視点が盛り込まれてくることを期待したい。そうした近代的な推進体制が次世代の人材を呼び寄せ、持続可能な観光まちづくりを可能にしていくだろう。

【参考文献】
1) 萩原亮（1996）：『桔梗ヶ原の水先人　草津カントリークラブ　生い立ちとその背景』、上毛新聞社
2) 草津国際スキー場開設80周年記念事業　草津スキークラブ創立80周年記念事業実行委員会（1997）：『草津のスキー』
3) 草津温泉ブラッシュアップ計画協議会（1997～99）：「草津温泉ブラッシュアップ計画策定調査報告書」
4) （財）日本交通公社（2002）：「平成13年度『冬の草津を考える会』活動報告書」
5) （財）日本交通公社（2003）：「草津温泉　歩きたくなる観光地づくり基本計画策定調査報告書」
6) 草津町ホームページ

【事例6】
戦略に基づく観光地経営の策定と実践
（長野県白馬村）

　観光振興が全国的な課題となりつつある昨今、市区町村が独自の観光計画を整備することは珍しくなくなった[注1]。観光地経営の概念を実際の事業として現実化させる上で、計画には大きな役割が期待される。

　一方で、自治体が策定する観光計画は行政手法として若い分野といえる。そのため、計画の構成や運用の手法は自治体ごとに異なり、策定の途上で直面する種々の障壁や問題に対しても、各々の自治体が試行錯誤を重ねている。

　本節で取り上げる長野県白馬村では、2016年3月に『白馬村観光地経営計画』が策定された。同計画の特徴として、策定の初期段階から本書の提示する観光地経営の概念を意識し、それぞれの「視点」を計画の構成要素として落とし込んだ点が挙げられる。本節では同計画の概要を要旨と特徴を紹介するとともに、計画の策定と運用段階における取り組みを整理する[注2]。

1. 白馬村の概要

　白馬村は、長野県北西部に位置する北安曇野郡の自治体である。旧神城村と旧北城村が1956年に合併して誕生した。位置と主要な交通経路を図1に示す。

　まず地勢をみると、村域は西側を白馬連邦に、東側を小谷山地に囲まれた、標高約700mの白馬盆地に位置する[注3]。夏季は冷涼であり、2017年の年平均気温は9.0℃、同年8月の月平均気温は22.1℃であった[注4]。冬季は積雪が多く、村域全体が特別豪雪地帯の指定を受ける[注5]。村域西部の白馬連峰は後立山連峰の一部を構成し、富山県と県境を接するピークには白馬岳、杓子岳、白馬鑓ヶ岳の高峰を擁する。以上の三峰を白馬三山とも称する。山岳を中心とする優れた自然資源が分布し、1934年には村域の一部が中部山岳国立公園に指定された。

　次に人口動態をみると、2018年9月時点の人口は8,763人であった[注6]。1970年代以降、観光産業の発展とともに都市部からの転入が続いたが[注7]、2004年の9,552人をピークとして減少に転じている[注8]。世帯数は3,950世帯であり[注9]、1950年以降現在まで増加傾向を示す[注10]。近年は動態に変化が生じており、転入数は2012年の314人から2015年には859人に、同じく転出数は373人から689人に、それぞれ増加した[注11]。また外国籍の住民が顕著に増加し、村内の総人口に占める外国籍者の割合は、2016年12月時点で6.27%[注12]、2017年12月時点では7.39%[注13]となった。この数値は両年とも、長野県下77市町村のうちでもっとも高い値であった。

　次に産業構造をみると、就業人口の76%が第3次産業に、15%が第2次産業に、7%が第1次産業に就業している。村内の従業員総数は、2012年時点で6,025人であった。事業所数は2012年時点で1,140であり、もっとも多くを占める産業分類はサービス業であった[注14]。

　最後に観光動態をみると、2017年の推計観光客数は2,182千人であり、このうち1,170千人（53.6%）が一般観光旅行者、976千人（44.7%）がスキー旅行者、35千人（1.6%）が登山者であった[注15]。白馬村内外には複数のスキー場が開発され、例年11月下旬から5月上旬まで営業する。2017年11月から翌年5月までの白馬村内のスキー場利用者数は、合計994千人であった[注16]。

2. 計画策定前夜

　かつて農村集落としての歴史を歩んでいた白馬村が、第3次産業・サービス業を基幹産業とする観光地となるまでには、前提となる観光需要の時代に応じた趨勢と、村内における観光産業の多様な発展があった。ここではその道程を簡単に紹介する。

1）1990年代前半まで：山岳リゾートとしての発展

　明治期に白馬岳への登山が始まり、登頂した登山家、研究者、技官らが同地を高山植物の宝庫と紹介したことで、白馬の名が知られるようになった。年を追うごとに登山者は増加し、大正時代には白馬山麓にスキーが普及し、白馬村は雄大なスロープと良質な積雪を有する山岳スキー場として認知されるなど、戦前に観光地としての基礎が築かれた。

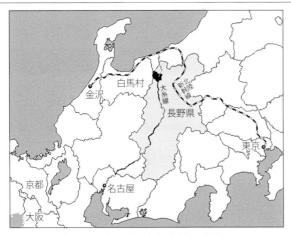

図1　白馬村の位置と主要公共交通機関

戦後、1952年から村内のスキー場にはリフトがかけられ、観光開発が進展した。スキー場の開発、ペンションや民宿の開業、別荘地の開発など、白馬村は山岳リゾートとしての発展を遂げた。旺盛な投資により、村内には最大7つのスキー場施設が整備された。1952年には193軒であった村内の宿泊施設は、1985年に783軒まで増加した。

このような発展の背景には、戦後著しく進展したスキーの大衆化があった。日本国民のスキー実施率は、1965年に5.4%であったが、1994年には10.9%まで伸長した[18]。母数となる人口の増大にも助けられ、スキー・スノーボード人口は1994年時点で1,670万人に達した[19]。

2) 1990年代後半：産業構造の転換期

1998年に長野オリンピックが開催され、白馬村はアルペン、ジャンプ、クロスカントリー等の競技会場となった。村内には白馬ジャンプ競技場をはじめとした国際規格のスポーツ施設が建設されるとともに、村外においては高速交通網や高規格道路の整備が進められた。

一方で国内のスキー・スノーボード人口は1990年代後半から2000年代にかけて急減し、白馬村は産業構造の転換に直面することとなった。日本国民のスキー実施率は1994年の10.9%をピークとして、2006年には5.7%にまで減少し[20]、スキー・スノーボード人口は1998年の1,800万人をピークとして、2007年には1,000万人を下回り、2015年には740万人まで減少した[21]。

冬季のスキー・スノーボード旅行者を需要の基盤としてきた白馬村において、とりわけオリンピックの開催までに設備投資を行った事業者は厳しい経営を強いられ、複数の施設が閉業や廃業を余儀なくされた。

国内のスキー需要が低迷する一方、白馬の高い雪質が海外から注目され、2000年代には外国人旅行者が顕著に増加した。7日間から10日間程度の滞在を主流とする外国人旅行者が白馬村に与え得る恩恵は大きいものの、滞在中の行動形態が日本人旅行者と大きく異なるなど、村内の観光事業者は新たな対応を求められている。公共セクターにおいても、外国人旅行者の来訪実態が把握できていない、受入環境が十分に整備されていない等の問題が浮き彫りとなった。

近年では観光事業に参入した外国人による事業の運営や、施設への投資、買収が増加するなど、白馬村の観光産業を取り巻く状況は新たな局面を迎えつつある。2013年末時点で、白馬村内で営業許可を受けた旅館834件のうち116件（13.9%）が、同じく営業許可を受けた飲食店1,173件のうち94件（8.0%）が、外国の法人または外国人経営者による施設であった[22]。

3) 発展期から転換期にかけての観光客数

1960年から2014年までの、白馬村における目的別観光客推計の推移を図2に示す[23]。

まず合計値をみると、1960年（S35）以降、発展期を迎えた白馬村の観光客数は増加傾向にあったが、1992年（H04）の3,871千人をピークとして減少に転じた。2010年（H22）には2,167千人を記録したが、これはピーク時の6割弱に相当する。その後微増し、2041年（H26）まで2,500千人以下で推移している。

次に旅行目的別の値をみると、スキー目的の旅行者数は1991年（H03）の2,798千人をピークとして減少に転じた。2011年（H23）には940千人を記録したが、これはピーク時の約3割に相当する。対照的に、一般観光旅行者は1960年（S35）以降漸増を続け、1997年（H09）には1,614千人を記録した。以降、長期的には若干の減少傾向が認められるものの、1,300千人付近で推移している。また2004年（H16）以降、一般観光旅行者数がスキー旅行者数を上回る状態が続いており、観光客数の量的減少だけでなく、構成の質的変化が生じたことが示唆される。

村内の宿泊施設を利用した外国人宿泊者数（のべ数）は、2007年には40,967人であったが、2017年には113,970人に達し[24]、10

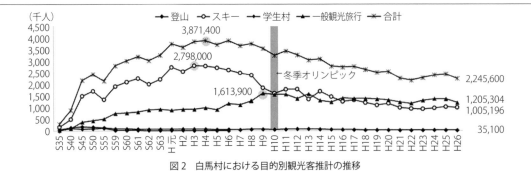

図2　白馬村における目的別観光客推計の推移

図3　白馬村における外国人宿泊数の地域別推移

年間でおよそ3倍に拡大した。

外国人宿泊者数について、2004年（H16）から2014年（H26）までの発地別推移を図3に示す[注25]。2011年（H23）以降、アジア圏とオーストラリアの順位が逆転しており、中心層の変化が生じている。

3. 観光地経営の試み

以上のように、白馬村は1990年代後半以降、産業構造の転換と来訪者の量的・質的変容という、2つの大きな変化に晒されることとなった。混乱する状況の舵を取るべく、2000年代初頭には既に観光計画の策定・運営が試みられている。

2001年、オリンピック開催後における観光産業の長期低迷状況を打開することを企図して、官民のメンバーからなる「白馬21観光振興対策協議会」が設立された。同年3月、対策協議会は観光計画『21世紀白馬村観光の飛躍に向けて』を策定し、コンセプトとして「北アルプスの雄大な自然と都市的アメニティ機能が享受できる環境共生型リゾート」を掲げた。また策定後、計画の実現に向けて推進体制を段階的に整備し、組織改革を推進した[注26]。

さらに2007年には、白馬村により『白馬村地域観光振興計画』が策定された。同計画は振興目標の冒頭に「外国人観光旅客の来訪に関する目標」を掲げるなど、外国人旅行者への対応を主眼に置いたもので[注27]、計画期間は2006年から2016年までの10年間であった。

4. 白馬村観光地経営計画

先行する『白馬村地域観光振興計画』の計画期間満了を見据えて、2014年から2015年の2ヶ年にわたる検討を経て、2016年3月に『白馬村観光地経営計画』が策定された。計画期間は2016年4月から2026年3月までの10年間であり、白馬村観光の目標像を「恵まれた自然、山と雪が育む生活・文化を未来に残すマウンテンリゾート・Hakuba」と定めている。

本節冒頭で提示したように、同計画は計画策定当初から観光地経営の視点を導入することが企図された。完成した計画では、まず背景として「変化の渦中にあっては、ハード面での基盤づくりやソフト面での受入体制づくりにとどまらず、それらを刻々と移り変わる環境の下で持続的・継続的に活かしていくための『観光地経営』的な視点が求められる[注28]」という視点が提示され、これを受ける形で『観光地を経営する』といった地域経営的な視点を導入し、①経営に資する資源を捉えその状況を把握した上で、②白馬村が観光地として目指すべき姿や進むべき道、実施すべき施策・プロジェクトなどを示すとともに、③これらを確実に実行し、必要な改善を施しながら継続していくための体制や方策も同時に提示[注29]」することが、計画策定の目的として提示された。

以下、計画の要旨と策定の手法について概説する。

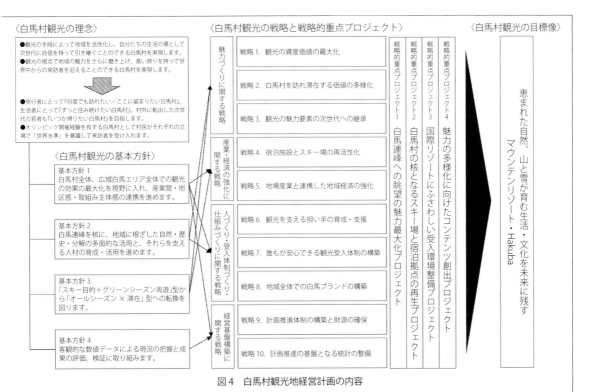

図4 白馬村観光地経営計画の内容

1) 内容と構成

計画の内容を図4に整理して示す[注30]。理念から基本方針を設定し、これに基づいて10の戦略と55の事業が提案される。10の戦略は4つの親戦略に大別されており、複数戦略の組み合わせが想定されている。以下、4つの親戦略を総覧する。

「魅力づくりに関する戦略」では、白馬村が有する観光の資産価値の最大化、訪れる価値の多様化、それらの魅力の次世代への継承の三点を掲げている。既存の観光資源の価値を維持あるいは向上させつつ、白馬村に滞在する新たな魅力創造にも取り組む内容である。「産業・経済の強化に関する戦略」の分野では、宿泊施設とスキー場を中心に既存観光拠点となっている各地区が将来ビジョンを描き競争力の強化を図ることと合わせて、その他地場産業との連携による村全体への経済波及効果向上を狙っている。

これらの取り組みを支える「人づくり・受入体制づくり・仕組みづくりに関する戦略」では、広く村内において観光の担い手となる人材を育成しつつ、海外からの来訪者も含めて安心できる受入体制づくりと、地域全体でのブランド構築が主眼となる。また「経営基盤構築に関する戦略」を定め、計画推進の体系構築、財源確保、統計整備について触れている。

さらに、「平成37年度までの10年間に実施すべき最も重要なプロジェクト」として、4つの戦略的重点プロジェクトを定めている。「白馬連峰への眺望の魅力最大化プロジェクト」「白馬村の核となるスキー場と宿泊拠点の再生プロジェクト」「国際リゾートにふさわしい受入環境整備プロジェクト」「魅力の多様化に向けたコンテンツ創出プロジェクト」それぞれに対して、55事業のうちで関連性の高いものが横断的に紐付けられている。

計画の目次構成を表1に示す[注31]。観光計画としては一般的な構成を採っているが、二部構成としている点を特徴として指摘できる。前半の「構想編」では計画課題の整理、理念と目標像、基本方針、計画推進・管理の体制、目標数値、財源、スケジュールについて記載し、後半の「計画編」では戦略、施策、事業、戦略的重点プロジェクトについて記載されている。すなわち、「構想編」は計画を管理する側の視点に立った内容、「計画編」は計画を具体的に推進する視点に立った内容であり、この構成は後述する計画の推進体制とリンクしている。

2) 策定の手法

①観光地特性の把握

計画の策定にあたり、地域特性（自然、歴史、人口、産業）、観光特性（観光資源、観光施設、観光インフラ、人材）、地域が目指す方向性（各種計画の状況）、各種運営組織の把握を行った。成果の一部

表1 白馬村観光地経営計画の目次構成

第1章 計画策定の背景と目的
第1節 計画策定の背景
第2節 計画策定の目的〜「観光地経営」という視点〜
第3節 計画の位置づけと計画期間
第4節 計画策定体制と計画策定の手順
〈構想編〉
第2章 白馬村の観光地経営に向けた課題と可能性
第1節 白馬村の観光地経営に向けた計画課題
第2節 地域経済と観光の競争力強化・安定化に関する課題
第3節 観光地としての文化的・社会的な発展・向上に関する課題
第4節 観光地としての持続可能性を高める基盤に関する課題
第3章 白馬村の観光地経営のコンセプト
第1節 理念と目標像
第2節 観光地経営戦略
第3節 計画推進と計画管理の体制と仕組み
〈計画編〉
第4章 観光地経営戦略
第1節 観光地経営戦略の体系
第2節 観光地経営戦略に基づく施策、事業
第3節 戦略的重点プロジェクト

表2 全国の市町村における宿泊業の事業所数

順位	市町村名	事業所数(軒)
1	大阪市(大阪府)	663
2	京都市(京都府)	589
3	白馬村(長野県)	561
4	横浜市(神奈川県)	497
5	名古屋市(愛知県)	443
6	福岡市(福岡県)	424
7	札幌市(札幌市)	394
8	箱根町(神奈川県)	371
9	伊東市(静岡県)	370
10	台東区(東京都)	337

については既に提示した通りであるが、観光地としての白馬村において、とりわけ特徴的な性質を示した要素は、宿泊業の産業構造であった。本項ではこれを観光地特性の把握における一事例として紹介する。

表2は、全国の市町村における宿泊業の事業所数において、上位10市町村を示したものである[注32]。白馬村は第3位であり、人口1万人に満たない自治体としては異例といえる。このことは、白馬村内の宿泊事業者が全国に類を見ない密度で集積していることを示しており、実態としては家族経営、あるいは個人経営を含む小規模の宿泊事業者が多数存在することが示唆される。

観光計画の策定という観点からみると、白馬村内には経営者が高密度に分布し、それぞれが白馬村の観光に対する意見や利害関係を有することが想定される。故に、観光産業と非観光産業、観光産業従事者とその他の住民といった一般的な関係性を想定するだけでなく、村内の地区間における利害関係の不一致や、それぞれの地区内における観光事業者のコントラストなど、様々なレベルにおける視点の多様性に配慮することが求められる。

以上の特性を踏まえて、計画策定にあたっては規模と役割の異なる組織を複数設置し、年単位のスケジュールで意見の集約と合意形成をはかった。

②策定に至るプロセス

『白馬村観光地経営計画』の策定にあたり、2つの会議体を設置した。一方は学識経験者、観光関連団体、行政機関、公募委員等からなる「白馬村観光地経営計画策定委員会」であり、もう一方は観光関連事業者、住民等からなる「白馬村観光地経営計画ワーキンググループ」である。

2ヶ年に渡る計画策定の過程で、策定委員会は計6回、ワーキンググループは計7回の会議をそれぞれ開催した。期間中にはパブリックコメントを実施したほか、全会議の資料と記録をウェブページ上に公開した。また、住民は必要に応じて会議を公聴できる形態とした。図5に策定の期間中のスケジュールを示す。

3)計画の管理・推進体制

『白馬村観光地経営計画』では、計画期間の開始後「白馬村観光地経営会議」と「プロジェクト推進チーム」を立ち上げることとしている。図6に両組織の役割を模式的に示す[注33]。

前者は計画に基づく経営指標の設定に関する検討、財源の創出に関する検討、ブランディングに関する検討など、計画の「構想編」に記載された内容に基づき、計画全体の進捗管理を行うための組織である。は計画策定段階における「白馬村観光地経営計画ワーキンググループ」のメンバーを中心に構成される。後者は「計画編」に記載された事業について、観光地経営会議での議論を踏まえつつ、関係者と連携してプロジェクトの推進を図るための組織である。4つの戦略的重点プロジェクトに関する知見や実績を有する者をリーダーとして、事業単位で設置される。

2016年に「白馬村観光地経営会

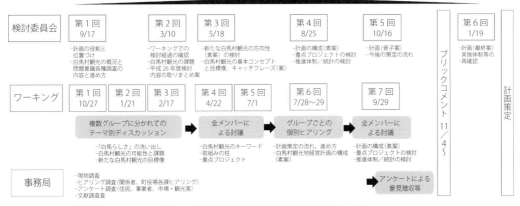

図5　白馬村観光地経営計画の策定スケジュール

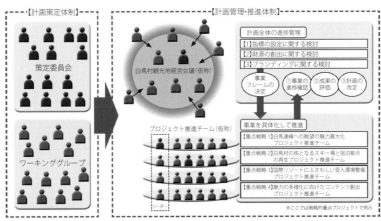

図6　計画管理・推進体制に係る組織図

議」が設置され、2016年、2017年ともに年3回の会議を開催した。2016年には計画の進捗を把握するための重要評価指標（KPI：Key Performance Indicator）等が検討された。議論の結果を受けて、2016年末からは村内における定期的なアンケート調査により、来訪者の満足度、推奨度、観光消費額といったデータの収集が開始された。あわせて、観光地経営会議では官民双方から村内で進捗中の事業が集約され、戦略別の整理と効果の検討が行われている。また、特に重要な戦略にかかわる事業については、別途プロジェクト等を立ち上げの上、取組みが推進されている。

以上の取り組みは、2018年以降にも継続して実施される予定である。

5. 白馬村に学ぶ観光地経営の視点

1）策定段階における合意形成

計画策定にあたって組織された「白馬村観光地経営計画策定委員会」の構成人数は21名、同じく「白馬村観光地経営計画ワーキンググループ」の構成人数は34名であった。

両会議体とも構成員の数は20名を超えており、これを意思決定のための組織と捉えた場合、規模はやや課題である。しかしながら、白馬村の計画策定においては地域特性をはじめとする種々の条件を考慮し、迅速な意思決定よりも丁寧な合意形成が重視された。ワーキンググループにおいては検討すべき内容や議論の段階、メンバーの意向に応じて手法が柔軟に変更され、全構成員による討議の他に複数のグループに分かれてのテーマ別ディスカッションや、グループごとの個別ヒアリング、アンケートによる意見聴取などが行われた。

また、構成員の選定[注34]にあたっては計画の策定のみならず、策定後に設置される観光地経営会議、

ないしは各プロジェクトの実質的な担い手となることが期待された。増加する外国人旅行者への対応を強化する観点から、村内在住の外国人事業者を含む人選となっていることも、特徴の一つとして挙げられる。

2）観光地経営としての全体最適

一般的に市町村レベルでの観光に関する計画策定を行う場合、策定主体は行政であり、計画対象は当該市町村全域であることが多い。『白馬村観光地経営計画』においてもこの点は同様であり、白馬村全域が計画対象地域となっている。

一方で、ある自治体の全域が一様に観光地化しているというケースは想定しにくく、地域や地区ごとに観光地化の度合いは異なり、一定の濃淡をもって観光地が成立することが想定される。よって、計画の策定主体である行政は公平性に配慮しつつも、「選択と集中」による効果的・効率的な観光政策の立案と実施が求められるところであり、そのバランス感覚が観光地経営上の「全体最適」の実現には欠かせない。

白馬村においては、観光客の訪問は白馬連峰の山麓にあたる「西山エリア」に集中しており、宿泊業事業所もこのエリアに集中している。このため、策定の途上においては西山エリアに関する具体的な意見が多く提出された。一方で外部有識者からは、その他のエリアも含めた白馬村全体として、今後の観光地経営をどのように位置づけていくか、という視点が提示された。完成した計画においては、基本方針の1つとして「白馬村全体、広域白馬エリア全体で観光の効果の最大化を視野にいれ、産業間・地区間・取組み主体間の連携を進める」ことが掲げられている。

3）観光地経営会議の役割

計画の運用段階においては、その推進状況を管理が重要となる。『白馬村観光地経営計画』に対しては、「白馬村観光地経営会議」がその役割を担っている。

観光地経営指標のモニタリングにおいては、来訪者に対するアンケート調査が実施されているが、ここでは来訪者属性のほか、満足度、推奨度、再来訪意思、観光消費額などの項目が継続的に調査されている。KPIとして現況を把握するに留まらず、今後データの蓄積するに伴って新たな活用方法が模索される。また、調査手法としてインターネット上で回答できるシステムを構築したことにより、回答者の利便性向上だけでなく、観光財源（後述）に関する意識調査を追加的に掲載する等、応用的な運用が可能となった。

村内で進行中の事業については、観光地経営会議で戦略別に整理され、棚卸しが行われている。従来、行政と民間事業者との接点は限られており、行政セクションは民間の取り組みを把握に苦心していた。関係者が一同に会する観光地経営会議において事業の集約を行うことにより、所属するセクションや業態の垣根を越えて、横断的な事業の把握が可能となった。

あわせて、当初想定されていなかった役割として、行政セクション内部への波及効果が挙げられる。観光地経営会議には当初から、従来セクションとして村長をはじめとする自治体首脳部と、実務部署である観光課が参加していたが、2018年には役場内他部局の担当者が会議を傍聴する事例がみられた（写真1）。

4）重点事業に関する取り組み

計画のうち、特に重要な戦略に紐付けられた事業については、行政セクションを主体として新たな取り組みが始動した。以下に2事例を紹介する。

2017年度から2018年度にかけ

写真1　白馬村観光地経営会議を傍聴する役場他部局の職員

て、白馬村は（公財）日本交通公社と共同で「観光地BCP[注35]研究会」を発足させ、白馬村をモデルケースとした実践的な観光地BCP導入の検討を進めている。以上の取り組みは、計画における戦略7-3「危機管理体制の構築」に対応するものである。

また、白馬村は2018年4月に新たな付属機関となる「観光振興のための財源確保検討委員会」を設置し、目的に即した柔軟な活用が可能な新規財源のあり方について検討を開始した[注36]。以上の取り組みは、計画における戦略9-2「観光振興のための財源の確保」に対応するものである。

従来、行政は既存の問題を解決する事業については一定の実績を有するものの、新たな価値を創造する事業については前例が少なく、不得手とする傾向がみられた。『観光地経営計画』の策定によって、より良い観光地を実現するための戦略と事業が提示され、これを根拠として行政による価値創造型事業の端緒が開かれた可能性が示唆される。

【注】

注1）　都道府県・市町村観光政策検討委員会が、全国160市町村を対象として2017年に実施した調査によれば、回答のあった113市町村のうち83市町村（73.5%）が観光に関する計画を「既

に策定済み」であった。出典は次の通り。
（公財）日本交通公社（編）（2017）：主要市町村による観光政策：旅行年報2017、pp201-202

注2） 本節は先行する以下の報告をもとに、最新の情報を補って再構成した。
堀木美告、後藤健太郎（2016）：「観光地経営計画」策定の試み―長野県白馬村を例にして：（公財）日本交通公社、観光文化230、pp45-52

注3） 白馬村（編）（2016）：白馬村村勢要覧統計資料2016：白馬村、pp2-3

注4） 気象庁：過去の気象データ検索〈https://www.data.jma.go.jp/obd/stats/etrn/index.php〉、更新日不明、2018/09/20閲覧

注5） 国土交通省：豪雪地帯道府県別市町村数〈http://www.mlit.go.jp/common/001085674.pdf〉、2018/04/01更新、2018/09/01閲覧

注6） 白馬村：白馬村の人口〈http://www.vill.hakuba.lg.jp/somu/population/population.html〉、2018/09/01更新、2018/09/20閲覧

注7） 白馬村：白馬村の概要〈http://www.vill.hakuba.lg.jp/somu/introduction/hakuba.html〉、2016/03/18更新、2018/09/20閲覧

注8） 白馬村：人口・世帯数の推移〈http://www.vill.hakuba.lg.jp/somu/population/population_statistics.html〉、2018/03/31更新、2018/09/20閲覧

注9） 前掲6）

注10） 前掲8）

注11） 前掲3）、p5

注12） 長野県：長野県の外国人住民統計（平成28年12月末現在）〈https://www.pref.nagano.lg.jp/kokusai/sangyo/kokusai/tabunka/tabunka/h28juminsu.html〉、2017/06/11更新、2018/09/20閲覧

注13） 長野県：長野県の外国人住民統計（平成29年12月末現在）〈https://www.pref.nagano.lg.jp/kokusai/sangyo/kokusai/tabunka/tabunka/jumintoke.html〉、2018/03/12更新、2018/09/20閲覧

注14） 前掲3）、p8

注15） 白馬村：目的別観光客数推計〈http://www.vill.hakuba.lg.jp/somu/statistics/estimate_2017.pdf〉、2018/01/09更新、2018/09/20閲覧

注16） 白馬村：白馬村内スキー場利用者数（月別）〈http://www.vill.hakuba.lg.jp/somu/statistics/ski_run_month.pdf〉、2018/05/11更新、2018/09/20閲覧

注17） 現在の白馬山荘

注18） スノーリゾート地域の活性化に向けた検討会（編）（2015）：各種調査結果、事例等：観光庁

注19） 公益財団法人日本生産性本部（編）（2016）：レジャー白書2016：公益財団法人日本生産性本部

注20） 前掲18）

注21） 前期19）

注22） 白馬村（編）（2016）：白馬村観光地経営計画　基礎調査編：白馬村、pp89
外国の法人または外国人経営者による施設数には、旅館と飲食を兼業する35施設を含む。

注23） 前掲22）、pp126-127を元に作成

注24） 白馬村：平成29年中における外国人旅行者宿泊数〈http://www.vill.hakuba.lg.jp/somu/statistics/foreigner_guests_2017.pdf〉、2018/06/25更新、2018/09/20閲覧

注25） 前掲22）、p137を元に作成

注26） 村内で観光に関わる組織として「白馬村観光推進本部」「白馬村役場観光国際課」「白馬村観光連盟」の三者が置かれていたが、2004年に白馬村観光連盟と白馬村観光推進本部を一元化し、「白馬村観光局」とした。観光局は有限責任中間法人を経て2005年に法人格を取得し、「一般社団法人白馬村観光局」として観光事業の推進にあたった。

注27） 同計画は「外国人観光旅客の来訪地域の整備等の促進による国際観光の振興に関する法律」第5条第1項の規定に基づき策定された。また事業実施にあたっては「国土交通省の観光ルネサンス補助事業」が活用され、2007年度および2008年度に補助を受けて事業が実施された。

注28） 白馬村（編）（2016）：白馬村観光地経営計画：白馬村、p1

注29） 前掲28）、p1

注30） 前掲28）、pp19-28をもとに作成

注31） 前掲28）をもとに作成

注32） 総務省、経済産業省（編）（2012）：経済センサス基礎調査：総務省統計局
データの取得と抽出にあたり、地域経済分析システム（RESAS）〈https://resas.go.jp/〉を用いた。

注33） 白馬村（編）（2016）：白馬村観光地経営計画（概要版）：白馬村、p8

注34） 専門とする分野や村内の居住区、組織のバランス、所属する企業の特性等に配慮し、白馬村が選定した。

注35） BCP（Business Continuity Plan）は事業継続計画とも訳され、企業が自然災害やテロ攻撃などの緊急事態に際して、事業を継続させるための計画をさす。観光地BCPとは、自然災害や風評被害といった観光に対する危機に際して、地域全体が観光地としての運営・経営を維持するための仕組みを企図している。

注36） 白馬村：観光振興のための財源確保検討委員会〈http://www.vill.hakuba.lg.jp/somu/information/tourism_source.html〉、2018/08/21更新、2018/09/20閲覧

【事例7】
既存観光地における「食」を活かしたイノベーションの取り組み
（三重県鳥羽市）

　団体旅行から個人旅行へのシフトや、余暇活動の多様化による旅行回数の減少など、日本の旅行形態は年々変化している。こうした中、歴史ある観光地は様々な変化を求められながら、観光地としてのあり方を模索している。ここでは三重県鳥羽市を例に、既存観光地が「質」の追求へと転換していく現在進行形の取り組みを紹介する。

1. 鳥羽市の概要および課題

(1) 観光客の状況と観光施策

　鳥羽市は三重県の東部に位置し、4つの有人離島を含め、市全域が伊勢志摩国立公園に含まれている（図1）。古来より船の風待ち港として栄え、多くの人の往来があった。1900年代から旅館が建ち始め、観光地としての開発や大規模整備は1970年代がピークであった。三重県を代表する宿泊観光地として広く全国に知られており、1977年には国際観光文化都市に認定された。現在では187軒（2012年）の宿泊施設が市内各地区に散在し、海沿いと離島の地区ごとに9つの旅館組合と1つの民宿組合がある。

　年間入込み客数は412万人（2012年）で、うち宿泊客は41.7%である。外国人客の割合は宿泊客のうち0.3%となっている。鳥羽市来訪客実態調査（2009年度）によると、客層は、子ども連れの家族や夫婦が多く、特に大阪、愛知、京都等の関西圏や東海圏からの来訪が多い。リピーターが約8割を占める。来訪目的は「美味しいものを食べる」が66.2%と最も多く（図2）、鳥羽市を訪れる人の約6割は伊勢神宮を訪れるパターンが多い（図2）。しかし、全国の温泉観光地と同様、鳥羽市の入込み客数は1991年をピークに減少傾向にあり、低迷している状況である。

　鳥羽市は2008年度に観光課が設立され、同年、市制施行後初となる「鳥羽市観光基本計画」を策定した。同計画では、「国際観光時代をリードする"海洋文化都市"の形成」、「皆が幸せを感じる、やさしい鳥羽」、「自立自走できる地域経営の核となる観光産業の持続的発展」を目標とし、6つの基本方針が示された。

　さらにその翌年、特に宿泊産業を中心とした観光産業の活性化に焦点を当てた「鳥羽市観光産業活性化戦略」を策定した。同戦略では、「宿と地域が一体となってつく

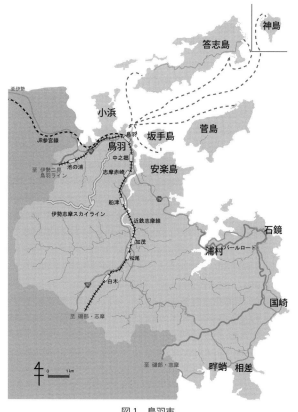

図1　鳥羽市

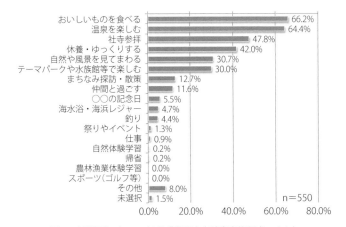

図2　来訪目的（2010年度「鳥羽市来訪客実態調査」より）

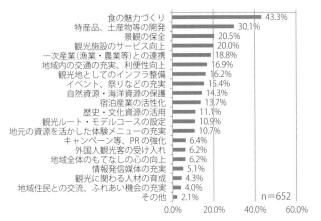

図3　鳥羽市に特に必要と考えられる観光施策

（資料：（公財）日本交通公社（2013）「観光・交流に対する住民意識に関する研究」より作成）

題ではなく、他の既存観光地にも共通して当てはまることが多い。つまり、観光地としての歴史がある故に、かつて作り上げた観光地像が固定化しており、新たなニーズへの対応に苦戦していると言える。したがって、「量」を追求する前に、地域の観光の「質」を今一度考え直さなければならない状況にある。

2. 宿泊産業活性化推進事業のスタンスと進め方

(1) 事業のスタンス

2009年度からは、「鳥羽市観光産業活性化戦略」を具体的に実施する「宿泊産業活性化推進事業」を開始した。重要なことは、宿泊産業を活性化するとはどういうことか、「質」を高めるとはどういうことかを徹底的に考えることである。地域経済に大きな効果を及ぼす宿泊産業を活性化することで、観光産業全体のレベルアップを図るねらいがある。こうした中、以下のスタンスを掲げた。

①宿泊施設単体ではなく、複数の宿泊施設（旅館組合）や、宿泊施設と地域、宿泊施設と他産業が連携して行う魅力づくりを支援する。

②目先の「量」ではなく、鳥羽市観光の「質」を高めることに重点を置く。

③他人任せにするのではなく、地域自らが魅力を作り上げ、集客していく力をつける。

一般的に、プロモーションに注力したがる地域も多いが、発信する中身（＝来訪者に楽しんでもらう仕組みやメニュー）づくりが伴っていないケースも多く見受けられる。また、施設単体の魅力づくりはもちろん重要であるが、地域自体の魅力を高めることが重要である。

宿と地域の魅力を高めていくためには、来訪客の声やニーズに丁

る品質重視の滞在型宿泊観光地・鳥羽－旅人を癒す原点回帰の宿づくり－」を目標像とし、宿泊施設の内部に関する取り組みをまとめた「内部環境戦略」と、インフラ整備等、行政や地域と一体となった取り組みを必要とする「外部環境戦略」に分けて施策の整理を行った。

(2) 鳥羽市観光の課題

鳥羽市観光の課題については、「鳥羽市来訪客実態調査」や「住民意識調査」、「観光関連産業従事者等へのヒアリング」結果などから、以下のような課題が浮かび上がっている。

①来訪客（特に宿泊客）の滞在時間の延長と回遊率の向上

②鳥羽市観光に対する来訪客と住民の満足度の向上

③1人旅など、新たな来訪客のニーズへの対応

④地元でとれた食材の付加価値向上

⑤観光関連産業従事者の地元の地域資源の認知度・来訪経験の向上

⑥観光関連産業や観光関連組織同士の連携強化

以上は必ずしも鳥羽市のみの課

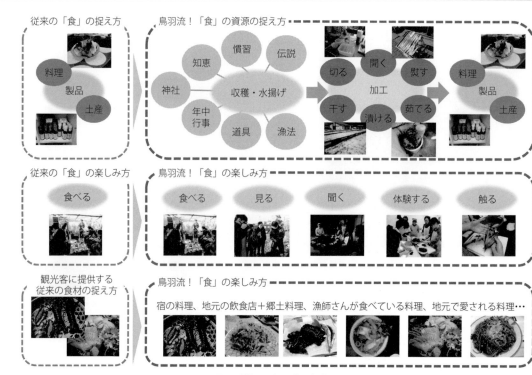

図4 「食」の捉え方の概念図

寧に耳を傾けること、自分たちの資源の特徴や強みを再認識した上で魅力づくりを行うこと、宿泊施設のみではなく、住民や漁業者など幅広い主体を巻き込み、地域全体にメリットのある観光を実現していくこと等が重要である。また、行政が事業として支援できる予算や期間には限りがあるため、事業が終わった後も取り組みが継続できるような仕組みが必要である。

(2) 現状把握とビジョンの共有

同じ鳥羽市でも、地区によって課題は異なる。取り組みを進めていくには、まずは地区が抱えている問題点や課題を関係者間で共有し、どういった方向性を目指していくのかを徹底的に話し合う必要がある。その際、来訪者のニーズを把握することが重要である一方で、流行っているからというだけで決めるのではなく、自分たちが伝えたい価値観をしっかりと固めておくことが何よりも重要である。

当初は鳥羽市を4つのエリア（鳥羽エリア、南鳥羽1エリア、南鳥羽2エリア、離島エリア）に分け、複数回ワークショップを行った。「鳥羽市来訪客実態調査」の結果を共有しつつ、どういった切り口から取り組んでいくべきかを話し合った。その結果、すべてのエリアで「食」がテーマとして選ばれた。その後、各エリアの特徴や強み、食材や郷土料理等の洗い出しなどを行うとともに、エリアのコンセプトやビジョンについても話し合いを重ねた。

一方で、エリア別にワークショップは進めながらも、地区を越えた議論は現実味がなかなか伴わず、具体的なメニューや動きに落とし込みづらい状況があった。そこで、エリア単位での議論を取りやめ、地区（浦村、石鏡、国崎、相差・畔蛸、答志島、菅島、神島、鳥羽エリア）ごとに話し合いを進めることにした。

(3) 鳥羽市の「食」の実態と魅力

「鳥羽市来訪客実態調査」（図2）からも明らかな通り、来訪者の鳥羽市に対する「食」への期待度は高く、鳥羽市を訪れたら地元の美味しいものを食べたい、買いたいというニーズがある。

ところが、地元でとれた食材が必ずしも提供・販売できているとはいえない場合もあり、地元の漁業と宿泊産業との連携のあり方には大きな課題がある。

さらに加工業者も少ないため、一般の消費者向けにはほとんど売られていない。地区ごとに多様な食文化や人の魅力があるにもかかわらず、来訪客は鳥羽の表面的な部分しか知らずに帰って行くケースがほとんどであった。また、地元では伊勢海老や鮑を出さなければお客様が来ないという考え方が強く、それ以外に地元で日常的に食されている海藻や魚、郷土料理などにはほとんど注目されていな

い状況であった。さらには、価値のある高級食材を安売りする場面も多く見受けられた。このように地域の食材や食文化の魅力が十分に発揮できていない状況があったといえる。観光客のみならず鳥羽市民も求めている食の魅力づくりは鳥羽市住民意識調査においても、特に必要な施策として最上位に挙げられている（図3）。

地区ごとで話し合いを重ねるうちに、来訪客に提供できていない大きな価値があることが浮き彫りになった。それは、外から見ると鳥羽市としての大まかなイメージしかないが、地区ごとに全く違う環境と生活文化があること、地元の人が日常的に食べているものにこそ大きな魅力があることである（図4）。

さらに、「食」というと、「食べる」イメージが強いが、例えば、島中にじゃこが干されている風景を「見る」、海女さんの話を「聞く」、たこに「触る」、など様々な楽しみ方がある。特に、生産現場を有する鳥羽市では、生産から加工の現場まで様々な工程を見ることができる。そして、何よりも鳥羽市の各地区で長年に渡って育まれてきた「知恵」や「暮らし」、「人」にこそ魅力があり、唯一無二であるということである。

（4）地域をつなぐきっかけとしての「ぐるとば」

そこで特に魅力的な鳥羽市の「食」と「人」の要素をより深く楽しんでもらえる仕組みとして提案されたのが「ぐるとば」である。

「ぐるとば」は、「グルメ」と「ぐるぐるめぐる」の「ぐる」と「鳥羽」をかけあわせた言葉で、地区ごとの奥深い「食」を求めて、もっと市内を回遊してほしい、より長く鳥羽市に滞在してほしいという想いがある。コンセプトは「あなたの知らない鳥羽を味わう」であり、特に何度も鳥羽市を訪れているリピーターをターゲットとして想定している。

いわば、長期的にみて鳥羽市のファンを増やすねらいがあるとともに、各地区が抱える漁業の後継者不足や地区内の連携不足、価値あるものを安売りしている状況を打開し、漁業者や住民なども含めて地域全体に活気が生まれることを理想としてのことである。当初は期間限定のイベントという形態で行ったが、あくまでも各地区がメニューづくりを行う目標期間を設定するためのものであり、目標は常に来訪客に楽しんでいただける仕組みを構築することである。

3. ビジョンの共有から実践へ

同じ価値観やビジョンを共有するには、何度も伝える根気と長い時間を要する。例えば、相差地区では、ところてんを天草から煮て作り、きなこで食べるという習慣があるが、あまりに日常的であるために地元の人は見向きもしなかった。その背景としては、これまでは改めて探さなくても、伊勢海老やあわびという確固たる資源があったこと、観光関連産業従事者であっても他の地区に行った経験が少なく、地区としての固有性を意識する機会が少なかったこと等が挙げられる。何度も話し合いを行い、自分たちのまわりにある資源の見直しや実験を重ね、価値観やビジョンを徹底的に共有しながら、来訪客に体験してほしいメニューを検討していった。あわせて、宿泊施設関係者以外の知り合い等に声をかけ、メンバーも拡大した。

（1）地域資源（ストーリー）の掘り起こしとメニューづくり

メニューづくりは、まずその地区ならではの資源や魅力を挙げることから始まった。さらにそれらに付随するストーリー（エピソードや思い出等）を掘り起こし、組み立てていく。なお、宿泊客がターゲットであるため、夜や早朝の楽しみ方を提案すること、チェックインやチェックアウト前後の時間に設定する工夫などを行った。

例えば相差地区の場合、「夜の楽しみがない」、「パワースポットとして石神さんという地元の神社の人気が高まっているが、宿泊にうまくつなげることができていない」、「食材が豊富すぎるため、これといった特徴的な食のイメージが打ち出せていない」などが課題として挙げられた。

その一方で、「海女さんの数が日本一」、「相差の人はとにかく元気で話しはじめたら止まらない」、「相差なますやところてん、へぎもち、魚の糠漬けなど手間をかけて作られる相差独特の食文化があり、家ごとにこだわりや個性がある」、「伊勢海老の網漁が始まると、網さばきをする傍ら、獲れた魚貝類や野菜を豪快に鍋で煮込む煮みそが美味しい」といった相差地区ならではの特徴が多く出され、自慢話に花が咲くほどになった。さらには、こうした要素を組み合わせ、地区ならではの食を体験してもらえるメニューを提案していった。しかし、会議だけでは具体的な話が進まないため、魚の糠漬けやところてんを実際に作ってみる実験を行った。その結果、糠漬けは漬け込む時間が長くできあがるのに時間がかかりすぎてしまうこと、味に好き嫌いがあること等からメニューには向かないという結論が出された。一方、ところてんは煮て固めるのに時間がかかるが、表面積が広い容器を利用すれば固める時間が短縮できるためメニュー化ができそうなこと等が共有できた。また、ところてんを固めている間は、人気のパワースポットである石神さんに案内すること、海女さんの話を聞いている

間はお茶とへぎもちを出すこと等、工程に相差地区ならではの要素を入れてメニューを組み立てた。その結果、「海女さんこぼれ話」、「海女さんと作る小昼・石神さんへの願いを固めるところてんづくり」、「相差の朝を楽しむ 豪快！浜での煮味噌体験」、「女将さんから教わる 海女さんの定番おやつ・へぎもちづくり」などのメニューができあがった。

こうした形の議論と実験を行うワークショップを地区ごとに開催し、「浦村かき生まれ生浦湾育ち"浦村アサリ"のオーナーになる」、「路地裏の自家用車・じんじろ車の潮風市（答志島じんじろぐるまーけっと）」、「島の名物朝ごはん！"菅島 伊勢海老開き干し"を味わう」、「The 漁師町・石鏡の味を楽しむ網ばさ朝食」、「神島の暮らしをたどる世古さんぽ」等、これまでに27種類のメニューができあがった。

関係者間で対話を重ね、メニューづくりを一緒に行うことは、単にメニューを作ることではなく、その過程でイノベーションの考え方を共有するねらいもある。

地区ごとにビジョンを共有し、具体的な動きにつなげるまでには様々な試行錯誤があった。メニューを作り上げていくまでの過程におけるポイントを表1にまとめた。

また、地区がバラバラであっては意味がないため、他の地区がどういう取り組みをしようとしているか、どういう資源特性があるかを認識するため、地区合同での意見交換会や各地区の旅館組合長たちによる会議も併せて開催した。

（2）ガイド研修の実施

各地区で提案されたメニューは、実際に作る、食べる、歩く、聞くなど多岐にわたる。実施主体は宿泊施設の関係者であるため、接客は慣れているが、実際に地域を案内する際の安全管理や、わかりやすく話すポイントなどは実践しながら勉強していく必要がある。そこで、市内でエコツアーを実施している「海島遊民くらぶ」の協力を得て、実際にメニューを体験しながら注意点を学ぶ実践と、資料等を元に知識を学ぶ座学を組み合わせたガイド研修を実施した。

（3）モニターツアーの開催

各地区で考えたメニューは、鳥羽の、しかも各地区に来なければ体験できないものである。しかし、地元の人たちにとっては日常のありふれたものであり、来訪客に喜んでもらえるかという確信が持てないのが実情であった。そこで、受け入れの訓練も兼ねて、各メニューを実際に体験してもらうモニターツアーを実施した（写真1）。観光系の大学の学生にメニューを体験してもらい、個別のメニューと「ぐるとば」全体に対する感想を意見交換会とアンケートで汲み上げた。メニューに参加した学生の反応を直接肌で感じ、地元の担当者は自信を持てるようになった。

（4）情報発信

新しい魅力や楽しみ方を作っても、それがすぐに売れる訳ではない。その存在が広く知れ渡り、地域のパンフレットやガイドブックに安定して載るようになるのにも時間がかかる。情報発信媒体としては、パンフレットや専用サイトを作成したほか、市内の広報"とば"や行政放送、テレビ、地元の月刊誌等で発信しているが、媒体に掲載されたからといって、すぐに集客がある時代ではない。今は、誰もが情報発信を行える時代である。特に、「ぐるとば」のターゲットは宿泊客であるため、情報発信や集客を旅行会社や行政に任せてばかりでなく、自分たちで売っていくという意識醸成が最大の課題である。

（5）ガイドブック「鳥羽食探訪」の作成

各地区における話し合いでは、これまで発信できていなかった各地区の多様な資源が掘り起こされた。こうした資源はメニュー化されたもの以外、来訪客に知らせる

表1 メニューづくりのポイント

- 来訪客が何を求めているかを捉え、かつ自分たちの地区の特性やコンセプトをふまえた上でどういったものを提供していくべきかを考える。
- 観光資源に対するこれまでの考え方を一新し、身の回りの資源の価値を見直してみる。
- 活用されていない時間帯（早朝や夜）、空間・場所（網小屋、海女小屋）の魅力に注目する。
- 「今だけ」や「ここだけ」にこだわる（ないものはないと言えるようになる）。
- 宿泊業の枠にとらわれず、漁師さん・住民など多様な主体を巻き込む。
- 理想の姿を徹底的に議論しみんなで共有する。ただし、やり方はあらかじめ決めすぎない。
- 「何度も」「粘り強く」伝える。
- 言うことは言う。聞くことも聞く。お互い本音を語り合う（荒れる会議が悪い会議ではない）。
- 地域の「事情」も理解する。理想だけで地域は動かない。
- 話し合いだけでなく、実際に動いてみる。
- その人が温めている考えや想いを引き出す。
- それを応援して一緒に作り上げていく。大事なのは信頼関係。
- 無理をしなければできない状態を避け、自分たちも楽しめる状況をつくる。

写真1　モニターツアーの様子

表2　モニターツアーアンケート結果

- 定番のメジャー観光資源だけではなく、今回「ぐるとば」のプログラムでフォーカスされているような（現時点では）マイナー観光資源にこそ、オリジナリティがあり、とても魅力的だと感じました。（略）
- 現地の方々とお話ししたり、触れ合いを通して、より具体的にリアリティのあるイメージになりました。一口に漁師さん、海女さんといっても地域にとって特徴があり、コミュニティや人間関係、人の質の違いが分かり、興味深かったです。ヒトの素晴らしさ!!　本当に魅力的な人ばかりでした!!
- 修学旅行で鳥羽に来たことがあるし、鳥羽には何回も来ている。鳥羽というと伊勢＋αで寄る場所というイメージであったが、今回の「ぐるとば」でそれが覆った。

図5　鳥羽食探訪

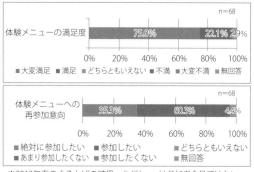

※2012年春のぐるとばの結果。ただし、nは参加者全員ではない。

図6　ぐるとば参加者アンケート結果（満足度・再参加意向）

術がなかった。そこで、食を切り口とした各地区の楽しみ方を伝えるガイドブック「鳥羽食探訪」を作成した。コンセプトは「鳥羽の食と出会う旅」であり、このガイドブックを片手に散策してもらうことをイメージしている。また、宿泊施設の各部屋やロビーに置いてもらえるように地区ごとに見開き1ページに収まるよう配慮した（図5）。

（6）メニューの質

「ぐるとば」開催期間中は常に参加者にアンケートをとり、メニューに対する意見や改良点を把握している。参加者の満足度は大変高く、2012年春に実施した「ぐるとば」は、75.0%が「大変満足」、25.0%が「満足」と回答した。満足度が高い要因としては、「ぐるとば」のメニューを通して地元の方と触れ合うことで、その地区やその人に対する興味がわき、ロイヤルティ[注1]が高まることが考えられる。実際、宿泊客にメニューを体験してもらうことで宿の評価が上がったという例もあり、宿がお客様をもてなす新しい形として地域全体に定着すれば、鳥羽市の宿泊産業が大きく変わっていく可能性がある。

4. 事業の効果と課題

(1) 事業の効果
①メニューや商品の定着

「ぐるとば」のメニューの中には、「ぐるとば」実施期間に関係なく、地区のメニューとして定着したものがある。例えば、狭い路地を移動するのに欠かせない島の必需品「じんじろ車」に、島の特産品をのせて販売する「答志島じんじろぐるまーけっと」は、観光協会や近畿日本鉄道が主催するイベント時に合わせて定期的に実施されるようになった。

また、菅島の「菅島 伊勢海老開き干し」は、多数のメディアに取り上げられ、知名度が一気に高まり、市外から多くの問い合わせや注文が来るようになった。

その他にも、浦村かきの殻を使ったお守り「願いかき」や「浦村アサリのオーナー制度」、石鏡の漁師料理を味わえる「網小屋」など、新たな商品や仕組みが着々と増えている。

また、「ぐるとば」の会議で発案された「島むすび」(鳥羽の4島の特産品を使ったおむすび) も観光課が実施する別の事業に引き継がれて検討が重ねられ、商品化された。

少しずつではあるが、地区ごとの多様な「食」の魅力を提供できる仕組みが構築されつつある。

②多様な主体との連携

当初は宿泊施設のみで会議を行っていたが、徐々に、一般の住民や漁師さん、海女さん、お寺のご住職など多様な主体が関わるようになった。業種の枠を超えて広く連携していくことで、宿泊施設単独では提供できない魅力を構築することができるほか、地域全体でメリットを享受することができる。

③ボトムアップ型のプロモーションの実現

これまでプロモーションというと、既存の観光施設等をPRするだけで終わっていたが、今は地区自らが資源の掘り起こしとメニューづくりを進めることで、プロモーションの中身が積極的に作られている状況にある。また、プロモーションのコンセプトにも大きな影響を与えており、特に「菅島伊勢海老開き干し」は、2013年度の市のプロモーションである「鳥羽HOSUプロジェクト」のメインとして取り上げられた。本事業と鳥羽市のプロモーションの連携がうまく図られるようになり、地区の志気をさらに上げることにもつながったといえる。

④地区同士が切磋琢磨して魅力づくりを行う形ができている

かつては特定の地区のみが取り組みを行っていたが、今では市内の複数の地区で動きが見られるようになった。その結果、メディアやSNS、知り合い等を通じて他地区の取り組みの様子が耳に入ることで、お互いに刺激を受けている。

⑤自主的な動きの展開

この取り組みを進めていることで、地元の人が実は密かに温めていた想いや、やってみたかったことが少しずつ形になっている。個々のやる気を支援できる場になっていることに加え、行政側としてもこれまで知らなかった人とのネットワークが構築でき、多様な展開が可能となるきっかけとなっている。一方、地元での意識醸成は課題が残る地区もあるが、ゼロから自分たちで考えて作り上げてきたという意識があるため、自信を持って地域の人たちに話ができているという。

(2) 課題
①地元での意識醸成

地区によって状況は異なるが、意識に温度差があり、地区内での情報共有が十分にできているとは言えない地区もある。外部に向けた情報発信も重要であるが、内部に向けた情報発信 (インナーキャンペーン) も重要な課題である。

②自ら売っていく販売力の強化

活気のある地区は、メニューを自分たちのものと認識し、自分たちでメニューや商品の魅力を高める努力と来訪客に伝える (売る) 努力をしていることが特徴である。

しかし、自分たちで作り上げたものを、どのように発信していくかということについては、まだ多くの課題が残る。自分たちで作り上げたという意識はあるものの、情報発信や販売まで意識がいかない地区もある。

③受け入れ体制の構築

地区によっては、メニューの予約や支払いを各宿が受けられる仕組みが構築できたところもあるが、メニューの実施から受け入れに至るまでの体制づくりに課題を残している地区もある。

④ランドオペレーターの必要性

本事業での取り組みをさらに深めて定着させていくためにも、常に各地区をフォローできる体制が必要である。また、エージェント等、外部の多様な主体とも連携をはかりながら、エージェント等が把握しきれない地区の魅力を伝えていくことが重要である。このように、地元と外部の間に立ち、双方のニーズを調整する役割が求められているといえる。

5. 鳥羽市の事例から学ぶ観光地経営の視点

日本全国で観光振興に取り組むようになっている。しかし、他の地域がやっていることや流行っていることを単純に真似している地域も少なくない。今、特徴ある地域として注目を集めているのは、流行を追うのではなく、自分の地域に受け継がれてきたものをしっ

かりと評価し、自分の地域に合ったやり方で提供できている地域である。

そのためには、すでに十分掘り起こしたと思っている地域の魅力を、新たな視点で再度捉え直すことが重要となる。また、その魅力を地元の人こそが改めて認識し、自信を持ち、自らが発信したいと思えるようになることが必要である。

①ビジョンを共有する

鳥羽市全体が抱えている課題を共有し、同じ方向に向かって取り組みを進めていくために、ビジョンの説明と共有を各地区で行った。どういった地域を目指すのか、さらにそのビジョンのもと、自分の地区がどういった役割を担っていくのかということを議論しておくことで、理念がぶれることなく、統一したイメージを構築しやすくなる。

②地域のやる気を引き出す仕組みをつくる

「当たり前」のものに価値を見出しづらい地元に対しては、外部からの新鮮な目線が重要になる。しかし、さらによく話をしてみると、実は「自慢に思っていること」、「やってみたいこと」は、地域の人の心の中にある。掘り起こすのは地域の資源だけでなく、その資源にまつわるストーリーであり、その人の想いである。こうしたステップを通して、やってみたいことを応援できる体制や仕組みを構築することが大切である。

③地域の人と物の流れをトータルにデザインする

観光は裾野が広い産業である。地域内で多様な主体と連携することで、できることの幅が広がると同時に、連携する産業にも効果が波及する。観光関連事業者のみならず、地域全体が潤うことも意識することも重要である。

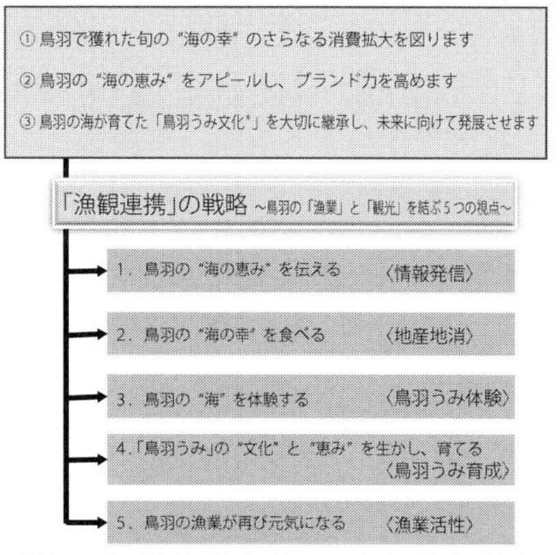

*「鳥羽うみ文化」：第2次鳥羽市観光振興計画のキーワード。特徴ある鳥羽の海そのものと、その海を通じて生まれた歴史や生活文化、漁業文化などの総体のこと

出典：「鳥羽市における漁業と観光の連携促進計画」より

図7 『鳥羽市・漁業と観光の連携促進計画』の計画体系

④行政の役割

観光客の減少が著しい中では、プロモーションやイベントに重きを置く自治体も少なくない。もちろん、鳥羽市も積極的にプロモーションを行っているが、一方でこうした地道な観光まちづくりを並行して行い、きめ細かなフォローを地域に対して行っている。さらに地域から上がったアイデアを市の施策と連携させることで、地域の取り組みの効果を高めている。

観光は地域づくりであり、長い年月をかけて行われるものである。民間の観光関連事業者にとっては短期的な入込み客数も重要であるが、行政が行う観光地経営としては、長期的な視点で方向性を示していくことや、地域が自立していくための体質改善を支援する役割も重要であると考えられる。

【近年の状況】

その後、「宿泊産業活性化推進事業」は2011～2013年度まで3カ年続けられ、漁村集落におけるプログラムづくりの先駆けとなった。2014年度には『第2次鳥羽市観光基本計画』が策定、その中で全国でも珍しい『鳥羽市における漁業と観光の連携促進計画』が策定され、具体的な事業が進められている。漁業と観光の連携は、"言うは易し、行うは難し"でなかなか上手く進んでいるところは少ないが、漁協組合長、観光協会長、そして市長の3者合意の元でスタートしたことがその後の事業展開をスムーズにしている。伊勢エビやアワビ、鯛など伊勢神宮へ奉納していた歴史ある鳥羽の魚介類が、鳥羽観光にとって欠かせない魅力であることを再認識し、こうした取り組みに至ったものである。鳥羽ざかなの地産地消率を高めるとともに、鳥羽ざかなのブランド化を図るため、漁業サイド、観光サイドともに様々な努力が続けられている。

【注】

注1）ある特定の商品・サービスを利用し続ける顧客の意識

【参考文献】

1）鳥羽市(2008)：「鳥羽市観光基本計画」
2）鳥羽市(2010)：「鳥羽市観光産業活性化戦略」
3）鳥羽市(2011)：「鳥羽市宿泊産業活性化推進事業報告書」
4）鳥羽市(2012)：「鳥羽市宿泊産業活性化推進事業報告書」
5）鳥羽市(2014)：「鳥羽市第2次観光基本計画」
6）鳥羽市観光協会(2014)：「鳥羽市における漁業と観光の連携促進計画」

【事例8】
地方都市におけるMICE誘致と観光地経営
（島根県松江市）

1. 観光地における需要の平準化の重要性

　観光地経営を考える上で、需要の平準化は重要な視点の一つである。観光地の特性により観光需要のピーク時期は異なるものであるが、特に観光客の大多数が日本人であった時代には、夏休みや年末年始、G.W. といった長期休暇や土日祝日に観光客が集中する一方、平日には観光客が少ないという状況であった。観光地側から見れば、観光客が集中する時期に更なる入込を拡大することは、宿泊施設をはじめとする各種施設や輸送機関のキャパシティを上げる必要があり、投資額も大きくなることから対応が難しい。このため、平日の来訪者をいかに獲得するかが観光地にとって重要となる。

　平日の来訪者獲得の視点の一つとして、レジャーを目的とした外国人観光客の獲得がある。これは、外国人観光客は土日祝日、また日本の長期休暇期間に左右されず来訪するためであり、今後も各観光地での外国人観光客の獲得が進んでいくと考えられる。

　そして、平日の来訪者獲得のもう一つの視点は、ビジネス目的の来訪者の獲得、すなわちMICEの誘致・創出である（MICEと平準化の関係などの詳細は視点4-4を参照）。MICEの誘致・創出というと、東京や京都、大阪といった大都市がイメージされるが、地方都市においてもMICEの誘致・創出は可能である。本稿では、その事例として島根県松江市を取り上げる。

2. 松江市の概要

(1) 位置・人口

　松江市は島根県の東部、山陰地方の中央部に位置し、市域北部には大山隠岐国立公園にも指定されているリアス式海岸、中央部には全国5番目・7番目の規模を誇る中海・宍道湖、南部には中国山地に至る緑豊かな山々を有する。さらに、島根半島の沖には隠岐諸島が浮かぶ、多様な自然環境に囲まれている地域である。古くは旧石器時代から人が暮らしており、7世紀の半ばの大化の改新以降、出雲地方の中心地として栄え、その後現在に至るまで山陰地方の文化・行政・経済の中心的役割を担ってきた。

　人口は約20.3万人（2019年1月末時点、住民基本台帳より）であり、2005年3月31日には松江市・鹿島町・島根町・美保関町・八雲村・玉湯町・宍道町・八束町の8市町村が合併、さらに2011年8月1日には東出雲町を編入し、現在の市域になっている。

(2) 観光資源

　松江市は宍道湖と中海に挟まれており、市街地はその2つの湖を結ぶ大橋川が流れるとともに、至る所に水路があることから「水の都」とも呼ばれている。主な観光資源としては、まずは「松江城」が挙げられる。特に松江城天守は全国に現存する12天守の一つで、2015年7月には国宝に指定された。松江城に関連する観光資源としては、城を取り囲む堀川をめぐる「堀川遊覧船」、松江城北側に位置し、お堀端の中でも最も江戸時代の風情が残る「塩見縄手」なども主要な観光スポットとなっている。また、「宍道湖の夕日」は日本夕陽百選にも選ばれている。

　松江市外ではあるが、車で1時間ほどで訪れる事ができる「出雲大社」（出雲市）は松江市観光に大きな影響を与える。2008年～2016年にかけて出雲大社で約60年ぶりとなる「平成の大遷宮」が行われ、2013年5月には「本殿遷座祭」が執り行われた。この「本殿遷座祭」以降は、八重垣神社や玉作湯神社をはじめとする「縁結びスポット」や「パワースポット」を巡る観光客が増加するなど、出雲大社「平成の大遷宮」効果により松江市等の島根県東部地域への大幅な集客につながった。

3. 観光の状況

(1) 観光振興に関する計画

　松江市では現在、観光振興に関する計画は「松江市総合計画」に組み込まれている。これは、長期計画を作っても状況は変わっていくため、目標値を定め実施計画の中で毎年ローリングし、変化に対応していくようにしているためである。

　現在、目標数値としては観光入込客数1,100万人、観光宿泊客数250万人（共に目標年は2021年）

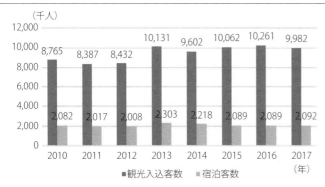

図1 観光入込客数・宿泊客数の推移（出典：松江市資料より作成）

写真1 くにびきメッセ概観（空撮）
（出典：一般財団法人くにびきメッセホームページ）

図2 地域別の宿泊客数（出典：松江市資料より作成）

写真2 くにびきメッセ概観（正面）
（出典：一般財団法人くにびきメッセホームページ）

となっており、通年型と滞在時間延長が目指されている。宿泊施設は年間を通して土日祝日はほぼ満室となっているが平日が空いており、その部分の底上げを図っていくべく外国人観光客やMICEへの取り組みが重要となっている。

(2) 観光入込客数、宿泊客数の状況

観光入込客数については、2013年3月に松江自動車道が全線開通し、広島方面からの流入量が増加したことも重なったことから1,000万人を超え、その後も、松江城天守の国宝指定などがあり、ほぼ同水準の観光入込客数で推移している（図1）。

宿泊客数については、発地別で は首都圏からが約25%、次に島根県を除く中国地方と近畿地方がそれぞれ約15%となっている（2017年）。また、地域別ではビジネスホテルが増加しており、コンベンション増加の影響と分析されている[注1]（図2）。

(3) 国際会議の開催件数

国際会議の開催件数は松江市が17位（2017年：ICCA基準）で地方都市としては非常に高くなっている。これは一般財団法人くにびきメッセが誘致に力を入れていることが要因となっている。松江市としても、会場、宿泊施設が市内に揃っているため、エクスカーションがあれば周辺にも影響を及ぼすことから力を入れている状況 となっている。

4. MICE誘致の取り組みの経緯と現状

(1)「島根県立産業交流会館（くにびきメッセ）」の整備

松江市、更には島根県のMICEの中核をなすのは、展示場・会議室の両方を備え山陰最大規模を誇る施設「島根県立産業交流会館（くにびきメッセ）」である（写真1、写真2）。同施設は1993年10月にオープンし、4カ国語同時通訳設備を有する「国際会議場（シアター形式（メモ台付）：最大510人収容）」（写真3）、各種展示会をはじめ講演会・イベント・式典などあらゆる催しに対応できる「大展

写真3　国際会議場使用例（講習会）
（出典：一般財団法人くにびきメッセホームページ）

写真4　大展示場使用例（大会）
（出典：一般財団法人くにびきメッセホームページ）

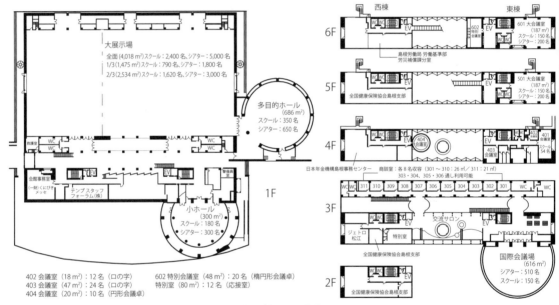

図3　くにびきメッセ各階平面図
（出典：一般財団法人くにびきメッセホームページ）

示場（4,018 m²、シアター形式：最大5,000人収容）」（写真4）のほか、多目的ホール（シアター形式：最大650人収容）、小ホール（シアター形式：最大300人）、会議室5室・商談室11室を有し（図3）、開館20年（2014年）時点で催事2万6,000件以上、入場者数800万人以上の利用がされている[注2]。

くにびきメッセが整備されることとなった背景には、島根県、松江市それぞれでの動きがあった。島根県としては、地元産業界から「年に一度開催する展示会を開催する場所が欲しい」という声を受けており、産業振興のためには施設が必要という意識があった。また松江市は島根県に対し、「これからはコンベンションの時代でありコンベンションビューローが必要」との声を上げていた。こうした「ハード」と「ソフト」の両方の話が重なり、くにびきメッセと松江コンベンションビューローの整備・設立は具体化された。

現在、「一般財団法人くにびきメッセ」[注3]が、くにびきメッセの管理運営を行うとともに、松江コンベンションビューローとしてコンベンション誘致活動も行っている。なお、スタート当初は、メッセは島根県職員が、コンベンショ

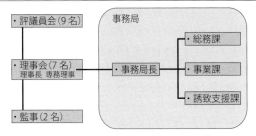

図4 一般財団法人くにびきメッセの組織図
出典：松江コンベンションビューロー（一般財団法人くにびきメッセ）ホームページより作成

表1 MICEの推進体制

エリア\分野	ミーティング（M）インセンティブ（I）	コンベンション（C）
島根県内（松江市除く）	県／観光振興課	くにびきメッセ
松江市	市／観光文化課	くにびきメッセ

出典：ヒアリングより作成

表2 松江市コンベンション観光バスの概要

【対象】
・松江市コンベンション開催支援補助金の対象となるコンベンション
・松江市内で開催される中国地区規模以上で会期2日以上のもの（宿泊を伴うもの）
【運行条件】
・松江市内の観光施設（有料施設のみ）を対象として、2施設以上コースに組み込むこと。ただし、「松江城」、「小泉八雲記念館」、「小泉八雲旧居」、「武家屋敷」、「松江フォーゲルパーク」、「明々庵」、「松江歴史館」のどれか1施設を必ず組み込むこと。
・運行時間は1日4時間。1台あたり35人以上の利用者が必要。
・観光バスの運行台数は1団体3台。ただし、大会規模等により特別な場合は相談。
・松江市外の観光施設への運行は対象外。
【観光バスの予約】
・観光シーズン（4月～11月）3ヶ月前から受付、1ヶ月前の締め切り。
・オフシーズン（12月～3月）1ヶ月前から受付、20日前の締め切り。
※施設入場料は個人負担。
※観光バスを1日貸し切る場合は超過分のバス代が必要。
※コースプラン及びバスガイドをご希望される場合は相談。

出典：松江市資料より作成

ンビューローは松江市職員が担当し、それぞれ活動していたが、時代に応じて体制も変化し、現在に至っている（図4）。

(2) MICEの推進体制

島根県及び松江市においては、MICEの分野それぞれで担当が異なる。「M・I（ミーティング、インセンティブ）」については、島根県内（松江市除く）は県観光振興課が、松江市は観光文化課が一般観光のセクションの中で担当している。「C（コンベンション）」については、島根県内（松江市除く）、松江市を問わず一般財団法人くにびきメッセが担当している。

（なお、「E（エクシビション）」については明確な担当は存在していない）（表1）。「C（コンベンション）」に関しては、一般財団法人くにびきメッセがワンストップ窓口として機能しているが、松江市でもコンベンション開催支援を行っており、例えば「松江市コンベンション観光バス」の運行を補助し、エクスカーションをサポートしている（表2）。また、県の支援で、外国人の方へ、松江市内の全てのバスと出雲大社に行く電車を1,000円（通常は3,000円）で乗れるようにしている。

(3) コンベンション誘致の取り組み

近年の松江市のコンベンション開催件数は増加傾向にある（図5）。特に近年は国際規模、全国規模といった規模の大きなコンベンションが増加している。これは、一般財団法人くにびきメッセによるいくつかの取り組みによる効果と考えられる。

①ターゲットを定めた誘致活動

松江市では、市内の宿泊等のキャパシティに制約があることから、多くの都市がターゲットとしている1,000人以上の大型の国際コンベンションではなく、500人

図5　コンベンションの開催件数（規模別）
（出典：松江市資料より作成）

以下のコンベンションをターゲットとしている。これは、施設が出来た当初、1,000〜1,500人規模のコンベンション情報を入手し大学の先生方への提案を行ったところ、松江での開催に関して好感触でも、地域の宿泊キャパシティの問題から実際の誘致には結びつかなかった経験に基づいている。

また、松江市は大学等の研究機関の立地が少ないため、学会のキーパーソンとなる人物も少ない（学会誘致では、自都市に立地する大学に在籍する、学会の開催地決定に影響力を持つキーパーソンをビューローが支援するケースが多い）。このため、キーパーソンが不在であっても誘致できるコンベンションにターゲットを定めて誘致活動を展開している。

②独自のデータベース構築

一般財団法人くにびきメッセでは、組織設立当初から国内外のコンベンションについて独自のデータベースを構築している。コンベンションは開催データが比較的整備されており、どういった分野、規模の会議がこれまでどこで開催されてきたかが把握可能であるため、こうした情報から松江市で開催可能性の有無がわかるようにデータが整備されている。

③国内のネットワークの充実

松江市は地方都市であるため、直接海外でのコンベンション誘致活動を行っても、日本の中で松江市が選ばれることは簡単ではない。そこで、国内の主要都市に在籍する大学の先生方としっかりコネクションを作り、そこから国際学会等の誘致に結び付けている。2015年度からは、東京に駐在員を配置しており、首都圏の主催者等への訪問活動などを強化していることもその一環である。

また、過去に松江市でコンベンションを開催した経験のある人が、リピーターとなって開催してくれたり、その人からの紹介で他のコンベンション誘致につながっている。こうした人と人との繋がりや広がりがつくられる背景には、コンベンション開催地としての満足感や信頼感が高いことがあり、問い合わせに対する連絡の素早さ、過去に松江で国際会議を開催したことがある方を対象とした意見交換会の開催（東京・大阪・九州で年1回開催）などの積み重ねがある。

5. 松江市の事例に学ぶ観光地経営の視点

①マーケティングに基づく活動

松江市におけるコンベンション誘致推進の取り組みは、自地域の施設キャパシティや人的リソースなどの特性をしっかりと把握し、その上で自地域に適するコンベンションがどのようなものか、すなわちマーケットがどこにあるかを自らで収集したデータに基づき判断して実践している。これはまさに観光地経営の基本的な活動と言える。

②身の丈にあった取り組みの展開

松江は施設キャパシティなどの特性上、MICE開催件数が今後も右肩上がりに増えていくことは難しい。しかしながら、国内関係者とのネットワーク充実や満足感、信頼感の獲得を強化し、リピーターや口コミで新たなコンベンション獲得していくなど、自地域にとって適正規模のMICEを安定して獲得する方向で取り組みが進められている。こうした取り組みは、松江のMICE開催地としてのブランド形成にもつながる[注4）]。

③適切な推進体制

日本国内では、施設の管理運営者は単に「場所」を貸すだけの立場であることが多く、積極的なMICE誘致活動が展開されないケースも多い。しかし松江の場合、MICEを開催する「場所」を運営する組織と、MICE需要を把握し「誘致」する組織が一体となっており、MICEを誘致することが自施設の運営にもプラスに働くといった相乗効果が発揮されている。

また、くにびきメッセがMICEの「C」を担当し、島根県や松江市が「M・I」を担当するといった役割分担がなされていることも、それぞれの分野の特性（例えば、コンベンションは開催決定から実際の開催までの期間が長い（年単位）が、ミーティング・インセンティブは短い（数ヶ月）など）にあった誘致活動が展開できる点で効果的である。

④平準化への貢献

松江においては、コンベンションの増加に伴いビジネスホテルの宿泊客も増加している。コンベン

ションの開催は平日であることが多いこと、また松江市ではそもそも土日は宿泊施設が満室であることが多いことから、この増加は平日の宿泊客の増加であり、松江全体としては需要の平準化と捉える事が出来る。

6. 今後の展開に向けて

松江市の事例から想定される、観光地経営の更なる展開や課題について整理すると以下の通りである。

①コンベンション（C）以外の分野への更なる展開

松江市においては現在、MICEの中では「C」が中心となっているものと考えられるが、MICE需要の更なる拡大としては、今後は「M・I」についても更なる展開が期待される。なお、「M・I」については、基本的には民間が主催者となるものであることから、誘致に関しても民間（宿泊施設等）が更なる活動を展開していくこと、またミーティングの場合は参加者に経営者などのエグゼクティブが、またインセンティブの場合は報奨的な意味合いがあることなどから、一定レベル以上の宿泊施設が求められるケースも想定される。特に海外からの需要を獲得していく場合、何がMICE開催の目的なのかを把握し、それが自地域で達成しうるのかどうかを検討したり、どの国にプロモーションをすると効果があるのかを検討したりする必要がある。更に、どの分野をターゲットとするためにどのような受入整備を進めるか、すなわち観光地としてどのような経営をしていくかを検討していく事も重要となる。

②平準化の更なる推進

松江市は冬が観光のオフシーズンになる。松江市はそれほど雪が降る地域ではないため、東南アジア等の雪目当ての外国人観光客をターゲットとする事も難しい。このため、本来であればコンベンションによって冬に来訪者が増加する事が望ましいが、冬はコンベンションも少ない時期である。一方で、MICEはどこかで開催しているものを誘致してくるだけではなく、自地域で創出することも可能なものである。このため、松江発で冬に開催する会議等を立ち上げる事が出来れば、開催地を固定化して冬の時期に集客する事が可能となる。

謝辞

本稿を執筆するにあたり、ヒアリングにご協力を頂きました松江市役所様、一般財団法人くにびきメッセ様には、この場を借りて、厚く御礼を申し上げます。

【注】

注1）松江市「平成29年の観光入込客数・宿泊客数について【確定値】」より

注2）島根県HP（知事あいさつ・講演集（平成25年度）、島根県立産業交流会館（くにびきメッセ）開館20周年記念行事）より。

注3）県、市、商工会議所の3者によって1991年に設立。県の出資が60%強と最も多い。

注4）松江市は開催支援補助金制度が充実（島根県の支援と併せると最大1,000万円：2018年時点）しているが、それが誘致決定の最大要因となっているわけでもなく、施設担当者の人柄等のソフト面も大きな要因となっている（ヒアリングより）。

【参考文献】

1) 松江市「松江市観光白書」（平成22年版～平成29年版）
2) 観光庁「地域の特性を活かしたMICEの推進に係る調査事業」（平成28年3月）
3) 一般財団法人くにびきメッセ「事業計画書」（平成29年度）
4) 松江市提供資料「松江市コンベンションの状況」（平成29年度）

【事例9】
"まち歩き"を通じた観光の質の転換
（長崎県長崎市）

1.「長崎さるく博'06」の概要

現在、多くの観光地で地域を楽しむプログラムとして「まち歩き」が展開されているが、その始まりは「長崎さるく博'06」[注1]であろう。同博は、2006年の4月1日から10月29日に長崎市において開催された「日本初のまちあるき博覧会」であり、この博覧会は、市民が観光の担い手として主導的な役割を果たした点、「まち歩き」を通じてまちそのものを見せるオープンエリア型の博覧会という点において、これまでには見られない新たな観光の形を全国に提示した。2007年以降は「長崎さるく」として通年で実施され、現在もなお継続実施されている。

「長崎さるく博'06」は、基本となる仕組みとして長崎での新しい時間の過ごし方、楽しみ方を3つのメニューで整理している。一つ目は、マップを片手に自由きままにまち歩きを行う「遊さるく」、二つ目は、住民ガイド（さるくガイド）による案内のもとまち歩きを行う「通さるく」、三つ目は、専門家による講座や体験を組み込んだ「学さるく」である。このうち、事前予約が必要なのは「通さるく」と「学さるく」で、「遊さるく」は無料で配布されているマップをもとに参加者が自由に行うものである。

同博期間中は、遊さるく42コース、通さるく31コース、学さるく74テーマが提供された。その結果、「長崎さるく博'06」期間中の観光入込客数の総数は355万人（宿泊客数151万人、日帰り客数204万人）で前年同月比22万人（6.7%増）、観光消費額も484億円と前年同月比39億円（8.7%増）となった。「長崎さるく博'06」は数字の上でも成功を収め、低迷していた長崎市観光が再び息を吹き返すこととなった。

2."まち歩き"への着目と"まち歩きのまち"のイメージ構築

では、「長崎さるく」の根幹とも

写真1　さるくガイドの話に聞き入る参加者

言える"まち歩き"の発想はどのように生まれたのか、その経緯について整理する。

(1)"まち歩き"という観光スタイルへの着目
ⅰ)「長崎市観光アクションプラン2006」の策定

長崎市の観光入込客数は、「長崎旅行博覧会」が開催された1990年の628万人をピークに2003年には504万人台まで落ち込む。市場は既に団体型から個人型、物見遊山型から体験型、男性主体から女性主体へと観光スタイルは大きく変化しているにも関わらず、長崎市は昔からの観光を続けていたのである。新たな長崎市観光のあり方が模索される必要があった。

そこで、長崎市は、2003年に計画期間を2004年から2006年までの3年間とする「長崎市観光アクションプラン2006」の策定を行った。策定委員会[注2]（23名）とワーキングチーム（10名）が設置され、実質的な検討はワーキングチームで行われた。

このワーキングチームには、後に市民プロデューサーとして活躍

表1　「長崎さるく博'06」のメニュー（カテゴリー）分類

メニュー（カテゴリー）	参加料	内容	予約の有無
遊さるく	なし	マップ片手に自由きにきままにまち歩き（1時間半ほどのコース）	予約不要
通さるく	500円	さるくガイド付きツアー（行程2km、2時間、定員15名）	事前予約制
学さるく	数千円〜数万円のものまで様々	講座＋まち歩き等 専門家による講座や体験	事前予約制

（資料：長崎さるくホームページ等より作成）

する市民と後に長崎市長となる田上富久氏（当時は観光部観光振興課主幹）で構成された。議論の末、「まち活かし・人活かし」を基本理念とし、ないものねだりではなく、あるもの探しをして地域の隠れた資源と人材を活かしていく方針が提示された。そして、それを具体化するための事業化コンセプトとして、「まち歩きが楽しくなる仕組み・仕掛けづくり」と「長崎の新しい楽しみ方の情報発信」が設定された。

ⅱ）継続性への意識〜フロー型の観光振興からの脱却〜

もともとは市内複数の観光施設が竣工する2006年に観光イベントを実施するという意図のもとアクションプランの策定が行われたが、田上氏によると単発のイベントではなく、道筋をつけて、その後につながるイベントにしたいとの想いがあったとのことである[1]。

長崎市では、1990年に「長崎旅博覧会」、2000年には「日蘭交流400周年」とイベントが開催されたが、一過性だったとの評価が強く、市民は同種のイベントに対して抵抗感を抱いていた。そのため、今回は市民を主役とするイベントとするとともに、イベントを通じて市民のプロデュース力、運営力などのノウハウや能力などが育成され、イベント開催以降の活動につなげていくことを目的としたイベントとすることが目指された。市民プロデューサーの一人である田中潤介氏は「今回のキーワードは継続」で、一過性のイベントではなく「'06以降どう根付かせていくか」[2]と「長崎さるく博'06」開催前にも述べている。

ⅲ）"まち歩き"への確信とその実現化に向けて

■外部に学ぶ、実際に体験する

アクションプランで「まち歩き」をやろうとある程度固まった段階で、ワーキングメンバーは、住民ガイドによるまち歩きを既に実施していた大分県別府温泉に視察に行った。肌で"まち歩き"の楽しさを実感し、面白いと思ったのはもちろんのこと、"これなら自分たちにもできる"と思えたことが後の取り組みを推進することにつながる。活動の中心を担う鶴田浩一郎氏などから話を聞き、実際に体験して「まち歩き」をやろうということになった。さらにその後、他のメンバー（市民や有識者）とともに再度別府を訪れ、実際に参加したという。

こうした新たな取り組みを進めるにあたっては、「泥臭く、現場の感覚でやることも大事なことの一つ」で、まずは「やってみせる」ということだと言う[3]。まち歩きは幾ら議論を積み重ねても、その魅力は伝わらないので最初に実際やっている人のところに連れて行くのが口で説得するより早いからとのことである。

■外部専門家の協力

こうして「まち歩き」を行うことになったが、市民は方向性を決めることができても、また想いはあってもイベントのプロではないため、具体的な方法、進め方までは分からない。そこで、「南紀熊野体験博」や「しまなみ海道」などオープンエリア型のイベントを手掛けた経験のある茶谷幸治氏を講師としてワーキングに招聘した。そこで、長崎市観光の方向性は、長崎のまちそのものを観光対象とする「まち歩き」で進めることとなった。さらに茶谷氏は、「長崎では「まち歩き」を実現するだけでは不十分で、「まち歩きのまち」をつくらなければならない」との考えのもと、基本計画では「長崎文化体験」「歴史舞台めぐり」と並列の位置づけであった「まち歩き」を「2006イベント」の基礎とし、その他はつけ足しとの考えを徹底させた。「まち歩きのまち」の実現とは、「誰がいつ長崎へ行っても必ずガイドがどこかを案内してくれる」まちであることで、長崎の日常的なインフラとして「ガイドによるまち歩き」が可能であることである。長崎さるくの目玉である「通さるく」はこのような考えのもと生まれた。

(2) "まち歩き"で活かせる長崎のまちの強み

長崎市は、江戸時代、世界に開かれたわが国唯一の港町として栄えた。外国人を通じてものや文化、技術、暮らしが持ち込まれ、日本文化と入り混じって独特な文化が形成された。歴史的建造物などのハードに限らず、食や祭りなどの文化が人々の暮らしの中で育まれ継承されてきた。そのため、異国情緒溢れる資源が数多く残っている。長崎市民のホスピタリティも含めて、まちの空気として「交流のDNA」が過去から引き継がれている。

また、長崎市の市街地は、港湾を囲むすり鉢状の地形の上に形成されており、コンパクトな都市構造を持つとともに、数多くの坂や数多くの特色を持ったまち（地区）から構成されている。細やかに地形に沿って市街地が形成されており、歩くことにより場面の展開が起きやすく、「まち歩き」は長崎市の特性を活かすのに適していた。

3. 継続性を意識した段階的な体制づくり

(1)「長崎さるく博'06」開催に向けた取り組み

ⅰ）市民が担い楽しむ観光の体制、仕組みづくり

■市民を主役とする長崎さるくの体制、仕組み

2004年2月に策定されたアクションプランを受けて、推進委員会（アクションプラン策定委員会が発展）が立ちあげられる。「長崎さるく博'06」の具体案は、この推

進委員会で練り上げられていった。

実働に向けた体制は、コーディネートプロデューサー（茶谷氏）、市民プロデューサー[注3]、さるくガイド、さるくサポーターから構成されることになり、その活動を支える組織として事務局（後の「長崎さるく博'06」実行委員会事務局）が設置された（図1）。

市民プロデューサーは、市民主体を実現するために位置づけられたもので、活動を進展させていく中で、コースづくりとマップ制作を通じて、地元住民を先導する役割を担った。

さるくガイドは、「長崎さるく博'06」に向けて新たに育成されたガイドで、博覧会に対する市民や観光客の印象をつくる博覧会の顔となる存在である。さるくガイドとしての資格の認定はコースごとに行われるが、複数のコースの認定を取るガイドもいた。

市民はガイドを希望することが多いため、さるくサポーターや受付スタッフは実行委員のメンバーの人的ネットワークを通じて募集した。ガイド研修中の人が勉強を兼ねて、さるくガイドに付き添い、安全管理や進行補助を行う役割等を担った。

これらの一連の活動を支える事務局は、長崎市役所観光部観光2006推進室内に設置され、市役所職員のみで構成された。初年度は10名、その後は15名と少人数で構成され、観光以外の他分野で働く有能な職員も集められた。これは余計な費用をかけず、仕事の分散化を避け、効率よくイベントの企画、実施、管理のノウハウが継承されること、密度の濃い仕事がなされることを期待したからとのことである[4]。役割は大きく総務、広報、イベントの3つに分かれ、具体的には、事務全般、予算管理、市の他部門との調整を行うとともに、市民プロデューサーやコーディネートプロデューサーと連携してイベントプロデュースの実務を担い、必要に応じて自らプロデュースも務めた。来訪者の窓口としてのみではなく、市民の観光への窓口としても大いに機能した。

■準備期間を設けて段階的に取り組む

「長崎さるく博'06」は2006年の本番に向けて、2か年の準備期間を設けて進められた（表2）。まち歩きの仕組みづくりのための検証や市民へのイベントコンセプトの周知、人材育成などを行うためである。

まず市職員2名と市民プロデューサー4名は、2004年10月に1か月間だけのプレイベントを開催した。試行的に4つの「通さるく」コースを作り、市民に対してお手本を提示したのである。「考え方の真髄を伝え、お手本を見せることができる人がいると、後の人も続きやすい」[5]と田上氏が述べるよう、市民に自分の目で見て体感、体験してもらう方法が市民には理解してもらいやすく、有効である。

また、こうした段階的に取り組む意識は、市場戦略にも垣間見える。初年度は、長崎さるくの担い手でもあり、コースの参加者でもある長崎市民（地元市場）に周知を行い、二年目は、近隣市場である福岡等へ、さらに三年目は全国へと対象市場を徐々に拡げ発信していった。従来とは異なる新しい観光が有する市場特性を十分に踏まえて取り組んでいったのである。

ii）コースづくりとマップの制作

■利用者の視点に立ち、活用されるものを作る

長崎さるくのマップは、地域の人々の視点で抽出された地元の人しか知らない資源が掲載されてい

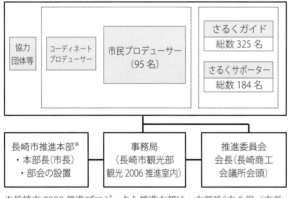

図1「長崎さるく博'06」の推進体制
（資料：NPO法人長崎コンプラドールホームページなどをもとに作成）

表2「長崎さるく博'06」に向けた長崎さるくの段階的整備

年	開催期間	位置づけ
2004年	10/23～11/23の32日間	さるくの原型作り、長崎市民への周知体験
2005年	7/30～10/16の79日間	本番さながらの訓練、夏場対策、福岡県へ発信
2006年	4/1～10/29の212日間	本番、全国へ発信

（資料：NPO法人長崎コンプラドールホームページなどをもとに作成）

図2　長崎さるく博'06コースマップ（丸山界隈1）2005年6月第3版
（資料：長崎さるく博'06推進委員会事務局）

る特製のマップである。

　マップづくりの過程では、「民間施設は掲載できない」、「自施設が掲載されていない」、「平等に扱われていない」などの声が上がったという。しかし、すべての民間施設を列挙したマップを誰が使用するのか、公平性は保たれても使用されないのでは意味もない。実際に皆で歩き、コースとして成立するか否かをすべて検証した上で、マップを作り上げ、参加者に提供していった。実地で考えることで、ランドマークとして商店は必要不可欠だということが分かり、商店の名前を地図に入れることになった。トイレや休憩所、シナリオのチェックも行いながらマップを仕上げていった（図2）。

■わかりやすいカテゴリーの設定

　多くの地域が「あれもあります、これもあります」と網羅的に紹介しがちな中で、長崎さるくは情報発信を意識してわかりやすく分類がなされていることは注目される。最初に述べたように、長崎さるくは「遊さるく」「通さるく」「学さるく」と、その提供メニューがわかりやすく分類されていて、

長崎市の楽しみ方が具体的に場面として浮かびやすい。

　またこの「さるく」の仕組みは、人々の創意工夫を柔軟に受け入れるものであった。市民や市の他部署でも「○○さるく」と独自に知恵を絞り展開していた。「長崎さるくには仕組みがあるがルールはない」という言葉で示されるように、長崎さるくは、地域にとって派生的展開を生みやすい仕組みであったと言える。

iii）ガイドの育成とその案内

　長崎市には、既にボランティアガイド組織があったが、長崎さるくの「さるくガイド」は新たに人材育成された。ボランティアガイドは、一般的にガイドとして表に出るまでの研修期間が長く、ガイドする内容は郷土の歴史が中心となる。しかし、さるくガイドの育成研修は、座学1日、市民プロデューサーが講師役のマップを使った実施研修（1コースあたり）1日、研修者の発表会が1日の3日間で終えられる。「長崎さるく博'06」本番では大量のガイドが必要であったことも背景にはあるが、「さるくガイド」はボランティ

アガイドが話す専門家の歴史的な話よりは、自分のまちに対する愛情や自分が育ったまちの自分の経験を具体的にイメージできるような話を語ることに重きが置かれていた。また、まちの今や未来も交えて語るため、同じガイドによる同じコースの案内であっても、毎回新鮮さのあるものとなる。語る内容は、参加者の雰囲気に応じて柔軟に変えられ、一方的な説明や自分の知識の披瀝とならないよう意識されている点が特徴である。

　自信のついてきた人から徐々に現場に出て、実践の中でよりガイド案内技術が磨かれていった。準備期間中には、アンケート調査やモニターツアーを実施し、その結果をガイド案内に反映させていった。また、実施期間中を通して、2か月に一回程度ガイド全員を集めて意見交換と情報の共有を行い、ガイド全体としての質の向上を図った。

iv）住民へ説明と理解、参画

　長崎さるくで提供されるコースは、これまで観光客が行かなかったようなまちなかや住宅地もコースとして組み込まれている。観光

表3　市民、民間施設の協力を通じたもてなしの仕組み

種類	内容
さるく茶屋	参加者に休憩場所とトイレの提供
ほっとステーション	湯茶のサービス
さるく見聞館	ユニークなお宝を持つ施設や店舗

表4　まち歩き研修の内容（有料）

No	メニュー	内容
1	「まち歩き」の講演	さるくに関する紹介等
2	まち歩きの分かるさるく体験	長崎でのさるく講座と体験
3	まち歩き創造の基本調査	現地での基礎調査
4	まち歩き運営の出張講座・入門編	現地調査とワークショップ
5	まち歩き運営の出張講座・上級編	同上
6	まち歩きガイドの長崎研修	長崎での研修
7	まち歩きガイドの評価	現地での面談
8	まち歩き用のマップ作成相談	魅力的なマップの作り方
9	まち歩きによる地域活性化の相談	イベントや商店街活性化

（資料：NPO法人長崎コンプラドールホームページ、2018年8月現在）

地の中には、住民の生活空間が荒らされ、住民と観光事業者の間に溝ができてしまった観光地も少なくない。これまでの長崎市観光は、定番スポットを回る観光が中心であったため、特にそうした問題は起きていなかったが、「まち歩き」を進める当初は、そうした懸念が出されたという。しかし、長崎市では、市役所職員（推進委員会事務局）が他部署の協力も得ながら、地域の自治会（約900にのぼる）や商店・企業などをすべて回って説明し、了承を得た上で、コースを作り上げていった。説明にあたっては、長崎市観光の現状から、「長崎さるく博'06」のコンセプト（一過性ではなく、終了後も継続していくこと）とまち歩きの方法、地元住民として何を取り組んでほしいかを伝えたという。

「市民が主役」の観光を実現するために、行政が裏方で地道な下地づくりを行っていたこと、その上にこうした「長崎さるく博'06」が展開され、市民の協力を得られる結果となった点には着目したい。

v）まち歩きを支える仕組みと安全管理、滞在環境づくり

この「長崎さるく博'06」には、安全の確保やおもてなしの仕組みとして、各種滞在を支える仕掛けがあった（表3）。さるくサポーターはガイドツアーの後列について車の安全を確認するなどの対策が取られるとともに、さるく参加者に休憩場所やトイレを貸す「さるく茶屋」、無料休憩所ができる「ほっとステーション」などが民間施設の参加協力により実施された。

(2)「長崎さるく」としての取り組み

大成功を収めた「長崎さるく博'06」は、続けてほしいとの内外の要望を受け、2007年度より「長崎さるく」としてリスタートする。企画時より意識されていた「一過性で終わらない、継続出来る仕組みづくり」の実現に向けて、引き続き各種取り組みが実施された。

i）組織体制の移行と新たな活動母体の設立

さるく博は、「人を残す」「MAPを残す」「組織を残す」ことを意図して実施され、前者二つはほぼ達成されたが、「組織を残す」ことが検討事項として残った。「長崎さるく博'06」を通じて培ったノウハウを継承していくために、2007年以降には組織改正や役割分担の変更、新たな組織の設立が行われた。

■長崎さるく担当課の設置と観光コンベンションへの事務局機能の移行

'06閉幕後も「まち歩き」をテーマにしたイベントを展開していくために、当時の長崎市長である伊藤一氏は、観光部内にさるく推進室を設置する方針を閉幕前に明らかにした。2007年以降は当面は市がイベント企画やPRなどを担当し、ガイド派遣や予約受付などの実務面は長崎国際観光コンベンション協会に委ねる方向で検討された。

その結果、2007年4月には市役所に「さるく観光課」が設置され、(社)長崎国際観光コンベンション協会が長崎さるくの運営事務局となった。これは博覧会前からボランティア観光ガイドに係る業務をしていたことに加え、市職員のように異動がないため、継続して取り組むことができることを見込んだことによる。

こうして2007年4月より通年実施型の「長崎さるく」がスタートした。当初は、市と長崎国際観光コンベンション協会が協同で実施していたが、2010年4月からは業務の効率化（迅速な商品展開など）やノウハウ・人脈の継承、蓄積のため（人材育成の強化など）、長崎さるくに関する企画・運営・PRまでのすべてを長崎国際観光コンベンション協会が一元的に担うこととなった。

■NPO法人長崎コンプラドールの設立

2009年2月に「長崎さるく博」の立ち上げや推進にかかわった市民プロデューサーを中心に「NPO

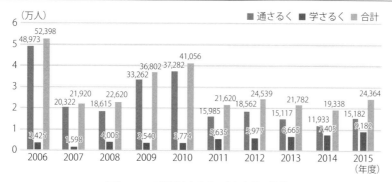

図3　コース別長崎さるくの参加者数の推移
（資料：一般社団法人長崎国際視点コンベンション協会）

法人長崎コンプラドール」[注4)]が設立された。まち歩きの未来型を考え実践することを目的に集まった組織で、長崎県を訪れる人々に対して、長崎の豊かな歴史文化や自然を紹介するとともに、観光動向の調査研究、まち歩きや住民主体のイベント等のノウハウの提供による各地の人材育成とネットワーク化に関する事業を行っている（表4）。当組織も活動の「継続性」を強く意識しており、現場での実践的な研修等を有料で行っている。

ii）参加者の推移とコースの見直し・多様化

■参加者の推移

2007年度からは通年実施型の「長崎さるく」として展開されたが、通さるく、学さるくの参加者数は2006年度の半数以下まで減少しているが、これは、規模を縮小して行ったことによる。その後、コースの拡充や内容のリニューアルを継続して行ったことや、2010年のNHK大河ドラマ「龍馬伝」の放送にあわせて幕末をテーマにコース設定をしたことなどにより、2010年度には参加者数が約3万7千人まで増加した。2011年度以降は、「通さるく」は横ばい〜減少傾向、「学さるく」が増加傾向となっている。これは、「通さるく」が県外観光客の受け皿的なメニューであることから、徐々に市民の参加が減っていること、一方で「学さるく」は通さるくを経験したコアな人たちが参加者であり、市内参加者の割合が多いことが主な理由である（図3）。

■コースの見直し・多様化

定番コースや人気コースを核に事業運営していくのは当然のことであるが、毎年同じコースでは飽きられてしまうため、コースを磨き上げ付加価値を向上させていくことが必要となる。まちも時間の経過とともに少しずつ変化していくので、それらを巧みにコースに取り入れていくことも重要である。また、これまでのコースに加えて新たなコースをつくり、長崎さるく全体として新鮮さを打ち出していくことも求められる。そして、意欲的な民間事業者が参画しやすいよう進化させていくことが重要である。

現在、「通さるく」については、立ち寄り箇所の追加を行うなどコースの魅力アップを行うとともにコースの絞込みを行い、催行率のアップを図っている。一方「学さるく」については単発の特別コースとし、個人、団体、企業から企画を募集し、多種多様なまち歩きを展開している。これまでに、「長崎さるく幕末編」「長崎さるく英雄編」「子どもさるく」「食さるく」「エコさるく」「ながさきスイーツさるく」「長崎ねこさるく」」など様々なコースが展開されている。

iii）継続的な人材育成による質の維持

長崎さるくの名物ツアーを担うのは、「さるくガイド」である。仕掛けが維持されてもこのガイドの質が維持されなければ、長崎さるくは継続できない。長崎さるくでは、毎年、ガイド研修を行うことで、新しいさるくガイドの発掘や養成にも取り組んでいる。既に研修を終えたガイドには活躍の場を確保することで、モチベーションの維持向上に努めている。長崎さるくの名物ツアーを担うのは、「さるくガイド」である。仕掛けが維持されてもこのガイドの質が維持されなければ、長崎さるくは継続できない。長崎さるくでは、毎年、ガイド研修を行うことで、新しいさるくガイドの発掘や養成にも取り組んでいる。既に研修を終えたガイドには活躍の場を確保することで、モチベーションの維持向上に努めている。「長崎さるく博'06」時に325人であったさるくガイドは、現在約450人となっており、持続的な活動を行い、安定的に提供していける体制が整えられている。

表5　日本まちあるきフォーラムの開催状況

年	開催地	備考
2010年11月	日本まちあるきフォーラム in 長崎	さるく観光幕末編推進委員会が主催
2011年11月	第1回日本まちあるきフォーラム in 長崎	前年の試験開催を受け、本格開催
2012年11月	第2回日本まちあるきフォーラム in 弘前	
2013年10月	第3回日本まちあるきフォーラム in 北九州市	
2017年2月	第4回日本まちあるくフォーラム in 長崎	「長崎さるく博'06」の10周年を記念し開催
2017年11月	第5回日本まちあるきフォーラム in ふくしま	
2018年3月	第6回日本まちあるきフォーラム in 小田原	

（資料：各種ホームページより作成）

ⅳ）ノウハウの全国展開と全国組織の設立による相互交流の推進

長崎市では、「長崎さるく」を継続的に実施するための取り組みと並行して、培ったノウハウを全国に対して提供するために2010年に全国のまち歩き関係者を対象にフォーラムを開催した（さるく観光幕末編推進委員会主催）（表5）。具体的な実践レベルの研修を長崎さるくが行われた本場で行い、こうした場においても市民が活躍している。

2011年7月には、まちあるきの発展・普及のため、情報を発信するとともに、全国のまちあるき関係者の交流の場を提供することを目的に、「一般社団法人日本まちあるき協会」が設立された。名誉会長は田上氏であり、その事務局をNPO法人長崎コンプラドールが務めている。

4. 長崎さるくに学ぶ観光地経営の要点

(1) 市民が主体的に担い楽しむ観光・交流を創る

市民が主役の観光を進めるためには、無理をせず日常を自然に見せて接することができる仕掛けづくりが重要であり、何よりも担い手自身が「楽しい」と思って参加していることが持続的な取り組みへとつながる。

長崎さるくでは、市民プロデューサー、さるくガイド、サポーターと市民が関わる仕組みを整えたこと、試行期間を置きながら段階的に進めていること、市民プロデューサーというキーマンが活動を引っ張っていったこと、手本を示し市民に実体験してもらいながら進めたことが要点としてあげられる。さらに市民が参加、活躍しやすくなるよう、事務局（行政）が下地づくりを丁寧に行ったこと、そして地域にノウハウや人材がいない場合は、外部の先駆的な実践者や専門家の力[注6]を借りながら実施したことが、市民が主役の観光の実現につながったと言える。

(2) 先導役となる取り組みを絞り、観光のあり方を変革する

長崎市観光は、団体型の観光都市から個人型に対応し得る観光都市に移行するために、取り組むべき様々な施策の中で、「まず一転突破で動きを起こすことで新たな長崎観光の姿が見えてくる」[6]との思いのもとに実施された。長崎さるくは長崎市観光のすべてではなく、また、長崎さるくだけが万能薬ではないとの認識のもと、長崎市観光のあり方を変革するための「一番バッター」として、「先導役」（リーディング事業）という位置づけで実施された[7]。地域が取り組む観光施策は多岐にわたるが、観光のあり方を変革するために、まずは優先順位をつけ対象を絞り、それに集中的に取り組むことが重要であろう。

実施にあたっては、取り組む観光施策の市場特性を理解した上で、ターゲットを定めて展開していくことが求められる。

(3) まちを見る目を育てまちづくりへと結びつける

長崎さるくの取り組みについて田上氏は、「3分の1が観光で3分の2はまちづくりが目的」と述べている[8]。長崎さるくの取り組みを通じて、「住民が自分のまちの魅力や個性に気づき、それが引いてはまちを大事にしよう、もっと綺麗にしようという動きになり、まちづくりにつながっていくこと」が重要であり、「そのエネルギーをつくる場が「さるく」」[9]と企画段階から考えられ実施された。

地域の資源発掘やまちを歩くことを通じて、まちを見つめる視点を育て、まちをどう磨いていくか、観光振興に留まらない幅広い視点で取り組むことが持続的な観光地を形成する上で重要である。

【注】

注1）「さるく」とは、長崎弁で「まちをぶらぶら歩く・うろつく」という意味である。

注2）アクションプラン策定委員会は、「長崎市2006プロジェクト推進委員会」（後に「長崎さるく博'06推進委員会」へと名称変更）として発展。会長には長崎市商工会議所会頭が就任し、長崎市内の各界の代表者で構成された。

注3) さるく博は、「市民が主役」を掲げており、市民プロデューサーが企画・実施（交渉、調整、実施監督等）するものであるため、茶谷氏には総合プロデューサーではなく、コーディネートプロデューサーとして、プロの視点から様々な助言、指導、全体のイベント企画、効果的な演出等の総合調整を依頼した。

注4) ホームページによると、「コンプラドール」は、ポルトガル語で「仲買人：comprador」を意味し、長崎の歴史文化を発信する仲介者でありたいとの願いから、コンプラドールを冠しているとのこと。

注5) 長崎市は、2004年、2005年に周辺の7自治体と合併を行っており、市域が拡大され、新たな農産物等の生産地が含まれることから、販路と消費拡大に向けた取組みがなされた。特に「ながさきの「食」夢市場運動」が母体となった。

注6) 田中氏は、長崎さるくの取組の成功には3P(Pubilc/Private/Parnership)にProfessionalを加えた4Pが重要と言う。

【引用文献】
1) 参考文献12)、p.22
2) 参考文献2)、p.44
3) 参考文献9)、p.14
4) 参考文献6)、p.156
5) 参考文献9)、p.18
6) 参考文献9)、p.17
7) 参考文献23)
8) 参考文献9)、p.22
9) 参考文献12)、p.23

【参考文献】
1)「長崎さるく博'06仕掛人座談会」『長崎さるく博'06わからんまち体験公式ガイドブック』長崎さるく博'06推進委員会 2005年10月、第3版、pp.44-45
2) 一般社団法人長崎国際観光コンベンション協会「「ながさき」を歩こう！長崎さるく公式ホームページ」
3) 国土交通省総合政策局、長崎県長崎市（2006)：「平成17年度国土施策創発調査 長崎市における交流人口拡大策に関する調査 報告書」平成18年3月
4) NPO法人長崎コンプラドール公式ホームページ
5) 清水浩和（2008)：「「ぶらぶら歩く」まちブランド戦略―長崎さるくの事例から―」『地域魅力を高める「地域ブランド」戦略―自治体を活性化した16の事例』牧瀬稔、板谷和也編、東京法令出版、pp.46-63
6) 茶谷幸治（2008)：「まち歩きが観光を変える〜長崎さるく博プロデューサー・ノート」学芸出版社
7) 総務省（2009)：「長崎市の歴史や文化を活用したまち歩き「長崎さるく」」『平成20年度地域力創造事例集』2009年3月、pp.169-180
8)「観光ガイドの役割／「長崎さるく」田中氏講演（13年01月05日)」長野経済新聞社ホームページ
9) 田上富久（2010)：「〈基調講演〉長崎さるく博成功の秘訣」第2回都市セミナーシンポジウム「福岡の都市型風景街道の魅力を探る」福岡アジア都市研究所、pp.11-22
10) 公益財団法人日本交通公社（2013)：「平成24年度観光実践講座講義録 人を活かし、まちを活かす観光の考え方〜見えない価値を見せる「まち歩き」の実践」
11) 国土交通省観光庁：「地域いきいき観光まちづくり（2008、2010-11)」
12)「個性的なまちづくりへ「市民力」「職員力」結集〈自治体維新 首長インタビュー 長崎市長 田上富久市〉」日経グローカル No.112 2008.11.17、pp.22-23
13) 茶谷幸治（2008)：「成功する「まち歩き観光」」観光経済新聞 短期連載 第1回〜12回
14) 茶谷幸治（2012)：「「まち歩き」をしかけるコミュニティ・ツーリズムの手ほどき」学芸出版社
15) 川良真理（2007)：「まちを歩くことはまちを磨くこと―「長崎さるく博'06」が残したもの―（特集まちづくりと地域ブランド）―（「地域ブランド」によるまちづくりとは)」、大阪ガスエネルギー・文化研究所「CEL 80」Mar.2007、pp.46-48, 2007-03
16)「はなしの交差点 No.66 長崎市長田上富久」『にしてつニュース』2009年1月号
17)『あるもの探しが大事」「長崎さるく」題材に 田上・長崎市長が特別講義「まち活かし、人活かし」柱に』西日本新聞、2010年07月19日付け朝刊
18) 財団法人地域活性化センター（2007)：「知らなかった長崎の体験と発見」日本ではじめてのまち歩き博覧会「長崎さるく博'06」『都市機能の充実とにぎわいのあるまちづくり事例集』
19) 橋口不二郎（2011)：「5年目を迎えた長崎さるく」ながさき経済 2011.10、pp.19-27
20) 財団法人地方自治研究機構（2012)：「長崎さるく博'06 プロジェクト展開による人材づくり（長崎県長崎市)」『地域の自主性及び向上のための人材開発に関する調査研究（事例調査編)』2012年3月、pp.64-75
21) 金丸弘美（2010)：「「地元」の力地域力創造7つの法則」NTT出版、pp.48-59
22) 茶谷幸治（2004)：「次世代観光の先駆けとなるか、まち歩きの博覧会「長崎さるく'06」『月刊観光』(社)日本観光協会 2004年12月号
23) 田上富久（2008)：「交流のDNAが最大の強み―長崎さるくは個人型の先導役観光とまちづくりの融合へ―」旬刊旅行新聞第1294号
24)「事業評価シート（事後）「長崎国際観光コンベンション協会負担金」」2009年度
25) 股張一男（2010)：「地域とひとが輝くまち歩き観光「長崎さるく」」『観光研究』Vol.22、No.1、pp.18-22
26) 茶谷幸治（2007)：「まち歩きから始まる都市観光」『都市観光の新しい形 暮らす、歩く、楽しむ、招く』都市環境デザイン会議関西ブロック

【事例10】
百年先を見越した観光地経営の実践
（大分県由布院温泉）

　まちづくり、観光、芸術、文化、食、人材育成、地域ブランドなど、各書において必ずと言ってもよいほど成功事例として取り上げられている由布院[注1]。類稀なるリーダー中谷健太郎、溝口薫平両氏[注2]の存在は全国的に有名である。その由布院を改めて取り上げる意義は、一つに既往の図書と異なり"分野横断的な視点"から地域単位の様々な取り組みを再整理していること、もう一つは"由布院だからこそ"実践者の具体的な言葉や具体的な取り組みを通じて説明できる観光地経営の要点を説明することにある。

　由布院の数十年にわたる取り組みと観光地としての成長を見れば、各成長段階において考えるべき事項と講ずべき手段は見えてくるかもしれない。しかしながら、ここでは現在から過去の取り組みを振り返り、由布院の各種活動に通底する考え方とその手法の要点を論じたい。なぜなら、時代に応じて課題や手段は変わるが、時間をかけて導き出された本質的な考えや目指すべき方向は、今後も変わらず地域の旗印として存在し続けると考えるからである。

　以上の考えのもと、ここでは大きく以下の5つのポイントで整理する。

1. 世代を超えたビジョンの形成
2. 地域の環境を守り育てる仕組みの構築
3. 継続的な地域外との交流と外部要素の取り込みによる価値の"再構築"
4. 地域の一体性と個性、多様性と階層性の確保、機能の継承
5. 観光における公平性を超えた戦略の実行

1. 世代を超えたビジョンの形成

　由布院のまちづくりの特性は、ビジョンや構想を地域住民自らが主体となって議論を交わしながら作成してきたこと、地域の歴史を丁寧に紐解き肯定的に捉えていること、百年先を見越していること、ビジョンや構想を無形の財産として大切に受け継ぎ、形として残してきたことにあると言える。以下では、由布院におけるビジョン形成の過程から見える幾つかの要点について述べる。

(1) "由布院の魅力の正体"を見つめ、望ましい暮らしのあり方を想い描く

ⅰ）曖昧な性格のまちと地域住民の今後の生き方

　由布院は現在観光地として知られるが、"観光"ではなく"まちづくり"を行い、結果としてその魅力に惹きつけられて外から人々が来訪するようになった。しかし、この由布院も1970年当時は、自らのまちの魅力を必ずしも認識してはいなかった。由布院は生活の積み重ねから醸し出された独自の文化が非常に薄く、その土地の色合いを決定してしまうほどの強い産業もない。こうしたことは「少なくても由布院という町の性格を曖昧なものにしてしまっていることは間違いのない事実」[1]と述べている。

　その上で、「由布院の町がどんな産業を持ち、どんな文化を形成しうるかということは、すなわち私たちは由布院に住む者が、あなたが、私が、どんな産業を望み、どんな家に住みたいと思い、どんな食べ物を美味しいと感じ、どんな生き方を好ましいと考えるか、要するに私たちがどのように生きるかにかかっている」[1]とまちの性格は人々が望む生き方によって形づくられるものと捉えているのが分かる。

ⅱ）"由布院の魅力の正体"を追求
〜外を鏡としてみたときの地域の自画像を捉える〜

　由布院は古くからの知名度のある地域ではなかったが、戦前より文化人などが訪れ、口を揃えてその美しさを讃え、詩や歌にその感動を残している。「地域の外の人を鏡にして、地域内を見る、外からやってきて感動している人の姿を見て、内の人がその魅力にはじめて地域の人も気づくことになる」[2]。しかし、地域の人々には何が美しいのかわからない。その中でも由布院は「「由布院の何が美しいのか？」この問題をつきつめて考え、その正体を見極め（中略）由布院の魅力の正体を知った上で私たちがどんな家に住み、どんな食べものを愉しみ、どんな樹の繁

写真1 由布岳と由布院盆地の農村風景
(資料：由布院温泉観光協会)

る路を歩き、どんな産業で生計をたてるべきか」[1]といった問題を深く考えていった。

そして由布院の魅力の「正体が判った時は生命がけでその「美の根源」を守り育ててゆくべきで、それだけが私たちが子孫に残してやれる大きな遺産になる筈」[1]と、次世代へどういう町を残すか、伝えるかを根幹に据えてその後のまちづくりを展開していった。

ⅲ）地域の歴史を紐解き、肯定的に捉える

1969年にヨーロッパを視察した岩男町長、そして、イスラエルのキブツへ研修に行った大山町の若者からの報告の中で、「ヨーロッパに行くと農村が人を迎え入れておる。例えばドイツのロマンチック街道は、人や物や文化が行き来するから、それに繋がっておる農村が未だにイキイキしておるんじゃ。村が外に開かれてこそ生き延びられるぞ。」[3]と言う言葉を耳にする。中谷氏、溝口氏、故志手康二氏（山のホテル夢想園社長）の3氏はこうした報告を聞いてヨーロッパに行くことを思い立ったらしい。ヨーロッパへの旅により、それまでは、捉え方が明確でなかった地域の歴史を徐々に受入れ、肯定的に捉えるようになっていく。来訪前は、「由布院は官道に面しており、静かな中にも文化や情報の流れに洗われて歴史を過ごしてきたが、そのせいか由布院の文化遺産にはわりに独特の個性を誇るものが少なく、例えば豊前の盆踊りがあるかと思えば筑後の祭があるといった有様で、いろいろ雑多な様相を見せている」[1]と捉えていた。しかし、それから約15年後の1983年に策定された「地域ビジョン」の議事を確認する限り、「流入文化を認めながら昔からの町の風土、文化を守る」という仮説としての課題を設定して議論したり、「湯布院の中に数百年にわたって、そういう文化（生活に密着した文化と街道として栄えることに伴う文化で有形無形で湯布院に影響をもたらしたと推察される文化）の二重構造があったことは確かだろう」[4]（（）は筆者が加筆）と徐々に自地域の特徴として肯定的に捉えていった。

ⅳ）今を生きる"人"の姿に目を向ける

町造り雑記『花水樹』の中にヨーロッパでの視察報告として「生活観光地について」と題する節がある。その中で特徴的なのは「人」の生きる姿や眼差しに目を向けているところにある。

例えば、国から特別観光生活地区として指定されているオランダのある島は、家も路も住民たちの服装も16世紀のオランダの漁村の生活そのもので、その建物の保存や環境整備などにかかる費用は、国がすべて負担している。市も細かな補助の手を差し伸べており、住民は税金がすべて免除されている。しかし、この町に対しては「なんとなく憂鬱」であり、「生き生きしたものがない。」[5]と言い切っている。一方、プローグというまちのチーズ工房で少年が案内するのを見て「やはりものを作って、それを売るという姿勢にはどこかに誇りがある。その誇りがあの少年の眼を澄んだものにしているのではなかろうか」[5]と人の状態を見つめている。まちの未来を描くには、まちの魅力と同時に今を生きる人の生き方を見つめる必要がある。

ⅴ）暮らしそのものを豊かにする

由布院には、「京都や倉敷のように「豊かさを求めた挙句の容（かたち）」といったものが育っていない」[6]と認識しつつも、一方でそれを自由と捉え、暮らしの豊かさを求めた。暮らしを豊かにすることは、結果として外の人をも惹きつける魅力となる。中谷氏は「観光の魅力は、特別に観光用に造られるべきではない。その土地の暮らし、そのものが観光の中身なのだ。村の暮らしが豊かで魅力あるものでなくて、なんのその土地に魅力があろうか」[7]と暮らしそのものを豊かにするまちづくりを行っていった。

(2) 時間とともに成長し厚みを増すビジョン

ⅰ）住民による議論を積み重ね、民意という文化の海を豊かにする

由布院では、公設、私設を問わず住民が意見交換や対話を行う場が数多く設けられた。例えば、1976年には、明日の由布院を考える会のメンバーにより「湯布院シンポジウム・この町に子供は残るか」が開催された。1982年には健康温泉館建設のための「クアオルト50人委員会」が結成され、「保養温泉館構想のための100日シンポジウム」が開催された。こうした場を通じて、一人ひとりのコンセンサスを得ながら住民共通の行動指針を導き出していくことが目指された。

こうした活動の背後にあるのは、「どんなに有能な行政者でも民意という文化の海が豊かに拡がっていなければ充分の航行はできない」との考えである。どういう町にしていくのかという明確な「指導理念を町が持たないことに対して、反対のための反対運動のようなことを言っても全然問題解決の

方法にならない」。私たちがどう生きるかについて「町民全体の真剣な意思が積み重ねられ、磨き抜かれて、ひとつの具体的な指向を持ち始めることで、はじめて行政機関を通じて実現する」、そして「ドッシリとした民意に育ったときに、由布院に独自の、美しい文化が芽生える」との想いから、住民による議論が積み重ねられ、まちづくりが進められていった[1]。

ii）未来志向の活動へと転換する

そうした取り組みの中で、ターニングポイントとなったのは「由布院の自然を守る会」、「明日の由布院を考える会」の活動である。「大きな社会の流れの中にあって自らを律するには『守る』姿勢から『創る』姿勢へ、消極的な保護策から積極的な企画へと体質を変えてゆくべきだ」[8]と未来を描く活動体質へと由布院の取り組み姿勢を前向きなものとしていった。こうした議論と実践を行う中で、「暮らしている人にとってすてきな町こそ真の観光地」「住んでいる人が豊かで美しい町」「由布院を訪れてくれる観光客が『住んでいる人の暮らしのゆたかさ』を満喫できるような温泉地をつくろう」「住み良いまちが最も優れた観光地」などの言葉が導き出されていった。

iii）新たな世代が磨いていく地域のビジョン

由布院には各時代のエポックとなるようなビジョン・構想が存在する。1955年に岩男頴一町長により、「保養温泉地構想」が提示され、1970年代には、ヨーロッパの視察を受けて「クアオルト構想」が提示される。さらに1990年代には、観光協会により「市場（バザール）のある温泉村リゾート村」というビジョンが提示され、このビジョンに基づく由布院温泉観光基本計画が1996年に策定される。また2000年代に入ってから、観光協会の事業計画は「由布院盆地の観光文化を尊び、なりわいの見えるまちへ」のビジョンのもとに組み立てられている（表1）。遡ると、由布院には、1924年に東京大学の本多静六博士が来訪し提唱した「由布院温泉発展策」もある。

また、こうしたビジョンとは異なる表現でも由布院の考え方は示されている。「毛づくろいする鳥たち」「虫庭の宿」「湯布院・ふくろうの会」「ゆふいんの森構想」などの生物、生命体がまちの価値や成長のメタファー（隠喩）にもなっているのである。由布院では半世紀以上も前の計画も含めて先代が築き上げてきたビジョン（旗印）を大切に受け継ぎ、新たな世代はさらに磨きをかけている。

桑野和泉氏（株式会社玉の湯代表取締役社長。由布院温泉観光協会長）は、「地域活性はそのビジョンを独自の哲学にまで昇華させて後世に語り継がれ、時代の変化とともにさらに進化し、磨きがかけられることを目標とするべき」[9]と述べている。由布院は、ビジョンに基づく実践の重要性を最も認識している全国でも稀な地域であり、明解な地域の哲学を持ってまちづくりを行ってきた。その結果として世界観のある魅力ある観光地が形成されたのではないかと推察され

表1 由布院におけるビジョン・構想（一部）

ビジョン・構想	概要
保養温泉地構想	・1955年、湯布院町と湯平村が合併した時の町長岩男氏が「産業・温泉・自然の山野をダイナミックに機能させていくこと」を提唱した。
クアオルト構想・生活観光地	・ドイツの保養温泉地（クアオルト）を理想とする構想。温泉、スポーツ、芸術文化、自然環境といった生活環境を整え、住民の暮らしをより充実し落ち着いたものにし、湯布院独自の保養温泉地を形成することを提唱した。
市場（バザール）のある温泉リゾート村	・引力の関係で町をみるのが「バザールの思想」。 ・「よそ者か、地元か」「観光か農業か」といった平地の戦術的発想から導き出された地域計画は、ヨソとの引力のバランスが計算されていないから、たちまち流星消滅する。 ・「町は宇宙星群のように精密な引力関係で成立っている」と述べた。自分が「そこで光り続ける」ということは、自分が関係するあらゆる星たちとの引力関係によるのだ。もちろん遠近は問わない。 ・ユフインが光り続けるのは、ほかのムラたちとの引力関係による。それは、ほかのムラたちにとって、ユフインがナニモノであり続けるか、という問いにほかならない。
ゆふいんの森構想	・1999年度に町総合計画の見直しに伴い策定された実施計画。「森づくりのように長いスタンスで"まちづくり"を見つめ、"地域の個性"を更に磨き、発想の転換によるまちづくりを官民一体で進めよう」ということが提唱されている。
由布院盆地の観光文化を尊び、なりわいの見えるまちへ	・由布院温泉観光協会の事業計画では、由布院観光のビジョンとして以下が掲げられている。その内容は、「由布院盆地固有の風土・風景・風情が作る空間と調和し、内外との交流によって得た活力・知識により、新たな発想を生み出す姿勢を持ち続けることを由布院観光の核心とする。また刹那的な利潤のみを追求するのではなく、地域に根付いた営みを原点とし、誠実さと誇りを持って後世に伝えてゆくことのできる商売のあり方を大切にする。」とされている。
豊かな暮らしと交流が共存する滞在型保養温泉村	・1996年に策定された由布院温泉観光基本計画を改定した「新・由布院温泉観光基本計画」で提唱。考え方は以下の通り整理されている。 ・「由布院観光の底流にあるのは由布院盆地での「暮らし」であり、その暮らしの豊かさがあって交流が生まれることから、「豊かな暮らし」と「交流」が今後も「共存」していく必要がある」。 ・「由布院の目指すべき地域の姿は、数時間で足早に通過していく観光地ではなく、ゆっくりと滞在できる保養温泉地、つまり「滞在型保養温泉地」であり、一人ひとりの顔が見える関係性を大切にする由布院らしい小さなコミュニティ、つまり「村」である」

（資料：各種資料より作成）

写真2　由布院盆地の全景

写真3　湯の坪街道の景観

写真4　藁こづみの風景

る。観光地においては、サービス産業の高度化や利便性の向上はもちろん重要だが、地域の魅力をもってして観光客を惹きつけるためには、ビジョンに向かって時間をかけて地域を育てることが極めて重要である。

(3) 言葉と記録が世代を超えたビジョンの形成、共有を助ける

■記録の重要性

先に述べた「由布院温泉発展策」に加えて、「花水樹」「風の計画」など、由布院には数多くの記録が存在する。由布院が世代を超えて価値観を共有できるのは、こうした数多くの記録が蓄積されており、そこで語られる言葉―生きてきた人たちの表現の集積―を介して当時の風景や場面、人々の想いを共有できるからであろう。孫の時代も見据えて取り組む由布院のまちづくりは、形になるものを残し、人々をつないでいる。

■手づくりの重要性

由布院では「瓦版」や「ゆふいん観光新聞」が作成されてきており、取材、執筆、イラスト、レイアウトの全部が旅館経営者を主とした観光協会内部の手で行われていた。プロフェッショナルではないため、そのスキル習得には時間は掛かったかもしれない。しかし、地域に住む人々が着実に企画力を身に着け、魅力発信のための表現力を磨いてきたのは確かだろう。外部に頼めば、洗練されたものは出てくるが、費用面から地域が継続的に支払えない可能性がある。そうなると、安定した情報発信も行えず、地域イメージの構築、維持管理も難しくなる。こうした積み重ねが由布院の力となっている。

2. 地域の環境、風景を守り育てる仕組みの構築

(1) 由布院における環境を守る意識―孫の世代に残す由布院らしい風景―

風景、景観に対する取り組みや想いは、地域（観光地）によって異なる。地域らしさを伝える風景として大切に守り育てている地域もあれば、良好な景観の形成には時間も掛かりすぐには集客に結び付かないと関心が低い地域、景観の魅力で観光客は来訪しても消費が発生せず経済効果が薄いと嘆く地域と、地域によってその想いは様々である。由布院においては、盆地の農村風景や由布岳を望む風景はもちろん観光的にも価値がある。しかし、由布院は観光の町ではなく暮らしの町として、「『みんなが住んでみたい町』とすることや『ここで育った子供たちに愛される地域づくり』を目指したい。ここで育つ子供たちのために、由布院の景観を守りたい」[10]との想いのもと景観保全に取り組んできた。この点において他の観光地とややスタンスが異なる。

中でも強い印象を与えたのは、ドイツのバーデン・ヴァイラーという小さな温泉保養の町のホテル「ポスト」のオーナー・グラテヴォル氏の言葉である。「町にとって大事なのは『静けさ』と『緑』と『空間』。私たちはこの三つを大切に守ってきた。私たちは百年の年月をかけて町のあるべき姿をみんなで考えて頑張ってきた」と言う話を聞き、由布院も「百年の町づくり」を明確に意識して景観保全に取り組むようになる[11]。帰国後まず最初取り掛かったのは、看板撤去と統一案内標識の設置であった。

(2) 由布院の環境、風景の現状と保全する仕組み

ⅰ) 農業と観光の推移―盆地という限られた土地の風景―

旅館が街区を成さない由布院においては、田園風景は重要な構成要素であり、農業は由布院という地域の文化を育む母体でもあることから、その保全が重要視される。

ここではまず由布院の環境に影響を与える農業と観光の推移について整理する。以下ではデータの制約上、旧湯布院町全体の数値を参考に見る。旧湯布院町の人口は1955年と比べてそれほど減少していないが、世帯数は増加傾向に

図1　花水樹70創刊号表紙　　図2　子供向けに作られた「由布院温泉発展策」

（資料：由布院温泉観光協会、2004年）

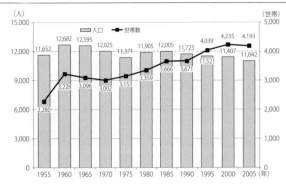

図3 人口と世帯数の推移（旧湯布院町）
（資料：国勢調査、湯布院町町政要覧および各種文献より作成）

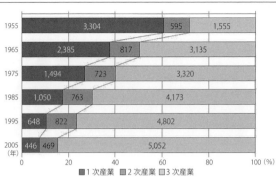

図6 産業別就業者数の推移（旧湯布院町）
（資料：湯布院町町政要覧および各種文献より作成）

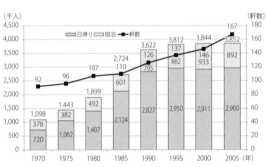

図4 観光客数と宿泊施設軒数の推移（旧湯布院町）
（資料：湯布院町町政要覧および各種文献より作成）

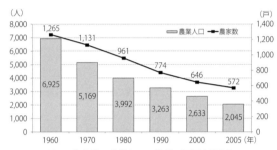

図7 農家数・農業人口の推移（旧湯布院町）
（資料：農林業センサス）

表2 産業別生産額の推移（農業と観光）（旧湯布院町）

年	1975	1980	1985	1990	1995	2000
農業粗生産額	12億円	13億円	15億円	15億円	19億円	14億円
観光消費額	22億円	73億円	101億円	111億円	141億円	162億円

（資料：湯布院町町政要覧）

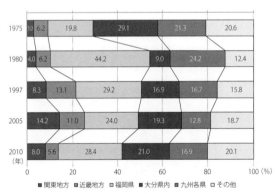

図5 観光客の居住地の推移（旧湯布院町）
（資料：大分県観光動態調査、湯布院観光客動態調査、由布市観光動態調査より作成）
注）県と地域の統計数値は必ずしも同一ではない場合もある。

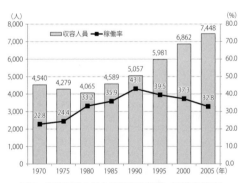

図8 宿泊収容人員と稼働率の推移（旧湯布院町）
（資料：湯布院町町政要覧および各種文献より作成）

ある（図3）。産業別就業者数の割合は、1950年代には60％を占めた第一産業は2005年には10％以下まで減少している（図6）。

一方、観光客数は1970年には100万人であったが、2005年には380万人とその数を大幅に増やしている（図4）。

世帯数の増加と宿泊施設数、収容人員の増加は、土地が限られる盆地においては農地の減少を意味する。農業粗生産額と観光消費額には大きな開きが生まれており、10倍以上の差がある（表2）。

ii）持続可能な環境、風景を保全する仕組み

こうした変化の中で、由布院は持続可能な環境、風景を保全する仕組みの構築を模索し、独自の仕組みをつくりあげてきた。また併せて、その風景を安全にゆっくり

表3　由布院における環境、風景保全の取り組み（一部のみ）

種別	取り組み名	実施年・開始年	取り組みの概要
環境保全	牛一頭牧場運動	1971年～（現在は終了）	・1971年、牧野を守り、畜産振興につなげるために開始。"別荘主になるよりも、牧場主になりませんか"をキャッチコピーに、都市住民に牛一頭あたり20万円で牧場主になってもらい、農家はそれを5年間飼育するという仕組みで募集。
滞在環境創出	辻馬車運行（写真5）	1975年7月～	・1975年4月に発生した中部九州直下型地震災の需要喚起として、同年7月に、観光協会が辻馬車の運行を開始。由布院の農村風景をゆっくり楽しむ観光スタイルとして定着している。
滞在環境創出	「牛喰い絶叫大会」の開催	1975年10月～	・「牛一頭牧場」の牧場主が"年に一回くらいは牧場に来て、農家に泊まって、牛肉を食べてもらおう"との主旨のもと、1975年10月、「牛喰い絶叫大会」が開始。"草原で豊後牛を食べた後、野山に向かい大声で絶叫し、声の大きい人には賞品ももらえる"といったこのイベントは、由布院の草原のイメージを対外的に印象づけるのにも役立つ。 ・2010年には、35年ぶりに会場を変更し、開催当初に会場であった牧野で開催された。
環境保全	「湯布院町環境デザイン協議会」の設置	1985～1988年	・1985年、リゾート開発の波から湯布院町の持つ本来の景観を守るため、商工会が町に対して環境デザイン会議の設置を要請する運動を展開し、1988年4月には「湯布院町環境デザイン協議会」が設置。
環境保全	「潤いのある町づくり条例」制定	1990年	・町全体の産業構造が変化しつつあった頃、揺らぎ始めた湯布院町のあり方（共通認識）を再度強固にすべく、1990年8月、「潤いのある町づくり条例」が制定された（9月施行）。 ・主目的はリゾートマンションなどの開発規制と誘導にあり、「湯布院まちづくり審議会」が開発行為を審査。 ・「成長管理の概念」の概念を導入し、国の基準より厳しい条例を制定したことで知られる。 ・「自然環境保護条例（1972年）」や「住環境保全条例（1984年）」は本条例の制定により統廃合された。
環境保全	藁こづみによる農村景観の保全（写真4）	1991年～	・1991年より、旧湯布院町農政課と由布院観光総合事務所が共同で、毎年30軒程度の農家を対象に、稲刈り後の「藁こづみ」の個数に応じて補助金を支出する、藁こづみによる農村景観の保全事業開始。 ・同事業の実施にあたっては「稲刈りも機械で行われるようになったが、"消えゆく伝統の方法を守る""景観的に美しい"などといった点において守るべきものがある。また藁こづみ自体が利益を生むことはないが、住民に対して間接的な（経済）効果はあるはず」といった議論を経て、住民の合意形成がなされるに至った。
環境保全	「ゆふいん建築・環境デザインガイドブック」作成	1998年、2000年	・多種多様なデザインの氾濫と、プレハブ住宅等による地域性の喪失を憂慮した「ゆふいん建築・環境デザイン協議会」が、1998年3月に「ゆふいん建築・環境デザインガイドブック」（第1版）を作成した。 ・第1版作成後、同協議会は村の風景賞の設定、シンポジウムの開催など、幅広く活動してきたが、創り・守るべき"ゆふいんの風景イメージ"を、形として町民に示すことを主眼において、2000年3月には「町民普及版」を作成している。
環境保全	ゆふいんかぐや姫募金	2000年～	・由布院温泉旅館組合青年部の発案で、湯布院町の環境保存に役立たせるために、「ゆふいんかぐや姫募金」が2000年から始められた。旅館組合加盟の宿泊施設に竹で作った募金箱を設置し、この募金で花の種や木の苗を購入し、植栽を行っている。
滞在環境創出	社会交通実験「いやしの里 歩いて楽しいまちづくり交通実験」の実施	2002年11月	・1999年に「人と車がおりあった湯布院の交通の仕組みを考える会」が発足し交通調査が実施されたほか、2002年11月には、住民の多くも参加して大規模な社会交通実験が実施された。パーク＆バスライド、パーク＆レールライド、駐車場予約システム、車両進入制限が行われた。
環境保全	湯の坪街道周辺地区景観計画・景観協定・紳士協定（写真3）	2008年4月～	・2008年、由布院温泉中心部の湯の坪街道地区住民が主体の「湯の坪街道周辺地区景観づくり検討委員会」により、「湯の坪街道周辺地区景観計画・景観協定」が策定された。景観計画区域内の建築物及び工作物に一律に課せられるルールや、商品の陳列方法、植樹・緑化、看板の高さ・枚数・色彩等について、住民が守るべきルールが設定された。また、法的な強制力はないものの、地域の申し合わせとして守っていくマナーとして「紳士協定（おもてなし協定）」がとりまとめられた。
環境保全	ゆふいん盆地米プロジェクト	2009年～	・2009年、由布院温泉旅館組合（主催）と由布院温泉観光協会は、山岳風景と田園風景が魅力の由布院盆地の景観を守る取り組みをしようと「ゆふいん盆地米プロジェクト」を開始。43の旅館が6～7月に宿泊した約1600組の客に地元農家から買い上げた新米を届けるものであり、米生産農家の所得向上を目的に企画された。 ・2010年には若手組合員で「ゆふいん盆地米プロジェクト実行委員会」が設置され、地域のコメ専業農家でつくる「ゆふいん水田営農サポート研究会」の協力もあり、40の旅館が参加。2010年はコメを農家から提供してもらい、現金ではなく、旅館の1万円分の食事券や宿泊券と交換した。農家と旅館関係者の相互交流を深めることにより、地元農家が由布院盆地の景観づくりに理解を示すきっかけにもなっている。

（資料：吉澤清良（2004）：「（9）湯布院町の田園風景」『魅せる農村景観』（佐藤誠監修、（財）日本交通公社編集、ぎょうせい）を中心に各種文献より作成）

味わうため滞在環境づくりも行ってきた。保全の対象は自然環境から農村風景、町中の景観まで様々であり、取り組みのすべては紹介できないが、その一部を表3に整理した。

(3) 由布院における環境・風景保全の取り組みの特徴

ⅰ）あるべき姿を模索し提案する、住民との議論や合意形成を丁寧に行う

こうした一連の取り組みからうかがえるのは、部分的な対処やマイナス要素の集約ではなく、理想像を提示し、それを共有し、実現しようという地域の意志である。

由布院の環境、風景に対する取り組みは、当初は反対運動や条例制定を手段とするものであったが、徐々にあるべき像を提示するスタイルへと変わっていく。「条例は、"こういうことをしてはダメだ"という規制はできるが、"こういうふうに生きることは素晴らしいじゃないか"と伝えることはできない」[10]と捉えており、「潤いのあるまちづくり条例」では、規制内容を示すのみではなく、基本理念を提示している（表4）。交通問題に関しても、同様の考えから「要望をただあげていくのではなく、交通調査や実験の中から、この町らしい観光のスタイルを、また暮らしのあり方を探り、提案」していった。1996年に作成した「ゆふいん建築・環境ガイドブック」においても、ただ「こういうものが由布院らしい建物です」ではなく、あるべき「ゆふいんの風景イメージを提示」しており、「それをゆふいんの人が共有すること」が重要としている[12]。

こうした各種提案は住民発意のもとになされ、その調査過程に住民が関与してることが多い。内容によっては核となるメンバーが住民に対して丁寧に説明を重ねて進めている。だからこそ地域内において提案が実行力のあるものになっていくのであり、対外的にはそうした方向を目指す町として地域イメージが形成されていくのである。

ⅱ）多様な価値を認め、地域内で循環させる

また、由布院は、経済的な価値のみではなく、農地の多様な価値を認め、観光側が積極的に農業に関与し、対価を補助と言う形で支払っているという意味で先進的である。藁こづみに対する補助やゆふいん盆地米プロジェクト（表3）は、国内外の先進地の取り組みをもとに、由布院流にアレンジされた独自の仕組みであり、地域がまずその価値を認め、実行に移していくところに特徴がある。

3. 継続的な地域外との交流と外部要素の取り込みによる価値の"再構築"

地域はどんなに豊かな魅力をもっていても地域の中で閉じてしまっては、その魅力は磨かれない。由布院は、外部から様々な要素を取り入れる出会いの場を設け、まちづくりを行ってきたという点において全国でも特異な地域といえる。

外部で生まれた異質なものを取り入れることで、その地域の特性が浮かびあがるのであり、人が空気を取り入れて生きているように、地域も地域の外から新たな空気を入れなければ窒息してしまう。外のものを大切に迎えてエネルギー交換をすることで、まちを生き生きとさせてきたのが由布院である。

(1) 外部との交流による観光ストックの形成

由布院は小規模旅館が数館しかないため、かつては旅行会社から相手にされなかったという。当時は、団体旅行が主流であり、一定程度の部屋数を備えていること、各種付帯施設を備えていることなどが送客の条件であった。全国の多くの観光地が観光客を大量かつ効率的に迎えて収益を上げていた時代に、由布院は観光客数は多くなくても来訪した知識人、専門家、一流の人と交流を行い、一流の哲学や生き方、ノウハウや考え方を習得していった。他所の人（観光客を含む）は、ただ来訪しているのではなく、カネ、ヒト、文化やノウハウを運んでいる。外部の人が地域に来訪し、地域の人々と交流することで、地域は一流のものに触れることができる。それによって、地域は自らの位置、力量も知ることができ、強み、弱みも認識される。溝口氏はこれを「他流試合」と称している[13]。

「牛一頭牧場運動」、「牛喰い絶叫大会」（写真6）、「ゆふいん音楽祭」、「湯布院映画祭」（写真7）もこうした外と関係、交流する一つのかたちであり、こうした観光・交流を通じた地域のストック形成の歩みも見落としてはならない。

米田誠司氏（元由布院観光総合事務所事務局長。以下の発言は当時のもの）は

表4　湯布院町潤いのある町づくり条例（1990年9月5日条例第19号）

第1章　総則（第1条-第7条）
（目　的）第1条　この条例は、湯布院町の潤いのある町づくり施策を推進するうえで開発事業等の調整を図るため、基本的な事項を定め、町民の健康で文化的な生活の維持及び向上を図ることを目的とする。
（基本理念）第2条　美しい自然環境、魅力ある景観、良好な生活環境は湯布院町のかけがえのない資産である。町民は、この資産を守り、活かし、より優れたものとすることに永年のあいだ力をつくしてきた。この歴史をふまえ、環境に係わるあらゆる行為は、環境の保全及び改善に貢献し、町民の福祉の向上に寄与すべきことを基本理念とする。

写真5　辻馬車
（資料：由布市商工観光課）

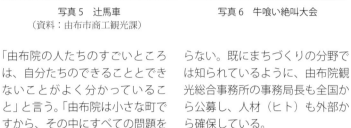
写真6　牛喰い絶叫大会

写真7　湯布院映画祭
（資料：由布院温泉観光協会）

「由布院の人たちのすごいところは、自分たちのできることとできないことがよく分かっていること」と言う。「由布院は小さな町ですから、その中にすべての問題を解決する能力があるわけがない。だから、知らないことは人に教えてもらおう、知識が足りなければソトから引っ張ってこよう。そういう意識と、それを糧にする底力」[10]があると述べる。何でも外から導入すればよいのではない。内部でできることと内部でできないことを区別していることが重要であり、それを「見極める」能力が求められる。

（2）外部要素を自地域の文脈に取り込む

ⅰ）地域に取り込む様々な外部要素

現在の由布院を構成する有形無形の要素は、実は外部から持ち込まれたものも多い。例えば、「亀の井別荘」「玉の湯」と並んで御三家の一つとして認識されている「無量塔」は、地域外から古建築や調度品等を用いて「ここに住んでみたい」と思わせる空間を表現している。故藤林晃司氏（無量塔代表取締役社長）曰く"懐かしいけれど見たことのないものを作る"」[14]との考えによる。20代の頃の骨董や寺巡りで記憶に刻み込んだ「美」のストック、培われた美意識や感覚を確固たる基盤としているという。

こうした外部から地域へ導入する資源（要素）は何もモノに留まらない。既にまちづくりの分野では知られているように、由布院観光総合事務所の事務局長も全国から公募し、人材（ヒト）も外部から確保している。

■求められるセンス

地域固有の魅力の発掘とその磨き上げが全国的に問われているが、地域資源の価値やその表現は必ずしも地域のみでは磨かれない。観光地には、選別眼、審美眼、目利きが必要であり、感性（センス）が問われる。それは、外の人との交流や他地域へ出かけ、豊かな体験を通じて見る目を養うことで徐々に体得されていく。人との出会いを通じて、モノのみならず、ヒトを見る目を磨かれなければならない。

■暮らしに不可欠な外部要素

地域は外とつながり、外から持ち込まれたものがなければ、実は暮らしていけない。地域で暮らしていくために必要なものを、地域ですべて産み出し充足することは難しいのである。地域を核に暮らしぶりが薄まらない範囲、安全安心を確保できる範囲で外から取り込んでいく意識が必要となる。

ⅱ）地域での消費や暮らしの姿から取り入れる外部要素を選別し、地域で価値を再構築

では、外部要素を導入する際に重要なのは何か。それは地域の消費や暮らしのニーズから考えること、そして外部要素については地域で価値を再構築し、意味づけをした上で提供することである。

由布院は、地産地消、農業と観光の連携で先進地と紹介されてきたが、一方で、この地での消費のあり方、暮らし方を追求し、外のものを選別して取り入れてきたことにも着目したい。

■地域市場を創り、消費文化を育む

中谷氏は「市場を考える時に、「ココ」でできたものを核にして勝負するのは当然ですが、そのほかに、よそでできた名品を私たちが選んで「ココ」に集めて「ココ」で売る、「売る」ということは、それを用いて、消費して、暮らす、ということ」であり、そうすることで「「ココ」の「市場」が「ココ」の「文化」を表現し始める」と言う[15]。また、「日本では食べ物に関して言う時、肉でも魚でも野菜でも、「産地名」で評価するが、料理の「消費地名」ではなかなか評価されない。（中略）「由布院で食事するのが一番おいしい」と評価されるようになりたい」[16]との想いから、"消費地としてのあり方"、"消費文化の形成"を常に模索してきたのである。

さらには、地産地消について「地産の「地」と地消の「地」は同じ地を使っていますが、ニュアンスが違うのではないか」[17]との想いを抱いており、この地域での消費のあり方―「地」消の「地」―を考えたとき、持ち込む外部の範囲―「地」産の「地」―も限定されてくると言う（図9）。

「ココ」（生活の範囲、自地域）

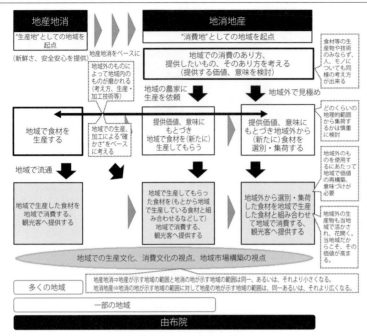

図9 地産地消と地消地産の関係性
（資料：各種資料をもとに作成）

注）地産地消により、安全安心や新鮮さを提供し、域内調達率を高め、地域への経済効果を高めると同時に、市場への訴求力を更に磨くために提供価値から遡って生産活動や域外からの集荷・調達を行う必要がある。持続可能とするためには両視点が必要であり、価値を再構築し、意味づけを行い、さらに形にする能力や技術が求められる。

を起点に、消費のあり方、過ごし方を考えた場合、外から持ち込み、自地域のモノと組み合わせて提供していくことが必要となる。自地域で入手可能なものは自地域から調達する、現在自地域で生産されていないものはこれから自地域で生産を始める、自地域では生産されていないものは外部から持ってくる（集荷する）など、地域の消費像や暮らしの像、提供像から取り込むものが規定される。

■各種取り組みに見える「由布院らしい暮らし、ライフスタイル」を起点とした考え

2010年に立ち上げられた由布院発のオリジナルブランド"YUFUIN PLUS（ゆふいんプラス）"（由布院温泉観光協会）が、必ずしも由布院の産物のみで製造されていないのは先の考えと同様の考えからだろう。例えば、商品の一つであるタオルは、その名産地として有名な今治製である。これは「ゆふいんの暮らしと自然を形に」というコンセプトを起点にしたときに、それを具体的な形にするために外の製法を持ち込んだものと見ることができる（図10）。

由布院では、例えば由布院物産協会など、地域の地産地消を進める複数の活動組織がある中で、由布院らしい暮らし―ライフスタイル―から地域外のものも取り込み形にしていく活動が共存しているところに特徴がある。

先に述べたユニークな取り組み―湯布院映画祭、ゆふいん音楽祭も実は同様の「暮らし」に対する考えが根底にある。「映画館がないまちで映画が観たい、音楽ホールのないまちで音楽が聴きたい、という住民の願いが結実したもの」で、「住んでいる人が地域に何を求めているかを見つめることから、その土地固有の文化が立ち上がっ

図10 ゆふいんプラス
（資料：YUFUIN PLUS ホームページ）

てくる。その根底にあるのは、住民の生活だろう」と溝口氏は述べる[18]。単にユニークなのではなく、"住民の生活、暮らし"を起点に、外部にある映画や音楽に携わる人材などの協力を得て実現しているのである。

■文化として遺す意識と再構築のプロセスの重要性

では、外部要素を地域と結びつけ、自地域の文化として遺すためにはどうしたら良いか。

故藤林氏は、「日本人は外来文化を寛容に受け入れ、消化し、これを再構築してきた歴史があります。ただ、今の日本旅館に問題があるとするならば、"消化→再構築"のプロセスを飛ばして、例えば、いきなり"バリ風"になってしまう。しかし、そうした表面的な模倣は、時間に淘汰されてしまうものです。（中略）文化として残るものを作るためには、"本質"を見る作業が必要です。上っ面ではなく、必要なのは佇まい、気配、暮らしぶりといった"質感"の部分です。」と述べている[14]。これは旅館に限らず、地域外から取り入れる様々なものについても当てはまるだろう。

■地域内外からの参入に対して

御三家の一つとして知られる「無量塔」は、1992年に由布院鳥越地区に開業した旅館である。当時由布院が外部資本の開発圧力に対し、「潤いのあるまちづくり条例」を制定するなど闘う中で、由布院の中で既に飲食店を経営していた故藤林氏が旅館業に参入し、新規開業した。「この由布院の環境と魅力を守るためには、広い土地を確保する必要があり、投資が大きく、採算の取れる事業として旅館しかなかった」と語っている[14]。由布院というまちの向かう方向性を理解し、後述する由布院の旅館の階層性を崩さない形で参入すると同時に、御三家として由布院の旅館を牽引し、地域イメージの形成に大きく寄与することになった。

図11 「旅の鍵」(専用カード)
(資料:由布院温泉旅館協同組合)

4. 地域の一体性と個性、多様性と階層性の確保、機能の継承

(1) 地域一体となったおもてなしと地域らしさ

由布院では、旅館単体ではなく地域全体で客をもてなす仕組み、システムを構築している。

例えば観光客に身軽になって散策してもらうために、荷物の預かり、駅前―宿泊施設間駅の配送を行う「ゆふいんチッキ」というシステムがある。

また、宿泊者には滞在中に、宿泊旅館以外でも無料で各種おもてなし(お手洗いの利用、「雨宿り」や「待ち合わせ場所」の提供など)が受けられるカード「旅の鍵」が配布される(図11)。我が家の扉を開けた時の安心感や、未知の扉を開ける好奇心を感じていただくことを想って構築されたものである。

ここで注目すべきは、システム、仕組みそのものもあるが、こうした仕組みを支える背景としてある(観光業のみならず)地域一体となってお客を迎えてきた由布院のまちづくりの歴史である。システムは他の地域でも構築できるかもしれない。現に他の地域において同様の仕組み、システムは存在する。しかし、単にシステム、仕組みを整え"利便性"を提供しているということと、仕組みそのものが"地域らしさ"を感じさせるかは別の話である。地域イメージを新たな仕組みに投影できるかは、地域がこれまでにどのような取り組みを行ってきたかによる。その意味で各地域は独自の文脈を作り上げていくことが求められる。

由布院は早くから「地域ありき」の考えのもと地域一体となってまちづくりに取り組み、お客を迎え入れてきた。「人間が美しい環境に生きることに、あるいは美しい人間関係を持つことに喜びを感じ、それを求めて旅に出るといった時代に、『旅館あるいは観光業者を中心とした観光』という概念でその旅を処理しようというのは全くのナンセンス」とヨーロッパ視察時の1971年に観光が将来変わると確信し、将来を見据えて準備をしてきたのである[19]。

(2) オリジナリティーを問う姿勢から生まれる個性と多様性

i) 滞在を支える多様性とそれを生み出す個性

由布院の宿泊事業者は小規模で家族経営の事業者も多い。それは宿の主人が個人の哲学や感性を反映しやすいという点において強みであり、まちにとってもプラスに働いている。なぜなら多様なお客を呼ぶには、経営者の多様性と個性が同時に確保できないと難しいからである。それは、単に価格帯に幅があるということではなく、どの価格帯でも"由布院らしさ"が感じられる多様な宿泊施設があるということである。

また、長期滞在を地域で受け入れる、リピーターを受け入れるとは、地域に複数の宿がある、宿が宿泊者以外にも施設を開放している、泊食分離を行い、外の飲食店などが受け皿になるというような単純な構図ではない。一つひとつが目的地となる個性ある多様な施設が地域に必要であり、個性ある施設の集積とするためには、個性のある多様な経営者の存在、経営者多様性の確保は不可欠である。「小さなまちでも選択性があることが、リピートにつながる。どの旅館に泊まっても由布院を感じる」[20]と評されるのは、一人ひとり、各事業者の意識、感性が磨かれ体現されているからであり、それが由布院は何回来ても飽きない、飽きさせない状態にしていると推察される。

写真8 亀の井別荘

写真9 玉の湯

写真10 無量塔

ⅱ）オープンな関係を構築し、相手を知ることから始まる差別化

由布院の特徴は、外に開かれたムラであることは先に述べたが、地域の中においてももちろん開かれている。

例えば、1998年より開始された「ゆふいん料理研究会」は、旅館の料理人同士が技術を公開することで、まち全体の料理の質の底上げが図られると同時に、他旅館の特徴を把握し、自らとの違いを認識し、各々がオリジナリティーを発揮するための土台ともなっている。会を発足させた新江憲一氏（山椒郎（さんしょうろう）店主）は「もし技術が盗まれることを心配するなら、それはその程度の技でしかなく、技を公開し一緒に研鑽してこそ技は磨かれる」[21]と考えている。自らを対外的に開くことで相手もオープンになるのであり、相手を知ることで他との差別化が図られ、まちとして多様性が確保されることになる。信頼関係もこうした場で築かれていく。

ⅲ）明確な個性が結ぶ連携

まちや宿を積極的に開放し個性を磨くことによって、個性を認めそれを楽しむ過ごし方をする客層が来訪するようになったとのことである。

溝口氏は、「オンリーワンになることはすぐにはじめられる。他と違うことをやればいい。金もそんなにいらない。昔からの「知恵」や地元の個性ある「温泉」などを生かしていけばいい。それになにより、オンリーワン同士は競争する必要がないから、容易に「連携」することができる。「連携」することにより、多様性のある温泉地になれる。」[22]と述べる。

(3) 旅館の階層性の維持と旗印となる旅館の存在

ⅰ）地域における旗印の必要性

由布院がこの数十年で全国区で評価される観光地となった理由として、地域内外に対する明確な旗印（フラッグシップ）となる旅館があったこと、地域の旅館において階層性があり、その階層性が維持されてきたこと、また、他人の市場を侵さないという共存共栄の精神があったことがあげられるだろう。

旗印となる旅館は、市場への訴求力が高く、由布院を全国区の観光地へと引き上げた。旅行雑誌で確認する限り、必ずと言ってよいほど「亀の井別荘」「玉の湯」「無量塔」（写真8、9、10）が「御三家」として市場に情報発信されている。また、こうした旗印となる旅館の存在により、地域内に御三家を範に磨きをかける旅館が生まれ、市場に対して「新御三家」という新たな層として認知されるまでに至った。こうして「ほかの旅館が努力してリピーターをつくっていくことで、由布院全体で旅館の質が高まっていく。」[23]と溝口氏は述べる。

ⅱ）適度な競争と共生の精神が導く地域の持続性

由布院では、こうした旗印の存在による全体の底上げと同時に、共同体としての地域に対する配慮も忘れない。地域にあるすべての事業者が同時期に同様の速さで成長することができるとは限らない。取り組み、意識において、どうしても違いや差は生まれてしまう。しかし、皆、今後も同じコミュニティの中で生きていく構成員である。旗印のみでは地域は成立しない。歩調や考えの異なる人々、事業者を排除せず、多様性を認める、個性を認める包容力のある社会を形成してきたことが、結果として暮らしやすい地域社会を形成し、共同体を持続性のあるものとしてきた。そして、それは地域一体となって取り組む由布院のイメージを支えている。観光事業の視点のみでは観光地（地域）の経営はできないのである[注3]。

ⅲ）由布院ブランドの維持に係る努力

こうした取り組みの上で形成された由布院ブランドの背景には、自己申告制で売り上げを報告し、会員費を支払う各旅館の誠実さや社会経済環境の変化があろうとも価格を落とさないという、弛まない各施設の経営努力がある。地域ブランド形成に全国各地が力を入れているが、地域ブランドの維持管理も非常に難しいことが伺える。これは地域が抱える問題であるが、一人ひとり、各事業者や個人の意識の問題としても捉えて取り組むことが必要である。自らの事業を考えることは、間接的に地域全体を向上させることにもつな

がるのである。
(4) 機能の継承と役割分担

由布院のまちづくりでは、リーダーが個人の良さを活かす役割を与えながら、活動や組織形態が硬直しないよう意識的かつ戦略的に流動、変化させている。また多様な組織が時代に応じて芽生え緩やかに連携していることなどが特徴である。

ⅰ) まちづくりに必要な役割―企画・調整・伝道―

町造り頭脳集団と称される「明日の由布院を考える会」の主なメンバーであった中谷氏、溝口氏、故志手氏は、ヨーロッパ視察時、バーデン・ヴァイラーにて「まちづくりには、企画力のある人、調整能力のある人、それを伝えることのできる伝道者の三人が必要だ」と教えられた。そこで3氏は役割を分担することとし、企画はアイディアの豊富な中谷氏が、実現可能にするための行政等との調整役は行政で働いた経験のある溝口氏が、伝道者は人望の厚い故志手氏が務めることになった。頭脳集団に明確な役割が付与され、由布院のその後の基盤となった。

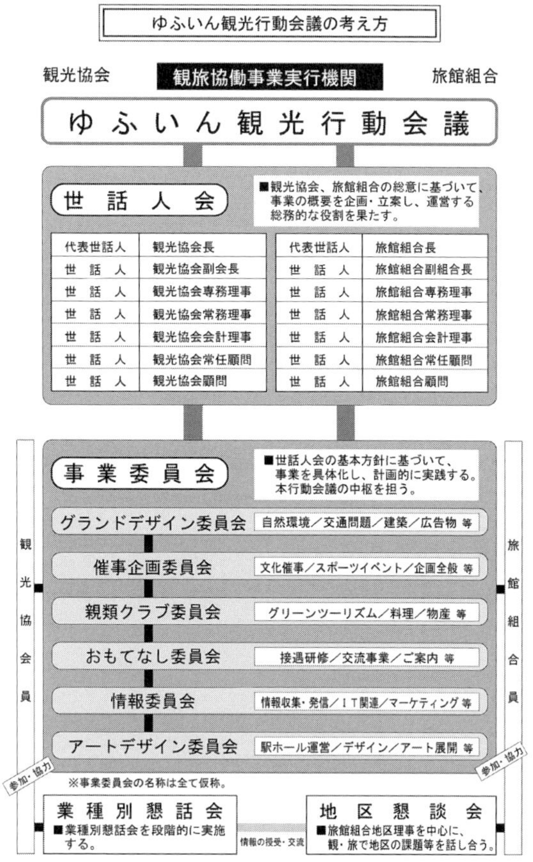

ⅱ) 地域における観光戦略の拠点設立―由布院観光総合事務所の設立と事務局長の公募

1990年代前後のリゾート開発が押し寄せる中、由布院では観光まちづくりを強化するために、1990年に観光戦略拠点として「由布院観光総合事務所」が設立された。由布院温泉観光協会と由布院温泉旅館組合の両組織を統括するための民間組織として合同で設立されたもので、常勤職員を置いている。業務としては、由布院全体の魅力向上やイメージアップに資する各種取り組み―町内の各種イベントや施設の運営、研修、農協・商工会等の各種関係団体との調整・交流・連携―などを行うと同時に、対内的な地域の窓口としても機能している。個人が担っていた企画・調整・伝道機能の一翼を組織化された事務所が担うと同時に、調査を行う地域のシンクタンク機能としても重要な役割を果たしている。なお、当初、事務局長は理事者から選任されたが、1996年からは由布院を含む全国から公募を行い、外部から事務局長を招き入れていた(1996年4月からの2年間は溝口久氏(静岡県職員)、1998年4月からの12年間は米田氏(元東京都職員))。

ⅲ) 世代交代と実践に向けた体制―ゆふいん観光行動会議

さらに由布院では、2001年から6年をかけて段階的に世代交代を行っている。同年に由布院温泉観光協会と由布院温泉旅館組合が共同で「ゆふいん観光行動会議」(図12)を立ち上げ、その事業委員会の委員長は若手が務めた。活動で実績をあげた人材は、役員改選時に理事として登用された。米田氏によると、世代交代を図る方法がうまく機能した理由は、第1に「世代交代を先輩格のメンバーこそが望み若手に場を与えてくれたから、第2に由布院の観光まちづくりの方向性や地域の哲学やポリシーが明確に示されかつ引き継がれてきたから」[24]であると言う。

図12 ゆふいん観光行動会議
(資料:「ゆふいん観光新聞25号」由布院観光総合事務所(2001年7月号)、p.2)

5. 観光における公平性を超えた戦略の実行

地域一体となって取り組む重要性は、近年全国的に認識されつつあり、住民との連携、異業種連携、

地域間連携、観光地間連携も徐々に進んできた。しかし、地域一体となって取り組む中で、ある壁を超えられない状況が散見される。観光事業の規模や質の違い、地域特性や観光地としての歴史、成熟度等に違いがある中で、一体となって取り組みを進める場合においてその弊害が散見される。それは、関係者間で方向性や取り組みを共有し、信頼関係を構築しながら共同で取り組む中で、市場を意識した行動へと移行できず、市場に対して訴求できないでいる状態である。全国レベルではまだ事例は少ないが、参考として由布院の具体的な行動とその要点を述べる。

(1) 地域イメージの構築に向けた行動

溝口氏は、由布院を視察する団体やテレビ、雑誌などの取材を受けるにあたっては、躊躇することなく「亀の井別荘」を案内したとのことである。その理由は、由布院のイメージを消費者に想起させるのに最高だとの考えによる。

「亀の井別荘は、由布院を代表する旅館です。自然との調和を考えた亀の井別荘は、由布院をイメージさせるには最高の旅館なのです。(中略) それが、雑誌やテレビで、全国に紹介されます。すると、由布院はいいところのようだ。ちょっと出かけてみようかということになるのです。それでいいのです。」[25]

また、パンフレット作成においては、キリシタン文化など歴史的事実をもう一度表に出して光を当てるとともに、「亀の井別荘」をはじめとして由布院の代表的な旅館やホテルの写真を思い切って掲載するなど、"由布院の顔"となるものを打ち出していった。

観光地においては、こうした行動に対して利害関係者から「平等に扱っていない」、「なぜあの施設だけが」という声が出ることが予想される。公平平等を前提とする行政では特に先のような行動を起こすのは難しい。しかし、由布院では、この部分については民間事業者が主となって行ってきた。「大局的な目でものごとを見つめ、皆が認めた名所旧跡をつくっていかなくては」との想いで取り組んだという[26]。このことが由布院の市場における良好なイメージ構築を早めたのではないかと推察される。

(2) 由布市における由布院ブランドの取り扱い

ⅰ) 地域政策の柱に観光を据える際の合意形成

2005年10月、湯布院町は、同大分郡の庄内町、挾間町と対等合併し由布市の一部となった。1955年の合併により由布院は既に湯布院町の一地域となっていたが、さらに行政区域が広がり、市域に占める由布院の割合は低くなった。由布院は、この時既に年間約350万人(旧湯布院町全体ではなく、由布院の数字)の観光客が来訪する全国的に有名な観光地となっていたが、合併によって由布院を含む由布市の観光政策を進めるのは由布市役所となる。行政域と生活の範囲、一つの観光地として市場が認識している範囲が異なる中で、市全体の観光としては、これまで培われた由布院ブランドをどのように扱えばよいか。この点について合併直後に以下のような指摘がなされている。

「例えば、「由布市」の活性化を目的としたとき、地域ブランドとしては由布市よりも由布院の方が明らかに資産価値が高いことから、何か特別の理由がない限り、戦略的には由布院の活用が効果的だと考えるはずである。しかし、由布市と由布院をそれぞれ地域ブランドと捉えずに、単なる行政単位と捉えれば、由布市の活性化をするためには由布市をどうこうするという発想しか出てこなくなってしまうだろう。」[27]

合併を契機に観光政策を見直したり、新たに立案する地域が多い。こうした地域では、通常であれば上記の指摘のように合併区域全体を扱う方向性を打ち出し、各地域を平たく扱うことが多く、これまでもそうした施策が全国各地で取られてきた。しかし、"観光"という分野においては、こうした平等的扱いは、かえって観光客(市場)に魅力が十分に伝わらず、市場で顕在化せずに終わる可能性がある。観光が地域の基幹産業となりつつある時代であり、観光を地域政策の柱に据えるのであれば、観光における平等性や観光における官民の役割分担、市場評価の解釈について改めて地域で議論する必要があるのではないだろうか。地域において利害関係を超えた公共的な諒解の形成およびその合意形成プロセスについて議論を重ねることが求められる。

ⅱ) 由布院ブランドをワイズユースする考え—由布市全域を対象とした観光計画の策定—

由布市は、2011年3月に由布市全域を計画対象とする「由布市観光基本計画」を策定した(図13)。先に述べた課題—由布市と由布院の関係、由布市における由布院ブランドの扱い—については、以下のような考えが打ち出されている。

「「湯布院(由布院)ブランド」のワイズユース(賢い利用)と、地域間相互の連携・協力、補完による「由布ブランド」への昇華」(図14)[28]

一般的に近接する地域(観光地)ほど利害関係があり、また歴史的な経緯等から好き嫌いの感情があるのは致し方ない。しかし、市場(発地)を意識して地域内において戦略的な協働関係、互恵関係、信頼関係をいかに構築できるかが、今後観光を地域政策の柱に据える地域において鍵となるだろう。

由布院の場合は、自ら時間をかけてまちづくりを行ってきた結果として市場において形成された"由布院ブランド"に対する自負や、広域化することによる"由布院ブランド"の希薄化への懸念等により、観光関係者による合併反対運動などがあったが、合併5年を経て、先のような考え方が示された。由布院という一つ地域に対して市場が抱く由布院ブランドをワイズユースしていくにあたり、地域間の信頼関係を構築し、相乗効果を創出することが目指されている。そして、こうした由布市観光の達成を測る成果指標の一つとして由布市内の回遊率などが検討されることになっている。

ⅲ）まちづくりを通じた各地域の魅力づくりと地域を観光的視点から客観視する目を持ち合わせる

　さて、先の考え方が行政計画に位置づけられた理由として、以下の二つがあるものと思われる。

■各地域での個性あるまちづくりの推進

　一つ目は、由布院以外の地域においても地域単位でのまちづくり活動の芽が出てきていることである。例えば、2007年には、由布院温泉観光協会から独立して、新たに湯布院塚原高原観光協会が設立された。2010年には「塚原高原農観連携プロジェクト推進協議会」が結成され、塚原高原で共に生きる関係者（住民、農業者、観光事業者など）が一体となり、農業と観光の連携による地域の魅力づくりに取り組んでいる。同年には挾間町の由布川渓谷においても、住民が主体となった「由布川渓谷観光協会」が設立された。「小さいころから慣れ親しんだ自然の素晴らしさを多くの人に伝え、地域に活気を生みたい」[29]との想いのもと周辺の環境整備などを行いながら、地域ブランドである農産物の販売に取り組む。また挾間町商工会では、同年より新たに「挾間の顔づくり事業」を実施。挾間町の歴史や特色に合わせた企画、特産品づくりを行っている。地域ごとに自地域を見直す取り組み、それぞれが個性を磨き活かす取り組みが動いている。

　市町村合併後は行政区域内の観光協会の統合を進めることが多い中で、由布院、塚原の動きは一見逆行するように見える。しかし、ここには、「ブランドの信頼性を保てる地域の単位」、「ブランドの信頼性は顔の見える、記憶も共有できる領域の単位」[30]との考えにより近づいていること「暮らしぶりが薄まらない」地域単位の取り組みに向かって進んでいることには

写真11　由布市観光フォーラム（2010年10月）

注目したい。

■自地域を客観視する目

　二つ目は、自地域を市場ないし他所の視点で見る、すなわち自地域を観光的視点から客観視する目を由布院以外の地域も持ち合わせていたことである。

　由布市観光基本計画策定にあたっては、委員会（3回）、部会（5回）の開催に加えて、策定中間段階に公開シンポジウムが開催された。この場で観光とあまり関わりが深くはなかった庄内町、挾間町が、由布院、湯平、塚原と同じ会場で市場目線から発言している点については着目に値する。

　庄内の代表者は「由布院ブランドを支援していきたい」と発言する一方で「由布院がある中で、庄内には庄内が出来ること、これをとことん考えていきたい」と、由布院ブランドを客観的に捉えつつも、地域単位の魅力づくりを欠か

由布市観光基本計画（平成23年度〜平成32年度）

【将来目標】　人と暮らしが織りなす"懐かしき未来"の創造
〜住んで良し、訪れて良し"、原点回帰のまちづくり〜

【基本理念】
1. 自然の恵みに感謝し、生業を尊ぶ由布市観光
2. 個性ある人、個性あるまちを育む由布市観光
3. 内と外の"交流・出会い"を設える由布市観光
4. 真心でもてなす由布市観光
5. 古きを大切にし、新しき"風"を起こす由布市観光

図13　由布市観光基本計画の概要
（資料：由布市：「由布市観光基本計画 概要版」2011年3月より作成）

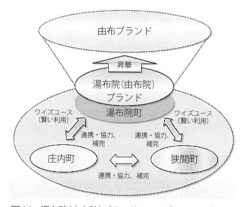

図14　湯布院（由布院）ブランドのワイズユースの考え方
（資料：由布市：「由布市観光基本計画 概要版」2011年3月、p.6）

さないとしている。挟間の代表者は「挟間は、距離的に通過点であり、大分市内から来るとなると、由布院くらいがちょうど良い」と述べる。こうした他者の目で自地域を客観視する目を持ち合わせて公の場で議論できたことの意味は大きい。個別地域のエゴや他地域への過剰な配慮を超えた由布市観光の公共的方向性が公開の場で提示されたのである。

ⅳ）地域の個性に立脚した広域連携

由布院の事例は、地域ブランドが既に一定程度構築されている地域を含む、より広域で観光政策を立案するときの参考となるだろう。広域である由布市全体のブランドは、個々のまちの魅力（づくり）に立脚して成立するものである。

ただし、地域内において観光地としての成熟度に違いがある場合と、地域の資源や取り組みの歴史において差が明確でない場合とでは、観光の方向性は自ずと異なってくるだろう。時として広域連携は有効な手立てとならず、連携の仕方によっては、築き上げた価値、資産を減じてしまう可能性もあるので、地域ごとに実状に適した合意形成手法を考えることが求められる。

6. 最後に～"ソト"に活かされ、守られるという考え方～

由布院の事例は、ビジョンのもと長い時間をかけ地域を育てていくことで、小さなまちでも地域ブランドの構築が可能なことを示している。経済や効率を優先する現代社会情勢において、悪戯に競争をせず、地域一体となって共同体としての価値を再構築してきたことが、現在の由布院につながったと思われる。

ここでは本事例の結びにかえて、1項（1）ⅲ）や3項で一部触れた、由布院の特徴でもある"ソト"に活かされているという考え方について少し触れておきたい。

中谷氏は、1988年にスイスの映画監督が由布院に来訪した際に残した言葉を以下のように振り返る。

「スイスは小国であり、自国だけで成り立つことは難しい。だから"ソト"の人たちがスイスへの好意を寄せ、その力によって成立する―そういうルートを作るしかない。そのために、シュミット監督は映画と言う手法で"スイス"を伝えてきた。多くの人にスイスを知ってもらい、スイスに好意を持ってもらうために。母国スイスが一国として成立するために」[10]

「家族がそこに暮らす（同じ場所で一緒に暮らす）スイスの小さな村は、山を越えて軍隊が来たらイチコロになる。どうしたら"家族が平和に生きられるか"を考えたら、軍隊ではかなわないので、自分は全力をあげて映画をつくる。「人間はどのように希望を持って生きれるか」ということをまっすぐに、分かりやすく輸出できるのは映画だ」[31]（（　）は筆者が加筆）。

中谷氏は、由布院もスイスと同じだと言う。

この時代にあっては戦争こそないものの、顔の見えない外の世界と常に競争に晒されて日々生活している。この小さな由布院において、家族を、地域を守って平和に暮らしていくためには、"ソト"の人に好意、善意を抱いてもらい、中（地域）を支えてもらうことが必要となる。由布院を応援する人の拠点を外に作り、その人たちの力によって地域を成立させる、地域が守られる。こうした関係を構築するために「ホスピタリティーーこのように生きたいよね、このように一緒に生きる、出会った場所がこのようであるとどんなにか素晴らしいよね、というストーリーーを"ソト"へ輸出して」いるのであり「すると、"ソト"の人達が、中を支え」てくれる。中谷氏は「そのことをとりあえず"観光"と呼んでいる」[28]と言う。

地域において、"家族"という単位から"観光"が考えられている点、いわゆる世間一般で使用される「観光」とは異なる観光の捉え方、見方、"ソト"に活かされているという考え方。自地域の対外的な認知度向上や誘客PRに終始している従来の観光振興とは趣がやや異なる。"ソト"に活かされているという想いがあるからこそ、由布院は他の地域に対してノウハウや人脈などを積極的に公開、提供してきたのである。由布院が一流の観光地と言われる所以は、この辺りも関係しているだろう。

実は、成功観光地として知られる由布院も抱えている課題は多い。既に一定程度増えてしまった宿泊施設の総量に関する問題、オーナー不在の小規模店舗等の進出による景観の乱れ、ゆふいんという名を冠した地域と関連性の薄い商品を販売する事業者の問題など様々な問題、課題を抱えている。トップランナーとなった今もなお、独自の知恵と工夫を絞り、実践に移す姿、課題に真摯に向き合う姿を是非現地で直接目にして肌で感じてほしい。百聞は一見に如かずである。観光地経営の実践への第一歩は、本書を飛び越え現場で学ぶことである。

【注】

注1）ゆふいんには、「由布院」と「湯布院」の二つの表記がある。後者は、昭和30年に由布院町と湯平村の合併の際に造られた新しい行政区域の名称（湯布院町）である。本書で扱うのは前者の旧「由布院町」の区域であり、通常由布院温泉や由布院盆地として称される地域を主に想定している。

注2）中谷氏は株式会社亀の井別荘の会長。湯布院町商工会長や由布院温泉観光協会会長を歴任。溝口氏は株式会社玉の湯の代表取締役会長。財団法人人材育成ゆふいん財団理事長、観光カリスマ。

注3）中谷氏は「ひとつの店が優秀であり、優秀同士が競い合ってテンションが

上がりさえすればいいかっていうと、そういうものでもないと私は思います。」((中谷健太郎(2001):「湯布院発、にっぽん村」ふきのとう書房、p.30))と述べる。また桑野氏は、「それぞれが独立した企業ですから、おのおのが切磋琢磨し、商品やサービスの質を高める努力を怠ってはなりませんが、地域の中で落ちこぼれ企業を作ってしまっては、共生の関係が崩壊してしまいます。」(桑野和泉(2010):「半世紀で訪れる観光客は10倍に 自然保護を図りながら成功した理由」『地域力』p.221)と述べている。

【引用文献】
1) 由布院の自然を守る会(1970):「町造り雑誌 花水樹 '70 9-10 創刊号」、pp.8-10
2) 二村宏志(2008):「地域ブランド戦略ハンドブック」、ぎょうせい、p.25
3) 中谷健太郎(2001):「湯布院初、にっぽん村へ」ふきのうとう書房、p.131
4) 地域ビジョン作成委員会広報(1984):「地域ビジョン Vol.3」、p.40
5) 明日の由布院を考える会(1972):「町造りの雑誌 花水樹 '72-1」、pp.30-31
6) 湯布院企画室「西方館」(1990):「風の計画」Vol.4、p.12
7) 中谷健太郎(1983):「たすきがけの湯布院」、p.149
8) 明日の由布院を考える会(1971):「町造りの雑誌 花水樹 '71/1、2、3 No.3」、p.2
9) 桑野和泉(2010):「半世紀で訪れる観光客は10倍に 自然保護を図りながら成功した理由」『地域力渾身のニッポンローカルパワー』、地域振興総合研究所、講談社、pp.220-225
10) 「憧れの温泉地」由布院の"秘密"(後編)地域一体となった取り組みが生んだ継続的な町づくり、日経BPネット
11) 野口智弘(2009):「虫庭の宿」西日本新聞社、p.214
12) 桑野和泉(2002):「第3節 新しいツーリズムへの対応─湯布院にみる宿泊産業の課題─」『新たな観光まちづくりの挑戦』国土交通省総合政策局観光部監修、観光まちづくり研究会編集、ぎょうせい、pp.202-203
13) 松田忠徳(2004):「黒川と由布院 九州が日本の温泉地を変えた!!」熊日出版、p.114
14) 『BRUTUS 2005年12/15号、やっぱり温泉でしょ! 間違いのない温泉旅館選び』No.584 マガジンハウス、pp.28-29
15) 中谷健太郎(2006):「由布院に吹く風」岩波書店、pp.38-39
16) 中谷健太郎(2006):「町は無くても、わがまちづくり─九州・由布院盆地流グリーンツーリズム」、『日経グローカル』No.58、p.55
17) 内山節、中谷健太郎、出島二郎(2004):「地域の遺伝子をみがく」蒼天社出版、p.32
18) (社)企業メセナ協議会編著(2005):「先駆的なまちづくりで地域独自の文化を創出」『いま地域メセナがおもしろい』、p.102
19) 明日の由布院を考える会(1972):「町造りの雑誌 花水樹'72-1」、pp.33
20) 松田忠徳(2004):「黒川と由布院 九州が、日本の温泉地を変えた!!」熊日出版、p.124
21) 米田誠司(2011):「事例5 由布院温泉(大分県由布市)世代を超えてつながる観光まちづくり」『カネよりもチエとセンスで人を呼び込め!~地域発 観光まちづくり最前線~』嶋津隆文・鷲尾裕子、東京法令出版、p.38
22) 溝口薫平(2004):「持続的にゆったりと発展する温泉地づくり」『フォーラムやまなか 記念誌「温泉地再生の課題と展望」』NPO法人健康と温泉フォーラム、p.74
23) 野口智弘(2009):「虫庭の宿 溝口薫平 聞き書き」西日本新聞社、pp.53-54
24) 米田誠司(2009):「80年続くクアオルトへの取り組み~由布院」『観光まちづくり まち自慢からはじまる地域マネジメント』西村幸夫編著、(財)日本交通公社編集協力、学芸出版社、pp.213-214
25) 木谷文弘(2004):「由布院の小さな奇跡」新潮新書、p.28
26) 溝口薫平(2007):「第八章 継続性のある地域づくりと地域連携で住む人・訪れる人にやさしい「生活型観光地」~大分県・湯布院~」『観光カリスマが教える地域再生のノウハウ』国土交通省総合政策局観光資源課・監修、国政情報センター、p.176
27) 財団法人 地域活性化センター(2006):「地域ブランド・マネジメントの現状と課題 調査研究報告書」平成18年3月、p.78
28) 由布市(2011):「由布市観光基本計画 概要版」2011年3月、p.6
29) 大分合同新聞 2010/04/22
30) 財団法人東北開発センター「地域ブランド研究会」編、(2005):『創造地域ブランド 自立をめざしたまちづくり』河北新報出版センター、p.111
31) 財団法人日本交通公社(2010):「第1回由布院温泉スピリット研究会議事録」

【主な参考文献】
由布院に関する文献資料─図書、記事、論文、計画書、報告書等─は数千件にのぼることから、引用した文献を除き主なもののみ紹介する。
・中谷健太郎(1983):『たすきがけの湯布院 おおいた文庫〈13〉』アドバンス大分
・中谷健太郎(1995):『由布院幻燈譜』海鳥社
・中谷健太郎(2001):『湯布院発、にっぽん村へ』ふきのとう書房
・中谷健太郎.辰巳芳子(2005):『毛づくろいする鳥たちのように』集英社
・中谷健太郎(2006):『由布院に吹く風』岩波書店
・溝口薫平(2011):「一由布院─まちづくりは、企画力・調整力・伝達力が必要」『証言・まちづくり』西村幸夫、埒正和編著、学芸出版社、pp.229-255
・野口智弘(2009):「虫庭の宿 溝口薫平 聞き書き」西日本新聞社
・木谷文弘(2004):『由布院の小さな奇跡』新潮文庫、2004.11
・米田誠司(2009):「80年続クアオルトへの取り組み~由布院」『観光まちづくり まちづくり自慢からはじまる地域マネジメント』西村幸夫編著、(財)日本交通公社編集協力、学芸出版社
・米田誠司(2011):『持続可能な地域経営と地域自治に関する研究─由布院の観光まちづくりを事例として─』学位論文、熊本大学大学院社会文化科学研究科、2011年9月22日
・米田誠司(2012):「観光とまちづくりの間にあるもの─由布院の四十年の足跡から見えること」『観光文化』215号、(公財)日本交通公社、pp.8-12
・湯布院物産事業協同組合草土舎(1995):『由布院70年代の町造り誌 花水樹完全復刻版』
・湯布院企画室「西方館」(1989-1998):『風の計画』Vol.1-9
・光本伸江(2007):『自治と依存─湯布院町と田川市の自治運営のレジーム(自治総研叢書)』敬文堂
・建築資料研究社(1996):「特集 由布院 庭の宿」雑誌『庭』第108号
・猪爪範子(1989):『まちづくり文化産業の時代─地域主導型リゾートをつくる』ぎょうせい
・湯布院町(1998、2000):『湯布院町町政要覧』
・由布院観光総合事務所:「ゆふいん観光新聞」

観光地経営に関連する図書の紹介

本書の内容を更に深く学びたい方に向けて、ここでは「観光地経営」に関連する図書として以下を紹介します（発刊年順）。観光地の現場で実務を行う方の参考となるよう、実践的な図書を中心に選出しました。これらの図書を通じて各分野に対する理解を深めつつ、総合的かつ横断的な視点から実務が行われるようになることを期待します。

- ■「観光地交通計画の体系化プロジェクト 魅力ある観光地と交通〜地域間交流活性化への提案〜」国際交通安全学会編、森地茂編集代表、毛塚宏・伊東誠編、技報堂出版、1998年6月

- ■「まちづくり教科書シリーズ（10巻）」日本建築学会編、丸善出版、2004年3月-2007年9月

- ■「観光読本（第2版）」財団法人日本交通公社編、東洋経済新報社、2004年6月

- ■「地域いきいき観光まちづくり（2006、2008-2011）」国土交通省（2006、2008）、観光庁（2009-2011）

- ■「まちづくり学—アイディアから実現までのプロセス—」西村幸夫編、朝倉書店、2007年4月

- ■「観光実務ハンドブック」社団法人日本観光協会編、丸善出版、2007年12月

- ■「地域振興と観光ビジネス」羽田耕治監修、ジェイティービー能力開発、2008年4月

- ■「地域ブランドと地域経済—ブランド構築から地域産業連関分析まで」佐々木純一郎・野崎道哉・石原慎士著、同友館、2008年6月

- ■「観光まちづくり—まち自慢からはじまる地域マネジメント」西村幸夫編集、財団法人日本交通公社編集協力、学芸出版社、2009年2月

- ■「まちづくりの「経営力」養成講座」木下斉著、学陽書房、2009年10月

- ■「観光学全集1 観光学の基礎」溝尾良隆編著、原書房、2009年11月

- ■「観光学全集9 観光政策論」寺前秀一編著、原書房、2009年11月

- ■「実践！地域再生の経営戦略（改訂版）—全国36のケースに学ぶ"地域経営"」日本政策投資銀行地域企画チーム編著、きんざい、2010年2月

- ■「まちの見かた・調べ方 地域づくりのための調査法入門」西村幸夫・野澤康編、朝倉書店、2010年10月

- ■「観光まちづくりのマーケティング」十代田朗編、学芸出版社、2010年11月

- ■「行ってみたい！と思わせる「集客まちづくり」の技術」大下茂著、学陽書房、2011年2月

- ■「観光産業イノベーション推進ガイド〜旅館・ホテル、地域から始める変革」観光庁観光産業課、2011年3月

- ■「観光のビジネスモデル：利益を生みだす仕組みを考える」石井淳蔵・高橋一夫編、学芸出版社、2011年12月

- ■「地域プラットフォームによる観光まちづくり：マーケティングの導入と推進体制のマネジメント」大社充著、学芸出版社、2013年3月

- ■「観光地域づくり人材育成ハンドブック〜「住んでよし、訪れてよし」への実現へ〜（案）」観光庁観光地域振興部観光地域振興課、2013年3月

- ■「観光学全集 4 観光行動論」橋本俊哉編著、原書房、2013 年 3 月

- ■「観光学全集 6 観光産業論」林清編著、原書房、2015 年 3 月

- ■「地域創造のための観光マネジメント講座」吉兼秀夫、国枝よしみ、桑田政美、小長谷一之、真板昭夫、原一樹、辻本千春、野村佳子、森山正、福本賢太、清水苗穂子、高田剛司、小阪昌裕、金井萬造、森重昌之著、学芸出版社、2016 年 11 月

- ■「観光学全集 7 観光計画論 1 理論と実践」梅川智也編著、原書房、2018 年 3 月

- ■「DMO 観光地経営のイノベーション」高橋一夫著、学芸出版社、2017 年 5 月

- ■「観光地づくりオーラルヒストリー〈観光計画・観光地づくりの要諦を探る〉」公益財団法人日本交通公社編、2017 年 9 月

- ■「観光 DMO 設計・運営のポイント―DMO で追及する真の観光振興とその先にある地域活性化」日本政策投資銀行地域企画部著、ダイヤモンド社、2017 年 11 月

- ■「インバウンド観光入門―世界が訪れたくなる日本をつくるための政策・ビジネス・地域の取組み」矢ケ崎紀子著、晃洋書房、2017 年 11 月

- ■「―育て、磨き、輝かせる― インバウンドの消費促進と地域経済活性化」公益財団法人日本交通公社編著、ぎょうせい、2018 年 6 月

- ■「DMO 入門 官民連携のイノベーション」大社充著、宣伝会議、2018 年 12 月

- ■「由布院モデル 地域特性を活かしたイノベーションによる観光戦略」大澤健、米田誠司著、学芸出版社、2019 年 3 月

執筆者の略歴および執筆担当

■**石山千代**（いしやまちよ）
2001年東京大学工学部都市工学科卒業、2003年同大学院工学系研究科都市工学専攻修了。同年財団法人日本交通公社入社。2013年同退社。現在、東京大学大学院工学系研究科博士課程（博士（工学））。2019年4月より東京大学大学院工学系研究科特任研究員、東大まちづくり大学院非常勤講師。
〈視点5（初版／第2版）〉

■**池知貴大**（いけぢたかひろ）
2015年東京大学法学部卒業、2017年クイーンズランド大学大学院ビジネス学部観光学科修了。同年公益財団法人日本交通公社入社。現在、同研究員。
〈視点4-5（第2版）〉

■**岩崎比奈子**（いわさきひなこ）
1994年東京女子大学文理学部社会学科卒業。同年財団法人日本交通公社入社。現在、公益財団法人日本交通公社主任研究員。
〈視点4-3、視点6-4、事例3（以上、初版／第2版）、事例5（第2版）〉

■**梅川智也**（うめかわともや）
1981年筑波大学社会工学類都市・地域計画専攻卒業。同年財団法人日本交通公社入社。2013年公益財団法人日本交通公社理事・観光政策研究部長。2018年同退任。現在、立教大学観光学部特任教授、公益財団法人日本交通公社上席客員研究員。
〈序（第2版 ※序2-2のみ初版も担当）、視点はじめに（初版）、視点2、視点6-1、2、3（以上、初版／第2版）、視点7（第2版：初版の一部加筆修正）、視点8-3、8-4-3、9-3（以上、第2版）、事例はじめに（初版）、事例1（初版／第2版）、事例7（第2版：初版の一部加筆修正）、全体監修（初版／第2版）〉

■**大野正人**（おおのまさひと）
1976年東京大学農学部林学科卒業。同年交通公社総合開発株式会社入社。1991年財団法人日本交通公社移籍。2009年財団法人日本交通公社理事。2013年同退任。同年高崎経済大学地域政策学部教授。現在、横浜商科大学商学部教授。
〈序1、2-1、3、視点4-1、2（以上、初版）〉

■**小坂典子**（こさかのりこ）
2015年北海道大学国際広報メディア観光学院観光創造専攻修了。同年株式会社JTB総合研究所入社。現在、公益財団法人日本交通公社研究員（出向）。
〈視点1-2（第2版：初版の一部加筆修正）、視点9-2（第2版）〉

■**後藤健太郎**（ごとうけんたろう）
2005年京都大学工学部建築学科卒業、2008年東京大学大学院工学系研究科都市工学専攻修了。同年財団法人日本交通公社入社。現在、公益財団法人日本交通公社主任研究員。
〈序2-4、視点1-1、3-1、7、事例9、10、事務局（以上、初版）〉

■**塩谷英生**（しおやひでお）
1989年筑波大学大学院経営政策科学研究科修了。同年財団法人日本交通公社入社。現在、公益財団法人日本交通公社理事・観光経済研究部長／主席研究員（観光科学博士）。
〈序3（初版）、視点8-1、8-2、8-4-1、8-4-2、8-5（以上、初版／第2版）〉

■**那須將**（なすあたる）
2012年京都大学大学院農学研究科修了。同年中日本高速道路株式会社入社。2017年公益財団法人日本交通公社入社。現在、同研究員。
〈視点9-1、事例6（以上、第2版）〉

■西川亮（にしかわりょう）
2008年東京大学工学部都市工学科卒業、2010年同大学院工学系研究科都市工学専攻修了。同年財団法人日本交通公社入社。2018年同退社。現在、立教大学観光学部助教（博士（工学））。
〈視点3-1、2（以上、第2版：初版の一部加筆修正）、視点3-3（初版）、事例2（第2版）〉

■野間恵子（のまけいこ）
2005年九州芸術工科大学大学院芸術工学研究科修了。同年財団法人日本交通公社入社。2015年同退社。現在、一般社団法人九州観光推進機構。
〈視点1-2、3-2（以上、初版）〉

■福永香織（ふくながかおり）
2006年筑波大学大学院環境科学研究科修了。同年財団法人日本交通公社入社。現在、公益財団法人日本交通公社主任研究員。
〈視点3-4、事例7（以上、初版）〉

■守屋邦彦（もりやくにひこ）
1997年東京工業大学工学部社会工学科卒業、1999年同大学院情報理工学研究科修了。同年株式会社三菱総合研究所入社、2006年財団法人日本交通公社入社。現在、公益財団法人日本交通公社主任研究員。
〈視点はじめに、視点1-1、3-3、3-4、4-1、2（以上、第2版：初版の一部加筆修正）、視点4-4（第2版）、事例はじめに（第2版：初版の一部加筆修正）、事例4（初版／第2版）、事例8（第2版）、事例9、10（第2版：初版の一部加筆修正）、全体監修・事務局（第2版）〉

■山田雄一（やまだゆういち）
1993年筑波大学大学院環境科学研究科修了。同年三井建設株式会社入社、1998年財団法人日本交通公社入社。現在、公益財団法人日本交通公社観光政策研究部長／主席研究員（博士（社会工学））。
〈視点1-3（第2版）〉

（五十音順、2019年3月現在）

索 引

欧文

AIDMA	61
B&B 旅館	70
BCM	156
BCP	154
沖縄県の事例	158
京都市の事例	158
富士河口湖町の事例	157
BID	183
CB	80
CVB	80
DCM	159
DMC	80
DMO ⇒日本版 DMO	
JICA	41
KPI	21,211
LAC	88
MICE	79,222
OJT	119
PDCA	39
PDSA	39
PI	32
SNS	62
STI	25
S.T.P.	27
UNWTO	41
VRIO	27

■ あ行

アートプロジェクト	53
アウター・コミュニケーション	134
阿寒アドベンチャー・ツーリズム（株）	177
阿寒観光協会まちづくり推進機構	112,173
阿寒湖・フォレスト・ガーデン	177
阿寒湖温泉再生プラン 2010	172
阿寒湖温泉の事例	172
阿寒湖温泉・創生計画 2020	176
阿寒湖温泉まちづくり協議会	173
空き家	72
空き家バンク	98
明日の日本を支える観光ビジョン	89
安曇野市観光振興ビジョン	37
安全・安心の情報提供	64
安全確保	64
案内	64
域内調達率	23
意識調査	24
石見銀山行動計画	93
依存財源	140
一連の組織的活動	6
——の視点	14
——のパフォーマンス評価	10
糸魚川ジオパーク着地型観光開発プロジェクト	76
インナー・コミュニケーション	133
インバウンド	41
美し国おこし・三重	134
エコツーリズム	88
エコツーリズム推進法	90
エリアマネジメント	182
応急対応期	154
オーガナイザー	81
オーナー	105
オーバーツーリズム	83
——のリスク診断	85
——への対応策	84
沖縄エコツーリズムガイドライン	92
沖縄県観光危機管理基本計画	159
訪れてよし	111
温泉観光地	70
オンパク	51

■ か行

外国資本	181
外国人観光客	180
ガイドライン	92
外部環境	11
外部人材	121
外部要素	242
課金	86
金沢職人大学校	104
関係主体	39
観光案内サイン	64
観光イノベーション	4,78
観光インフラ	7
観光基本計画	30
観光客数	21
観光客の分散	85
観光客満足度	22
観光協会	108
観光行政	4
観光計画	30
——の策定プロセス	32
——の役割	31
観光経済波及効果	23
観光行動パターン	67
花びら型	67
ラケット型	67
観光財源	8,138
——の体系	139
観光資源	6,7
——の活用状況の把握	18
——の保存と活用	88
観光施設	7
観光消費額	22
観光振興計画	30
観光振興条例	31,44
観光人材・組織	8
観光推進組織	108
観光政策	4
観光地	2
——の経営資源	7
——の経営状況	21
——の資源性	11
——の特性	16
観光地経営	
——の視点	15
——の成果	11
——の定義	5
阿寒湖温泉の——	172
草津町の——	202
胎内市の——	194
鳥羽市の——	214
長崎市の——	228
ニセコ地域の——	180
白馬村の——	206
八戸市の——	188
松江市の——	222
由布院温泉の——	236
観光地経営力	11

観光地継続マネジメント	159
観光統計調査	21
観光特性	17
観光土地利用制度	44
観光に関する各種指標	22
観光費	138
観光ビジョン	30
観光立国推進基本法	90
関連主体（ステークホルダー）	30
基金	143
規制	86
帰宅困難観光客避難誘導計画	158
北野工房のまち	97
寄附金制度	141
客層特性	66
キャパシティ	83
協働会議	93
京都サイクリングツアープロジェクト	101
協力金	141,151
近接地域連携型	58
草津温泉観光協会	204
草津温泉ブラッシュアップ計画	202
草津町の事例	202
草津の景観まちづくり	203
くにびきメッセ	223
ぐるとば	217
計画評価	41
景観法	90
景観保全	239
芸術・文化	53
玄関帳場	97
健康保養プログラム	72
建築基準法	96
広域観光行動	59
広域観光推進組織	110
鉱泉浴場	143
交通マネジメント	98
行動パターン	67
交流居住	104
交流人口	31
コーディネーター	118
国際戦略特区	90
国際化	41,180
国際観光旅客税	138
国際協力機構	41
国際文化観光憲章	89
国内観光旅行量	3
国立公園満喫プロジェクト	177
国連世界観光機関	41
古都における歴史的風土の保存に関する特別措置法	90
誤報	164
コミュニケーション	133

コミュニティ	
——ベースド・ツーリズム	89
——の再構築	51
古民家ステイ	95
米粉フェスタ in たいない	200
コンドミニアム	70,72
コンベンション＆ビジターズ・ビューロー	80
コンベンションビューロー	80

■ さ行

災害対策	154
サイクリングツアー	101
サイン	64
サポーター	105
さるくガイド	233
さるく観光課	232
産業特性	17
事業継続計画	156
事業継続マネジメント	156
資源連携型	58
自主財源	138
雫石町観光・交流活性化行動計画	17,37
自然公園法	90
自然再生推進法	90
自然特性	16
持続可能性指標	25
指定管理者制度	175
自転車	101
自動車交通の抑制	99
四万温泉	129
四万十ドラマ	105
市民プロデューサー	230
社会実験	103
社会的環境収容力	83
従業員満足度	24
住宅宿泊事業法	73
住民ガイド	50
住民株主	105
住民憲章	92
住民満足度	24
重要業績評価指標	21,211
集落トラスト	98
集落丸山	98
宿泊産業活性化推進事業	215
宿泊施設	70
——の活用状況	23
宿泊数の推移	3
宿泊税	149
ニセコひらふ	186
春蘭の里構想	136
消費者行動心理モデル	61
情報発信・情報提供	61

——の媒体特性	62
——の役割分担	64
避難場所の——	64
将来シナリオ	34
将来ビジョン	30
——の策定プロセス	32
——の役割	31
知床五湖散策制度	94
人口特性	17
人材育成	117
人材育成部会	204
信州いいやま観光局	114
森林環境税	141
森林環境整備推進協力金	151
ステークホルダー（関連主体）	9,30,39
ストーリー	217
ストーリー・マーケティング	27
ストック型観光政策	125
住んでよし	111
税	86
生活文化	46
生態的環境収容力	83
生物多様性基本法	90
世代交代	122,247
絶滅のおそれのある野生動物の種の保存に関する法律	90
泉質主義	130,202
ソーシャル・ストーリー・マーケティング	28

■ た行

滞在化	66
滞在型宿泊施設への転換	71
滞在客の消費特性	66
滞在プログラム	73
大地の芸術祭越後妻有アートトリエンナーレ	53,56
胎内市観光振興ビジョン	197
胎内市の事例	194
たいない「食」のわいわい会議	200
たいないべえべえ	200
胎内リゾート	194
他地域との連携	57
種差朝ヨガ	192
地域ストーリーづくり	61
地域特性	16
地域内連携	188
地域における歴史的風致の維持及び向上に関する法律	90
地域ブランド	246
地域防災計画	154

地域ルール	91
地域連携	57
地産地消	243
地方税	139
着地	37
着地型旅行商品	74
駐車場	100
美ら海協力金	152
超過課税	141,143
阿寒湖温泉の事例	145
鳥羽市の事例	144
美作市の事例	143
テーマ・ストーリー連携型	58
電気自動車	101
展示会主催者	81
湯源湯路街プロジェクト	102
都市計画法	90
鳥羽市観光基本計画	214
鳥羽市観光産業活性化戦略	214
鳥羽市・漁業と観光の 　連携促進計画	221
鳥羽市の事例	214

■ な行

長崎国際観光コンベンション協会	232
長崎コンプラドール	232
長崎さるく	228
長崎市観光アクションプラン	228
長崎市の事例	228
ニセコ地域の事例	180
ニセコひらふ CID/BID 検討委員会	184
二地域居住	104
「日本で最も美しい村」連合	60
日本版 DMO	8,21,80,111
入湯税	141,142,177
──の歴史的経緯	144
農家民泊	73,96
農山漁村滞在型旅行	73
農商工連携	104
農泊	73

■ は行

パーク＆ライド or ウォーク	100
白馬村観光地経営会議	210
白馬村観光地経営計画	208
白馬村地域観光復興計画	208
白馬村の事例	206
八戸あさぐる	190
八戸観光コンベンション協会	189
八戸市の事例	188
八戸せんべい汁	189
八戸まちタク	191
発地	37
花びら型の滞在行動	67
場の価値	67
パブリックインボルブメント	32
避難ルート	64
ファン	105
風評	164
富士河口湖町観光防災の手引き	157
富士河口湖町観光立町推進条例	45
復旧期	163
復興期	164
復興基金設置	164
ふっこう割	166
ブランド	124
ブランド・アイデンティティ	128
ブランド・イメージ	128
ブランド・コンセプト	127
ブランド戦略	131
──の維持管理	135
ふるさと納税制度	141
フロー型観光政策	125
文化財保護法	90
平準化	66,222
ベースライン調査	40
ヘリテージマネージャー	104
ペルソナ・マーケティング	77
ベロタクシー	101
防災	154
防災基本計画	154
法定外税	146
保険制度	166

■ ま行

マーケティング	25,226
マイカー規制	99
まち歩き	51,228
町家ステイ	95
まちじゅう博物館	51
松江市総合計画	222
松江市の事例	222
マネジメント	7
まりむ号	177
満足度評価	19
三重県観光新企画づくり塾	122
見える化	75
民泊	70,73
民泊新法	73
モビリティマネジメント	103

■ や行

八ヶ岳ツーリズムマネジメント	132
誘客組織	81
湯畑	202
由布市観光基本計画	35
用途変更	95

■ ら・わ行

ラケット型の周遊行動	67
リスクマネジメント	154
リピーター	105
旅館業法	96
旅行目的	66
歴史的建築物	96
歴史特性	16
歴史まちづくり法	90
ロードプライシング	100
六次産業化	104
ロングステイ	66
ワークショップ	75

観光地経営の視点と実践　第2版

平成31年4月1日　発行

編著者　公益財団法人 日本交通公社

発行者　池　田　和　博

発行所　丸善出版株式会社
〒101-0051　東京都千代田区神田神保町二丁目17番
編集：電話（03）3512-3266／FAX（03）3512-3272
営業：電話（03）3512-3256／FAX（03）3512-3270
https://www.maruzen-publishing.co.jp

Ⓒ 公益財団法人 日本交通公社，2019
印刷・製本／三美印刷株式会社
ISBN 978-4-621-30384-9　C 3060　　　Printed in Japan

本書の無断複写は著作権法上での例外を除き禁じられています．